✦ 展讀民國人文 ✦

解讀 章太炎

Reading Zhang Taiyan

楊照 策劃｜主編

三民書局

「展讀民國人文」總序

文／楊照

三民書局的「展讀民國人文」出版計畫特別著重「民國」作為清楚的時代標記，「民國」的前半場域是中國大陸，時間從一九一二年到一九四九年；「民國」還有後半，那是一九四九年之後搬遷到臺灣來所經歷的關鍵變化。

在大陸的前半與在臺灣的後半，共同的特色是快速的變化與動盪，時局混亂打破了所有的現成答案，以至於逼迫人人困思問題解決方案，同時卻也打開可以進行破壞性或建設性種種實驗設計的大空間。

因而「民國」是出人物的時代，尤其是出人文思想人物的時代。並不是因為那些人都吃了神藥大力丸，不是因為他們遺傳了天賦異稟，而是時代的動盪與糾結，逼出了他們的智慧與活力。他們沒有固定的位子，沒有往後看、往前看能夠有把握的軌道或方向，他們只能去找出、創造出自己的道路，往往是前人沒走過，甚至是前人認定絕對不可能走的道路。

作為「民國人物」的陳寅恪，可以自由地在歐美遊學，不顧念、不追求學位，立志要培養自己研究「西北史」的所有學術配備；然後回到中國，受到變化時局的衝激，竟然也就快速轉型，將學術重心移轉到中古史上，成為中古史的大家。而這只是陳寅恪生命中大約二、三十年間發生的事。

又例如胡適，他到上海進了學堂才開始學英文，沒多久就去了美國留學，在康乃爾念農學，才第一年，他就開始用英文寫日記，還用英文對美國人宣講、解釋「中國是什麼」。他很快放棄了農學，轉到哥倫比亞大學念哲學，沒等到完全辦好博士學位手續，就又回到中國，不到三十歲的年紀已成為北京大學最受歡迎的教授。那麼短的時間內，他的生命走出那麼多不同的風景。

這絕對不單純是陳寅恪、胡適了不起，而是他們活在「民國」，得到了如此了不起、能夠成為「人物」的機會。「民國」是考驗、是挑戰，現實的條件使得在這個動盪空間中生活的人，沒有辦法做長期計畫，沒有資源完成具體社會建設，卻也因此鼓舞、刺激了豐富的人文思想。那不是關在象牙塔裡的哲思，也不是閒靜漫步的沉穩產物，而是從再切身不過的存在困窘中逼擠出來的看法與論點。國家可能被瓜分，故鄉可能被強占，家庭可能徹底拆解，生活的最後據點明天可能就要消失……每一項都是真實的威脅，無從逃躲，非面對、非提出對自己、對群體的解釋不可。

我長期以來不斷呼籲：「民國」不該被遺忘，忽略「民國」我們就無從弄清楚臺灣歷史的來龍去脈；更重要的，拋棄「民國」也就拋棄了這由眾多人存在苦痛換來的豐富人文思想資源。

二〇二一年史家余英時先生去世後，我受「趨勢教育基金會」之邀，錄製了一系列共十五講的課程，完整講述余英時主要的史學論著；次年，又受北京「看理想」機構之託，製播了共九十集的

「溫情與敬意：錢穆學思總覽」節目，在過程中廣泛涉獵從與錢穆、余英時同代的相關學者論著，產生了對於「民國人文學術」更深刻的珍視。在臺灣，三民書局是錢穆和余英時著作出版的關鍵交集機構，於是出於對時代與自身歷史背景負責的考量，對劉仲傑總經理提出了編選這套系列叢書的想法。很幸運地，我的構想獲得劉總經理的大力支持，配備了充分的編輯專業人才協助參與，得以在一年多的準備之後，到二〇二三年中實現為和讀者相見的精編選集。

「民國」的歷史狀況使得這段時期的思想，很明顯地以原創性與多樣性見長，相對地缺乏大規模系統建構的成就，因此最適合以選文的方式來呈現。系列中每一本選集基本上都是在通覽目前能找到的作者著作全集後編定的，盡量保留個別篇章的完整面貌，避免割裂斷章取義。體例上，每本選集前面附有長篇「導讀」，向讀者充分說明這位作者的時代意義，以及其思想、經歷的重點，減少閱讀隔閡，幫助大家得到更切身的體會。另外按照文章性質分若干輯，每輯之前備有「提要」，既提供文章出處背景，也連繫「導讀」內容，進一步刻畫作者的具體思想面貌。

「展讀民國人文」系列第一批共十本，提供了從一八六九年出生的章太炎，到一八八五年出生的熊十力，包括梁啟超、陳垣、呂思勉、歐陽竟無、王國維、蔣夢麟、馬一浮、張君勱等民國學術人文思想人物的作品精華，希望能讓讀者興發對這段歷史的好奇，如果得到足夠的支持，我們將會在未來擴大人物系列，期望能開創出一片「毋忘民國」的繁華勝景來。

解讀章太炎

目次

第二輯　歷史

第三輯 文學與小學

第四輯 論家國——談種族革命、宗教與制度等

第五輯 演講與譯文等

導讀

1

要了解章太炎的思想，尤其是其思想與時代環境之間的關係，有一份重要的文獻，是他在一九一四年時寫的〈自述學術次第〉；另外可以當作後續補注的，還有他一九三三年寫的〈自述治學功夫及志向〉。

從這兩篇「自述」立即浮現出來的，是章太炎長期的學術累積。成長過程中，他深深浸淫在清代學術主流中，相對較遲才展開公共活動，因而不論是他的行文表達方式，或他寫作的「目標讀者」都受到這份經歷的強烈影響、制約。

在這方面，章太炎和梁啟超形成了強烈對比。梁啟超之所以發展、創建出文白夾雜、「筆鋒常帶感情」的新風格，正因為他將設想的「目標讀者」盡可能地在文化階層往下拉，拉到那個時代受過基本文字教育的最廣大群眾。這又和梁啟超真誠信守的文化態度，相信必須從打造「新民」才能救中國的立場密切扣連。《新民說》以「民」為對象，又以「說」（言論）為手段，內在必然帶有高度民眾群體意識，要找到辦法讓文字接觸、打動最多人。

章太炎不是如此，甚至該說他就算想這樣做都做不到，不能也而非不為也。因為當他開始積極介入公共事務時，他的學問與文章已經定型了；不是說他的思想不再變化了，而是他只能用那樣的艱深炫學風格表達，無法擺脫以具備同樣學術準備條件的人為「目標讀者」的根深柢固習慣。

一九一四年的文章在標題上特別凸顯「次第」，而細查內容我們理解章太炎所說的「次第」，指的不是時間先後順序，他並沒有要按照自己年歲由幼而長來安排、呈現所學，他關切的，毋寧是邏輯上的關聯，或說要將自己的學問整理出一個立體結構來。

〈自述學術次第〉附記此文寫作時間，更精確是在一九一四年五、六月間，那時章太炎正經歷了極其戲劇性，被當時大總統袁世凱羈押軟禁的事件。

此年一月十日，袁世凱下令宣布停止參眾兩院現有議員職務；二月三日又下令停辦各地地方自治會；二月十二日，將代表政黨政治的「好人內閣」解職，由孫寶琦代替熊希齡擔任國務總理；到五月一日，公布《中華民國約法》。這一系列的行動最終導向復辟稱帝，經過了詳密規劃，因而在過程中小心防範可能的種種變數。

其中一項變數就是：章太炎在一九一三年八月入京介入共和黨事務。章太炎一到京，袁世凱政府就發動進步黨與保皇派攻擊他，接著又「派兵保護」，實際上是進行監視、乃至阻礙他在北京活動。

軍警干涉使得章太炎實質上被困在共和黨總部，章太炎有了強烈反彈。到一九一四元元月，章太炎決意要離開北京，不惜大鬧總統府，見不到袁世凱就露宿在門口，引發軒然大波。衝突激化下，袁世凱索性下令將章太炎先關在一所廢棄軍校中，後來又移到龍泉寺。之後，袁世凱長子，負責推動帝制的袁克定派德國人曼德探望，說可以移居到袁克定家中，章太炎不予理會。到六月，章太炎憤而絕食，袁世凱派醫生來，再將他搬到東城錢糧胡同，在這裡允許他會客，但客人必須取得通行證，書信也都被檢查。

一八六九年出生的章太炎，到一九一四年時已經四十五歲了，自覺進入中年，更重要的，剛經歷了清朝覆亡、民國肇建的大動盪、大變化，本來就使得他有了回顧思想歷程的強烈衝動。再遭政治上如此強烈刺激，更覺有將自己過往所學統整交代之迫切必要。被羈禁時，他將之前結集的《訄書》大幅改訂，連書名都改成《檢論》。《訄書》或《檢論》可以說是章太炎現實意見的總述、總表達，與此同時，他也要對自己的學術觀點同樣留存一份總記錄。

不過要進行學術自述，章太炎有了別人，例如梁啟超或孫中山，不一定會有的一份特殊需求。他所學如此龐雜多樣，既廣又深，以致於必須先搭起「次第」架構，才能將那麼多的內容依序適當安放。

2

〈自述學術次第〉開頭說：「余生亡清之末，少慕異族，未嘗應舉，故得泛覽典文，左右採獲。」不過後來的〈自述治學功夫及志向〉有稍微不同的說法：「余家無多書，年十四五，循俗為場屋之文，非所好也……年十六，當應縣試，病未往……」早歲其實仍然依俗走過一段學習科舉知識的路，後來才放棄。

除了「場屋之文」以外，最早吸引他的，是《史記》、《漢書》，但主要並不是史事或史學，而是司馬遷和班固的行文風格，尤其是其中的「高論」。當時還在科舉籠罩的心情下，想的、學的，是如何將《史》、《漢》式的「高論」融入八股文章中，本來覺得應該很簡單，卻發現自己怎麼試都試不成。

於是而有了下一個階段的真正學術開端，那是接觸了《說文解字・段注》與《爾雅・郝注》，意識到自己之前其實根本沒有真正進入《史記》、《漢書》的文章世界裡。要真能讀懂讀通，先要將每個字來歷都弄清楚，由字而詞、由詞而句，才算打下了足夠的理解基礎。從這裡他對「小學」，尤其是文字學下了死工夫，後來一度流亡客居在日本時，他重拾了這部分的學問，對當時的中國留學生開講《說文解字》，真的就是一個字一個字講，在場被他既堅實又廣博的文字學問徹底征服的，包括了魯迅和錢玄同，他們回國後在「五四運動」中大展思想長才，引領風騷，卻始終對章太炎尊敬師事之，相當程度上創造了延續了章太炎的民國聲望。

遍讀《說文解字》和《爾雅》，有了自信的基礎，十八歲的章太炎依照清代學術路數，將心力放到了正統的「經學」上。不只「經學」是儒家知識的權威核心，而且章太炎進入「經學」的方式，也當時認定絕無取巧的陽光大道。他誦讀《十三經注疏》，不是我們今天意義的「讀」，而是將經本文和注一併背下來。另外他將兩大套的《經解》都讀過了，一套是阮元在當兩廣總督時輯成的《皇清經解》，一共包括了一百八十八本書；另一套是由王先謙編成《皇清經解續編》，一共收錄了兩百〇九本書。兩套書都冠上「皇清」之名，標舉的是要呈現大清王朝對於「經學」的主要貢獻，而清朝學問最大突破在於「乾嘉考據」，可想而知，這兩套書中的「經解」主要是從考據切入，專注在諸多細節的崇古考索上。

憑藉這樣的工夫，章太炎得以進入當時「經學」領域的最高學府，地位甚隆的「詁經精舍」，追隨俞樾進修。到一九三三年超過六十歲了，寫文章時章太炎仍然歷歷記憶剛入「詁經精舍」時如何回答老師關於《周禮》和《孝經》的問題，總算得到俞樾的肯定，甚至表現出自喜得意之情，可以想見這個機構在他年少心目中的地位。

他的回憶：「余於同儕，知人之所不知，頗自矜。」基本上章太炎是一個帶有傲氣個性的人，出社會後參與改革事業之初，還曾經得到「章瘋子」的稱號，然而幸或不幸，以這樣的個性，卻在知識追求方面早早就走上「正統」道路，學的是最為嚴謹拘束的清代主流考據學，以自己強記而能做細密考據「自矜」，如此而限制了他在思想上揮灑開展的可能。

他在「詁經精舍」待了長達八年的時間，從二十二歲到三十歲，過程中曾經寫了五十萬字的《春秋左傳讀》，然而從俞樾那裡得到的評語卻是：「雖新奇，未免穿鑿，後必悔之。」提出「新奇」讀法主張，是章太炎本性傾向，然而被老師以「後必悔之」挫折鋒芒，他不只打消了發表的念頭，而且後來幾十年對這部「少作」都抱持著曖昧、矛盾的觀感。雖然終將這部書付印出版，但晚年《自訂年譜》中又記錄：「中歲以還，悉刪不用，獨以《敘錄》一卷、《劉子政左氏義》一卷行世。」

3

三十歲左右，他才終於擺脫了俞樾與「詁經精舍」給他的約束，放開來寫作著述。然而這遲來的思想表達創發精力，卻立即遭遇了時代的多重考驗。第一重是他累積了對經學的探究思考，有著沿著清朝考據學主流而來的意見想要發表，但這時候卻有了新的經學潮流，快速地將原先的主流逼擠往邊緣，取代了中央最高能見度的位子。

這新來的勢力，是「公羊學」與「今文經學」。最具有代表性的人物是康有為，最重要、影響力最大的著作是《新學偽經考》和《孔子改制考》。晚年時章太炎說：「方余壯時，《公羊》之說盛行，余起與之抗。然瑣屑之談，無豫大義。」「公羊學」、「今文經學」違背了章太炎所受的嚴格「古文經學」訓練，不過顯然很快地章太炎也就明白了，康有為和「今文經學」之所以蔚為潮流，並不是學問上的理由，在學問上爭辯，意義不大，所以說「無豫大義」。事實上，當康有為以兩本「今文經學」著作風靡士林時，章太炎還一度選擇去參與康有為辦的「強學會」，再進而加入了梁啟超所編的《時務報》，短時期和梁啟超成了同事。

這就牽涉到另一重的時代考驗。康有為的關鍵角色，不是學問家，而是改革的啟蒙者、號召者；「今文經學」受重視的根本理由，也不是知識上的，是藉由將孔子塑造成為「改制者」來給予「變法」歷史與文化的合法性依據。換句話說，過時的不只是章太炎的學問基底「古文經學」，更是他看待經學那種「為學問而學問」的態度。時局激烈變化逼出必須「為改革而學問」、「為政治而學問」的新使命了。

於是三十歲的章太炎，一邊想整理累積的學問所得，一邊卻又受到現實刺激而開始寫革命文章，這兩者互相交雜，甚至互相干擾。他太有學問，又養成了固定不可能改變的深澀行文風格，許多人出於驚嘆與敬畏而推崇他的革命文章。在這方面，他具備了讓人對革命改觀的重要作用。發生「蘇報案」後，章太炎一度入獄坐牢，三年期滿要從上海提籃橋監獄釋放時，孫中山與革命黨人特別安排盛大歡迎陣仗，而且立即將他接到東京主持《民報》的言論，對抗當時氣勢如日中天的梁啟超與《新民叢報》。

章太炎的文章，比原先《民報》成員汪精衛、胡漢民等人寫的看起來有學問，這樣的形象正是革命陣營此時所需的。「戊戌政變」後康、梁出亡，對革命派在海外的發展帶來了新的挑戰。革命這種殺頭的行當原先能吸引的，是來自中國社會邊緣地帶的海外僑民，以及國內的會黨人士，帶有強烈庶民色彩。此時康、梁占據了新的反朝廷（反西太后）位子，卻又在社會屬性上，比革命人士更受尊重，一時間無論在留學生或僑胞之間，都搶走了許多原本對於革命的支持與資源。

藉由拉進章太炎，東京的革命組織提升了自我社會形象，儘管章太炎寫的文章比梁啟超寫的門檻更高、難讀得多，《民報》還是樂於刊登，大肆宣揚。甚至正因為章太炎的文風如此艱深，《民報》刻意予以凸顯用來擺脫革命原有的草莽形象。

因而章太炎投身革命行列，卻不用抉擇拋棄或暫放學術研究，也不用調整寫作方式，仍然在文章中大量使用難字僻典，又受東京留學生要求教起獨門國學知識來。他從來沒有真正具備像梁啟超那樣面向大眾讀者，撰寫煽動文章的習慣與能力。

章太炎在革命派間真正的煽動性，是他激烈的排滿態度。他抱持著堅定的漢族本位立場，不只是高度仇視滿清政權與滿洲人，而且很早就不掩飾不隱藏地公開張揚。他之所以被稱為「章瘋子」一部分的原因就是去投靠張之洞，寫文章卻大剌剌不諱言排滿，雖然張之洞是權傾一時的漢人重臣，但也不希望有人這樣白目惹麻煩吧！

後來鬧出「蘇報案」，清廷採取了向租借外國政府正式抗議的非常手段，訴諸治外法權的外國法庭將章太炎與鄒容判刑，也是因為他們文章中的仇滿情緒實在太直接、太激烈了。不過，如果鄒容沒有用通俗韻文寫出可以讓人朗朗上口，也方便由識字者念給不識字者聽的《革命軍》，光是因《蘇報》刊登章太炎的文章，清廷恐怕不會有這樣強烈的反制行動吧！偏偏鄒容入了獄卻出不來，病死在獄中，帶來了更大的衝擊，對於鄒容的同情與崇拜很自然就投射到同案的章太炎身上了。

雖然文章深奧難讀，但弔詭地，章太炎在晚清末年提供革命的主要助力，是理直氣壯簡化革命的目標。相對地，孫中山堅持的是多面革命進展，除了「驅逐韃虜，恢復中華」之外，至少一定要加上「建立共和」和「平均地權」，後來系統化成為民族、民權、民生「三民主義」。成立「同盟會」時，關於孫中山所提的「平均地權」觀念曾引來許多質疑與批評，就連原本「興中會」同志，都有很多人不了解「平均地權」的意義，那就更不用說那些要被吸收進來組構「同盟」的其他人了。如果連已經傾向革命的人，在東京留學的菁英分子都搞不懂「平均地權」，這樣的口號喊出去能吸引誰、感動誰？

章太炎就直截了當多了。革命就是排滿，革命行動就是推翻滿清，革命的基本理由是復仇，種族間的歷史恩仇，滿人入關建立政權、殺了漢人，壓在漢人頭上兩百多年，漢人不應該再忍受，起而趕走漢人，是之謂革命。這種邏輯多清楚、多簡單、多麼容易進行情緒動員啊！

章太炎的簡單排滿立場，直接對上了在日本時梁啟超的致命弱點，那就是屬於「保皇會」的身分。「保皇會」以保光緒皇帝為目的，也就是保衛滿人皇帝、滿洲政權，很顯然違背了漢人本位，遺忘了滿人對漢人的歧視。因而以章太炎對梁啟超，既能以「排滿」對「保皇」，還能在學問上一較高下。

4

章太炎自述：「及亡命東瀛，行篋惟《古經解彙函》、《小學彙函》二書。客居寥寂，日披大徐《說文》，久之，覺段、桂、王、朱見具未諦。適錢夏、黃侃、汪東輩相聚問學，遂成《小學答問》一卷。」在東京時，章太炎重拾對於文字學的探索，對後輩留學生開講，將中國字一個一個拿來解說，凸顯每一個都有其來歷，字義與字音間關係有其一定規律，一時風靡。除了他自己先後寫了《小學答問》、《文始》和《新方言》等書外，好幾位學生也留下了豐富的筆記資料。

在當時東京留學生間，章太炎如此授課，發揮了意想不到的大作用：革命派因此得以倒過來睥睨改革派、保皇派——你們自認比我們有知識有學問？看看，以章太炎的標準，你們連中國字都沒真的懂得幾個吧？你們誰有辦法這樣認字、這樣講字？

在章太炎的「學術次第」上，文字學占據相當重要地位：「中年以後，著撰漸成，雖兼綜故籍，得諸精思者多，精要之言，不過四十萬字。……若《齊物論釋》、《文始》諸書，可謂一字千金矣。」他選出自己中年以後最重要的著作，明確提到的只有兩本，而《文始》佔其一。

《文始》牽涉到章太炎以溯源的方式研究中國文字，也牽涉到他試圖會通「小學」領域中文字學與聲韻學的特殊切入點。給予他靈感的，是「六書」中的「轉注」。作為造字原理分類的「轉注」到底是什麼，和「假借」又如何區分？章太炎提出了他認為最精密、最嚴格的定義，那是「凡說解大同，而有同韻或雙聲得轉者，則歸之轉注。」換句話說，是不是「轉注」必須由兩個字的讀音來決定，不能單純從字形或字義上看得出來。

而同韻或雙聲關係，不是發生在兩個字今天的讀音，必須要追索在發生「轉注」時的發音，那就得從聲韻學去考證，乃至於必須旁徵「方言」的遺留痕跡。他進而思考，「轉注」、「假借」、乃至「形聲」其實都是中國文字擴增的方式，仍然是溯源地看，古代文字數量極少，後代衍生到九千字，唐宋以來又再增加到三、五萬字之多，這過程絕對不是任意、隨便的，也不是字到字的衍發，而是必定要和各代的語言產生關係，所以應該以語言、聲韻為底，弄清楚古今語言的變化軌跡。

如此而有了章太炎對於中國文字的系統觀，又影響了章太炎寫文章的風格。他形容自己的文章是「奧衍不馴」，深奧不容易一眼看懂，有著很多衍生枝節，當然不會依照大家熟悉的章法呈現。他解釋，形成這樣的行文習慣，背後用心是「欲使雅言故訓，復用於常文耳」。意思是他對古文字知道太多了，很自然想將以前的用字法，也是更符合文字創生規律的用法，還原放入自己寫的文章，讓古字用法成為現今的習慣。

他寫文章最早遵從的典範是清代的汪中、李兆洛，到三十四歲後自覺改變了，主要源自大量閱讀三國兩晉的作品，對原本佩服的汪、李有了不同評價，認為他們「能作常文」，卻沒有辦法應付「議禮論政」的需要。關於「議禮論政」，那就更要遠溯到東漢如仲長統、崔實才能找到至高典範了。

另外，和三國兩晉文章相比，汪、李顯得侷促。追究這種清代風格的形成，來自對宋代古文，歐陽脩、王安石、蘇軾等人文風的反動。宋人「務為曼衍」，是打開、拓展的寫法，於是清代的文章轉而內縮，尋求結構井然節制。三國兩晉文章在這兩種相反傾向的中間——氣自捲舒，不會覺得拘謹束縛、辭不達義。

此時讀魏晉文章，另有一份強烈動機。那就是章太炎接觸佛教，尤其受「法相宗」唯識學影響，必須找到能夠談「玄理」的寫法。若論表達「玄理」，那就不只汪、李的風格不適用，就連「秦、漢高文」都力有未逮吧！

章太炎的自述不見得都能在他寫的文章中得到印證，然而鋪陳了他對中國文學章法的歷史式分辨，有著很高的參考價值。

5

「自述」中和《文始》並列，章太炎視為自身代表作的，另有《齊物論釋》。《齊物論釋》是對於《莊子．齊物論》的詳細註解，得到章太炎如此高度強調，背後有長遠的因由。首先是：「余少年讀治經史、《通典》諸書，旁及當代政書而已，不好宋學，尤無意於佛氏。」這仍然是他遵循清代學術主流而來的特性，重考據而輕義理，刻意凸顯「實學」價值，將「宋學」與「佛氏」都視為「虛學」。

然而同樣是受到時代氣氛的影響，三十歲後章太炎開始讀佛書。時代氣氛為什麼會讓佛學愈來愈受到重視？其中一項原因，章太炎曾經在演講中解釋過：受到西方思想、文明的衝擊，探索西方之所以強大，以西方為模仿、學習榜樣，逐漸注意到基督教的關鍵地位與作用。西方歷史發展脫離不了宗教，統一的宗教是西方文明確確實實的基礎。那麼是不是中國也需要宗教來促成文明進化呢？

康有為因此而堅持「孔教」，等於是要將儒家宗教化，並將孔子奉為教主。在參與《時務報》短暫期間，章太炎已經察覺了康有為背後「自為教主」的心態，並極度不以為然。康有為視孔子為「素王」，將「六經」解釋為是孔子用來替後世訂定太平制度的「托古改制」文獻，卻又自號「長素」，豈不是認為自己還「長於素王」嗎？所以提倡「孔教」看起來真正目的是要滿足康有為當教主的狂妄野心吧！

「孔教」問題在章太炎寫這篇文章前後，又有新的糾結：袁世凱復辟稱帝計畫中，提倡「孔教」也是其中一環，配合恢復帝制的保守舉措，思想與社會價值上，就以「孔教」來取代喧騰一時的種種新潮流。一九一三年底，章太炎發表了〈駁建立孔教議〉，文章中說：「孔子於中國，為保民開化之宗，不為教主。……孔教本非前世所有，則今者固無所廢；莫之廢則亦無所復矣。」

「孔教」行不通，更根本的理由是儒家植基於現實，主要關懷在俗世人際倫理，孔子更是明白反對超越權威崇拜，硬要將儒家打造成信仰，太勉強了。「孔教」必然行不通，基督教又在中國全無基礎，很難移植進來得到人心真誠信仰，那麼剩下的選項就只有佛教了。

「蘇報案」繫獄期間，章太炎有時間也有動機理解佛教，他讀了《瑜伽師地論》、《因明學》、《唯識論》等，大為折服，轉而相信「玄理無過《楞伽》、《瑜伽》者」。

很明顯地，章太炎選擇的，都是佛教中帶有高度思辨性質的內容，後來更明白主張當時環境中，「法相宗」唯識學最切合中國之需要。尤其在西方科學帶來的嚴格智識主義與邏輯思考潮流中，只有像唯識學這種細密分析導向的思想，可以適應現代之需求。

之所以看中、標舉《齊物論釋》，因為代表了章太炎的關鍵轉向，從考證實學轉向義理、乃至玄理思考。《齊物論釋》形式上是對於《莊子》文本的考釋，然而章太炎自認在其中綜合了法相之理，甚至正是因為繞路到佛教唯識分析，才做到了「使莊生五千言，字字可解」，超越了過去郭象、成玄英等人對此一名篇的認識。

還不只如此，經由如此對於〈齊物論〉的考釋，章太炎還貫通了《老子》，也改而能夠欣賞「宋儒」。不過他對理學的看法還是不同於傳統，構成理學核心的「朱陸之爭」他擺在一邊，因為既不喜歡朱熹也不贊同陸象山，他肯定的是「二程」——程顥和程頤兄弟。

接著章太炎自述了他的「易學」研究。引佛法入老莊，再牽繫到《易經》，很容易讓人聯想魏晉時期的「三玄」，然而章太炎對待《易》卻完全脫離了玄學玄理，轉而放入在他的史學觀照中。《易經》以六爻皆陽的「乾卦」和六爻皆陰的「坤卦」為開頭，然後繼之以「屯卦」與「蒙卦」。章太炎從「十翼」中的「序卦」得到啟發，凸顯了「屯」、「蒙」這兩卦的重要性。「屯」是草昧的意思，「蒙」則指幼稚，也就是群體與個人的開端童年。在這裡《易經》發揮了記錄「史前史」的功能，如果從社會史的角度去看，會看到有關狩獵生活（農業之前）的描述，更有婚姻倫理制度固定下來前的人群互動狀況。再進一步，從「觀卦」看到神道設教，宗教之起源；從「噬嗑卦」看到刑罰的變化，從原始肉刑轉而得到文明修飾；從「比卦」看到了政治制度如何由部落酋邦進步到「封建五等」……

這樣的想法，很明顯受到了社會進化論的影響，另外也和章太炎看待、研究文字的溯源模式，相互呼應。

6

章太炎在學術上的成熟年代，和參與革命同時，無論是大環境或自身的經驗，都使得他深涉政治。不過一心排滿，將革命聚焦在種族復仇上，在清末為章太炎帶來名聲與影響力，卻也在滿清被推翻後，給他帶來了巨大的失落衝擊。事實上，他之所以在一九一四年（民國三年）寫下這篇〈自述學術次第〉，相當程度上正是為了要應對這分失落，而採取了回顧來時路的方式，試圖確定這些努力不是白費，有其獨到見解成就，更有可以垂之未來的長久價值。

〈自述學術次第〉開篇第一段，提及戴震，說他「著書窮老」然而著述方式主要是「發凡起例」，指出方向，給基本規劃與示範，然後交給後人去填補相關內容。這當然是「一代學宗」的氣魄，博覽廣涉各種領域，找到了學問門徑，但不可能靠一人精力做那麼多研究，所以除了自己的著述外，編立凡例也是一種方式。戴震之後，果然有惠棟、彭紹升繼承他的學術路徑，做出相當成績來。

章太炎也是這樣博覽廣涉的人，當然希望將自己比為戴震那樣等級的「學宗」，不過他感受到時代情況的差異，覺得自己所處的，是「講誦浸衰」的時代，如果效仿戴震，恐怕是找不到有惠棟、彭紹升那種等級學人來繼承並發揚光大的。所以他自己的學術提要，必須做得更多更扎實些，不能只舉大綱，要讓學生從中自己判斷，「識大識小，弘之在人」。

前面提到了，這一年章太炎四十六歲，經歷了和袁世凱的對立，他在文章中感慨：「晚更患難，自知命不久長……既以中身而隕，不獲於禮堂寫定，傳之其人……」他既受到了真實的威脅，預感自己命不久長，另外更受到學風劇變的衝擊。他意識到自己的學術積累在由民國肇建所象徵的新時代中，有了「合法性危機」，必須主觀地努力進行整理、宣揚。

然而弔詭地，他的整理、宣揚，一部分更彰顯了這些想法的過時，在民國情境中，章太炎成了傳統學術的最後殿軍，和梁啟超樹立的「民國思想先鋒」形成了確鑿的對比。

儘管在此之前，民國元年、二年，章太炎和梁啟超都曾積極投身在國會與政黨活動中，章太炎的涉入甚至還早於滯留日本未歸的梁啟超。然而到民國三年，在政局震盪的北京表白政治看法時，章太炎卻說：「余於政治，不甚以代議為然，曩在日本，已作〈代議然否論〉矣。」而他反對代議制最主要的理由，是即使國體變更為民主，依照歷史不能一下子盡變法制，更不能驟然更改社會習慣。這是非常強烈的保守立場，表示即使國體改了，制度和社會應該繼續保留原有傳統狀況。極度諷刺的，當年在日本，章太炎歸於激進革命陣營，梁啟超卻被視為比較保守的改革派、甚至「保皇派」，然而那個時候梁啟超就已經大力鼓吹要「新民」，甚至連光是改變政治、法律制度都覺得不夠徹底了！

這回頭證明了，當年章太炎的激進，完全建立在排滿的絕對種族主義立場上，掩蓋了在政治、社會、文化方面，他實質的極度保守態度。民國已經建立了，自述關於政治上的思想與看法時，章太炎仍然將重點放在對「行省」的檢討，以及對「吏治」的關切。前者另外聯繫了他的另一項學術重點——整理明遺民知識分子著作，放在後面一併討論。

後者他特別提到自己和「總統孫公」向來論政多所不合，惟獨對於現代制度中應該有主管吏治的「都察院」（「監察院」），兩人所見略同。孫中山在南方另立政府，他積極慫恿將「評政院」寫入

《約法》中，成為國家制度的一環。

7

延續政治思想，章太炎提到了他的法律法學意見。那個時代最大的問題，當然是如何將傳統的《清律》予以現代化，那也就牽涉到引進西方的法律。章太炎不是法學研究者，但從他的學術脈絡中，他認知了文化與法律的連結，特別關注新法律與中國原有社會習俗脫節的問題。

來自西方的現代法律概念，強調法律與道德分離，但章太炎質疑：法律真的可以和人情習俗完全不相干嗎？而人情習俗又怎麼可能不牽涉道德呢？事實上，很多所謂「現代」的法律意識，是從西方人情習俗中脫化出來的，反映了西方的道德價值判斷，並不真的和道德無關。

像是新法的「侵占」罪，含括範圍很廣，最讓章太炎在意的是沒有區別看待「監守自盜」。這在中國舊律中是盜賊科中獨立的一條罪名，嚴重程度介於強盜和一般竊盜之間。理由是其中牽涉責任，監守自盜放棄、辜負了人家交付的責任，應該比單純偷竊嚴重。責任是道德概念，但可以不影響法律嗎？和他在政治上對吏治的重視相配合，他尤其無法接受官員的監守自盜不受較重的懲罰。

還有無揀別引進西方法律，將他們源自基督教會傳統的一些規定也全盤變成中國法律。西方凸顯對於毀壞歷史、宗教圖書與建築物的嚴重程度，以重刑對待刻意破損教堂或公共圖書館等行為，這對章太炎來說很莫名其妙：「豈焚一尼庵，燒一卷《金剛經》、《新》、《舊約》者，其罪當重，而毀廣廈藏書者，其罪轉輕耶？」只因為那「廣廈藏書」屬於私人，並和宗教無關？

新法律對於罪名劃分比舊律來得簡單，相對地，同樣罪名可以科處的懲罰，程度範圍就較廣。章太炎強烈質疑「殺人」如果不再區分「謀殺」、「故殺」、「鬥毆殺」，能算合理嗎？他特別提到中古時期《晉律》、《唐律》對於「謀殺」、「故殺」有比《清律》更細密的分辨，所謂「謀」指的是兩個人以上商量計畫，所以要另行看待。當然這方面是當時中國法律改革過程中的粗疏所造成的，西方法律對殺人動機與是否有預謀其實也非常關切。

總體來說，最核心的議題在於法律應該訂定得多嚴密，又應該給法官多大的「心證」區別空間？顯然，章太炎主張法律應該儘可能訂得明確，不同罪名就有不同處罰，罪名和處罰間的對應也最好明確。過去律法中處刑除了最嚴重的死刑外，另外有五種十七等，到了現代法律，減少到只有死刑與徒刑兩種，頂多加上無期徒刑與有期徒刑的分別。同樣一項罪名，法律的規定可能是「處六個月以上、五年以下有期徒刑」，法官可以在六月到五年間隨意定刑，對他來說實在太寬泛了。

法官的素質和審案態度如何呢？如果不是所有法官都能「平情審察」，如果倒過來大部分法官可能對案子輕率處置，那麼最好還是不要給法官太多上下衡量的授權吧。他贊成改革原本由縣官審案的方式，聘任專業法官，也就是讓行政權和司法權分立，但特別提醒，法官也需要有健全的監督機制，如果法官出問題，該交付給行政首長處置，以免法官系統內彼此包庇。

章太炎關注現實，然而他的學術卻因拘執於「國學」而缺少了能和「西學」接軌的基礎，他能敏銳察知法律改革中造成的不合理情況，但無能形成較有系統的法學思考。

8

再來談到了「余於晚明遺老之書，欲為整理而未逮也」。這其實是回到了他最早的身世背景。

章太炎出生那年，是太平天國失敗後第四年，他少時受業於外祖父朱有虔，據他回憶，十一二歲時（另有十三四歲、十四五歲、十六七歲等說法）讀到了蔣良騏編的《東華錄》，這是一本關於清初史事的編年史，裡面記錄了雍正時的「曾靜案」，外祖父特別強調：「夷夏之防，同於君臣之義。」意思是種族劃分和君臣上下倫理規範同等重要。章太炎好奇問：「前人有談此語否？」外祖父告訴他：王夫之、顧炎武都有談過，尤其王夫之講得格外激切，說歷代亡國無足輕重，只有南宋之亡，那是連衣冠文物都一併滅亡了。章太炎理解其意，因而回應：那明朝亡於闖王還比較好吧！外祖父先告誡他：「今不必做此論。」但接著解釋：如果是李自成從明朝手中奪得天下，就算李自成不好，他的子孫未必都壞。其實也就是對照說：清朝皇帝再怎麼傳，都是非我族類的滿洲人，那當然是同意「明朝不如亡於闖王」了，只是再提醒一次：「惟今不必做此論耳。」也就是現在不適合、不方便講這樣的話。

章太炎認定：「余之革命思想伏根於此。依外祖之言觀之，可見種族革命思想原在漢人心中，惟隱而不顯耳。」

然而到了民國建立，漢人的種族革命已經成功了，明遺民的思想意義也必然隨而改變。章太炎特別說：「古稱讀書論世，今觀清世儒先遺學，必當心知其意。」也就是，第一要追究他們提出學問內容與主張的背後動機，不能只看他們說了什麼，更要解釋他們為什麼要這麼說；第二，要能明白他們的動機，就必須將學問內容與主張放回他們所處時代境遇中，不能抽離了時代環境架空地看，也不能想當然耳以我們的背景去推論。

章太炎舉了一個很有意思的例子。明遺民中「侈談封建井田者為甚」，看似繼承了宋儒的意見，然而細究的話會發現其實用心很不一樣。章太炎的大膽推斷是：「宋儒欲以封建井田致治，明遺民乃欲以封建井田致亂。」宋儒是要藉由重返井田制來建構基層互助生產社群，達到人民安居樂業的政治高度成就；明遺民卻完全相反，他們是要利用提倡井田來製造亂局。

封建的精神是「方鎮獨立」，井田的作用是「社會均財」，前者分掉了朝廷的權力，後者擾動既有秩序，都足以為難此時主政的滿洲外來勢力。而依照章太炎看法，如此「託於儒家迂論」來製造禍端的陰謀，並沒有逃過滿清皇帝的注意。雍正、乾隆兩朝，就出現了幾次皇帝明白鎮壓這種「生今反古」言論的案例，證明了遺民的「封建論」絕然不同於宋儒的主張。

不過更有意思的是章太炎進一步帶著宿命論的色彩，提示了到了同治、光緒兩朝，畢竟還是出現了「方鎮獨立」的現象，各地行省擁兵自重，「武昌起義」之所以能釀成革命大潮，靠的也就是各省紛紛宣告獨立，忽然之間就扳倒了清朝。

所以在政治意見上，章太炎強烈主張「省制當廢」。省最主要的問題，就是統轄的範圍太廣，而要實質治理這麼大的領土，其首長非得同時兼有民、兵二政。如此從底層看，無法落實地方自治；從上層看，省聚攏權力與資源，必為藏汙納垢之所，政治紀律無從樹立。

他更具體分析：「清之亡國，在以軍法處民政，官常計典，視若具文。……賄積於上，盜布於下，民怨沸騰，又安得不瓦解也？」本來為了軍事需要而交付給地方的權宜空間，到後來排擠了原有的固定制度，終究在普遍脫序狀態中葬送了清朝的統治壽命。

9

章太炎承繼清代學術主流，深浸國學傳統，加上寫作風格刻意求深，令人望而生畏，在那個時代，他是少數對西學少有興趣的學者，於是更容易讓人視其為理所當然的「國學大師」。

收錄在《錢賓四先生全集．中國學術思想史論叢》中有兩篇談章太炎的文章。前面一篇成於章太炎去世後的第二年，錢穆對章的「國學」成就大所讚揚，尤其聚焦在他的真摯「中國性」、「中國本位」上；後面一篇則成於錢穆晚年，竟然對章太炎提出了徹底相反的論斷。錢穆從章太炎作品中歷歷指證，章一則從「小學」，二則從「佛學」切入「國學」，以致於忽略了中國思想與學術的真實核心——儒家生命哲學，缺乏這樣的根底，使得章太炎關於「國學」的種種解釋，好一點的是皮毛之見，更糟的則充滿扭曲。

對讀同為錢穆所寫的這兩篇文章，其論斷完全不能並容，前是則必後非，後是則必前非，二者必居其一。以錢穆的博學涵養，加上敏銳的思想分析才能，竟然在評論章太炎時，留下了如此矛盾的記錄，正顯示了章太炎之不易理解、更難總述的思想特性。但也正因這樣的龐雜豐富，讓我們能夠從章太炎的遺留篇章裡，挖掘出多層次的線索與啟發。

第一輯

提　要

章太炎寫的文章，以難懂聞名，而且那樣的「難」是他有意為之（理由請見〈導讀〉中解說），既是他思想中重要的一項成分，也是當年使得他能夠突出自我的一種有效策略。不過清末民初的知識環境中就被視為難懂的文字，百年之後當然構成了今天讀者要接近章太炎的根本障礙。

幸而章太炎留下了少數的演講紀錄，可以提供克服障礙的助力，也可以讓我們一窺章太炎思想、論理的特殊魅力，刺激出更深入了解的興趣與動機。

貫串章太炎一般論學意見的，大致有兩項立場，一是文化上的民族主義態度，尤其與對於中國歷史的認識密切結合。他在日本居停的時間中，接觸了日本的「東洋學」，也稍微認知了西洋「漢學」的研究，以他的學術取徑，他看到的是這些外國人在中國文獻領受上的種種缺陷，因而無法接受部分中國人對「東洋學」、「漢學」的肯定、傾倒評價。他有足夠的現實感，知道在時代大潮流衝擊下，傳統學問有很多已經站不住腳，很難吸引注意，於是特別強調歷史的重要性，期許中國下一代學子透過歷史來建立自我價值根基，也透過歷史而有愛國心與對國家的充分認同。

章太炎反覆提到一項至今仍然極有價值的教育觀念：歷史這門學科不適合在課堂上教授，而應該由學生自己廣泛閱讀。他開出的閱讀書單從《資治通鑑》、到「二十五史」、到《通典》等，也許不再是當前形成、累積歷史知識的最好材料，然而如果代換上其他更晚近的史學經典與主要歷史紀錄，若能讓學生依照興趣自己多讀多想，應該還是比現在教育體制中教歷史的方法更有成效吧！

鑑於年輕學生連對外國人研究中國知識都不能具備批判意識，讓章太炎產生了第二項立場，那就是強調求學必有艱難過程，將學問看得太容易，會連帶培養了好高騖遠、輕實務虛的傾向。年輕人「虛慕文明」，包括將文明中的人道主義看得太簡單、太便宜了！人道主義、和平秩序其實得來不易，沒有一定的奮鬥決心是不可能達致的，如果只是採取一種嚮往、崇拜的態度，那就是「虛慕」，反而取消了真正能夠成就事業所需的堅忍精神。

章太炎自己的求學過程，經歷了多重波折，有過種種變化，依違游移於「求是」與「致用」之間，嘗試含納了多方領域，最終才在廣義的歷史常識上得到統合，中間當然需有堅忍的意志，另外也有狂傲的心性作為推波助瀾，以己度人，他會有這樣的看法，也就毫不意外了。

論教育的根本要從自國自心發出來

本國沒有學說，自己沒有心得，那種國，那種人，教育的方法，只得跟別人走；本國一向有學說，自己本來有心得，教育的路線自然不同。幾位朋友，你看中國是屬於那一項？中國現在的學者，又屬於那一項呢？有人說，中國本來沒有學說，那種話，前幾篇已經駁過；還有人說，中國本來有學說，只恨現在的學者沒有心得，這句話雖然不合事實，我倒願學者用為藥石之言。中國學說，歷代也有盛衰，大勢還是向前進步，不過有一點兒偏勝。只看周朝的時候，禮、樂、射、御、書、數，喚作六藝，懂得六藝的多。卻是歷史、政事，民間能夠理會的很少。哲理是更不消說得。後來老子、孔子出來，歷史、政事、哲理三件，民間漸漸知道了，六藝倒漸漸荒疏。漢朝以後，懂六藝的人雖不少，總不如懂歷史、政事的多。漢朝的人懂六藝，比六國人要精許多。哲理又全然不講。魏、晉、宋、齊、梁、陳這幾代，講哲理的，儘比得上六國。六藝裡邊的事，禮、樂、數是一日明白一日。書只有形體不正一點，聲音、訓詁，仍舊沒有失去，歷史、政事自然是容易知道的，總算沒有甚麼偏勝。隋、唐時候，佛教的哲理比前代要精審，卻不過幾個和尚。尋常士大夫家，儒道名法的哲理就沒有。數學、禮學，唐初都也不壞，從中唐以後衰了。只剩得歷史、政事，算是唐人擅場。

宋朝人分作幾派：一派是瑣碎考據的人，像沈括[1]、陸佃[2]、吳曾[3]、陸游[4]、洪适[5]、洪邁[6]都是。王應麟[7]算略略完全些，也不能見得大體。在六藝裡面，不能成就的那一種；一派是好講經世的人，像蘇軾、王安石、陳亮[8]、陳傅良[9]、葉適[10]、馬端臨[11]都是。陳、馬還算著實，其餘不過長許多浮誇的習氣，在歷史既沒有真見，在當時也沒有實用；一派是專求心性的人，就是理學家了。比那兩家，總算成就。除了邵雍[12]的鬼話，其餘比魏、晉、宋、齊、梁、陳的學者，也將就攀得上。歷史只有司馬光、

---

1 一〇三二—一〇九六，所著《夢溪筆談》，主題廣泛，多與科學相關，為宋代三大考據筆記之一。

2 一〇四二—一一〇二，編有辭典《埤雅》，深入考據《詩經》中的動植物。

3 生卒年不詳，所著《能改齋漫錄》以考據、博引見稱。

4 一一二五—一二一〇，著有中國第一部長篇遊記《入蜀記》，內容涵蓋史事、考據、詩評等。

5 一一一七—一一八四，其文獻學著作《隸釋》，取兩漢到魏初碑碣隸書相參，並訂正遺誤。

6 一一二三—一二〇二，所著《容齋隨筆》，以史料、考據見稱，為宋代三大考據筆記之一。

7 一二二三—一二九六，所著《困學紀聞》，廣涉經史子集，為宋代三大考據筆記之一。

8 一一四三—一一九四，提倡「事功之學」，認為儒學應著重實用。

9 一一三七—一二〇三，永嘉學派（事功學派）的代表人物之一，為學主張經世致用。

10 一一五〇—一二二三，集永嘉學派之大成，反對性理之說，提倡實用與功利主義。

11 一二五四—一三三三，著重經濟實務，所著《文獻通考》可見其重視經濟民生的史學思想。

12 一〇一二—一〇七七，易學象數派重要的開拓者，著有河洛數術書《皇極經世》。

范祖禹兩家[13]。司馬光也還懂得書學。此外像賈昌朝[14]、丁度[15]、毛居正幾個人[16]，也是一路。像宋祁[17]、劉攽[18]、劉奉世[19]、曾鞏，又是長於校勘，原是有津逮後學的功，但自己到底不能成就小學家。宋、元之間，幾位算學先生出來，倒算是獨開蹊徑。大概宋朝人還算沒有偏勝，只為不懂得禮，所以大體比不上魏、晉幾朝。中國有一件奇怪事，老子明說「禮者，忠信之薄」，卻是最精於禮，孔子事事都要請教他。魏、晉人最佩服老子，幾個放蕩的人，並且說「禮豈是為我輩設」，卻是行一件事，都要考求典禮。晉朝末年，禮論有八百卷，到劉宋朝何承天[20]，刪併成三百卷；梁朝徐勉集[21]五禮，共一千一百七十六卷。可見那時候的禮學，發達到十分。現在《通典》裡頭，有六十卷的禮。大半是從那邊採取來，都是精審不磨，可惜比照原書，存二十分之一了。那時候人，非但在學問一邊講禮，在行

13 一〇四一—一〇九八，精通《唐書》，協助修編《資治通鑑・唐紀》。
14 九九八—一〇六五，著有《群經音辨》分析經書中同形異音的訓詁之作。
15 九九〇—一〇五三，訓詁學家，奉詔共同編撰韻書《集韻》、《禮部韻略》。
16 生卒年不詳，繼承其父，重新校勘禮部韻略，是為《增修互註禮部韻略》。
17 九九八—一〇六一，北宋史學家，《新唐書》的主要撰著者。
18 一〇二三—一〇八九，北宋史學家，撰有《東漢刊誤》。
19 一〇四一—一一一三年，與其父劉敞及劉攽合寫《漢書標注》。
20 三七〇—四四七，將《禮論》重新歸類刪節，合併〈前傳〉、〈雜論〉、〈纂文〉。
21 四六六—五三五，參與制定梁朝典章儀制，修訂吉、凶、軍、賓、嘉五種禮儀。

事一邊也都守禮。且看宋文帝已做帝王，在三年服裡頭生太子，還瞞著人不敢說，像後代的帝王，那裡避這種嫌疑？可見當時守禮的多，就帝王也不敢公然踰越。更有怪的，遠公[22]原是個老和尚，本來遊方以外，卻又精於〈喪服〉。弟子雷次宗，[23]也是一面清談，一面說禮，這不是奇怪得很嗎？宋朝的理學先生，都說服膺儒術，規行矩步，到得說禮，不是糊塗，就是謬妄。也從不見有守禮的事。只是有一個楊簡[24]（通稱楊慈湖。），在溫州做官，遇著欽差到溫州來，去和他行禮，主人升自阼階，賓升自西階，一件一件都照著做，就算奇特非常，到底不會變通，也不算什麼高（照這樣看來，理學先生，遠不如清談先生）。

明朝時候，一切學問，都昏天黑地，理學只襲宋儒的唾餘，王守仁出來，略略改變些兒，不過是溝中沒有蛟龍，鯢鰌來做雄長，連宋朝人的瑣碎考據，字學校勘都沒有了。典章制度，也不會考古，歷史也是推開一捲。中間有幾位高的，音韻算陳第，[25]文字、訓詁算黃生，[26]律呂算朱載堉，[27]攻《偽

22 三三四—四一六，即慧遠，淨土宗初祖。為弟子雷次宗、宗炳等人講授〈喪服〉。
23 三八六—四四八，高僧慧遠的弟子，為〈喪服〉作義疏，長於《儀禮》。
24 一一四一—一二二六，宋代理學家，受業於陸九淵，致力於心學。
25 一五四一—一六一七，明代音韻學家，指出叶韻觀念的錯誤。著有《毛詩古音考》。
26 一六二二—？，精於考據，所著《字詁》、《義府》對訓詁領域貢獻卓著。
27 一五三六—一六一一，精於數學、曆學，著有《律呂精義》、《樂律全書》等，提出新法密率，即今所謂十二平均律。

古文尚書》算梅鷟，[28]算學也有個徐光啟，[29]但是從別處譯來，並不由自己思索出來，所以不數。到明末顧炎武，就漸漸成個氣候。

近二百年來，勉強喚作清朝，書學、數學、禮學，昏黑了長久，忽然大放光明，歷史學也比得上宋朝。像錢大昕、[30]梁玉繩、[31]邵晉涵、[32]洪亮吉，[33]都著實可以名家。講政事的頗少，就有也不成大體。或者因為生非其時，不犯著講政事給他人用，或者看穿講政事的，總不過是浮誇大話，所以不願去講。至於哲理，宋、明的理學，已經擱起一邊了，卻想不出一種道理去代他。中間只有戴震，[34]做幾卷《孟子字義疏證》，自己以為比宋儒高，其實戴家的話，只好用在政事一邊，別的道理，也並沒得看見。宋儒在《孟子》裡頭翻來翻去，戴家也在《孟子》裡頭翻來翻去。宋儒還採得幾句六朝話（大概皇侃[35]《論語疏》裡頭的話，宋儒採他的意頗多），戴家只會墨守《孟子》。《孟子》一家的話，戴家

---

28 約一四八三—一五五三，所著《尚書考異》為首部揭發《偽古文尚書》的專著，指出其中共二十五篇為《尚書》偽作。

29 一五六二—一六三三，明末數學家、天文學家，與利瑪竇合譯《幾何原本》。

30 一七二八—一八〇四，清代史學家，乾嘉學派代表之一。

31 一七四四—一七九二，在《史記》考證方面有極高成就。

32 一七四三—一七九六，清代史學家、校勘學家，於古代典籍文獻之整理貢獻極大。

33 一七四六—一八〇九，嘉慶年間學者，長於詞章考據。

34 一七二四—一七七七，師從聲韻學家江永，精通小學。晚年著《孟子字義疏證》。否定程朱思想。

所發明的，原比宋儒切實，不過哲理不能專據《孟子》。（阮元的[36]《性命古訓》，更不必評論了。）到底清朝的學說，也算十分發達了。只為沒有講得哲理，所以還算一方偏勝。若論進步，現在的書學、數學，比前代都進步；禮學雖比不上六朝，比唐、宋、明都進步；歷史學裡頭，鉤深致遠，參伍比校，也比前代進步；經學還是歷史學的一種，近代也比前代進步。本國的學說，近來既然進步，就和一向沒有學說的國，截然不同了。但問進步到這樣就止嗎？也還不止。六書固然明了，轉注、假借的真義，語言的緣起，文字的孳乳法，仍舊模糊，沒有尋出線索，可不要向前去探索嗎！禮固然明了，在求是一邊，這項禮為什麼緣故起來？在致用一邊，這項禮近來應該怎樣增損？可不要向前去考究嗎？歷史固然明了，中國人的種類，從那一處發生？歷代的器具，是怎麼樣改變？各處的文化，是那一方盛？那一方衰？盛衰又為什麼緣故？本國的政事，和別國比較，劣的在那一塊？優的在那一塊？又為什麼有這樣政事？都沒有十分明白，可不要向前去追尋嗎？算學本是參酌中外，似乎那邊盛了，這邊只要譯他就夠。但以前有徐光啟採那邊的，就有梅文鼎[37]由本國尋出頭路來；有江

35 四八八—五四五，南朝經學家，注有《論語義疏》，參玄學以注經。

36 一七六四—一八四九，著有《性命古訓》，集結《孟子》等書中有提及「性」、「命」的篇章，透過訓詁以闡發理論。

37 一六三三—一七二一，清初天文學家、數學家。致力於使中國傳統天文、算學知識再起。有「曆算第一名家」之譽。

永採[38]那邊的，就有錢大昕、焦循由本國尋出頭路來。直到羅士琳[40]、徐有壬[41]、李善蘭[42]都有自己的精思妙語，不專去依傍他人。後來人可不要自勉嗎！近來推陳出新的學者，也儘有幾個。若說現在的學者沒有心得，無論不能概全國的人，只兄弟自己看自己，心得的也很多。到底中國不是古來沒有學問，也不是近來的學者沒有心得，不過用偏心去看，就看不出來。怎麼叫作偏心？只佩服別國的學說，對著本國的學說，不論精粗美惡，一概不採，這是第一種偏心。

在本國的學說裡頭，治了一項，其餘各項，都以為無足重輕，並且還要詆毀。就像講漢學的人，看見魏晉人講的玄理，就說是空言，或說是異學；講政事的人，看見專門求是不求致用的學說，就說是廢物，或說是假古玩。彷彿前人說的，一個人做弓，一個人做箭，做弓的說：「只要有我的弓就好射，不必用箭。」做箭的說：「只要有我的箭就好射，不必用弓。」這是第二種偏心（這句話，並不是替許多學者做調人，一項學術裡頭，這個說的是，那個說的非，自然要辨論駁正，不可模稜了就算數。至於兩項學術，就不該互相菲薄）。

38 一六八一—一七六二，清代經學家、聲韻學家、數學家，好西學。為中西學術之爭中，西學的代表之一。

39 一七六三—一八二〇，精通曆算、訓詁，研究中國古算學，著有《加減乘除釋》等多部算學著作。

40 一七八三—一八五三，晚清八大數學家之一。闡發元代朱世傑所提四元術，著成《四元玉鑑細草》。

41 一八〇〇—一八六〇，晚清八大數學家之一。長於三角函數、冪級數。

42 一八一〇—一八八二，晚清八大數學家之一。提出組合學恆等式「李善蘭恆等式」。

這兩項偏心去了，自然有頭緒尋出來。但聽了別國人說，本國的學說壞，依著他說壞，固然是錯；就聽了別國人說，本國的學說好，依著他說好，仍舊是錯。為什麼緣故呢？別國人到底不明白我國的學問，就有幾分涉獵，都是皮毛，憑他說好說壞，都不能當作定論。現在的教育界，第一種錯，漸漸打消幾分；第二種錯，又是接踵而來。比如日本人說陽明學派是最高的學派，中國人聽了，也就去講陽明學，且不論陽明學是優是劣，但日本人於陽明學，並沒有什麼發明，不過偶然應用，立了幾分功業，就說陽明學好。原來用學說去立功業，本來有應有不應，不是板定的。就像莊子說：「能不龜手一也，或以侯，或不免於洴澼絖。」（不龜手，說手遇了冷不裂；洴澼絖，就是打綿。）本來只是湊機會兒，又應該把中國的歷史翻一翻。明末東南的人，大半是講陽明學派，如果陽明學一定可以立得功業，明朝就應該不亡。又看陽明未生以前，書生立功的也很不少，遠的且不必說，像北宋种師道，[43]是橫渠的弟子，用种師道的計，北宋可以不亡。南宋趙葵[44]是晦庵的再傳弟子，宋末保全淮蜀，都虧趙葵的力。明朝劉基（就是人人稱劉伯溫的），是參取永嘉、金華學派的人，明太祖用劉基的策，就打破陳友諒。難道看了橫渠、晦庵和永嘉、金華學派的書，就可以立得功業嗎？原

---

43 一〇五一－一一二六，北宋末名將。靖康之難時曾建言駐軍黃河，以防止金兵南下，但遭其他大臣反對而未果。後開封城遭破，宋欽宗謂：「朕不用种師道言，以至於此！」

44 一一八六－一二六六，南宋名將，曾大勝金兵。元代官員脫脫曾謂：「宋自端平以來，捍禦淮、蜀兩邊者，非葵材館之士，即其偏裨之將。朝廷倚之，如長城之勢。」

來運用之妙，存乎其人。莊子說得好：「豕零桔梗，是時為帝。」（豕零，就是藥品裡頭的豬苓，意思說賤藥也有大用。）如果著實說去，學說是學說，功業是功業，不能為立了功業，就說這種學說好，也不能為不立功業，就說這種學說壞（學說和致用的方術不同，致用的方術，有效就是好，無效就是不好；學說就不然，理論和事實合才算好，理論和事實不合就不好，不必問它有用沒用）。現在看了日本人偶然的事，就說陽明學好，真是道聽塗說了。

又像一班人，先聽見宋儒謗佛，後聽見漢學人謗佛，最後又聽見基督教人也謗佛，就說佛學不好；近來聽見日本人最信佛，又聽見歐洲人也頗有許多信佛，就說佛學好；也不論佛學是好是壞。但基督教人，本來有門戶之見，並說不出自己的理論來；漢學人也並不看佛書，這種話本可以擱起一邊；宋儒是看過佛書了，固然有許多人謗佛，也有許多人直用佛書的話，沒有諱飾。本來宋儒的學說，是從禪宗脫化，幾個直認不諱的。就是老實說直話，又有幾個？裡面用了佛說，外面排斥佛說，不過是裝潢門面，難道有識的人，就被他瞞過嗎？日本人的佛學，原是從中國傳去，有幾種書，中國已經沒有了，日本倒還有原版，固是可寶。但日本人自己的佛學，並不能比中國人深，那種華嚴教、天台教的話，不過把中國人舊疏敷衍成篇。他所特倡的日蓮宗、真宗，全是宗教的見解，並沒有關係學說的話。儘他說的好，也不足貴。歐洲人研究梵文，考據佛傳，固然是好；但所見的佛書，只是小乘經論，大乘並沒有幾種。有意講佛學的人，照著他的法子，考求言語歷史，原是不錯（本來中國玄奘、義淨這班人，原是注意在此，但宋朝以後就絕了）。若說歐洲人是文明人，他既學佛，我也依他學佛，這就是下劣的見解了。

胡亂跟人，非但無益，並且有害。這是什麼緣故？意中先看他是個靶子，一定連他的壞處也取了來。日本出家人都有妻，明明是不持戒律，既信日本，就與佛學的本旨相反。歐洲人都說大乘經論，不是釋迦牟尼說的（印度本來有這句話）。看不定的人，就說小乘好，大乘不好，那就棄精華取糟粕了。佛經本和周公、孔子的經典不同：周、孔的經典，是歷史，不是談理的，所以真經典就是，偽經典就不是；佛經是談理的，不是歷史，只要問理的高下，何必問經是誰人所說。佛經又和基督教的經典不同：基督教是純宗教，理的是非，並不以自己思量為準，只以上帝耶穌的所說為準；佛經不過夾雜幾分宗教，理的是非，要以自己思量為準，不必以釋迦牟尼所說為準。以前的人學佛，原是心裡悅服，並不為看重印度國，推愛到佛經；現在人如果要講佛學，也只該憑自己的心學去，又何必借重日本、歐洲呢？

又像一班無聊新黨，本來看自國的人是野蠻人；看自國的學問是野蠻學問。近來聽見德國人頗愛講支那學，還說中國人民，是最自由的人民；中國政事，是最好的政事。回頭一想，文明人也看得起我們野蠻人，文明人也看得起我們野蠻學問，大概我們不是野蠻人，中國的學問不是野蠻學問了。在學校裡邊，恐怕該添課國學漢文。有這一種轉念，原說他好，並不說他不好，但是受教的人，本來胸中像一塊白絹，惟有聽受施教的話，施教的人卻該自己有幾分主意，不該聽別人的話。何不想一想，本國的學問，本國人自然該學，就像自己家裡的習慣，自己必定應該曉得，何必聽他人的毀譽？別國有幾個教士穴官，粗粗淺淺的人，到中國來要知這一點兒中國學問，向下不過去問幾個學究，向上不過去問幾個斗方名士，本來那邊學問很淺，對外人說的，又格外淺，外人看中國自然沒有學問。古人說的，「以管窺天，以蠡測海」（蠡本來應寫蠃，俗寫作螺。意思說用蠃殼去舀海水，不能曉得海的深淺），一任他看成野蠻何妨。近來外人也漸漸明白了，德國人又專愛考究東方學問，也把經典史書略略翻去，但是翻書的人，能夠把訓詁文義真正明白嗎？那個口述的中國人，又能夠把訓詁文義真正明白嗎？你看日本人讀中國書，約略已有一千多年，究竟訓詁文義，不能明白。他們所稱為大儒，這邊看他的話，還是許多可笑（像山井鼎[45]、物觀[46]校勘經典，卻也可取，因為只有案字比校，並不多發議論，其餘著作，不過看看當個玩具，並沒有可採處。近來許多目錄家，看得日本有幾部舊書，就看重日本的漢學家，是大錯了。皇侃《論語疏》、《玉燭寶典》、《群書治要》幾部古書，不過借日本做個書簏子）。這個也難怪他們，因為古書的訓詁文義，從中唐到明代，一代模糊一代，到近來才得真正明白。以前中國人自己尚不明白，怎麼好責備別國人！後來日本人也看見近

45 ？—一七二八，日本江戶中期儒學者。對校《周易》、《尚書》、《毛詩》、《左傳》、《禮記》、《論語》、《古文孝經》、《孟子》八書之諸善本，撰成《七經孟子考文》。該書於雍正年間傳入中國，並於乾隆時收入《四庫全書》。

46 一六七三—一七五四，即荻生觀。日本江戶中期儒學者。《七經孟子考文》作者山井鼎歿後，幕府命其為該書作補遺，並於一七三一年刊行。

代學者的書，但是成見深了，又是發音極不正當，不曉得中國聲音，怎麼能曉得中國的訓詁？既然不是從師講授，仍舊不能冰釋理解，所以日本人看段注《說文》[47]、王氏《經傳釋詞》[48]，和《康熙字典》差不多。幾個老博士，翻騰幾句文章學說，不是支離，就是汗漫。日本人治中國學問，這樣長久，成效不過如此，何況歐洲人只費短淺的光陰，怎麼能夠了解？

有說日本人歡喜附會，德國人倒不然，總該比日本人精審一點，這句話也有幾分合理。日本人對看歐洲的學說，還不敢任意武斷。對著中國的學說，只是亂說亂造，或者徐福東來，帶了許多燕、齊怪迂之士，這個遺傳性至今還在？歐洲人自然沒有這種荒謬，到底時期太淺，又是沒有師授，總是不解。既然不解，他就說是中國學問，比天還要高，中國人也不必引以為榮。古人說「一經品題，聲價十倍」，原是看品題人是什麼？若是沒有品題的資格，一個門外漢，對著我極口稱讚，又增什麼聲價呢？聽了門外漢的品題，當作自己的名譽，行到教育一邊，也有許多毛病。往往這邊學究的陋話，斗方名士的謬語，傳到那邊，那邊附會了幾句，又傳到這邊，這邊就看作無價至寶；也有這邊高深的話，傳到那邊，那邊不能了解，任意胡猜，猜成了，又傳到這邊，這邊又看作無價至寶，就把向來精深確實的話，改作一種淺陋荒唐的話。這個結果，使學問一天墮落一天。

幾位朋友，要問這種憑據，兄弟可以隨意舉幾件來。

47 清人段玉裁注許慎《說文解字》，詳明形、音、義與對應之俗字。

48 清代王引之著《經傳釋詞》，為解釋虛詞的專著。

㈠日本人讀漢字，分為漢音、吳音、唐音各種。卻是發音不準，並不是中國的漢音、唐音、吳音本來如此，不過日本人口舌屈強，學成這一種奇怪的音。現在日本人說，他所讀的，倒是中國古來的正音，中國人也頗信這句話。我就對那個人說，中國的古音，也分二十幾韻，那裡像日本發音這樣簡單。古音或者沒有憑據，日本人所說的古音，大概就是隋唐時候的音。你看《廣韻》現在，從《廣韻》追到唐朝的《唐韻》，隋朝的《切韻》，並沒有什麼大變動。照《廣韻》的音切切出音來，可像日本人讀漢字的聲音嗎？那個人說，怎麼知道《廣韻》的聲音不和日本聲音一樣？我說，一項是聲紐（就是通稱字母的），兩項是四聲，從隋唐到現在，並沒有什麼大改，日本可有四聲嗎？可有四十類細目嗎？至於分韻，元明以來的聲音，比《廣韻》減少，卻比日本還多。日本人讀漢字，可能像《廣韻》分二百六韻嗎？你看從江蘇沿海到廣東，小販做工的人，都會胡亂說幾句英語，從來聲音沒有讀準，假如幾百年後，英國人說：「我們英國的舊音失去了，倒是中國沿海的人，發得出英國的舊音。」你想這句話，好笑不好笑？

㈡日本人常說：「日本人讀中國的古文就懂得，讀中國的現行的文就不懂得，原來中國文體變了，日本人作的漢文，倒還是中國的古文。」這句話，也頗有人相信。我說，日本的文章，用助詞非常的多，因為他說話裡頭助詞多，所以文章用助詞也多。中國文章最愛多用助詞的，就是宋、元、明三朝，所以日本人拿去強擬，真正隋唐以前的文章，用助詞並不多。日本可能懂得嗎？至於古人辭氣，和近來不很相同，就中國人粗稱能文的，還不能盡解，更何論日本人？自從王氏作《經傳釋詞》，近來馬建忠[49]分為八品，作了一部《文通》，原是用法文比擬，卻並沒有牽強，大體雖不全備，中國的詞，分起來，總有十幾品，頗還與古人辭氣相合，在中國文法書裡邊，也算錚錚佼佼了！可笑有個日本人兒島獻吉[50]，又作一部《漢文典》，援引古書，也沒有《文通》的完備，又拿日本詰屈聱牙的排列法，去硬派中國文法，倒有許多人說兒島的書比馬氏好得多，因為馬氏不錄宋文，兒島兼錄宋文。不曉中國的文法，在唐朝早已完備了，宋文本來沒有特別的句調，錄了有什麼用？宋文也還可以讀，照著兒島的排列法，語勢蹇澀，反變成文理不通，比馬氏的書，真是有霄壤之隔。近來中國反有人譯他的書，唉！真是迷了。日本幾個老漢學家做來的文字，總有幾句不通，何況這位兒島學士。現在不用拿兩部書比較，只要請兒島做一篇一千字長的文章，看他語氣順不順，句調拗不拗？再請兒島點一篇《漢書》，看他點得斷點不斷？就可以試驗得出來了！

㈢有一個英國人，說中國的言語，有許多從外邊來，就像西瓜、蘆菔、安石榴、蒲桃（俗寫作葡萄）是希臘語，師子是波斯語，從那邊傳入中國。這句話，近來信的雖不多，將來恐怕又要風行。要曉這種話，也有幾分近理。卻是一是一非，要自己檢點過。中國本來用單音語，鳥獸草木的名，卻有許多是複音語。但凡有兩字成一個名的，如果兩字可以分解得開，各自有義，必不是從外國來。

49 一八四五—一九〇〇，其所著《文通》，參考拉丁文結構以研究古漢語，為第一部由中國人所著的漢語語法著作。

50 一八六六—一九三一，明治、昭和年間漢學學者。著有《漢文典》、《續漢文典》等書。

如果兩字不能分解，或者是從外國來。蒲桃本不是中國土產，原是從西域取來，枝葉既不像蒲，果實也不像桃，喚作蒲桃，不合中國語的名義，自然是希臘語了。師子、安石榴，也是一樣。像西瓜就不然，瓜是蓏物的通名，西瓜說是在西方的最好。兩個都有義，或者由中國傳到希臘去，必不由希臘傳到中國來。蘆菔也是中國土產，《說文》已經列在小篆，兩個字雖則不能分解，鳥獸草木的名，本來複音語很多，也像從中國傳入希臘，不像從希臘傳入中國。至於彼此談話，偶然一樣，像父母的名，全地球沒有大異。中國稱兄做昆，轉音為哥；鮮卑也稱兄為阿干。中國稱帝王為君，突厥也稱帝王為可汗。中國人自稱為我，拉丁人也自稱為愛伽。中國吳語稱我輩為阿旁（《洛陽伽藍記》，自稱阿儂，語則阿旁），梵語也稱我輩為阿旁。中國稱彼為他，梵語也稱彼為多他。中國嘆詞有烏呼，梵語也是阿蒿。這種原是最簡的語，隨口而出，天籟相符，或者古來本是同種，後來分散，也未可知？必定說甲國的語，從乙國來；乙國的話，從甲國去，就是全無憑據的話了（像日本許多名詞，大半從中國去。蒙古的黃台吉，就是從中國的皇太子變來。滿洲的福晉，就是從中國的夫人變來。這種都可以決定。因為這幾國都近中國，中國文化先開，那邊沒有名詞，不得不用中國的話，所以可下斷語。若兩國隔絕得很遠的，或者相去雖近，文化差不多同時開的，就不能下這種斷語）。有人說中國象形文字從埃及傳來；也有說中國的干支二十二字，就是希臘二十二個字母，這種話全然不對。象形字就是畫畫，任憑怎麼樣草昧初開的人，兩個人同對著一種物件，畫出來總是一樣，何必我傳你，你傳我？干支二十二字，甲、己、庚、癸是同紐，辛、戌是同紐，戊、卯、未，古音也是同紐，譬如干支就是字母，應該各是各紐，現在既有許多同紐的音，怎麼可以當得字母？這種話應該推開。

(四)法國人有句話，說中國人種，原是從巴比倫來。又說中國地方本來都是苗人，後來被漢人驅逐了。以前我也頗信這句話，近來細細考證，曉得實在不然。封禪七十二君，或者不純是中國地方的土著人，巴比倫人或者也有幾個。因為《穆天子傳》裡面談的，頗有幾分相近；但說中國人個個是從巴比倫來，到底不然。只看神農姜姓，姜就是羌，到周朝還有姜戎，晉朝青海有個酋長，名叫姜聰，看來姜是羌人的姓。神農大概是青海人。黃帝或者稍遠一點，所以《山海經》說在身毒（身毒就是印度），又往大夏去採竹，大夏就是唐代的睹貨邏國，也在印度西北，或者黃帝是印度人。到底中國人種的來源，遠不過印度、新疆，近就是西藏、青海，未必到巴比倫地方。至於現在的苗人，並不是古來的三苗；現在的黎人，並不是古來的九黎。三苗、九黎，也不是一類。三苗在南，所以說左洞庭，右彭蠡；九黎在北，所以《尚書》、《詩經》都還說有個黎侯，黎侯就在山西。蚩尤是九黎的君（漢朝馬融說的），所以黃帝從西邊來，蚩尤從東邊走，趕到涿鹿，就是現在直隸宣化府地界，才決一大戰。如果九黎、三苗，就是現在的黎人、苗人，應該在南方決戰，為甚麼到北方極邊去，難道苗子與韃子雜處？三苗是縉雲氏的子孫（漢朝鄭康成說的），也與苗子全不相干。近來的苗人、黎人，漢朝稱為西南夷，苗字本來寫髳字，黎字本來寫俚字，所以從漢朝到唐初，只有髳俚的名，從無苗黎的名。後來人強去附會《尚書》，就成苗黎，別國人本來不曉得中國的歷史，聽中國人隨便講講，就當認真。中國人自己講錯了，由別國去一翻，倒反信為確據，你說不要笑死了嗎？

㈤法國又有個人說，《易經》的卦名就是字書，每爻所說的話都是由卦名的字，分出多少字來。這句話，頗像一百年前焦循所講的話。有幾個朋友也信他。我說，他舉出來的字，許多小篆裡頭沒有，豈可說文王作《周易》的時候，已經有這幾個字？況且所舉的字，音也並不甚合。在別國人想到這條路上，也算他巧思，但是在中國人只好把這種話做個談柄，豈可當他實在？如果說他說的巧合，所以可信，我說明朝人也有一句話，比法國人更巧：他說《四書》本來是一部書，《論語》後邊說「不知命」，接下《中庸》開口就說「天命之謂性」；《中庸》後邊說「予懷明德」，接下《大學》開口就說「在明明德」；《大學》後邊說「不以利為義，以義為利也」，接下《孟子》開口就說「王何必曰利，亦曰仁義而已矣」。這倒是天然湊合，一點沒有牽強。但是信得這句話嗎？明末人說了，就說他好笑，法國人說了，就說他有理，不是自相矛盾的嗎？

上面所舉，不過幾項，其餘也舉不盡。可見別國人的支那學，我們不能取來做準，就是中國人不大深知中國的事，拿別國的事蹟來比附，創一種新奇的說，也不能取來做準。強去取來做準，就在事實上生出多少支離，學理上生出多少謬妄，並且捏造事蹟。（捏造事蹟，中國向來沒有的，因為歷史昌明，不容他隨意亂說。只有日本人，最愛變亂歷史，並且拿小說的假話當作實事。比如日本小說裡頭，說源義經到蒙古去，近來人竟說源義經化作成吉思汗，公然形之筆墨了。中國下等人，相信《三國演義》裡頭許多怪怪奇奇的事，當作真實，但在略讀書的人，不過付之一笑。日本人竟把小說的鬼話，踵事增華，當作真正事實，好笑極了。因為日本史學，本來不昌，就是他國正史，也大半從小說傳聞的話翻來，所以前人假造一種小說，後來人竟當作真歷史，這種笑柄，千萬不要風行到中國才好！）舞弄條例，都可以隨意行去，用這個做學說，自己變成一種庸妄子；用這個施教育，使後生個個變成庸妄子，就是沒有這種弊端，聽外國人說一句支那學好，施教育的跟著他的話施，受教育的跟著他的話受，也是不該！上邊已經說了，門外漢極力讚揚，並沒有增什麼聲價，況且別國有這種風尚的時候，說支那學好；風尚退了，也可以說支那學不好。難道中國的教育家，也跟著他旅進旅退嗎？現在北京開經科大學，許歐洲人來遊學，使中國的學說，外國人也知道一點兒，固然是好；但因此就覺得增許多聲價，卻是錯了見解了。大凡講學問施教育的，不可像賣古玩一樣，一時許多客人來看，就貴到非常的貴；一時沒有客人來看，就賤到半文不值。自國的人，該講自國的學問，施自國的教育，像水火柴米一個樣兒，貴也是要用，賤也就要用，只問要用，不問外人貴賤的品評。後來水越治越清，火越治越明，柴越治越燥，米越治越熟，這樣就是教育的成效了。至於別國所有中國所無的學說，在教育一邊，本來應該取來補助，斷不可學《格致古微》的口吻，說別國的好學說，中國古來都現成有的。要知道凡事不可棄己所長，也不可攘人之善。棄己所長，攘人之善，都是島國人的陋見，我們泱泱大國，不該學他們小家模樣！

（一九〇七年至一九一〇年講於日本）

常識與教育

現在有許多人說：「教育的第一步，就是使人有常識。」我說這句話是最不錯，只可惜他們並不曉得什麼是常識。原來精深的學問，本來有兩路：一路是曉得了可以有用的；一路是曉得了雖沒有用，但是應該曉得的。譬如天上的北斗星，我識得了也無益，我不識得也無損；又像甲、子、乙、丑這種名目，排得下也沒有利，排不下，像元朝的詔令，稱子年作鼠兒年，稱午年作馬兒年，也沒有害。這個就叫曉得了沒有用，但雖是沒有用，畢竟應該曉得，若不曉得，就算常識不完全。這是第二路的話。第一路是曉得了可以有用，看來總是應該曉得的，但也不能一定，因為事業是各人不同，做這一項事業的人，曉得了這件事就有用，做那一項事業的人，曉得了這件卻沒用。也有這一項人，曉得這一件事，到這一步田地，覺得常識已經有了；那一項人，曉得這一件事，到這一步田地，仍舊算常識缺乏的。並不說兩個都是專門名家，只說兩邊都是通常人，也有這種差別。所以常識也難得定準。且看中國古來，大概分人作士、農、工、商四項。這四件名目，原是管仲分出來的，和《周禮》也不同，和近日也不很同。管仲所說的士，只是預備作官作書辦的材料，今日卻是各種讀書的人，都叫作士。其餘農、工、商大概相同。但《周禮》分人為九職，農人以外，要加上二項。一項是種菜種果的人，就叫作園圃；一項是培養木材柴薪的人，就叫作虞衡。這兩項人，便通通叫作農人，也通得去，不過事業到底不同。還有一項，專作畜牧的人，叫作藪牧。更有一項，專作紡績織紝的人，叫作嬪婦。這兩項人，應該特別歸一類的。其餘工人、商人，古今所同。此外《周禮》所說的臣妾，就是奴婢，這一項人，近來是漸漸少了。至於預備作官作書辦的人，和各種讀書的人，依《周禮》看來，不過是一種閒民。大概士、農、工、商、藪牧、嬪婦六種，可以概全國的人了。在這六種中間，又還有各項分別，所以各項人所要的常識，也就不同。比如士人不識得五穀的很多，農人卻多識得，如果農人不識得五穀，就算不得農人。一國中間，原是農人最多，農人的種類，又沒有工人、商人的繁，似乎農人所曉得的，別人也該個個曉得，那裡知道分別五穀的常識，除了農人，只有米商、藥商還略略備些，其餘卻多沒有。這個也怪不得，就識得五穀，於他的事業上，沒有用處，所以就不去理會。但是有句通融的話，不識得他的實，總須曉得他的名，就像五穀是那五項？本來正名是什麼？現在通名是什麼？曉得了這一點兒，就看見五穀的實形，不能分別，也就罷了。那裡知道連這五項名目都不曉得的，還是儘多。這個真要算常識不備了。至於工人、商人，種類是非常的多，自然這項工人，不曉得那項的手法，這項商人，不曉得那項的貨物，本來不曉得也無害。卻有一種人說，不懂得極深的算學，並不算常識不備，加、減、乘、除、開方都不懂得，就要算常識不備了。我說這句話頗不對，彷佛尋常買賣的商人，只要曉得加減乘除四率比例，也就夠用，連開方法也用不著。至於做工人的，像木匠、石匠一流，就只曉得開方法，還不夠用，到底少廣句股必要曉得。固然現在的木匠、石匠，不是真正明白，但指著一件木器、石器問他，這邊豎的是幾數，這邊橫的是幾數，你說那條斜弦應該幾數，他對出來的，總沒有什麼大差。就因為這個法子，他必定要曉得的，若不曉得，合不成一個器皿，造不成一架房屋，豈不是商人可以不曉得的，工人卻必須曉得嗎？大凡一國中間少數人特曉得的，可以說不是常識。木匠、石匠並不是一國中少數的人，難道算術的常識，就到開方止嗎？不過尋常教育的話，差不多是為閒民說法，所以說得地步極淺，但我看了也有幾分不對。且看通常的讀書的人，和打卦、行醫的人，一樣是閒民，本來差不多略讀經典，除出經典以外，別的書原是各人各讀。但這經典裡頭，通常的讀書人，應該比打卦、行醫的人，識得多一點兒。那裡知道，《易經》裡面各宮的卦，有一世、二世、三世、四世、五世、遊魂、歸魄的名目，打卦的人都曉得，通常讀書人倒不能都曉得。《爾雅》裡頭說的月名，行醫的都曉得，通常讀書人倒不能都曉得。假如說打卦人記得各宮的卦，是因他的職業上不得不用，那麼醫生曉得月名，於他的職業有什麼相關？難道寫了正月為陬、二月為如，藥方就處得好；不寫，藥方就處得壞嗎？這種本來是經典裡頭最明白的常識，通常讀書人倒不知，打卦、行醫的人倒知，這樣看來，通常讀書人的經典常識，反比不上打卦、行醫的人，這就不能用職業的話去推諉了。現在也不要和打卦、行醫的人比較，且說古人的教育法，不過是禮、樂、射、御、書、數六種。到孔子以後，歷史、地理、哲學、政治各項，都漸漸起來。射、御兩種，近來用處固然是少。樂呢，大概少理會得的，但歷代政府都還有太樂，就是民間用的樂器，也還不少。俗樂、雅樂，雖是不同，但是調子可以相轉；洞簫、長笛，到底雅俗沒有大差，也不該把近日的樂通通忘了，不過不甚要緊就是。禮的古今雅俗不同，比樂的古今雅俗不同，差數更大。但現在也有常行的禮，喪服一項，和古禮不同的，不過十分之三。其餘古禮太煩重的，近來原不能行得去，不過稱呼名號，卻是要緊，斷不可隨俗亂寫。所以禮比樂是要緊一點。惟有書、數兩項，是一切學問的本根。論致用呢，致用也最廣；論求是呢，求是也最真。書就一向喚作小學，數就一向喚作算學（本來漢朝也喚小學）。小學從宋朝以後，漸漸的衰落，到明朝就全沒有。算學卻到宋末反好起來。近來二百年間，小學、算學，是同時長進的，卻是近二十年來，有算學知識的，比有小學知識的反多。要兩項雙提起來，也還不難。最可笑是那一班講政治的人，小學、算學都不懂。對著算學，因為外國人原是精的，還不敢菲薄；對著小學，自己不懂，還要加意的誹謗。總之，講政治的人，常識實是不備，也不必多說了。講了政治呢，法理學、政治學的空言，多少記一點兒，倒是中國歷代的政治，約略有幾項大變遷，反不能說。這還算是久遠的事情，只問現在的政治，幾種的款目，幾種款目中間，真正的利弊在那裡，又說不出來。看來他們所說的政治法理，像一條錢串繩子，只得一條繩子，並沒有一個錢可穿。沒有錢，只有繩子，也罷了，又不預先想想，錢孔有多少大，這條繩子穿得進穿不進？錢有多少重，這條繩子會頓斷不會頓斷？就是錢都備了，這條繩子，還未見用得著，只好在沒錢的時候，用這條空繩子，盤弄盤弄就是。政治本來不是最深的學問，還不能說，他的常識在那裡呢？

再說歷史。歷史本來是方格的，不是圓遍的，自然曉得本國的歷史，才算常識；不曉得本國的歷史，就曉得別國的歷史，總是常識不備。但近來人把拿破侖、華盛頓都舉得出來了，李斯、范增倒反有舉不出的，這種原是最下等的人。高一點兒的呢，曉得歐洲詩人、文豪的名字，卻不曉得中國近二百年來，文章誰是最高；曉得歐洲古代都卷髮，卻不曉得中國漢朝是著怎麼樣的衣冠。這還算有歷史的常識嗎？再說地理，個個人都曉得五大洲的名和歐洲、美洲各國的名了，倒問中國各省，湖南、湖北，本來不到兩廣的地面，為什麼兩湖總督，稱為湖廣總督呢？江西省只在江南，為什麼為江西呢？卻是不能對的儘多。這還算有地理的常識麼？哲學本來不必個個都曉得，只問倍根、笛佉爾[1]，你都曉得了，近代中國講理學的，那幾位算成就？梭格拉地、柏拉圖，你都曉得了，中國七國時候的九流，你也數一數看，若說得不對，就算沒有常識了。所以我曾經對著好講常識的人，發幾條策問：

先問：「老兄有經典常識嗎？」說：「有！」那麼就問：

「《周禮》說的吉、凶、賓、軍、嘉五禮，能把《儀禮》十七篇去分配嗎？

現在《尚書》五十八篇，那幾篇是真？那幾篇是假？

《周禮》的六官，和近代的六部，怎麼樣的不同？

---

1 René Descartes，今多譯為笛卡爾。一五九六－一六五〇，法國哲學家、數學家，提倡理性主義、二元論，為現代哲學奠基者之一。

《春秋》的三傳，那一家的傳最先成？那一家的在第二次？那一家的在第三次？鄭司農是什麼人？」

再問：「老兄有歷史的常識嗎？」說：「有！」那麼就問：

「二十四史，那幾部有本紀、有表、有志？那幾部沒有本紀？那幾部沒有表？那幾部沒有志？

歐洲人在什麼時候初通中國？

從秦朝到現在，那一代有丞相？那一代沒丞相？

從秦朝以後，那幾代郡縣都有學校？那幾代沒有？

古來所說的井田法，到什麼時候真正廢了？」

再問：「老兄有地理的常識嗎？」說：「有！」那麼就問：

「漢朝有郡縣的地方，比現在中國本部大小廣狹是怎麼樣子？

明朝兩京十三省的地方，比現在中國本部大小廣狹是怎麼樣子？

中國現在的人口，照本部地面分起來，一個人該有幾畝田？

苗人真是上古的三苗嗎？

中國各省，為什麼大小不同到這個樣子？」

再問：「老兄有清代政治的常識嗎？」說：「有！」那麼就問：

「清初設大學士的衙門有幾個？

清初有幾個布政使？

制幣本來只有銅錢，為什麼賦稅反用銀子計算？

正稅是那幾件？

從九品未入流的俸銀，為什麼比兵反少？」

再問：「老兄有禮俗的常識嗎？」說：「有！」那麼就問：

「獨子兼祧的制度，從什麼時候起來？到底合不合呢？

生母的父母兄弟，兒子都不認作外親，照法律應該怎麼樣？

什麼時候才有偶像？

什麼時候才有砂糖？

什麼時候才有桌子、椅子？」

上邊問的幾件，原是最平淡的常識，並不像從前考博學宏詞、出「五六天地之中合」的題目。現在考留學生，出「漢之堯、舜、禹、湯」的題目，去難那班《漢書》不熟的人，那種就不曉得，也不好十分責備。這種卻是不同。若去翻書，也容易對得出，不過既然喚作常識，應該當面問了，當面對得出來。如果當面對不出來，就算常識缺乏。所問的不過隨便摭拾幾件，也並不是就止於此。諸如此類，大概有幾百條。這種本來是士人應該曉得的。那些農人、工人、商人所應該曉得的，儘有在這幾件以外。不過這幾件，農人、工人、商人例不必一概曉得，所以說常識也看職業去分。若說農人、工人、商人所不必曉得的，就不是常識，士人也可以不必曉得，那就應該問他：農人、工人、商人所曉得的，你也能夠曉得嗎？既然不曉得那幾件，自然要曉得這幾件，豈可以再少呢！本來士人原是閒民，閒民既然沒有事，有空兒去求知識，知識本來該比農人、工人、商人富一點。但現在也不過一有一無，照這樣看來，就最下級的常識，也是無邊，難得理會許多，不是分明為職業所限嗎？不過職業裡頭所應該曉得的，萬不能少。就職業論常識，說得廣了，又是無邊。所以我說，這要本國人有本國的常識，就是界限。古人說的「切問近思」這句話最不錯。有了這種常識，好廣的再求廣，好精的再求精，那是漸漸的遠去，漸漸的上去了。若是不然，專好精的，或者弊病還少；專好廣的，就是全然空虛。譬如一滴的水，吹成一個大泡，外面看來雖大，中間純然沒有，那個弊病就很多哩！

大概常識，總是從書、數起，後來再曉得一點歷史，這就是不得不過的關。書並不是要真成就小學家，數並不是要真成就算學家，歷史並不是要真成就史學家，不過曉得大概。現在的教科書，只有算學還像樣，歷史真是太陋。（只有夏曾佑[2]所作《中學歷史教科書》，比別人不同，可惜他所發明的，只有宗教最多，其餘略略講一點兒學術，至於典章制度，全然不說，地理也不分明，是他的大缺陷。但近來的教科書，這樣也算好了。）小學更是全然不講，到底總是個空架子。有一班胡亂的人，亂扯幾句佛經的話，說「離絕語言文字」。我說果然能夠離絕語言，自然可以離絕文字，只問

2 一八六三－一九二四，中國近代歷史學家、文學家，著有《中國古代史》（即《中學歷史教科書》）等書。

現在能夠離絕語言嗎？況且離絕語言文字，就該把一切書都不讀，為什麼還去讀別的書？佛經的話，本是說到最高一層，不是可以隨便扯來當通俗用。就像莊子說的：「得魚忘筌，得兔忘蹄。」原是說得了魚兔以後，可以不用筌蹄，並不說不用筌蹄，可以得到魚兔。魚兔既得到了，不要第二回再求魚兔，筌蹄固然可棄了，若第二回還要再求魚兔，仍舊不得不用這個筌蹄。語言文字，也是這樣看，第一回用語言文字去表意見，意見已經明白，固然可以不再加語言文字。但人的一生，意見沒有盡的一日，第二回還是要表意見，仍還要用著這個語言文字。要用語言文字去表意見，這個語言文字就不能不講究，也像要用筌蹄去求魚兔，這個筌蹄就不能不造得精巧。現在第一總要把六書懂得，明了本義、本形，再講音韻，懂得音韻，假借的道理就明白，那麼才得不寫別字，不說亂話。孔子說的：「必也正名乎！」什麼叫正名？古人喚字作名，正名就是講究六書，也只把近人所注的《說文》、《爾雅》、《方言》、《廣雅》和幾部講古韻的書看看，就有眉目，若要編作課本，也是不難。

書、數通了，就要講歷史。歷史原是繁博的東西，簡約的說起來，也有頭緒。看歷史不是只要記得秦朝、漢朝的名號，也不是只要記得出名的帝王、出名的將相。紀傳本是以人為主，評量人物，雖不可少，但人物有各種各色，若專去仰慕英雄，就鄙倍的極了。大概歷史中間最要的幾件，第一是制度的變遷，第二是形勢的變遷，第三是生計的變遷，第四是禮俗的變遷，第五是學術的變遷，第六是文辭的變遷，都在志和雜傳裡頭（什麼叫作雜傳？像〈遊俠列傳〉、〈貨殖列傳〉、〈滑稽列傳〉、〈儒林列傳〉、〈文苑列傳〉、〈方術列傳〉、〈逸民列傳〉，都叫作雜傳。但最出色的人，又格外有傳）。

把這幾件為緯，歷年事蹟為經，就不怕紛無頭緒。只是編起教科書來，經不過占了四分之一，緯倒要占了四分之三。本來歷史最重的是書、志，現在也該照這條路編去。此外姓氏有漢姓、虜姓的不同，律曆也有各代的差異，這種要專家才得理會，初學也沒有心思去記他，只得將就說說罷了。我看算學近來頗明，只六書和歷史，並沒有教科書（歷史教科書就有也不能算），自然難怪學生常識不備啊！

臨了再說一句要緊話：常識不是古今如一，後來人的常識，應該勝過古人，但要求一代一代的人，常識輾轉增進，就不可使全國只有常識的人，必要有幾十個獨到精微的學者，想成一種精緻的理，平易透露的說出來。在自己想的非常難，叫後生學的非常易，那麼常識就可以輾轉增進了。也不舉遠的為說，就舉書、數、歷史三項，你看宋朝到明朝七百年間，韻學是非常模糊，今韻尚且難得理會，何況古韻？至於文字、訓詁，也都衰弊到極處，後來有顧炎武作《音學五書》、段玉裁注《說文解字》，當時兩位先生都費幾十年的功夫，才得作成。到近來顧氏、段氏的話，就變為常識了。《九章》所說的圓率，徑一周三，非常粗疏，後來漢朝的劉歆[3]、張衡[4]，三國的劉徽[5]、王蕃[6]，都去

3 約西元前五〇－二三年，西漢末、新朝的學者，將圓周率訂為3.1547。

4 七八－一三九，東漢天文學家、數學家，以立圓術公式推求，提出新的圓周率為3.1724。

5 約二二五－約二九五，魏晉數學家，著有《九章算術》。以「割圓術」求得更精確的圓周率。曾指出張衡的圓周率數值因非由實測所得而不夠精密。

自立密率，總有點兒不對，及到宋朝（上接晉朝的宋朝，不是下接元朝的宋朝）祖沖之，才有一定的圓率。《九章》裡面，本有盈朒、方程兩法，[7]可以馭得錯雜隱沒的數，但布算非常繁碎。及到元初有李冶、[8]朱世傑幾家，[9]想出天元、四元的法子來，[10]布算也就簡易。當初幾位先生，不曉得耗多少心血，費多少年月，才想得這種法子出來。到近來祖氏圓率，萬國通行，李氏、朱氏的天元、四元，傳到印度以西，演為代數，也就變常識了。向來正史是紀傳體，要曉得事蹟先後，一時卻不容易，及到宋朝（下接元朝的宋朝）司馬光撰成一部《資治通鑑》，不但年月的先後，看了瞭然，就是日子的先後，也都明白。向來正史雖有書志，也往往有不備的，就是有書志的史，還不能記得周詳。及到唐朝杜佑，再取各數典的書，編成一部《通典》，把前代的典章制度，通通明白。當時兩位先生，也是寢食俱廢，才得作成這書。到近來就像按圖索驥的容易，也變為常識了。這樣說常識到這步田

6 東漢末人。推算圓周率為3.155。

7 指《九章算術》裡所提及的「盈不足術」、「方程術」。前者為盈虧問題的計算方式，後者用以解線性方程組。

8 一一九二—一二七九，元代數學家，改良解方程式的方法，系統性的闡發「天元術」，即解高次方程式的方法。

9 一二四九—一三一四，與李冶、楊輝、秦九韶並稱「宋元數學四大家」。從天元術中發展出「四元術」，即四元高次方程式。

10 分指天元術及四元術，皆為解高次方程式的方法。

地就了嗎?也還不了!且看諸家以後，補他的罅漏的也還多。再創一種精密的條例的也還有，所以說必要有幾十個獨到精微的學者，才得使後生的常識，輾轉增進。若全國只有常識的人，古今就永遠只有這等的常識，豈不是壅滯不流的樣子嗎!但胡亂自命政治家的人，自己不肯去作費心的事體，也不願別人去作費心的事體。仔細想想看，成就一個政治家，比成就一個圍棋國手，那個能力差得很遠。為什麼緣故呢?向來說：「君子求諸己。」又說道：「仁者先難而後獲。」圍棋國手，是求諸己的，政治家卻是因人成事；圍棋國手，是先難後獲的，政治家卻是坐享現成。就有幾個削平大難開倡法度的，要用一點自己的智力，但總是碰機會成事，到底比不上圍棋國手。作學者譬如作圍棋國手，教人增進常識，譬如刻棋譜給人看，與政治家的法子全然不同。就政治上看來，就常識永遠沒得增進，也是不大要緊，不過全國的大計，本不是專靠政治。現在講教育的話，須要把那種短見陋想打開。我這兩句話，諸位朋友都要記在心裡；說沒有獨到精微的學者，就沒有增進的常識；沒有極好的著作，就沒有像樣的教科書。

（一九〇七年至一九一〇年講於日本）

論求學

兄弟到湖南以後，已經在教育界講演過兩次，今天又來講演，很有一種感觸，就是當這國步艱難的時候，我們天天埋頭讀書，將來怎樣了局？陸象山有句話：「專志精微反陸沉。」這句話也有道理，宋明以來的學者，很有這種感想的人，就是覺得學和事不相關，近來的人，竟因了這個原故，棄學從事，譬如去年北京大學底打章宗祥、曹汝霖等的舉動，[1]和各省學生的響應，就是這種現象，雖然也有可以取的地方，但是他的流弊，學生就因了外務不讀書了。

原來學和事並不牴觸，就是辦事的人，有空閒的時候，還是應該求學。曾國藩在軍中，不廢讀書，王陽明也曾在軍中講學，可見辦事和學問，原不相妨的。學問有門徑，得其大體，就無礙於辦事，倘然瑣碎的去求，就是白首窮經，也無補於事的。

關於學問大體的求法，前次曾經對著此校學生講過一次，今日在座，是許多學校的學生，前次

---

1 一九一九年因在巴黎和會上對日本讓步山東問題，章宗祥、曹汝霖、陸宗輿遭中國輿論抨擊。曹汝霖家在五四運動時因而被焚，即火燒趙家樓事件；時訪問曹汝霖的章宗祥也遭學生痛毆。

都不曾聽講，不妨重言以申明之。

人才之中，也有所謂天才，不從學問來的，關於這種人，我們姑且不論。至於普通的人才，大概都從學問中來的。學校已經辦了二十多年了，除出從陸軍學校出身的幾個所謂偉人英雄，幾乎沒有人才，這是什麼原因呢？據我看來，現在的學校，也和從前科舉一樣，不能養成特別人才。古來也有許多人才，從科舉出來的，但是科舉究竟是產生不出人才的制度，他們所以成人才的原因，本來不在科舉，他們的學問，也不只單是科舉的學問，科舉不過是他們的進身之路罷了。我們應該將現在的學校，也當作科舉看，學校以外，必須從各方面再去自修，方才可有進步，方才可成人才。科舉時代的人，大概都曉得自己的學問不足，現在學校裡的學生，差不多都有自滿的態度，這就是科舉還出幾個人才，學校不出人才的原因。

就我所知，現在學校課外空閒的時間很多，一年之中，星期、暑假、年假，合起來至少一百日，儘可自己研究學問。不過中國的書籍，浩如烟海，不曉得門徑的人，就要望洋興嘆，不知從那裡下手，有了門徑，就有方法了。

明以前，讀書很難，清代以後，讀書就比較容易，因為清代人，已經把學問的條理頭緒都弄清楚了。譬如治經本是一件難事，明代以前，要通經是很不容易的，但是在現在，卻就容易。從前的人，不通訓詁，他們看了周誥、殷謨，好像讀外國文一樣。近來訓詁大明，就是詰屈聱牙的周誥、殷謨，也就可讀了。從前的人，不明白古代的典章制度，對於古書上所說的事情，一向莫名其妙。

清代以來，把古來的典章制度，已考證得很明白，讀古書的時候，就可了解所以然的道理，不會得百思不得其故了。舉很平常的例來說，譬如《論語》「顏淵死，顏路請子之車以為之，子曰：『以吾從大夫之後，不可徒行也。』」一段。顏淵是孔子的得意門生，他死了孔子連犧牲一部車子也不肯，這是很奇怪的事，但是能夠曉得非如此不可的道理了。訓詁和典章制度明白以後，讀經也很不難，何況史書呢？史書除出《史記》、《漢書》，都用不著訓詁，並且史的本身上，就附著記載當時典章制度的志，不必再像治經的要去另外考證，本來是很容易讀的，關鍵這種不明瞭的地方，清朝的史學家，如錢大昕、王鳴盛都有所發明。清朝人於考證上，很有許多的事業，甚至不必留心的小事，也都加以考證。譬如歷代的表，史書上本來不完備的，清朝人卻替他一一編製，看了一覽可知，因此讀書更容易了。

中國的學問，現在並不難求，上面曾經說過學校裡面的閒空日子，每年有一百天，從小學至大學，以求學二十年計算，就可得二千日，差不多就是六年。《漢書．東方朔傳》，說說東方朔十六歲的時候，讀書二十二萬言，在我們現在要讀二十二萬言的書，只要幾年就夠。自然現在我們所讀的書，不像東方朔那時候的簡單，但是以六年的工夫，來做學問，有什麼難處？曉得讀書容易，能在課外自己讀書，人才就有希望。從前科舉時代的人，在科舉以外所做的工夫，恐怕還沒有六年，他們得了科舉以後，用功的人就能漸漸地增加他的工夫，現在到大學畢業，大概還不過二十歲，□□自由的時候正多，只要肯讀書，是沒有不可讀的。

但是，不曉得門徑，讀書不但無益，還有害處。這個毛病有兩種，一種是泛濫，一種是過求精密。從前的學者中，也有以博聞強記不能，泛濫群書力求博學的虛名的，但是他們的所學，究沒有用。譬如此地的葉德輝，學問是很有的，但是很亂雜。

還有一種學者，力求勝過古人，要想發明古人所未發，這樣讀書，也難有成。學問的古粗於今，是當然的事，後人若過求精密，必定要犯瑣碎的毛病，一瑣碎就沒有用。

今天所講的：一是學與事不相牴觸，二是學容易求，三是求學不要有泛濫和過於求精密的毛病，請諸位注意參酌看。

（一九二〇年十月三十日在長沙第一師範學校演說）

留學的目的和方法

做一件事，說一句話，最怕的別人要問：「什麼緣故？」現在問諸君在這邊留學，是什麼緣故？又問回家去教育子弟，是什麼緣故？大概總說求學是要使自己成有用之才，教育是要他人成有用之才。這句話，原是老生常談，但看起來，有幾分不對。致用本來不全靠學問，學問也不專為致用。何以見得呢？你看別國的政治學者，並不能做成政治家，那個政治上的英雄偉人，也不見他專講究政治學。政治本來從閱歷上得來的多，靠書籍上得來的少。就像中國現在，袁世凱不過會寫幾行信札，岑春煊並且不大識字，所辦的事，倒比滿口講政治的人好一點兒。又向實業一邊看來，日本農科大學的學問，頗還好了，也該有幾分行到民間，但民間農業仍舊不好，請到日本田邊一看，秋收以後，樁子還在，並不知道收後要耕一次，直到來年下種，方才去耕，所以每年收穫，不過同中國山東一樣。中國江蘇、浙江、江西的農人，兩隻黃耳朵，並沒有聽人說過什麼農學，收穫倒比日本加倍。固然幾分靠著地質，到底是農人勤耕美糞的力居多。可見在致用上，第一要緊是閱歷，第二要緊是勤勞，書本子上的學問，不過幫助一點兒，那裡有專靠幫助的！學問本來是求智慧，也不專為致用。中國古代的學問，都趨重致用一邊，因為當時的人，只有看外邊的眼光，沒有看裡邊的眼光，覺得學了無用，不如不學。但到戰國時候，已經漸漸打破。近來分科越多，理解也越明，自己為自己求智識的心，比為世界求實用的心，要強幾倍，就曉得學問的真際，不專為致用了。況且致用的學問，未必真能合用；就使真能合用，還有一件致用的致用，倒不得不碰機會，機會不巧，講致用的還是無用。專求智慧，只要靠著自己，並不靠什麼機會，假如致用不成，回去著書立說。那件致用的方法，又是各時各代不同，近幾代有用的，將來又變成沒用，這書也就廢了，不是枉廢精神嗎？至於專求智慧，見得幾分真理，將來總不能泯沒。就有一點兒漏洞，總不會全局都翻，這書倒還可以傳到後來。照這兩樣看起來，講學問的，又何苦專向致用一路呢！在政府設許多學校，原只望成就幾個致用的人，至於學生求學，以及教人求學，就不該專向致用一面。大概諸君心裡，自己都曉得有自己，也曉得他人都有自己，未必是專向外邊去馳逐的。

還有人說，求學是為修養道德，教人是為使人修養道德。兄弟看起來，德育、智育、體育這三句話，原是應該並重。不過學校裡邊的教育，到底與道德不相干。兄弟這句話，並不是像教士的話，說道德都在禮拜堂裡。但道德是從感情發生，不從思想發生。學校裡邊，只有開人思想的路，沒有開人感情的路。且看農工商販，有道德的儘多，可見道德是由社會熏染來，不從說話講解來。學校裡邊，修身的教訓，不過是幾句腐話，並不能使人感動。再高了，講到倫理學，這不過是研究道德的根源，總是在思想上，與感情全不相關。怎麼能夠發生道德出來？況且講倫理、講修身的教習，自己也沒有什麼道德，上堂厚了面皮，講幾句大話，退堂還是吃酒狎妓。本來他為自己的飯碗，不得不虛應故事，去講幾句。俗話說的「做一日和尚撞一日鐘」，這個就是倫理學教師的職分。說話與感情本沒相干，自己的道德，又不能為學生做表儀，要想學生相觀而善，不是「煮沙成飯」嗎！不單是這樣說，先生就果然有道德，也未必能成就學生。何以見得呢？中國的孔夫子，道德就不算極高，總比近來講倫理學的博士要高一點，教出來的學生，德行科也只有四個。其餘像宰我就想短喪，冉有就幫季氏聚斂，公伯寮還要害自己同學的人，有什麼道德！鄭康成的道德，能夠感化黃巾，倒是及門的郗慮，害了孔融，又害了伏后，始終不能受鄭康成的感化。後來幾位理學先生，像二程的道德，也算可以了，教出來的學生，有一個邢恕[1]，和蔡京[2]、章惇[3]一黨，名字列在《宋史．奸臣傳》裡。孔子、鄭康成、二程，道德是本來高的，所設的又是學會，不是學校，先生、學生的親切，總不像學校裡頭，見面日久，還不識學生的姓名。尚且有一般學生，反背道德的，何況入廣大無邊的學校，從空口大話的教習，於道德有什麼益處？兄弟看來，大凡一處地方，人聚得越多，道德就越腐敗，像軍營、寺院、學校都是一樣。寺院裡邊的人，滿口高談道德，還有許多戒律約束他，道德

1 生卒年不詳。早年師從二程，反對王安石變法、彈劾司馬光、詆毀宣仁皇太后，和蔡確、章惇同入〈奸臣傳〉。

2 一〇四七—一一二六，四次任宋朝宰相，貪汙腐敗、搜刮百姓財貨。

3 一〇三五—一一〇五，因恢復王安石變法、詆毀宣仁皇太后等事，被列入〈奸臣傳〉。

尚且不好；軍營裡邊，有極嚴厲的軍法，逼得軍人一步不得自由，也不過勉強把面子糊了去；學校裡邊，規則本來較寬，實在也不能用嚴厲的法子硬去逼束，空空的聚了許多人，道德自然難得好的。就有幾個好的，或者天資本來醇厚，或者是從他的家教得來，或者所交的朋友，都還是品行端方，所以不很走作，並不是學校能夠養成他的道德。但一切講教育的人，總要把德育的話敷衍門面。不過因為道德是人間必不可少的東西，若開口說我這個學校裡不講道德，面子有點兒過不去，所以只好撐這個虛架子。究竟學校裡面所講的，在智育一面多，在德育一面少。就有幾句修身倫理的話，只像唱戲，先要天官出場，到底看戲，並不要看天官。跳天官的也不是有名角色，學生聽講的，並不要聽倫理修身的話，講倫理修身的，也不見得是有道德的人。諸君不要說兄弟的話太刻薄，只要自己問一問自己的心，再向上看一看那個教習，一定要說兄弟的話是先得我心了。如果揭開簾子，說幾句亮話，只要說學校本來是為智育，並不是為德育，道德果然不可缺乏，卻並不是學校的教育所能成就。諸君果然道德完具，也不能在學校裡頭，把道德送給他人。以後從事學校的教育，可以拿定主意，向智育一方去，不必再裝門面，向德育一方去。

照以上的話，求學不過開自己的智，施教不過開別人的智，是最大的坦途了。既然求智，就應該把迷信打破。迷信不是專指宗教一項。但凡不曉得那邊的實際，隨風逐潮，胡亂去相信那邊，就叫作迷信。中國十幾年前，相信歐洲的學問，沒有路去求，求著教士，就覺得教士是無所不知、無所不能。後來聽得福建嚴幾道的話，漸漸把迷信教士的心破了，又覺得嚴幾道無所不知、無所不能。

後來有遊學日本的風氣，漸漸把迷信嚴幾道的心又破了，又覺得日本的博士、學士無所不知、無所不能。及到日本了，曉得分科，也知道一個人不能無所不知、無所不能，但看日本全體的學者，依然覺得無所不知、無所不能。不是一邊的迷信破了，一邊的迷信又起嗎？歐洲所有各科的學問，日本人學了一科，到底能否登峰造極？沒有歐洲的學者來對質，總不能破；就有歐洲的學者要來對質，不識得日本字，也難得破。至於中國的各種學問，日本的深淺，兄弟已經略略看得明白了。現在也不必揭他人的短處，只說諸君回去施教，若信了日本的語，就要防防學生的伏兵。且看中國歷史一項，一部《綱鑑易知錄》，向來中國略讀書的人，是看得最淺陋的。但到這邊來聽的歷史，一部《支那通史》，翻來覆去，繚繞了許多，比《易知錄》更加淺陋。學校以外，就有幾個講歷史的人，只記得一點兒事蹟，許多正史的書志，早已拋在九霄雲外，並不是專忘記細碎，連大端也實在不講。萬一學生看過《資治通鑑》，或者又看過幾卷志，問出一句話來，先生不曉得，恐怕只好說：「你在《圖書集成》、《冊府元龜》裡頭翻來的僻事，我那裡能夠記得許多！」過了一會，學生就拿這部原書，折了一隻角，放在先生案上，豈不是遇著伏兵，沒有處躲閃嗎！中國的地理，本來有許多沿革，有一位什麼博士，把湖北楊惺吾作的[4]《沿革圖》抄去，改頭換面，變為自己的著作，稱為《支那疆域沿革圖》，已經好笑了。還有那邊畫的中國地圖，一省裡頭，臚列了許多府，卻是缺了一兩府；一

4 一八三九—一九一五，晚清學者，精通地理、金石之學，以古籍考訂實測輿圖，編繪《歷代輿地沿革圖》、《歷代輿地沿革險要圖》等。

府裡頭臚列了許多縣，卻是缺了一兩縣。所缺的府縣，並不是於形勢上無關緊要，所列的府縣，又不是於形勢上最關緊要，不過那邊畫圖的人，精神錯亂，偶然忘了。萬一學生來問，某省的某府，某府的某縣，現在在什麼方位？古來叫什麼名字？請問怎麼樣答對呢？只好說：「恐怕沒有這一府、這一縣，是你隨口編造。」那個時候，學生取出中國自造的地圖來對質，不是又遇了伏兵，到轍亂旗靡的地位嗎！中國的哲學，近的是宋明理學，遠的是周末九流，近來那邊人，也略略把周末九流隨口講講。有一位什麼博士，作一部《支那哲學史》，把九流的話，隨意敷衍幾句，只像《西遊記》說的豬八戒吃人參果，沒有嚼著味，就囫圇吞下去。那邊的人，自己有一句掩飾的話，說我們看漢土的書籍，只求他的義，不求他的文。這句話只好騙騙小孩兒。仔細說來，讀別國的書，不懂他的文，斷不能懂他的義。假如有人不懂德國文字，說我深懂得康德的哲學，這句話還入耳嗎？說是這樣說，到底掩飾不過去。那位博士，不知不覺把《史記》裡頭「士為知己死」一句話，引作《論語》的話了。若是相信了這位博士的話，回去施教，學生隨便舉一句古書，問先生在那一部書？先生就不免對錯。到後來學生取出《史記》、《論語》來對校，說這句話，果在《史記》上，並不在《論語》上，我想先生只好說日本的《古本論語》，還在《漢石經》、《唐石經》以前。有這句話，豈不是又遇著一路伏兵，把先生的腳都陷了下去嗎？中國的文法，本來句句順的；那邊的文法，是顛倒的居多。所以那邊幾個大儒，做了幾百年的漢文，文理總不很通。宋朝以後的文章，還勉強看得下去，唐朝以前的文章，就看不下去。他自己說，只求義不求文，倒也罷了，卻有一個什麼學士，自出心裁，作了一冊《漢文典》，硬用那邊的文法來強派中國的文法，有一大半不通。本來中國有一部《馬氏文通》，作得頗好，近來有人說馬氏的書舊了，倒是這位學士的好。唉！真是好笑。別的有新舊，文字的通不通，也有新舊嗎？中國沿海的人，已經迷信了，只望內地的人和日本留學生救正幾分。假如不能救正，反用了那學士的書作文法參考書，自己的文章也必定變作不通，何況去教學生？萬一學生看了先生的文章，在牆背後指天畫地的笑，先生怎麼能夠自己解說？恐怕只好說：「現在的新文法，要不通才算通！」豈不是又遇了一路伏兵，使先生進退無門嗎？唉！真是苦，學生的伏兵很多，先生的軍備很少。在中國作先生，不像日本作先生的容易，一邊是學生程度已經整齊，一邊是學生程度還沒有整齊。入京師大學的，或者只有入得小學校的程度；入小學、中學的，或者也有入得大學校、高等學校的程度。先生的智識，要百倍於教科書，十倍於學生，方才支持得下（為什麼比教科書要高百倍？比學生只要高十倍呢？因為學生的智識，頗有在教科書之上的）。不然，就一生要吃苦了（這句話也並不專為應對學生起見，其實自己本來應該要有這種智識）！問這個苦是誰給你吃的？也怪不得日本教習，只怪自己迷信。兄弟近來有幾句話，使許多人解一解迷信。什麼話呢？說日本人學歐洲的學問，第一是從歐洲人那邊直接受來的；第二是懂得語言文字以後，再去研究的；第三是分科學習，不混在一起的，所以破綻還少。對著中國學問就不然，一向是不從中國學者親受，也不學中國語言文字，也不知分科去求，所以作了一千多年的大夢，至今沒有醒悟。還有許多自己不懂，向橫濱、長崎的商人去問（這是二十年以前的事）。還有幾個江湖遊客，捏造許多古事、古跡來，有意誑騙他們。以前是這邊騙那邊人，現在那邊受了這邊人的騙，又轉來騙這邊人。假如諸君見著幾個商人遊客，想來總不把學問的話去請教他。現在轉了一個小灣，倒不知不覺入其玄中，自己想想，好笑不好笑？得了這一聲笑，迷信自然瓦解冰消了。以上單說關於中國的學問，若關於歐洲的學問，想來必有破綻，且等歐洲人來破。

各種的迷信都破了，在求學上也有益，在施教上也有益。不過學問既然為求智慧，得了前人已成的學問，不可將就歇手，將就歇手，自己仍沒有自己的心得。要知道智識與道德，原是不同，道德或者有止境，智識總是沒有止境。以前的人，積了幾千年的智識，後人得了這個現成，又發出自己的智識來，就比前人進了一級。現在看當時的後人，又是前人，應該要比他更進一級，學問才得新新不已。兄弟這句話，不是教人捨舊謀新，只是教人溫故知新。大概看前人已成的書，彷彿是借錢一樣，借了來，會做買賣，贏得許多利息，本錢雖則要還債主，贏利是自己所有。若不會做買賣，把借來的錢，死屯在窖子裡頭，後來錢還是要還債主，自己卻沒有一個贏餘。那麼就求了一千年的學，施了一千年的教，一千年後的見解，還是和一千年前一樣，終究是向別人借來的，何曾有一分自己的呢？如果說自己沒有，只好向別國去求。別國的學問，或者可以向別國去求，本國的學問，也能向別國去求嗎？就是別國的學問，得了來，還是借來的錢，必要想法子去求贏利，才得歸自己享用。若只是向別國去求呢，中國人沒有進境，去問歐洲人；歐洲人沒有進境，又去問什麼洲的人呢？諸君現在所駐的這一國，他本來自己沒有學問，所以只向別國去求，求得了以後，也不想再比那國的人更高，原是這一國的舊習使然。所以歐洲人好比寫信的人；這一國的學生，好比接信的人；這一國的博士、學士，好比郵便局送信的人。到學生成就了，學生又做第二個送信的人，總是在送信的地位，沒有在寫信的地位。中國就不然，自己本來有自己的學問，只見一天精密一天，就是採取別國，也都能夠轉進一層。且看中國得歐洲的學問，以前只有算法一項，徐光啟送信以後，梅定九[5]又能夠自己寫信，李壬叔[6]、華若汀[7]先做送信的人，後來又能夠做寫信的人。只望將來各項學問，都到寫信的地位，那個求學施教的事，才得圓滿呢。

臨了還要說一句話。書籍不過是學問的一項，真求學的，還要靠書籍以外的經驗；學校不過是教育的一部，真施教的，還要靠學問以外的灌輸。現在只論施教的事，假如諸君知識，果然極高，在近來學校裡頭，能夠不能夠施展呢？恐怕不能！因為學校不論在公在私，都受學部管轄，硬要依著學部的章程，在外又還要受提學使的監督，學部和提學使，果然自己有一件專長的學問，倒也罷了，但現在學部是什麼人？看來不過是幾個八股先生。各省的提學使是什麼人？看來不過是幾個斗

5 一六三三—一七二一，梅文鼎，字定九，為清代曆算開山之祖，被譽為曆算第一名家。

6 一八一〇—一八八二，李善蘭，別號壬叔，清代數學家。於其所著《垜積比類》一中提出組合學恆等式「李善蘭恆等式」。

7 一八三三—一九〇二，華蘅芳，字若汀。與傅蘭雅合譯《代數學》，撰有多部數學著作，並參與設計中國第一臺蒸汽機。

方名士。章程也不能定得好，監督也不能得當，不過使有知識的教習不能施展，反便宜了無智識的教習，去誤一班學生。況且現在教習，對著提學使，隱隱約約有上司下屬的名分，可不是和老教官一樣嗎？別國雖然也有這一個風氣，原不能說是好制度，中國向來教官只是個虛名，實在施教的，還是書院裡頭的掌教。掌教一來不歸禮部管轄，二來不是學政和地方官的屬員，體統略高一點。所以有學問的人，還肯去做。如果照現在的制度，智識高的人，反做智識短淺的人的屬員，看甘心不甘心呢？或者為了飯碗，也甘心了，但臨了必有許多後悔。且看四川有位廖季平[8]，經學是很有獨得的（廖季平的經學，荒謬處非常多，獨得也很不少。在兄弟可以批評他，別人恐怕沒有批評他的資格），屈意去做高等學校的教習，偶然精神錯亂，說了幾句荒謬的話，那個提學使和他向來有恨，就把他趕走了。外邊頗說提學使不是，兄弟看來，誰教這位季平先生屈意去做提學使的屬員？直到趕走，悔之無及，倒是這位季平先生自取其咎。假如諸君有一科的學問，和廖季平的經學有一樣的程度，願諸君再不要蹈廖季平的覆轍罷！諸君如果說，師範學生，受了官費，不得不盡義務，就不是師範學生，要尋飯碗，又怎麼樣呢？兄弟替諸君想一個法子。一面不妨充當教習，一面可以設個學會。學會不受學部的管轄，也不受提學使的監督，可以把最高的智識，灌輸進去。後來有高深智識的愈多，又可以再灌輸到學校去。這句話，並不是兄弟有意看輕學校，不過看中國幾千年的歷史，

8 一八五二－一九三二，廖平，字季平。清末民初學者，廣採古今中外學說，自成一經學理論體系，但治學被評有附會之弊。

在官所教的，總是不好，民間自己所教的，卻總是好。又向旁邊去看歐洲各國，雖然立了學校，高深的智識，總在學校以外，漸漸灌輸進去。學校也就帶幾分學會的性質，方得有好結果。大概學校彷彿是個陂塘，專靠陂塘，水總不免要乾，必得外邊有長江大河，輾轉灌輸，陂塘才可以永久不涸。所以說學校不過是教育的一部，求學校的進步，必定靠著學校以外的東西。假如諸君又專去迷信學校，兄弟的話，也就無可說了！

（一九〇七年至一九一〇年講於日本高等師範）

說今日青年的弱點

現在青年第一個弱點，就是把事情太看容易，其結果不是僥倖，便是退卻。因為大凡做一件事情，在起初的時候，很不容易區別——誰為傑出之士，必須歷練許多困難，經過相當時間，然後才顯得出誰為人才，其所造就，方才可靠。近來一般人士，皆把事情看得容易，亦有時機湊巧，居然僥倖成功。他們成功，既是僥倖得來，因之他們凡事皆想僥倖成功。但是天下事，那有許多僥倖呢？於是乎一遇困難，廢然而返，則毀謗叢集——譬如辛亥革命諸人，多半未經歷練，真才不易顯出——諸君須知凡僥倖成功之事，便顯不出誰是勇敢，誰是退卻，因之雜亂無章，遂無首領之可言——假使當時革命能延期間三年，清廷奮力抵抗，革命諸人，由那艱難困苦中歷練出來，既無昔日之僥倖成功，何至於有今日之紛紛退卻？又如孫中山之為人，私德尚好，就是把事情太看容易，實為他的最大弱點——現在青年若能將這個弱點痛改，遇事宜慎重，決機宜敏速，抱志既極堅確，觀察又極明瞭，則無所謂僥倖退卻，只有百折不回，以達吾人最終之目的而已。

現在青年第二個弱點，就是妄想憑藉已成勢力，就將自己原有之才能，皆一併犧牲，不能發展——譬如辛亥革命，大家皆利用袁世凱推翻清廷，後來大家都上了袁世凱的當——歷次革命之利用陸榮廷[1]、岑春煊[2]，皆未得良好結果。若使革命諸人，聽由自己的力量，一步一步的做去，旗幟鮮明，宗旨確定，未有不成功的。他們的少年中國學會，主張不利用已成勢力，我是很贊成的。不過已成勢力，無論大小，皆不宜利用，抱定宗旨，向前做去，自然志同道合的青年，一天多似一天，那力量就不小了！惟最要緊的，須要耐得過這寂寞日子，不要動那憑藉勢力的念頭！

現在青年第三個弱點，就是虛慕文明。虛慕那物質上的文明，其弊是顯而易見的；就是虛慕那人道主義，也是有害的。原來人類性質，凡是能堅忍的人，都是含有幾分殘忍性，不過他時常勉強抑制，不易顯露出來，有時抑制不住，那殘忍性質便和盤托出——譬如曾文正破九江的時候，殺了許多人，所殺者未必皆是洪、楊黨人，那就是他的殘忍性抑制不住的表示，也就是他除惡務盡的辦法——這回歐洲大戰，死了多少人，用了若干錢，直到德、奧屈服，然後停戰。我們試想歐戰四年中，死亡非不多，損失非不大，協約各國，為什麼不講和呢？這就是歐美人做事徹底的表現，也就是除惡務盡的辦法——現在中國是煦煦為仁的時代，既無所謂堅忍，亦無所謂殘忍，當道者對於兇橫蠻悍之督軍，賣國殃民之官吏，無不包容之獎勵之，決不妄殺一個，是即所謂人道主義。今後之

1 一八五九－一九二八，清末民初軍政界人物。曾為桂系軍閥領袖。先是支持袁世凱，在宣布廣西獨立後與袁對立。

2 一八六一－一九三三，清末民初政治人物。二次革命後遭袁世凱通緝，後參與成立護國軍政府。

青年做事皆宜徹底，不要虛慕那人道主義。

現在青年第四個弱點，就是好高騖遠，在求學時代，都以將來之大政治家自命，並不踏踏實實去求學問。在少年時代，偶然說幾句大話，將來偶然成功，那些執筆先生，就稱他為少年有大志——譬如鄭成功作了一篇〈小子當灑掃應對進退〉的八股，中有「湯武征誅，亦灑掃也；堯舜揖讓，亦進退也；小子當之，有何不可」數語，不過偶然說幾句大話而已，後人遂稱為少年有大志——故現在青年之好高騖遠，在青年自身，當然亟應痛改！即前輩中之好以「少年有大志」獎勵青年者，亦當負咎。我想歐、美各國青年，在求學時代，必不如中國青年之好高騖遠。大家如能踏踏實實去求學問，始足與各國青年相競爭於二十世紀時代也。

（一九一七年十月至一九一八年十月）

在金陵教育改進社演講勸治史學並論史學利弊

此會為教育改進社，教育改進之道甚多，而鄙人獨提史學者，誠以史學乃對症發藥，為補救時弊之良法。

中國學校，各科具備，獨於史學徒有虛名，浮淺之譏，在所難免。革命以來，學校林立，究其實際，則所謂教者，每多不能保存國性，發揚志趣，茲二者教育之根本。然發揚志趣，不可必其能與智識雙方並進，讀書有時反足以貽害，因智識發達，而志趣卑下者有之。教育之善者，志趣與智識，可以平均發展。否則如英之於印度，法之於安南，以英法文施教而消滅其國民性者是也。吾國國內當無此現象，然趨向一誤，每不免入於此途，物質之嗜欲增，空談之言論者，哲學流為清談，科學成為玩物喪志。古昔教育，志趣、智識尚得平均發展，奸惡之輩，未始非自教育中出。孔門則冉有為季氏聚斂；華歆[1]出自鄭康成之門；邢恕[2]出自程明道之門。其學雖壞，尚不至一無所能，進取

1 一五七—二三二，東漢末人，謀廢漢靈帝。

2 生卒年不詳。師從程顥。程頤謂其「義理不能勝利慾之心」。

之志趣固猶在也。乃近世教育，不痛不癢，志趣消磨，竟成為吃鴉片式之教育矣。所謂保存國性者，則吾國教育固非安南、印度可比，然溯學校設立之始，則為敷衍外人，在外交危急之時，養成外交人才，其目的不過爾爾。近則外人已不復如前此之歧視吾國，惟其流毒則模仿外人，除少數學校外，其餘一律重視外國文，束髮之童，口誦耳習者，即為外國文，欲國性之不淪亡不可得也。

欲保存國性，則不能處處同化於外人。匈奴人之在華者，為漢人所同化，而匈奴之種性即淪滅，其入歐洲之一部分，至今猶為匈牙利人，保持其野蠻民性。稽諸史乘，金、清自入關後，起居飲食，禮樂法制，同化於漢，勇敢之風滅，而今則東三省女真與愛新覺羅民族之遺風，已蕩然無存，有清滅後，不能退守關外者此也。蒙古人不喜全學漢人，除一部分語言文字外，當其據有中原時，歲常一至漠北，度其冰天雪地中之帳幕生活，故元亡猶得退蒙古，自明清迄今，外蒙仍崛然自立。吾國人之學歐美，比諸元清之學漢，其情形是否全同，姑置不問，即使中國之民性，如野蠻民族，亦有保存之價值，況中國尚不能征服外人而徒模仿其文化，國性淪亡，蓋無疑矣。國性淪亡，志趣墮落，教育之流弊如此。國中學者提倡國學，有重辭章者，辭章為用至少，即談墨子經學，亦索然乏味，徒供士大夫之清談耳。至於能發揚志趣，保存國性之教育，其要點則重在讀史。

無史之國，每易淪亡，國家之建立也逾遠。史乘所載其足以激發志趣，影響國民性力之勢力，至為偉大。漢人通經致用之說，以當時要籍，全在經典，史學流傳，悉備如是，其後經書相隔，為是已遠。往古不可復稽，於是有通時致用之說，故學孔子不但學不到，亦且不知如何學。讀近人傳記，則以處境同、記載詳最易激發吾儕志趣。自國家之建立，因外來之侵略與防禦，而國性益強，未聞同化外人，而能保存其國性者。近今學校，對於史學，多未精求，若究其弊，厥有五端，前人所述者姑不論。

一、取文捨事。崇拜太史公《史記》之文章者，常忽其事實。自方望溪[3]、歸震川[4]輩之評點《史記》，以事實就文章，以為不如此，則文即非《史記》之文。讀史而蹈此弊者屢見不鮮。夫《史記》本屬實錄，初非藉以自炫其文章也，若為文章而捏造事實，則金聖嘆已先譏之，歸、方輩等《史記》、《漢書》於小說，取文捨事之弊，亦云鉅矣。

二、詳上古而略近代。史學通病，每於唐虞三代，加以考據，六朝之後漸簡，唐宋以還，則考論所載，無不從略。歌頌三代，本屬科舉流毒，二十四史自可束諸高閣，然人事變遷，法制流傳，有非泥古不化所能明其究竟者，往古都不可稽。《左傳》編年記錄，始有條不紊。《尚書》則無年月日，在孔子時遺漏即已不少，時代亦無可考。〈金縢篇〉所載，有認為周公死後事，鄭康成則認為周公生前事，其原因則由於「秋大熟」秋字，未明述何年，故在孔子、墨子時，即已不能辨，古史之不可考，可以想見。《左傳》以後，史乘之記載益詳，六經中分別制度，而各國制度無專書，《史

3 一六六八－一七四九，方苞，晚號望溪，清代桐城派始祖。著有《史記評語》、《史記注補正》。

4 一五〇七－一五七一，歸有光，人稱震川先生。尊古文，為唐宋派代表之一，認為以《史記》為代表的秦漢文章為佳。

記》、《漢書》以後，則食貨有志，職官有志，地方有志，以視《儀禮》、《周禮》，其所記當時制度，詳略遠不相同。司馬溫公作《通鑑》，於兩漢以前，多根正史，晉後則旁採他籍，唐則採諸新、舊《唐書》者只什五六，其餘則皆依年月日以考證之，並附考異，以備稽核。誠以近代典籍流傳既富，治史學既有所依據，而其為用又自不同。蓋時代愈近者，與今世國民性愈接近，則其激發吾人志趣，亦愈易也。

三、詳於域外而略於內政。有清末葉，國事紛擾，外侮日迫，有志之士，欲喚醒國人迷夢，故對於域外記載，不厭其詳，其流弊則將內政要點，處處從略。然外交、內政，兩者相衡，對外方略，初不若內政之重要，內政為立國根本，若《史記》而不詳於〈本紀〉、〈列傳〉，專講〈方略〉者，則後人讀史更有何據，變國史而為世界史。摧抑國民性之流毒，莫此為甚。

四、詳於文化而略於政治。此病得自日本。日本之治東方史學也，與吾國人之治國史，其目的迥不相同，以其無國民性之關係也。故於漢則述所謂司馬遷、司馬相如、班固之流，於唐則述韓退之、李太白，於宋則述蘇、歐、黃、秦之流，視為已足。實則舉一二文人以代表一代文物，亦為史學家所不取。文物之中，其特異者，則為宗教。宗教於國史上，初不佔若何位置，以吾國宗教，對於政治，不發生若何影響，《史記》、〈洪範書〉、《漢書．五行志》，雖不乏宗教材料，則以古代史祀之官，兼及祭祀也。厥後史籍多專取與政治有關係者記之，魏收《魏書》中之〈釋老志〉，亦以其影響政治而作。若唐摩尼教早已消滅，其考據自亦無關宏旨。回教之在中國，初無若何影響。耶穌教則自利瑪竇入中國後，相安如堵，除一部分教案與政治上發生糾葛，宜加以考證外，泛論宗教，無關政治，自可從略。近人治史學，好談文化，文化為政治之母，固為一般人所共認，然文乃經緯天地之文，初非吟風弄月、玩物喪志之文，略於政治，而詳於文化，學者志趣，每為之消抑。

五、因古籍之疏漏而疑為偽造。前四者為治史學者之通病，此則疑古太甚，為一部分學者所獨有。著書若全無疏漏，本無此事，況古籍至今，抄寫脫漏，在所難免。考據之學，亦至瑣碎。司馬溫公之《通鑑》，其中多根據年月，將各籍交互參合，然其考證，亦屬大體，且多不能一致。即使近人記十年前事，仍多不免疏漏，何況古人？古史曲筆與諱飾，多為有意疏漏，他書可加以稽考。如兩方戰爭，小負大勝，每易致誤，攻城失地，則多不得不為之實報，心中有年月日之限制則不易偽造。至於查無實據，事出有因之史事，史籍中亦常見之，初非考證之士所能定其真偽也。古人往矣，不但堯舜之有無不可知，若充其致疑之極，則清光緒帝之有無，亦非吾儕所能定，即吾儕所不曾親至之地、親歷之境，因時間、空間之睽隔，亦得加以否認。昔有人以為世界只有英國，而無吉國利國，更無英吉利國，說來雖屬荒唐，細味亦有至理。古事致疑，本為學者態度，然若以一二疏漏而遽認為偽造，欲學者群束書不觀，則未免太過耳。

總上所述，鄙人所以反覆申論者，則以教育上治史之利益即在保存國性，發揚志趣，此於近代教育對症發藥。國人昏聵也久矣，自來視史學為敷衍門面，因不免有取文捨事，詳上古而略近代，詳域外而略內政，詳文化而略政治，以及疑古太甚之五弊。能去此五弊，則史學之功用可見。余之為此言，固非僅以讀《漢書》、《史記》相勸勵，亦鑑於全國教育之趨勢，志趣墮落，國性淪亡，有不能已也。諸君為教育界要人，對於全國教育，關心至切，而余所鄭重為諸君告者，則毋使華夏教育，流為鴉片式的教育，是則吾國前途之大幸也。

（一九二四年七月上旬）

論今日切要之學

從前顧亭林先生說過「行己有恥，博學於文」兩句話，但是「博學於文」不如行之實際，而「行己有恥」純為個人的行為，所以這裡暫不討論。

今日切要之學只有兩條道路：一求是，二致用。求是之學不見得完全可以致用，致用之學也不必完全能夠求是。合致用與求是二者冶於一爐，才是今日切要之學。詎今日之學風適反乎此，日惟以考古史、古文字學、表章墨辯之說是尚，反棄目前切要之學而不顧。此風若長，其害殊甚，速矯正，以免遺誤於將來。茲先分論其不切要之點如下：

一、考遠古。此雖為求是之學，然不能致用。試觀今日一般學者忽於近代之史，而反考證三代以上古史如《山海經》等孜孜不休。正如歐西學者日夜研究古巴比倫、埃及等國的文化，同樣的無味。因彼時尚在渾沌草昧時期，就是能發現一二種學說，也絕難找出有力的證據來證明他，又何況即便得以證明也不能致用呢？

二、考古文字。此亦求是而不切要之學也。若今日舉國學子欣欣然考證龜甲，研求鐘鼎，推求陶瓦，各自以為得。其考證甲骨者則鑿鑿於某字《說文》作某，鐘鼎又作某，某字應讀某聲，穿鑿附會之態較之研究鐘鼎者尤為可笑。而不知龜甲之真偽本難分別，何況其證據又薄弱無力！至於鐘鼎本係金屬，真偽尚易辨別，然考證其文字，終覺無味。其一切考證鐘鼎文字之書籍，更須審辨。若宋人之《集古錄》、《金石錄》、《博古圖》等書，考訂本多難據。至清之吳大澂等益加穿鑿。然清人考訂文字大率沿襲宋人，不知宋人更沿襲何者。夫文字遞變，必據有形跡者以為推。假如佐證毫無，而欲妄加揣測，正如外人到中國聽戲，縱賞其聲調鏗鏘，而於曲中旨趣則茫乎無所知矣。

三、考墨辯。今日學者，除去染有上述兩項風氣之外，尚有一種絕不能以之致用的風氣，就是考墨辯。墨子的精華僅在〈尚賢〉、〈尚同〉、〈兼愛〉、〈非攻〉諸篇。至於〈經上下〉、〈經說上下〉、〈大小取〉諸篇，實墨子的枝葉。而考墨辯者卻矜矜然說某段合乎今日科學界中的電學，某段合於今日科學界之力學，某段合於今日科學界之飛艇、飛機，某段係今日物理學中之定律，某段又是今日化學之先聲。似墨的神通，活像今日科學界的開山老祖一樣。即使以上諸說能夠成立，也不過是繁瑣哲學之一流。莊子有一句話：「竄句游心於堅白同異之間，楊墨是已。」這樣說來，非獨墨子是科學專家，楊子又何嘗不然呢？《大戴禮》哀公問孔子有小辨之說，則墨子亦小辨之流也。總之其語雖然有是的地方，用起來時卻不能致用。所以這班學子雖較考古史、古文字學有用，然終不是今日所需要的。

現代的學者既如上述。若溯及前代治學的人也各有所偏。明代學者知今而不通古，清代學者通古而不知今。所以明人治事的本領勝於清人，雖少年科第足以臨民。清之學者考證經史詳搜博引，雖為前古所無，惜不諳當代制度，治事的時候，輒來請教於幕僚。所以兩朝學者各有所蔽。然明之學者尚能致用，清之學者雖欲致用亦不能也。其所以不能致用者，基於彼等考大體者少，證枝葉者多耳。是明清兩代之學，皆非切要，不足為今日所取法也。

今日切要之學是什麼？曰：「歷史也。」歷史之學宜自修，不適於講授。現代各校不明此理，多於每週規定三四小時，與其他科目同一辦法，此甚不然。試問一部正史，欲於每週三四小時內依次講解，恐至少亦須三十年始能講畢。即令學生明知史志為今日切要之學，若按時至校聽講而不自修，終必無收穫。此外市面上有應時而起的《史學通論》、《史學研究法》等，美其名曰節省時間，實無當也。如唐人劉知幾之《史通通釋》，往復辯論歷代史書得失之處，雖甚詳明，假使詳明更不閱其所論之史書，則《史通》亦為無用。況今日市上之《史學通論》等書，撰著對於所論之書恐尚未嘗看過，則其《通論》又那裡有絲毫的用處呢？故歷史一科之教員應專講解史志之條例及其中深奧的地方，其餘易解之處通由學生去自修。蓋研究學問有二法：一、有必須講解者，如史學之條例是也。二、有必須自修者，則史志之全文是也。試觀現在各校覥居歷史講座之先生，與茶館中說評書的有什麼分別？其中本領高者僅能講明歷史之大概，劣者雖大概亦不能明也。

現在的青年應當知道自己是什麼時候的人，現在的中國是處在什麼時期，自己對國家負有什麼責任。這一切在史志上面全部都可以找到明確的答覆。若是連歷史也不清楚，則只覺得眼前渾沌萬狀，人類在那裡棲棲遑遑，彼此似無關係，展開地圖亦不知何地係我國固有，何地係我國尚存者，何地已被異族侵占？問之茫然無以對者，比比然也，則國之前途豈不危哉！一國之歷史正似一家之家譜，其中所載盡已往之事實，此事實即歷史也。若一國之歷史衰，可占其民族之愛國心亦必衰。蓋事實為綜錯的，繁複的，無一定之規律的；而歷史乃歸納此種種事實，分類記載，使閱者得知國家強與弱的原因，戰爭勝敗的遠因近因，民族盛衰的變遷，為人生處世所不可須臾離者。歷史又如棋譜然，若據棋譜以下棋，善運用之，必操勝算，若熟悉歷史，據之以致用，亦無往而不利也。（中略）

宋之王荊公與現在國民黨之總理孫逸仙均中不明歷史之病。王荊公不許人讀史志，毀之曰「斷爛朝報」；孫逸仙似未精究歷史，卻也具有王氏之遺風，所以國民政府今日未有令名。王荊公與孫之國民黨同因不諳已往之史蹟，以致愛國心衰。自王荊公倡不讀史未及四十年，而宋亡矣，今民國締造已二十一年，前後茫茫，亦可懼也。

附庸之國與固有國土本有區別，歷史已詳告我們。不幸今日上下竟有以附庸視東北三省，而盛唱「棄了東三省」的論調，這就是不明史志的原故，而僅據外人之稱東三省為「滿洲」，便以為東三省之屬於我國乃附屬地性質，非本土也。凡稍讀史志者便以為其誤。考東三省原為中國固有的版圖，漢謂之突厥，宋謂之遼、金。漢去今日已遠，姑不論。即以明清論之，明清兩代東三省皆為我國固有之版圖，今竟因不明史志而疑固有的國土為附庸之地，其害較不讀經書為尤甚。蓋不曉得周公、孔子的名字，僅遺忘一二死去的人而已，無關國家之得失，若不曉得歷史則幾乎茫茫然遺失了東三省千百萬方里的土地，其為害駕於經書之上。此語在好高騖遠的人全不願說，他們視歷史如同掌故和家譜一樣，豈料到關係於國家的命脈是這樣的大呢？再以開舖店喻之，開舖店若不明該地的掌故習俗，則不出數日必倒閉矣。又如組織家庭，若不看家譜不明世族，則親疏不分，視其同族若路人，此家未有能興盛者。今知不看掌故家譜之害尚如此，其不明史志之害，豈不尤甚於斯歟！故謂歷史為掌故亦可，謂之為民族的家譜亦無不可。總之，歷史就是我的掌故、我的家譜，他人得之雖然無用，而我不得不備此物，若欲為國效力，這本老家譜是非研究不可。至於運用之法，應注重制度、地域變遷的沿革，治亂之原因。閱之亦甚易，看一句即得一句之經驗，非若治軍須戰略與操練並行也，故其成就亦易。史志之全帙雖繁，讀司馬光之《資治通鑑》則簡而易行。今之青年既知史志為切要矣，當視為新發現之寶物去日夜看他才好！

歷史之學不僅今日切要，即在往古亦十分切要。漢時即以六經為史，各有專家傳其學，至今因時間之延長，史志遂覺繁多，然此正一完備之棋譜也。若善用之，何往而不利！故其切要尤甚於昔。在漢時可舉史志而盡焚之，因彼時棋譜尚未完備，而有人才在，還可以補救時艱。今日則不可，因人才已無，棋譜更不可失矣。

「行己有恥，博學於文」，是從前的話。今當世界在較任何時期為嚴重的時候，歷史上之陳跡即為愛國心之源泉、致用時之棋譜。其繫於一國之興亡為用尤鉅，故史志乃今日切要之學也。

（一九三二年三月二十四日在燕京大學講演）

適宜今日之理學

理學之範圍甚大，今日講學，當擇其切於時世可以補偏救弊者而提倡之，所謂急先務也。吾今所講，分為二目，一為國人同所需要之學，一為無錫特宜注重之學。

吾嘗謂理學之名，不甚妥當，宋世稱「道學」，明代稱「理學」，姚江則稱「心學」。宋人反對朱晦庵者云「無一實者謂之道學」，可見當時不以道學為嘉名。姚江以為理在外、心在內，故不稱理學而稱心學。吾意理云心云，皆有可議，立身之道，發乎情，不能一斷以理。一國有其禮法，一鄉有其風俗，皆因情而立制，不盡合於理也。心學之名，較精確矣。然心學末流，猖狂妄行，不顧禮法，正為其專趣高明之故。吾謂當正其名曰「儒學」，儒家成法，下學而上達，庶無流弊。

孟子、荀卿立言不同，而並稱大儒。漢儒傳經，師承有別，而其學有統，仁義忠信，是其統也。即隱逸一流，亦卓然以德操名世。若三國之管寧，所居左右，無鬥訟之聲，禮讓移於海表，常坐一木榻，積五十餘年，未嘗箕股，此不可不謂之真儒。顧後世鮮有誦法者。東晉有顏含[1]，兄死而復生，

1 生卒年不詳。為顏回後代，晉朝官員，以孝悌聞名。

闔家營視，雖母妻不能無倦，含絕棄人事，躬親侍養，足不出戶者十三年；郭璞[2]嘗遇含，欲為之筮，含曰：「年在天，位在人，修己而天不與者，命也；守道而人不知者，性也。自有性命，無勞蓍龜。」此亦可謂知命之君子矣。子性綿延，有之推、師古之通學，真卿兄弟之風節，皆儒之高行，豈必學道，然後成其德性哉？今若以儒學為名，此人皆可入選也。

所謂理學，門戶紛歧，在宋即有朱、陸之異派。其實何止朱、陸，晦庵本與呂東萊相契，其後以東萊注重功利，漸與分途。顧論學雖不合，論交則不替，至於修己治人之道，彼此亦非相反也。明儒派別更多。王陽明反對朱學，陽明弟子又各自分派，互相反對。陽明與湛甘泉[3]為友，其為學亦相切磋，其後王講良知，湛講天理，門庭遂別。王、湛之學，合傳於劉蕺山，[4]然蕺山於甘泉不甚佩服，於陽明亦有微詞。其後東林派出，不滿於朱學，亦不滿於王學，而高景逸近於頓悟，景逸訾蕺山為禪，顧不自知其學亦由禪來也。凡此數家，學派雖不同，立身之道則同。儒家之學，本以修己治人為歸宿。當今之世，講學救國，但當取其可以修己治人，不當取其談天論性。談天論性者，在昔易入於佛法，今則易入於西洋哲學。若以修己治人為主，而命之曰儒學，則宋明諸家門戶之見，

---

2 二七六—三二四，東晉學者，習易學、道教數術，是兩晉著名的方術師。

3 一四六六—一五六〇，湛若水，號甘泉。明代理學家，主張隨處體認天理。

4 一五七八—一六四五，本名劉宗周，後人稱其為蕺山先生。為宋學浙東學派代表之一，講求為學的經世致用。

都可消除，而教人自處，亦易簡而有功矣。

宋儒范文正、胡安定講學吳中，立經義、治事齋，其學貴乎實習實用。同時司馬、二程，以及南宋薛季宣[5]、葉水心[6]，皆以修己治人為學為教。近世顧亭林、陸桴亭[7]，亦專心實學，不尚玄言。桴亭雖未嘗反對性天之說，亭林則斥理學家為明心見性之儒矣。此八君子，若生於今日，則其事功必有可觀，教化亦必有效也。

自侈談性天者外，更有一派，以為一物不知，儒者之恥，此亦有流弊，亦非今日所宜提倡也。儒者竟以一物不知為恥耶？於古無徵。子曰：「知之為知之，不知為不知，是知也。」莊生亦言：「生也有涯，知也無涯，以有涯逐無涯，殆已。」夫恥一物之不知者，有但作此說而未嘗躬行，亦有躬行而終不能至焉。若朱晦庵，自知日不暇給，不復能窮知事物之理，是但言之而不行者也。若顏習齋，本近於永嘉派，以禮、樂、射、御、書、數為儒家正業，其說是也。至欲習於兵、農、錢、穀、水、火、工、虞，件件而精之，則天下無此全才。自大禹之聖，治水而外，未見更有何等功業，他無論矣。即今之為科學者，亦各自專門。不知江、戴諸君，何以不悟及此。乃至讀〈堯典〉必測天文，讀〈禹貢〉必究地理，豈亦為針砭俗學而然耶！（慎修崇拜朱學，故注《近思錄》。東原本出江

5　一一二五—一一七三，南宋理學家，為永嘉學派（事功學派）代表之一。
6　一一五〇—一二二三，葉適，號水心，南宋理學家，為永嘉學派（事功學派）代表之一。
7　一六一一—一六七二，陸世儀，晚號桴亭。明末清初理學家，以居敬窮理為本，主張為學的實用性。

門，說經頗引晦庵之言，其作《孟子字義疏證》，則有取於習齋。）然讀書若此，不知何年得通一藝也。孔子曰：「吾少也賤，故多能鄙事。」明非人人必須多能，且無機衡之器，誰能測天？無四載可乘，誰能相地？此等專門之學，正恐孔子之多能，未必深通；冉求之藝，亦難遍習。單居離問曾子：「天圓而地方，誠有之乎？」曾子曰：「誠是天圓而地方，則是四角之不揜也。」此謂地是平圓，而非渾圓，按之今日地理之學，固為大謬，然不以此而有損曾子之賢。《周髀算經》曰「地滂沱四隤而下」，此謂地如曼頭，亦謬也。惟〈泰卦〉云：「無平不陂，無往不復。」〈象〉曰：「無往不復，天地際也。」此乃知地如丸卵矣。然文王演《易》，卻不以此為勝義。可知儒者所急，在乎修己治人，行有餘力，以求多能，自無不可。若謂非上通天文，下知地理，不足以為儒，則非也。韓退之云：「《爾雅》注蟲魚，定非磊落人。」退之文人，亦知求學之道不在乎一鱗一爪，而其大體是存，則用日少而畜德多矣。

向來儒家之學，止於人事，無明心見性之說，亦無窮究自然之說。「人心」、「道心」二語，出於《偽古文尚書》，蓋魏晉人之言也。試思堯舜禪讓，諒不異今日官吏之辦移交。所謂「允執厥中」者，「中」即《周官》小司寇登中於天府之中，謂會計簿籍也。漢官有「治中」，猶稱主簿爾。然則歷數次在其躬，簿籍付與其手，堯舜之事，可知之矣。夫何暇論及人心、道心也哉！蓋自古所稱為聖人者，凡以其能開物成務而已，伏羲之結網罟，神農之制耒耜，黃帝之造書數，帝堯之治歷象，其功一也。民非耕稼不生活，敬授民時，修農政也，然四時推候，但以命羲和之官，非人人而命之也。儒家祖述堯舜，堯舜所病，乃在不能修己以安百姓，性天之不談，一物之不知，非儒者之恥明矣。歐陽永叔於理學無所發明，獨謂性非切要之道，則可謂知言。如今學者，好談哲學，推究宇宙之源，庶物之根，辯駁愈多，爭端愈出，於是社會愈亂，國愈不可治矣。若在太平之世，以此消遣，亦復賢乎博奕；至於亂世，而尚清談，則東晉之禍，正是前車。亭林有言，今之理學，亦是清談。試問今之哲學，竟有愈於當時之理學否？

宋明學者之取於佛法，有其範圍，四禪八定，非所諱言，至於不住生死，超出三界云云，則絕口不道。然則所取佛法，僅及其半，佛法所以為殊勝者，乃先儒所不取，蓋惟恐入於斷滅也。今若講論性天之學，更將有取於西洋。西洋哲學但究名理，不尚親證，則其學與躬行無涉。科學者流，乃謂道德禮俗，皆須合於科學，此其流弊，使人玩物而喪志，縱欲以敗度。今之中華，國墮邊防，人輕禮法，但欲提倡科學，以圖自強，是知其一不知其二也。

次論無錫特宜注重之學。無錫本東林學派發源之地[8]，東林之學，至清中葉而闃焉無聞。今之無錫，工廠如林，商業繁盛，非顧、高二公之時之比。然通商之地，人心趨利，蓋習俗之移人也。使二公生於今日，雖戶說以理學之眇論，恐亦不能化。明儒陳白沙生於嶺南，嶺南通商最早，高富下貧，粵俗為甚。故白沙之教，日與弟子登涉山水，投壺賦詩，縱論古今事，不遽語及道學，而待其自悟，此蓋近於曾點一派。周茂叔令二程尋孔、顏樂處，所樂何事，亦是此意。今之無錫，比於明

8 以明代顧憲成為代表的學派，在江蘇無錫建有東林書院，其學兼融朱、王，主張心、理合一。

世之新會，必有過之，吾意設教者當取白沙一派，亦使學子知吾與點也之趣，然後可與適道。

班孟堅譏史公之述〈貨殖〉，崇勢利而羞賤貧，是非謬於聖人。然史公云：「夫千乘之王，萬家之侯，百室之君，尚猶患貧，而況匹夫編戶之民乎！」其詞有激盪焉。孔子以臧文仲妾織蒲為不仁。揚子雲稱公儀子、董仲舒之才之劭，以公儀子為魯相，婦織於室而遣去，入園有葵而拔棄之，不與民爭利也。仲舒為江都相，下帷三年不窺園，亦不治生產者也。然《漢書》稱張安世尊為公侯，食邑萬戶，而身衣弋綈，夫人自紡績，家僮七百人，皆有手技作事，內治產業，累積纖微，此其與民爭利，什百於臧孫。而孟堅謂之「滿而不溢」，豈非謬於孔子、揚雲所是非耶？近代曾滌笙身為大臣，而令其室人紡紗，日程四兩，此則顯與公儀子所為異矣。孟獻子曰：「畜馬，乘不察於雞豚，伐冰之家，不畜牛羊，百乘之家，不畜聚斂之臣，與其有聚斂之臣，寧有盜臣。」曾氏以理學家自命者也，不知其讀〈大學〉之時，作何等感想也。

或曰：劉寄奴[9]為帝，被服居處，儉於布素，嶺南獻細布，則惡其精麗勞人，史家稱之。如今所論，宋帝之儉，無乃貽愛財之誚乎？答曰：宋帝起自貧乏，富貴之後，不改雅度，故可稱也。其禁絕侈靡，可謂上思利民，非與民爭利審矣。儉為美德，猶貴中禮，況以公侯之富而與民爭利乎？至許魯齋謂「儒者必先治生」，陽明反對此說，亭林卻以為然。吾意學者治生，與大臣積產有間。學者治生而不至空乏，則可以養其廉恥。陽明生當平世，家給人足，殆未見仕有為貧者，故不達魯齋語

9 三六三—四二二，劉裕，小字寄奴，南北朝劉宋的開國皇帝，是為宋武帝。

趣。亭林生當亂世，所見為貧而仕者蓋亦眾矣，故以許說為然。

太史公曰「富者人之情性所不學而俱欲者也」，然以中國視西洋，則亦有間。中國貴人多有功遂身退者，富人亦有知止知足者，於西洋無聞焉。故人哈同君，富傾滬上，年八十矣，猶日夕校閱房租帳簿，此非求益富以自奉也。其治產也，直與吾輩之治學不異，都無止境，死而後已。然西洋之俗，既日漸於中國，耳目欲極聲色之好，口欲窮芻豢之味，身安逸樂，而心誇矜勢能之榮，亦日有甚焉。昔陸子靜講「君子喻於義，小人喻於利」一章，聽者竟至泣下，使在今日講之，寧復有感動者乎?故吾謂設教於通商之地者，莫如白沙一派為能收效也。

（一九三三年十月二十二日在無錫國專演講）

經義與治事

到這裡來，才知道這裡是范文正、胡安定講學之所。在時間上有久長的歷史。全國學校，像這樣有久長的歷史的，恐怕數目不多。因此引起我濃厚的感想。

在蘇州前輩先生中，范文正當然是第一流人物。所以這次我來講學，首先提出范文正、顧亭林兩位先生，作為立身、行己、為學、做事的標準。此地是范文正、胡安定「過化存誠」之所，當然更須提出來特別講講。

當時范文正請胡安定到這裡來辦理教育，安定首先提出「經義」、「治事」兩項，作為為學的方針。何以不提出「修身」來講一講？依我揣測，「經義」可以包括修身，就「治事」而論，亦非修身不可，所以只須分講「經義」、「治事」兩項便好了。

原來學問類別，不外「經義」、「治事」兩項。「經義」所包甚廣，史學亦包括在內，可以說經義即是學問全部。至於「治事」，便是所謂辦事。有了學問，當然非託之空言，要在見之實行，所以治事一項，亦很重要。後來亭林先生，對於這兩項，可以說兼擅其長；以後的學者，便不能兩者具備了。蘇州的經學，向來有名，惠氏父子[1]可以作為代表；「治事」像馮桂芬[2]之流，亦還可以。不過他們都不能兼擅兩者。惠氏只知治經，其餘一切不管；馮氏只知在地方上興利除弊，對於國事，不加過問。這都是他們的短處。當時安定設教，對於「經義」、「治事」兩項，究竟辦治如何？現在無從考見。大約「經義」方面，口說的多，成文的少，所以說經之文不傳，傳的亦不十分精博；「治事」方面，亦無特別事項給我們知道，只知道他對於禮節的訓練非常嚴厲。記得徐仲車[3]（積。）初見安定，頭部微微帶一些傾側，安定馬上厲聲對他說：「頭容直！」仲車由此凜然，悟得非但頭容要直，心亦要直。這種情形，亭林還有一些兒氣味。至於惠、馮，無論「經義」、「治事」，都在書本上著力，見之於行事的，已不甚多；對於身心修養上的種種，更不遑顧及了。現在的時世，和往昔不同。但是，所變換的，只是外表的粗跡，至於內在的精義，是亘千載而沒有變換的。所以，古未必可廢，所著重的，在善於推闡。假使能夠發揮他的精義，忽略他的粗跡，那麼，以前種種，未必無補於現在。

一般人的意見，往往把經學、史學，分而為二。其實「經」是古代的史書，「史」是近代的經

1 指蘇州東渚惠士奇、惠棟父子。惠棟為清代吳派經學代表。重訓詁，主張致經當由古音入手。

2 一八〇九－一八七四，出身蘇州，清代思想家。著有政論集《校邠廬抗議》，對晚清社會提出改革方案，開中體西用之先河。

3 一〇二八－一一〇三，徐積，字仲車，耳聵。曾師從理學家胡安定。

書，二者本來是一致的。我們之所謂「經」，當然和耶、佛、天方不同；我們之所謂「經」，等於現代一般人所說的「線裝書」。線裝書上所記載的，是非美惡，成敗利鈍，在在和現在有關，我們不得不去注意。《尚書》當然是史；《禮經》、《樂書》，等於史中之志；《春秋》便是史中紀傳，不過當時分散各處，體例未備，到司馬子長作《史記》，才合而為一，有紀有傳，有志有書。所以，史即經，經即史，沒有什麼分別。現在我們假如單單講經，好像沒有用處；單單講史，亦容易心粗氣浮。所以，我的意思，非把兩者合而為一不可。研究經的方法，先求訓詁文義，進一步再探求他事實上的是非得失。至於如何應用？那麼，運用之妙，存乎一心，在於各人的自得。而且時勢不同，應付亦異，這是講不了的。

在現在學校制度之下，經能講，史不能講。這因為學校制度根本不完善的緣故。經的書本少，講來還不困難；但是在現在的大學裡面，還只能講一些概論之類。至於史，總數幾乎二三十倍於經，卷帙繁多，如何講得！於是不得不取巧一些，講一些研究法。其實這根本是欺人之談。試問未看全書，所謂研究，何從說起？我以為史的文理易明，不像經的訓詁難通，費三年之功，一部廿四史，即可看全。這一門，宜於自修，不宜於講堂上講解。所以，我以為現在學校，有兩件事應當認真去做，一是由學生自修，一是請教師講解。一種學問，先後有條理可尋，非先通一關，第二關絕難通過的，這一種，非請教師講解不可。譬如各種科學，以及以前所謂「小學」之類都是。至於書籍眾多，沒有條理可循，並且他的功用，在乎作用而不在乎條理的，這一種，不須講解，只須各人自己觀覽即可。以前的學校叫作書院，其實相當於現在的圖書館。書院中預備了許多圖籍，使得學生可以自由閱覽。再聘請一位掌院或是山長，常駐院中，遇有疑難，可以請問。這種情形，學生有自得之樂，教師無講演之勞，在事實上很是合理。假如這一項學問，書雖少而理卻深，非經教師講解，不能明瞭，這便須採用現在學校的講授制，師生聚集在一處地方，按照次序講授去了。所以，我以為學校和圖書館，兩者不可偏廢。講求學問的方法，大約不出於這兩種。

以上是關於「經義」一方面的話，現在再講「治事」。「治事」——辦事——本是多方面而且極活動的，非實地練習，不能知道處置的方法。譬如要學軍事，便須到軍隊中去，當排長，當連長，假如僅僅在講堂上讀一兩種書，試問有什麼用處？政事亦然，單靠書本上的智識，不是崇拜著西洋各國情勢隔膜的制度，便是拘泥著東方古代早已過去的陳規。總是沒有用處。即使自己研究了很深很深，胸中瞭然，筆下超然，著了許多政治上的書籍，還是無用。為什麼呢？因為政治是千頭萬緒，而且刻刻隨了時勢環境變化的。譬如現在局勢混亂，你若想從政治上著手整理，假如單單依靠自己讀書，那麼即使翻盡《文獻通考》之類，還是不知道從什麼地方做起。所以政治一項，最要緊的，是親自埋頭幹去，在幹的中間，積蓄你如何如何的經驗，絕非在書本上、講堂內，隨便看看談談，可以了事。況且，時勢變遷，現代斷然不能復為古代，古代書籍，即使現在看來句句都好，到底從那一件做起，還是問題。所以，平時讀書，只好算積蓄材料，用時還須自己斟酌。譬如商店，資本大，貨物多，顧客一到，可以從容應付。假如守著一兩種書，便以為天經地義，牢不可破，這種固執不化的情形，怎樣可以通方致遠？所以，關於「治事」一項，學校教師，應當領導學生，親自幹去，在幹的中間，求得切實的經驗。學生不但應當在教師堂上聽講，在自己室內看書，還須多做遊歷的功夫。以中國而論，地方大，風俗異，此地相宜，那邊不相宜，這種情形，書上記載簡略，非實地考察，斷乎不能瞭然。關於「治事」，我以為應得如此做去。假如不能，充其極，亦不過做到馮桂芬之流而已。

一個人要兼擅「經義」——學問、「治事」——辦事兩者，是不容易的。前面所講的顧亭林，還只能做到六七分，不能說完全做到。他講到「學問」，總是經和史連講；講到「治事」，非但明白當代的掌故，走過的地方，亦是不少，以此很能知道各處不同的風俗人情。兩種兼擅，方才成功現在我們大家知道的顧亭林，這是很不容易的！

「經義」、「治事」兩項，實在可以包括一切。但是古代和現在不同，我們當然要把他推廣言之。不能守著以前的方法便算滿足。即使現在范文正、胡安定復生，到此地來當校長，做主任，也決計不會守著陳舊的方法便算滿足的。「經義」一門，要推廣言之；「治事」一門，也要多想方法。

總之，學校裡的教課，固然是學問；自己個人的自修，閱歷，亦是學問。走一步，見一人，無往而不是學問。假如單單守著學校裡的教課以為學問，那麼，一定會使得你感到十二分的缺乏的。以前子路說過：「有民人焉，有社稷焉，何必讀書，然後為學？」這話並未講錯。從古到今，有一種人痛恨俗吏，痛恨官僚，但是自己講論政治多年，一旦擔任職務，往往不能及到他們。這個原因，便是一在空論，一在實習。所以，我以為講到實用，學問不過占三分之一的力量，三分之二的力量，是靠自己的練習。子路的話，並未說錯，不過略嫌過分一些罷了。以前安定設教，「經義」之外，另外提出「治事」一項，這是他獨具隻眼的所在。現在我們不知道他當時如何辦法，或者當時出校以後，更有補救的方法，亦未可知。否則「治事」是教不完的。

因為此地是安定首先提出「經義」、「治事」兩大類別的地方，所以我今天才如此的講。總而言之，現在教育的界限要放寬，那麼才可以完成九百年來這兩句話的大用處。

（一九三二年九月二十一日在蘇州中學講演）

自述學術次第

余生亡清之末，少甚異族，未嘗應舉，故得泛覽典文，左右採獲。中年以後，著撰漸成，雖兼綜故籍，得諸精思者多，精要之言，不過四十萬字。而皆持之有故，言之成理，不好與儒先立異，亦不欲為苟同。若《齊物論釋》、《文始》諸書，可謂一字千金矣。晚更患難，自知命不久長，深思所窺，大畜猶眾。既以中身而隕，不獲於禮堂寫定，傳之其人，故略錄學術次第，以告學者。頃世道術衰微，煩言則人厭倦，略言又懼後生莫述。昔休寧戴君[1]，著書窮老，然多發凡起例，始立規摹，以待後人填采，其時墨守者有元和惠氏[2]，尚奇者有長洲彭氏[3]，皆非浮偽妄庸士也。人多博覽，亦知門徑，一身著述，既有不暇，則定凡例以俟後生，斯亦可矣。今者講誦浸衰，徒效戴君無益，要令舊術之繁亂者，引以成理。所謂提要鉤玄，妙達神旨；而非略舉大綱，為鈔疏之業也。敢告諸生，

1 指戴震。一七二三－一七七七，安徽休寧人，清代聲韻學家江永弟子，反宋儒與程朱。

2 指惠棟。一六九七－一七五八，江蘇元和人，經學家。被時人視為清代漢學始祖。

3 指彭紹升。一七四〇－一七九六，江蘇長洲人，早年學習陸王心學，後轉向佛教。

亹亹不已。識大識小，弘之在人。

余少年獨治經史、《通典》諸書，旁及當代政書而已，不好宋學，尤無意於釋氏。三十歲頃，與宋平子[4]交，平子勸讀佛書，始觀《涅槃》、《維摩詰》、《起信論》、《華嚴》、《法華》諸書，漸近玄門，而未有所專精也。遭禍繫獄，始專讀《瑜伽師地論》及《因明論》、《唯識論》，乃知《瑜伽》為不可加。既東遊日本，提倡改革，人事繁多，而暇輒讀藏經。又取魏譯《楞伽》及《密嚴》誦之，參以近代康德、蕭賓訶爾[5]之書，益信玄理無過《楞伽》、《瑜伽》者。少雖好周秦諸子，於老莊未得統要，最後終日讀〈齊物論〉，知多與法相相涉。而郭象、成玄英諸家，悉含糊虛冗之言也。既為《齊物論釋》，使莊生五千言，字字可解，日本諸沙門亦多慕之。適會武昌倡義，束裝欲歸，東方沙門諸宗三十餘人屬講佛學，一夕演其大義，與世論少有不同。東方人不信空宗，故於法相頗能聽受，而天台、華嚴、淨土諸鉅子，論難不已。悉為疏通滯義，無不厭心。余治法相，以為理極不可改更，而應機說法，於今尤適。桂伯華[6]初好華嚴，不喜法相，末乃謂余曰：「今世科學論理日益昌明，華嚴、天

---

4 一八六二—一九一〇，宋恕，又名宋衡，字平子。清代學者，與梁啟超等維新變法者有往來。章太炎曾謂「炳麟少治經，交平子始知佛藏」。

5 音譯自 Schopenhauer，即叔本華。一七八八—一八六〇，德國哲學家，提出「唯意志論」，認為意志為一切活動的根本。

6 一八六一—一九一五，曾從事變法活動，後留日學佛，善密宗。

台，將恐聽者藐藐，非法相不能引導矣。釋迦之後，彌勒當生，今其彌勒主運之時乎！」又云：「近世三百年來，學風與宋明絕異。漢學考證，則科學之先驅，科學又法相之先驅也。蓋其語必徵實，說必盡理，性質相同爾。」斯言可謂知學術之流勢者矣。余既解〈齊物〉，於老氏亦能推明。佛法雖高，不應用於政治社會，此則惟待老莊也，儒家比之，邈焉不相逮矣。然自此亦兼許宋儒，頗以二程為善，惟朱、陸無取焉。二程之於玄學，間隔甚多，要之未嘗不下宜民物。參以戴氏，則在夷、惠之間矣。至並世治佛典者，多以文飾膏粱，助長傲誕，上交則諂，下交則驕，余亦不欲與語。余以佛法不事天神，不當命為宗教，於密宗亦不能信。

余治經專尚古文，非獨不主齊、魯，雖景伯、康成亦不能阿好也。先師俞君，曩日談論之暇，頗右《公羊》。余以為經即古文，孔子即史家宗主，漢世齊學，雜以燕齊方士怪迂之談，乃陰陽家之變，魯學猶近儒流，而成事不符已甚。康成所述，獨《周禮》不能雜以今文，《毛詩箋》名為宗毛，實破毛耳。景伯謂《左氏》同《公羊》者什有七八，故條例多為元凱所駁。余初治《左氏》，偏重漢師，亦頗旁採《公羊》，以為元凱拘滯，不如劉、賈閎通。數年以來，知釋例必依杜氏，古字古言，則漢師尚焉；其文外微言，當取二劉以上；元年之義，採諸吳起，專明政紀，非可比傅乾元也；譏世卿之說，取之張敞，所指則季氏、田氏、趙氏，非如《公羊》讕言崔、尹也。北平《歷譜》，長沙《訓故》之文，漢以後不遺隻字，余獨於《史記》得之。〈十二諸侯年表〉所載鄭妾夢蘭、衛鞭師曹、曹人弋雁諸事，《左氏》皆不誌其年，而〈年表〉有之，斯必取諸《歷譜》者矣。採用《傳》

文，時或改字，觀《尚書》改字本於安國，則知《左氏》改字於長沙矣。所次《左傳讀》，不欲遽以問世者，以滯義猶未更正也。《毛詩》微言，所得尤眾，藏之胸中，未及著錄，今則亡矣。

余少讀惠定宇、張皋文諸家[7]《易》義，雖以為漢說固然，而心不能慊也，亦謂《易》道冥昧，可以存而不論。在東因究老莊，兼尋輔嗣舊說，觀其〈明爻〉、〈明彖〉，乃嘆其超絕漢儒也。近遭憂患，益復會心。然輔嗣《易》注，簡略過甚；康成爻辰之說，誠無足取，以《禮》說《易》，則可謂有所甄明。《易》者，藏往知來之學，開物成務之書，所敘古今事變，不專為周氏一家，則康成有未及也。近欲有所論著，煩憂未果，惟條記數事，亦足以明《易》道之大矣。〈上經〉以乾、坤列首，而〈序卦〉偏說屯、蒙。屯者草昧，蒙者幼稚，此歷史以前事狀也。「屯」稱「即鹿無虞」，斯非狩獵之世乎？其時人如鳥獸，妃匹皆以劫奪得之，故云「匪寇，婚媾」也。然女子尚有貞而不字，君子尚有舍不從禽，廉恥智慧，民之天性，故可導以禮而厚其生。「蒙」始漸有人道，故言「納婦」。婚姻聘幣，初與買鬻等耳，故云「見金夫，不有躬」也。需為飲食宴樂，始有酒食，乃入農耕之世。觀說神道設教，《易》明宗教之事惟此耳。而觀我生、觀其生者，輾轉追求，以至無盡，則知造物本無，此超出宗教以上者也。觀之所受曰噬嗑，先王以明罰敕法。大凡肉刑皆起宗教，蚩尤泯棼，九黎亂德，人為巫史，五虐之刑亦作焉。參及域外，則有以違教而受炮燔之刑者矣。噬嗑有滅鼻、滅趾之象，斯所以繼觀也。受噬嗑者為賁，賁者文飾，今所謂文明也。而君子以庶明政，無敢折獄，

7 一七六一—一八〇二，張惠言，字皋文，清代經學家，長於《易經》。

故稱「賁其趾」。舍車而徒，是為廢刖足而代以髡鉗役作也。又稱「賁其須」，則并除耏刑也。其卦亦及妃匹之事，言「白馬翰如，匪寇，婚媾」者，文明之世，婚禮大定，立軺駢馬，於是行矣。然親迎御輪，亦仿古者劫掠而為之，如繫赤韍以仿蔽前耳，故亦稱「匪寇，婚媾」。（睽亦稱「匪寇，婚媾」，王輔嗣說此爻即以文明至穢為說，所謂君子以同而異也。）足知開物成務，其大體在茲矣。「屯」稱「利建侯」，〈象〉曰「宜建侯而不寧」；「比」稱「不寧方來，後夫凶」，〈象〉曰「先王以建萬國，親諸侯」。屯之侯，部落酋長，無所統屬者也；比之侯，封建五等，有所統屬者也。所謂不寧者，即〈考工〉所謂「寧侯不寧侯」耳。酋長無統，不屬於王所，故不寧為宜也。五等有統，來享來王，故不寧方來化為寧侯也。後夫凶者，若塗山之會，防風後至而戮矣。所謂屯者，亦不必遠在上古，後世蠻夷猶爾。三代之五等，比之侯也；三代之荒服，漢之邊郡屬國，近世漢北漢南，屯之侯也。預言「利建侯，行師」者，周秦漢之侯王，大分圭土，以封功臣，其柄操之自上。晉言「康侯」，「康」訓為「空」，則秦漢之關內侯，唐以來之虛封矣。罷侯置守，改土歸流，《易》無明文，於晉乃隱示之意。〈下經〉始咸、恆，亦主夫婦之道，其言變事又多矣。「姤」稱女壯，而〈象〉云「后以施命誥四方」，以一陰承五陽，則烏孫、匈奴之妻後母，衛藏之兄弟同室也。然施命誥四方者，不得格以中華禮法，漢且以詔公主矣。歸妹為人之終始，〈上經〉之泰，但言「帝乙歸妹」耳，〈下經〉乃說「其君之袂，不如其娣之袂良」。觀夫東方之俗，帝女不下嫁異姓，而貉俗或制其夫婦同室，惟妾媵乃得進御，即其事也，且歸妹常道耳。〈象〉必言「天地不交，而萬物不生」，歸妹人之終始，其鄭重至是者，亦豫為彼著戒矣。

「豐」以折獄致刑，其義略同「噬嗑」，故有折其右肱，肉刑之事也。「解」以赦過宥罪，其義略同「賁」。故兩言「解而拇」，廢除肉刑之事也。餘卦或言劓刖，或稱天劓者，自主受者吉凶，不及法制。《易》以開物成務，故首「屯」為草昧，次「蒙」為幼稚，需以飲食宴樂，始為農耕之世，飲食必有訟者，則今人所謂生存競爭也。訟之事小者，但為兩造對簿，大者則聚群攻奪，訟必有眾起，指訟之大者也，是故受訟以師。夫必共甘苦聽約束，然後群體固結，故有師然後相比。師比之上，宗主存焉，賦調所歸，故比必有畜。有師有財，加以親比，故履帝位而不疚，上下有辨，民志亦定矣。初設帝制，君民未有隔閡，是以泰也。自爾相沿，等威嚴峻，是以否也。其道古今人事之變，可謂深切箸明矣。夫生生之謂《易》，原始要終，知死生之說者，莫備乎蠱。隨以嚮晦入宴息、以喜隨人、受之以蠱，局言之，則醫和所謂陽物晦時，淫則生內熱惑蠱之疾耳；廣言之，釋氏所謂惑業苦者，大略舉之矣。沉溺惑蠱，斯非惑乎！蠱者，事也，斯非業乎！蟲食心復，斯非苦乎！觀之觀我生、觀其生，輾轉追尋，以至無盡，而知造物本無。合之乾元，贊以「首出庶物，萬物資始，雲行雨施，品物流形」；而「用九」乃言「群龍無首」，〈象〉曰「天德不可為首」也，義又相及。蓋彊陽之氣，群動冥生，非有為之元本者，其曰「窮理盡性」，豈虛言哉！

余治小學，不欲為王菉友輩[8]，滯於形體，將流為字學舉隅之陋也。顧、江、戴、段、王、孔音[9]

8 一七八四—一八五四，王筠，號菉友，清代文字學家。與段玉裁、桂馥、朱駿聲為清代說文四大家。

韻之學，好之甚深，終以戴、孔為主。明本字，辨雙聲，則取諸錢曉徵。既通其理，亦猶所歉然。在東閒暇，嘗取二徐原本，讀十餘過，乃知戴、段而言轉注，猶有泛濫，繇專取同訓，不顧聲音之異。於是類其音訓，凡說解大同，而又同韻或雙聲得轉者，則歸之於轉注。假借亦非同音通用，正小徐所謂引申之義也。（同音通用，治訓故者所宜知，然不得以為六書之一。）轉復審念，古字至少，而後代孳乳為九千，唐宋以來，字至二三萬矣，自非域外之語，（如伽、佉、僧、塔等字，皆因域外語言聲音而造。）字雖轉繁，其語必有所根本，蓋義相引申者，由其近似之聲，轉成一語，轉造一字，此語言文字自然之則也。於是始作《文始》，分部為編，則孳乳浸多之理自見，亦使人知中夏語言不可貿然變革。又編次《新方言》以見古今語言雖遞相嬗代，未有不歸其宗，故今語猶古語也。凡在心在物之學，體自周圓，無間方國，獨於言文歷史，其體則方，自以己國為典型，而不能取之域外。斯理易明，今人猶多惑亂，斯可怪矣。《新方言》不過七八百條，輾轉訪求，字當逾倍。余成書以後，猶頗有所得者，今亦不能自續。弟子有沈堅者，實好斯事，其能繼余之志乎？

余少已好文辭，本治小學，故慕退之造詞之則，為文奧衍不馴，非為慕古，亦欲使雅言故訓，復用於常文耳。猶淩次仲之填詞，[10]志在協和聲律，非求燕語之工也。時鄉先生有譚君者，頗從問業，譚君為文，宗法容甫、[11]申耆，[12]雖體勢有殊，論則大同矣。三十四歲以後，欲以清和流美自化，讀三

9 指顧炎武、江永、戴震、段玉裁、王念孫、孔森，皆為音韻學家。

10 一七五七—一八〇九，凌廷堪，字次仲。清代音律學家。

國兩晉文辭，以為至美，由是體裁初變。然於汪、李兩公，猶嫌其能作常文，至議禮論政則躓焉。仲長統、崔實之流，誠不可企。吳、魏之文，儀容穆若，氣自卷舒，未有辭不逮意、窘於步伐之內者也。而汪、李偈促相斯，此與宋世歐陽、王、蘇諸家務為曼衍者，適成兩極，要皆非中道矣。匪獨汪、李，秦漢之高文典冊，至玄理則不能言。余既宗師法相，亦兼事魏晉玄文，觀夫王弼、阮籍、嵇康、裴頠之辭，必非汪、李所能窺也。嘗意百年以往，諸公多謂經史而外，非有學問，其於諸子佛典，獨有採其雅馴，摭其逸事，於名理則深惎焉。平時瀏覽，寧窺短書雜事，不窺魏晉玄言也。其文如是，亦應於學術耳。余又尋世之作奏者，皆知宗法敬輿，然平徹閑雅之體，始自東漢，訖魏晉南朝皆然，非敬輿始為之也。中書奏議，文益加詳，一奏或至五六千字，若在後代，則覽者易生厭倦。故宋時已有貼黃，清初且制全疏不得過三百字，斯由繁而不殺，成此窮反也。曾滌生窺摹陸公，頗復簡約，其辭乃如房行制義，若素窺魏晉南朝諸奏，則可以無是過矣。由此數事，中歲所作，既異少年之體，而清遠本之吳、魏，風骨兼存周、漢，不欲純與汪、李同流。然平生於文學一端，雖有所不為，未嘗極意菲薄，下至歸、方、姚、張諸子，但於文格無點，波瀾意度，非有猖狂偭規者，則以為學識隨其所至，辭氣從其所好而已。今世文學已衰，妄者皆務為骫骳，亦何暇訾議桐城義法乎?余作詩獨為五言，五言者，摯仲治[13]《文章流別》，本謂俳諧倡樂所施，然四言自風雅以後，

---

11 一七四五—一七九四，汪中，字容甫。開容甫學派，以漢學為宗，並擅長文學，其駢文在清代備受讚譽。

12 一七六九—一八四一，李兆洛，字申耆。清代文學家、地理學家。

菁華既竭，惟五言猶可仿為。余亦專寫性情，略本鍾嶸之論，不能為時俗所為也。

余於政治，不甚以代議為然，曩在日本，已作〈代議然否論〉矣。國體雖更為民主，而不欲改移社會習慣，亦不欲盡變時法制，此亦依於歷史，無驟變之理也。清之失道，在乎偏任皇族，賄賂公行，本不以法制不善失之。舊制或有拘牽瑣碎，綱紀猶自肅然。明世守法，雖專制之甚，亂在朝廷，郡縣各守分職，猶有循良之吏。清世素不守法，專制之政雖衰，督撫乃同藩主，監司且為奴虜，郡縣安得有良吏乎？逮乎晚世變法，禍亂彌深，既惡舊法之煩，務為佚蕩，以長駕遠馭為名，而腐蠹出於鈞府，魚爛及於下邑，夫焉能以舊法為罪也？尚新者知清政之衰，不知極意更其汙染，欲舉一切舊法盡廢夷之；主經驗者又以清政為是，踵其貪淫，而不肯循其法紀。斯猶兩醫同治一疾，甲斷為熱，乙斷為寒，未知陰陽隔并，當分疏而治之也。余獨以為舊法多可斟酌，惟省制當廢耳。一省小者或為二三道，大者或為三四道，道不過六七十部，所部不過二三十縣，猶大於漢之列郡，而司察可周矣。明世設分守道，即布政司參政參議也，名曰分守，即與漢時太守相同。清時並去司銜，則布政司之權已分，使各道隸於督撫，曷若隸於中央？而以巡按監之為愈乎？（督撫可以撓守道之權，巡按但主糾察，不能撓其政權也。）邊方斗絕，兵民之政難分，戶口之數寡少，自可別為區處，不當以是概內地也。省制不除，非獨政紀不能清理，而地方自治之法，亦難以見諸實行。（地方稍小則能自治，過大則未有不疏略誕慢者。）明時以布政使專主省事，晚設督撫，不能專有其地，（明督撫

---

13 二五〇—三〇〇，摯虞，字仲洽。西晉文學家，編撰《文章流別集》。

甚多，一省或二三人。）而政治已漸有牽掣矣。況軍民同主乎？然自兩漢以下，制度整齊，莫如明世，清世因循其法，雖稍汗漫，亦未至如唐宋甚也。明之亡國，在以常法議軍事，知兵宿將，倚為干城者，失一要塞，陷一藩城，無不依律處戮，熊廷弼之傳首，[14]楊嗣昌之自殺，[15]皆坐此也。終於為敵報仇，而為清所禽制矣。清之亡國，在以軍法處民政，官常計典，視若具文。最後二三十年，以贓盜罷遣者，逾數歲亦還起復，錢糧侵挪之考成，風厲殺人之罪狀，始則嚴於小吏，緩於大僚，其後小吏亦多不治。賄積於上，盜布於下，民怨沸騰，又安得不瓦解也？是故明政疐於應變，清政絀於守常。言政治者，本多論常道耳。且守法之弊，能令胥史把持，得因受賄，然所取本非甚鉅，亦不敢破律敗度為之，議既定矣，又不保長官之覺察否也。釋法之弊，胥史無受賕之門，而大臣乃為姦府，其破律敗度，得以破格應變為名，其所取又十倍於胥史，而復更無長官以覺察之也。三百年以來，言胥史蠹敗者多矣。清平之世，長官寡過，其忿疾胥史自可也。及於末世，士大夫之行，乃較胥史愈下，而復昌言罵詈，其忸怩不已甚乎！明世長官，不敢恣意為非者，飭法循紀之效也，然猶設都察院以督百僚。自洪武迄於隆慶，臺憲著效，吏治甚清。萬曆中年以降，言官始有分曹樹黨，

14 天啟五年（一六二五），明末將領熊廷弼遭閹黨陷害，屍首被沿鴨綠江至嘉峪關的九個軍事重鎮示眾，是為「傳首九邊」。

15 崇禎十四年（一六四一），張獻忠襲襄陽，襄陽王遭難，明末重臣楊嗣昌聞訊畏罪而服毒自殺，另有一說是舊疾復發而病故。

而楊、左諸公之風節[16]，於國事終非無補也。清世雖循舊設官，內多懲忌，臺憲之職已輕，然大吏奸私，尚頗因之發覺。末世乃有受財鬻奏、毛舉細故者，則以風憲官吏犯贓，罪加二等之制，浸廢不行也。向令清無察院，其昏亂又何所底止矣！余向與總統孫公，論政多所不合，其謂中國有都察院制度善於他方，適與鄙心相中。及南都建設，余以議員或難專任，亟慫恿設評政院，遂著之《約法》焉。雖然，此非可以虛名取效。余從政時所有條議，多未存稿。

余於法律非專，而頗嘗評其利害。以為當今既廢帝制，妖言左道諸律，固宜刪刊。其舊律有過為操切，反令不行者，與自相謬戾者，刪改亦宜也。而今律之謬亦多，略論如左。余以法律之要，莫如刑名。《唐律》五刑，各分等次。明世新增凌遲、充軍重法，未載律條，清律則兼載之矣。凌遲固無人理，而流刑未足懲奸，故別增發遣充軍之法，亦仿唐之加役流，而稍峻厲，此所以彌縫其闕也。今擬新刑律者，死刑以下，獨有徒刑一名，雖無期五等，迭為衰次，其名曰徒刑則一也。舊律為名者五，為等十七，（二死、三流、各作一等。）清又加發遣及五等充軍。並及準徒總徒之例，其名等已多矣。今者但有二名七等，名既闊略，則伸縮當在一等之中，而不可濫於同名之內。今之伸縮，遂有三等之差，同一罪狀，而徒五年與徒六月，得以隨意定之，闊絕亦太甚矣。案清世死刑監候，分情實、緩決、矜疑三種，律不明著，而隨法吏意見以為重輕，固以情偽繁多，不可預制。今之伸縮，亦其類也。然法官不皆平情審察，不當授權過重。刑名太簡，則伸縮相懸，名之不治，而

16 指楊漣、左光斗，明代大臣，為東林黨人，遭閹黨所害。

苟且以定律，縱任法官，隨其高下。此乃近於古之議事以制者，豈刑書之謂乎？然則杖笞雖廢，徒刑而下，寧無他種懲罰之名？徒之五等，亦宜分劑五年耳，每一年限之中，或伸或縮，法官猶綽綽有餘，而罪狀不失於軒輊。自徒以上，流刑雖無所用，加役流與發遣當差，今猶可以懲創。此其大法當革者也。余觀《唐律》雖寬，滯於階級，故黎庶屈而縉紳伸。明以來漸革除矣，清制多設條例，遂有奇觚。今當變革刑名，於清時律例之破碎不完者，簡練以歸一劑，無取詭更舊慣，而悉以新意易之也。且監臨主守諸名，名之善者也。監守自盜本在賊盜科中，罪視強盜稍輕，而視常人竊盜為重，斯乃舊制相沿，法之至當者也。今擬新刑律者，一切以侵佔目之，主守侵佔官財與常人侵佔私有田宅器物，遂無所分，豈忘責任所在，與悠悠路人有殊乎？又放火、決水、壞歷史、宗教之圖書、建築物者，遂科死刑，而壞常人宅舍、圖書者，罪反減輕。豈焚一尼庵，燒一卷《金剛經》、《新》、《舊約》者，其罪當重，而毀廣夏藏書者，其罪轉輕耶？是則律為保護鬼神，不為保護生人也。（清例，發名臣大儒冢墓見屍者，罪至斬梟；盜大祀神御物者，斬立決，過亦同此。古人已往，宜所尊敬，然法不應加重，鬼神則更當置之矣。）又謀殺、故殺、鬥毆殺，情罪自殊，二人以上為謀，本諸《晉律》，而《唐律》所同也。清律以謀諸心、謀諸人皆稱為謀，已失本原，然三者猶有分劑。今擬新刑律者，遂無殊別，此亦含糊之甚者矣。又明清諸律，親屬相奸，其罪至重。今常人和奸，但無夫者即無罪，與習慣所惡已殊矣。而親屬父子兄弟之間，聚麀無忌，彼則曰「他國法律固然，法律不與道德相謀也」。法律固不與道德相謀，豈不與人情習俗相謀耶？彼干犯宗教神廟者，罪或加重，在彼亦謂人情習慣宜然，自中國視之，亦若為道德耳。夫人情習俗，方國相殊，他國之法，未嘗盡從一概，獨欲屈中國之人情習俗以就異方，此古所謂削趾適屨者矣。余觀《明志》，鞫問之制甚詳，清亦擬議其法。其以人主親臨勾決，及有改變部議者，誠為出位，而定讞平允者亦多。若夫恭請王命即行正法，此又其太簡者也。凡事固有緊急尋常之分，不當以罪有重輕為量。彼響馬江洋大盜之流，罪雖稍輕，而事關緊急，臨時殺之亦可矣。殺父母、祖父母及殺一家非死罪三人者，罪雖至重，而非緊急之科，其事跡虛實，亦不如大盜之著明，則恭請王命非也。逮清末世，常罪且有就地正法者矣。今法官斷罪以後，非上控者，雖至死刑，亦無再鞫之例。而上控又必延請律師，所費至鉅，則是貧人常屈，而富人或有可伸耳。此其不如清初舊制彰彰明矣。舊制判獄之職，守土主之，今則別設法官，其間亦各有利害，守土主行政之事，於民多有愛憎，又事繁不暇專理，或有率爾判定者。法官於民事不關，無所恩怨，既有專職，則事稍精審，此其利也。守土奉祿有餘，武斷輕率者多，而受賕鬻獄者寡。法官貧乏，則受賕者自多，此其害也。宜大增法官之祿，使無他心。守土雖不能干預法事，法官有枉法受贓者，則宜付守土檢舉。而判決法官罪狀者，當別選其人，不然則法官之朋黨比周，非律所制能也。清時已得蒙古，習俗與中國異狀，故刑部律與蒙古律有分，衛藏、新疆，未有所制焉。近世名為五族共和，然蒙古律卒不可改；新疆雖建設行省，處置回人，亦宜有與內土異狀者。衛藏等於羈縻，法由彼制，則新疆宜有治理回人條例，而蒙古律亦當更定刑名。凡法律條文，不必盡從域內，惟刑名則不可差池。蒙古律尚有凌遲之法，（奴奸家長妻，本部人奸福晉，皆凌遲處死。）亟宜廢去；其九九贖刑，則以素少錢幣，存之可也。

余於晚明遺老之書，欲為整理而未逮也。古稱讀書論世，今觀清世儒先遺學，必當心知其意。若全紹衣[17]痛詆李光地佻淫不孝，實未足以為大過。臺灣之役，光地主謀，使漢緒由茲而斬，欲明加罪狀則不能，故託他過以譏之也。江子屏[18]《宋學淵源記》不錄高位者一人，自湯斌[19]、二魏[20]、熊賜履[21]、張伯行[22]之徒，下至陸隴其[23]輩，靡不見黜，而顧、黃二子為明代人物，又別為論敘以見端，誠謂媚於胡族得登膴仕者，不足與於理學之林也。其他微言難了者，尚復眾多，而侈談封建井田者為甚。是議起於宋儒，而明末遺民陳之，其意乃絕相反。（除王而農[24]別有所感，王崑繩[25]輩意見，則純同宋儒，其

17 一七〇五—一七五五，全祖望，字紹衣。清代史家。於所著《鮚埼亭集外編》謂李光地「其初年則賣友，中年則奪情，暮年則居然以外婦之子來歸」。

18 一七六一—一八三一，江藩，字子屏。清代經學家。編纂《宋學淵源記》，記述研究宋學的清代學者之生平、學術淵源，但達官或史書有傳者不錄。

19 一六二七—一六八七，清代政治人物、理學名臣。

20 指魏裔介（一六一六—一六八六）、魏象樞（一六一七—一六八七），皆為清初大臣，理學一派。後者主張治學應以經世致用為務。

21 一六三七—一七〇九，明末清初理學家。以程朱理學為宗。

22 一六五一—一七二五，清代理學家，官至禮部尚書。

23 一六三〇—一六九二，清代理學家，以朱熹為宗。清廷譽其為「本朝理學儒臣第一」。

24 一六一九—一六九二，王夫之，字而農。與顧炎武、黃宗羲為明末三大思想家。所著《周易外傳》、《尚

他皆有別旨。）寧人之主張封建，後世不明其故，戴子高猶[26]肆口評之，甚無謂也。宋儒欲以封建井田致治，明遺民乃欲以封建井田致亂。蓋目睹胡人難去，惟方鎮獨立以分其權，社會均財以滋其擾，然後天下土崩，而孤僨易除也。當時無獨立及社會主義諸名，有之亦不可明示，託於儒家迂論，乃可引致其塗耳。自寧人以下者，斯類多矣。而清雍正、乾隆二朝，亦能窺其微旨，故有言封建井田者，多以生今反古蒙戮，又數為詔令以駁斥之。若以為沿襲宋儒迂論者，又何必忌之至是耶！然終無可奈何，及同治、光緒以還，行省擁兵於上，會黨橫行於下，武昌倡義，上下同謀，而清之亡忽焉。則先正之謀果效，而朽腐化為神奇之說亦不虛也！嗚呼！前哲苦心，若斯者豈獨一耑已？後之學者，其識之哉！

余昔在南皮張孝達所[27]，張嘗言「國學淵微，三百年發明已備，後生但當蒙業，不須更事高深」。張本好疏通，不暇精理，又見是時怪說流行，懼求深適以致妄，故有是語。時即答曰：「經有古今文，自昔異路。近代諸賢，始則不別，繼有專治今文者作，而古文未有專業。此亦其缺陷也。」十餘年中，思近世學術未備，猶不止此。諸治史學者，皆留心地理、官制，其他已甚痟矣。姓氏之學，

書引義》對程朱理學提出異議。後世「船山學」專研其學術思想。

25 一六四八－一七一〇，王源，字崑繩，康熙年間舉人。

26 一八三七－一八七三，戴望，字子高，清代訓詁學家。《謫麟堂遺集》對顧炎武論政之說多有駁難。

27 一八三七－一九〇九，張之洞，字孝達，南皮人。晚清洋務派代表。

自《元和姓纂》以降，鄭樵亦粗明其統緒，至鄧氏《辯證》[28]，漸確鑿矣。元明以降，轉變增損，又益繁多，未見近代有治此者也。（《元史・氏族志》別是一種。）刑法之學，舊籍惟《唐律》為完，漢晉南北朝之事，散在史傳。如補兵以減死，督責以代杖，又皆律外方便之門，皆當校其異同，評其利病，又未見近代有治此者也。食貨之學，非獨關於租賦，而權度之大小，錢幣之少多，墾田之盈詘，金銀粟米之貴賤，皆與民生日用相繫，此不可不論列者，又未見近代有治此者也。樂律之學，略有端倪，陳氏《通義》發明荀勖之學，可謂精且博矣。然清康熙朝所審定者，絲聲倍半相應，竹聲倍半不相應，相應者乃八與一，九與四，其言人氣折旋，必有度數，皆由證驗所明，更謂絲器不可名以律呂，亦可謂得理者，而陳君猶取倍半相應之說，兩者孰是？必聽音而後知之，非衍算所能盡理，又未有商略是非者也。斯四術者，所包閎遠，三百年中，何其衰微也！此皆實事求是之學，不能以空言殽亂者，既尚考證，而置此弗道乎？其他學術，雖辨證已精，要未可謂達其玄極。夫學術不在大小，要能精審，則可以成天下之亹亹。自百工技藝之微，所詣固有高下殊絕者，大方之粗疏，或不如小物之精理矣。故近世小學，似若至精，然推其本則未究語言之源，明其用又未綜方言之要。其餘若此類者，蓋亦多矣。若夫周秦九流，則眇盡事理之言，而中國所以守四千年之胙者也，玄理深微，或似佛法，先正以鄒魯為衡，其棄置不道，抑無足怪。乃如莊周〈天運〉，終舉巫咸，此即明宗教惑人所自始；惠施去尊之義，與名家所守相反；子華子「迫生不若死」之說[29]，又可謂管乎人情

28 鄧椿年、鄧名世父子，北宋末人。對姓氏考證貢獻極大，共著《古今姓氏書辯證》。

矣。此皆人事之紀，政教所關，亦未有一時垂意者。汪容甫略推墨學，晚有陳蘭甫始略次諸子異言，而粗末亦已甚。此皆學術缺陷之大端，頑鄙所以發憤。古文經說，得孫仲容出，多所推明。余所撰著，若《文始》、《新方言》、《齊物論釋》及《國故論衡》中〈明見〉、〈原名〉、〈辨性〉諸篇，皆積年討論以補前人所未舉。其他欲作《檢論》明之，（舊著《訄書》，多未盡理，欲定名為《檢論》，多所更張。）而時不待人，日月亦將逝矣。昔人云「百齡影徂，千載心在」，豈不痛哉！

余以人生行義，雖萬有不同，要自有其中流成極，奇節至行，非可舉以責人也。若所謂能當百姓者，則人人可以自盡。顧寧人多說行己有恥，必言學者宜先治生。錢曉徵亦謂求田問舍，可卻非義之財。斯近儒至論也，追觀晚清遺吏，非無二三可取者，至於林下之風，則泯然同喪矣。亡國以後，其餘臭尚未滌蕩，當其在位可知也。所取於林下風者，非為慕作清流，即百姓當家之事，小者乃生民常道。苟論其至，沮溺、荷蓧之隱，仲子之廉，武侯之德，未或不本於勤生。斯風既亡，所謂「見利思義，見危授命，久要不忘平生之言」者，宜其澌滅而不存矣！

（一九一四年五至六月間）

29 出自《呂氏春秋》「子華子曰：『全生為上，虧生次之，死次之，迫生為下。』……所謂迫生者，六欲莫得其宜也，皆獲其所甚惡者。服是也，辱是也。辱莫大於不義，故不義，迫生也。而迫生非獨不義也，故曰迫生不若死」。

自述治學之功夫及志向

余今日須為弟輩道者，一治學之功夫，二治學之志向也。

余家無多書，年十四五，循俗為場屋之文，非所好也，喜為高論，謂《史》、《漢》易及，揣摩入八比，終不似。年十六，當應縣試，病未往，任意瀏覽《史》、《漢》，既卒業，知不明訓詁，不能治《史》、《漢》，乃取《說文解字》段氏《注》讀之。適《爾雅》郝氏《義疏》初刊成，求得之。二書既遍，已十八歲。讀《十三經注疏》，闇記尚不覺苦。畢，讀《經義述聞》，始知運用《爾雅》、《說文》以說經，時時改文立訓，自覺非當。復讀學海堂、南菁書院兩《經解》皆遍。二十歲，在餘杭，談論每過儕輩，忖路徑近曲園先生[1]，乃入詁經精舍。陳說者再，先生率未許。後先生問：「《禮記．明堂位》『有虞氏官五十，夏后氏官百，殷二百，周三百』，鄭《注》『周三百六十官。此云三百者，記時〈冬官〉亡也』。〈冬官〉亡於漢初，周末尚存，何鄭《注》謂〈冬官〉亡乎？」余謂：「〈王制〉三卿五大夫，據孔《疏》，諸侯不立家宰、宗伯、司寇之官，有小司徒、小司寇、小

1 一八二一－一九〇七，俞樾，號曲園，清末樸學大家。晚年於詁經精舍講學，章太炎為其弟子。

司空、小司馬、小卿而無小宗伯，故大夫之數為五而非六。依《周禮》，當減三百之數，與〈冬官〉存否無涉也。」先生稱善。又問：「《孝經》『先王有至德要道』，『先王』誰耶？鄭《注》謂先王為禹，何以孝道始禹耶？」余謂：「經云『先王有至德要道以順天下』者，明政治上之孝道異尋常人也。夏后世襲，方有政治上之孝道，故孝道始禹。且《孝經》之制，本於夏后。五刑之屬三千，語符《呂刑》。三千之刑，周承夏舊。知先王確為禹也。」先生亦以為然。余於同儕，知人所不知，頗自矜。既治《春秋左氏傳》，為〈敘錄〉駁常州劉氏。書成，呈曲園先生，先生搖首曰：「雖新奇，未免穿鑿，後必悔之。」由是鋒芒乃斂。時經學之外，四史已前畢。全史局本力不能得，賴竹簡齋書印成，以三十二版金得一部，潛心讀之。既畢，謂未足，涉《通典》四五周，學漸實。三十後有著書之意，會梁卓如要共革命，乃疏書卷。及亡命東瀛，行篋惟《古經解彙函》、《小學彙函》二書。客居寥寂，日披大徐《說文》[2]，久之，覺段、桂、王、朱見俱未諦。適錢夏、黃侃、汪東輩相聚問學，遂成《小學答問》一卷。又以為學問之道，不當但求文字，文字用表語言，當進而求之語言，語言有所起，人仁天顛，義率有緣。由此尋索，覺語言統系秩然。因謂倉頡依類象形以作書，今獨體象形見《說文》者，止三四百數。意當時語不止此，蓋一字包數義，故三四百數已足，後則聲意相邇者孳乳別生，文字乃廣也。於是以聲為部次，造《文始》九卷。歸國後，葉奐彬見而善之，問如何想得出來？答：「日讀《說文》，比較會合，遂竟體完成耳。」民國二年，幽於京師，舍讀書無

2 指南唐徐鉉所校訂之《說文解字》，即現今通行本。世稱大徐本，以與其弟徐鍇所校訂之小徐本區別。

可事者。《小學答問》、《文始》初稿所未及，於此時足之。《說文》：「臑，臂羊矢也。」段氏不解，改「臂羊矢」為「羊矢臂」。孫仲容非之，謂「羊」或「美」之訛，「矢」或「肉」之訛。余尋醫書《甲乙經》，知股內廉近陰處曰「羊矢」，方悟「臂羊矢」義。又，《說文》：「設，常也。」段亦不解。余意「設」、「職」同聲。《說文》：「職，記微也。」《周禮》「司常掌九旗之物名，各有屬以待國事」，鄭《注》：「屬謂徽識也。」徽即小旗，古人插之於身。《說文》有「職」而無「幟」，於是瞭然於「設，常」之義。又，《說文》：「所，二斤也。闕。」大徐音「語斤切」。余謂質從所，必為所聲。《九章算術》劉徽《注》：「張衡謂立方為質，立圓為渾。」思立方何以為質，乃悟質即所，今之斧也。斧形正方而斜，《九章》中謂為塹堵形。斤本作[illegible]，小篆變乃作[illegible]。兩斧塹堵形顛倒相置，成立方形。立方為質者，此之謂也。所當讀質，非語斤切，由此確然以信。凡此之類不勝舉，皆斯時所補也。

方余壯時，《公羊》之說盛行，余起與之抗。然瑣屑之談，無豫大義。出都後，卜居滬上，十餘年中，念孔子作《春秋》，語殆非實。孔子刪《詩》、《書》，正《禮》、《樂》，未加一字，《春秋》本據魯史，孔子述而不作，倘亦未加一字。一日，閱彭尺木書，知蘇州有袁蕙纕者，言孔子以魯史為《春秋》，未加筆削，心韙之。至蘇州，求其書不得，人亦無知之者。又葉水心《習學記言》，亦言《左傳》有明文，孔子筆削者無幾，「天王狩於河陽」，史官諱之，非孔子筆也。於是知孔子之《春秋》，亦如班固之《漢書》，非為褒貶作也。褒貶之談，起於孟子。孟子謂「孔子成《春秋》而亂臣賊子懼」，非謂為亂臣賊子作《春秋》也。大抵古人作史，以示君上，非為平民。司馬溫公作《通鑑》以進神宗，其事可證。三傳同有「弒君」、「稱君」、「君無道也」文。《穀梁》謂：「稱國以弒君，君惡甚矣。」太史公〈自序〉亦謂：「有國者不可以不知《春秋》，前有讒而弗見，後有賊而不知；為人臣者不可以不知《春秋》，守經事而不知其宜，遭變事而不知其權。為人君父而不通於《春秋》之義者，必蒙首惡之名；為人臣子而不通於《春秋》之義者，必陷篡弒之誅，死罪之名。」人君讀《春秋》，鑑往事，知為君之難，必多方以為防，防範多，斯亂臣賊子懼。喻如警備嚴明，盜賊自戢。若書名以示貶，如朱晦庵之《綱目》，何能使亂臣賊子懼耶？歷世說《春秋》者，杜預為可取，餘皆愈說愈遠，啖助[3]、趙匡[4]、胡安國[5]輩，均不可信。昔崔浩作《國書》三十卷，立石以彰直筆，後遭滅族之禍。孔子而若浩，不畏滅族之禍耶？太史公銜武帝，其書仍稱「今上」，未貶名號。《春秋》於舉事過當者，書之曰「人」。「人」本人也，無可非難。自啖、趙至胡安國，惟葉水心說《春秋》不謬。明高拱[6]作《春秋正旨》，拱有經國致用之才，語亦可準。

《尚書》誦習多年，知其難解。江艮庭[7]、孫淵如[8]所說，文理前後不通，喻如吳某演說，三句之

3 七二四－七七〇，中唐經學家，治《春秋》，所論多與先儒相異，並形成新的《春秋》學派。

4 生卒年不詳。唐代經學家，曾師從啖助。

5 一〇七四－一一八三，著有《春秋傳》。

6 一五一三－一五七八，著有《春秋正旨》、《問辨錄》等。

後，意即旁騖。余思古人既稱古文讀應《爾雅》，則依《爾雅》解《尚書》，當得其真。《爾雅》一字數訓，前人守一訓以為解，無或乎其難通也。意者《爾雅》本有其訓，釋書者遺而不取，故《尚書》難解乎？〈無逸〉「康功田功」，〈釋宮〉「五達謂之康」，則「康功」者「路功」也。〈盤庚〉「用宏茲賁」，〈大誥〉「敷賁」，語均難通。〈釋魚〉：「龜三足賁。」古通稱蓍蔡之蔡曰龜，則「用宏茲賁」者，用宏此龜也。敷龜者，陳龜也。康為路，賁為龜，《爾雅》明著其訓，釋書者遺之，遂不可通。以故余所著《古文尚書拾遺》，似較前人為勝。

《春秋》專論大義，《尚書》務通訓詁，拘囚北京而還，說經主旨如此。

余常謂學問之道，當以愚自處，不可自以為智，偶有所得，似為智矣，猶須自視若愚。古人謂：「既學矣，患其不習也；既習矣，患其不博也；既博矣，患其不精也。」此古人進學之方也。大抵治學之士，當如童蒙，務於所習，熟讀背誦，愚三次，智三次，學乃有成。弟輩儘有智於余者，功夫正須爾也。

余幼專治《左氏春秋》，謂章實齋「六經皆史」之語為有見；謂《春秋》即後世史家之本紀、列傳；謂《禮經》、《樂書》，彷佛史家之志；謂《尚書》、《春秋》本為同類；謂《詩》多紀事，合稱詩史；謂《易》乃哲學，史之精華，今所稱「社會學」也。方余之有一知半解也。《公羊》之說，如日

---

7 一七二一－一七九九，江聲，號艮庭，曾師從惠棟。著有《尚書集注音疏》。

8 一七五三－一八一八，孫星衍，字淵如。金石學家、考據學家。著有《尚書今古文註疏》。

中天，學者煽其餘焰，簧鼓一世，余故專明《左氏》以斥之。然清世《公羊》之學，初不過人一二之好奇，康有為倡改制，雖不經，猶無大害，其最謬者，在依據緯書，視《春秋》經如預言，則流弊非至掩史實逞妄說不止。民國以來，其學雖衰，而疑古之說代之，謂堯、舜、禹、湯皆儒家偽託，如此惑失本原，必將維繫民族之國史全部推翻。國亡而後，人人忘其本來，永無復興之望。余首揭《左氏》，以斥《公羊》。今之妄說，弊更甚於《公羊》，此余所以大聲疾呼，謂非竭力排斥不可也。

《說文》之學，稽古者不可不講。時至今日，尤須拓其境宇，舉中國語言文字之全，無一不應究心。清末妄人，欲以羅馬字易漢字，謂為易從，不知文字亡而種性失，暴者乘之，舉族胥為奴虜而不復也。夫國於天地，必有與立，所不與他國同者，歷史也，語言文字也。二者國之特性，不可失墜者也。昔余講學，未斤斤及此，今則外患孔亟，非專力於此不可。余意凡史皆《春秋》，凡許書所載及後世新添之字足表語言者皆小學。尊信國史，保全中國語言文字，此余之志也。弟輩能承余志，斯無愧矣。

（一九三三年四月十八日）

第二輯

歷史

提要

在這一輯中選編呈現出章太炎對歷史的深度關懷，一部分延伸他認定閱讀歷史是使得中國人產生堅實國家意識的惟一門道，也是使得中國能有文化復興的必要基礎；另一部分則看到了他對於當時流行學風的強烈回應。

那是一個從考史到疑古的轉折時期，以疑古眼光看待中國歷史，推到極致，幾乎所有歷史紀錄都透顯著作偽的痕跡，都不可信，終致看來中國沒有可信的歷史，也就等於「中國無史」。

一個最為重視歷史傳統的國家，在剛進入現代的變化中，竟然一變而到徹底相反地完全不相信歷史，要徹底否認歷史，這當然產生了危疑震駭的巨大效果。面對這種的潮流，章太炎雙管齊下努力抗拒。他並沒有從考據方面介入和「疑古派」辯論（錢穆的《先秦諸子繫年》、《劉向歆父子年譜》走的是這條學問道路），而是一方面設定了「疑古」應有的界線，連帶標舉出「信史」的基本界劃。試圖用這種方式守住部分的古代歷史資料與說法不被推翻、否定。

另一方面，他採取了釜底抽薪的辦法，依循自己的「信史」標準，重新檢驗中國傳統思想，重新描述古代學派的歷史現場。在這方面，他特別重視「子學」的流傳變化，等於是以諸子百家的架構整理出一部中國思想史。講儒學，從周公、孔子一路講到清代的戴震、方東樹，貫串了一般所說的「理學」，也涵蓋了清代互相頡頏的「漢學」、「宋學」。

講道家，當然要講老子、莊子，但章太炎還旁及漢初的張良、陳平到唐肅宗時的李泌，尤其是反覆認定漢文帝是中國帝王中惟一的道家，還有釐清道教、神仙家與道家的關係，也彰顯了特殊洞見。

章太炎還試圖重新定位經學、儒學與歷史的關係。這在民國初年也是對應時局的關鍵大問題。洶洶而來的反傳統極端思想，高呼「打倒孔家店」，在社會層次挑戰倫理秩序，以儒家為首要敵人；另外在知識層面，因從清末以來幾十年間已經證明了經學之無用，於是以經學、儒家為核心內容的中國歷史隨著岌岌可危，將要被一併掃入垃圾桶了。章太炎當然不忍自己的學問根柢被如此徹底拋棄，於是藉由認真考索這三者的關係，冀望找出讓傳統在現代衝擊下得以停損，並重新站穩腳步的一點基礎。

歷史之重要

國學不尚空言，要在坐而言者起而可行。十三經文繁義賾，然其總持則在《孝經．大學》、〈儒行〉、〈喪服〉。《孝經》以培養天性，〈大學〉以綜括學術，〈儒行〉以鼓勵志行，〈喪服〉以輔成禮教。其經文不過萬字，易讀亦易記，經術之歸宿，不外乎是矣。經術乃是為人之基本，若論運用之法，歷史更為重要，處斯亂世，尤當斟酌古今，權衡輕重。今日學校制度，不便於講史，然史本不宜於學校講授。大約學問之事，書多而文義淺露者，宜各自閱覽；書少而文義深奧者，宜教師講解。歷史非科學之比，科學非講解一步，即不能進一步。歷史不然，運用之妙在乎讀者各自心領神會而已。正史二十四，約三千餘卷，《通鑑》全部，六百卷，如須講解，但講《通鑑》，五年尚不能了，全史更無論矣。如能自修，則至遲四年可畢廿四史。今學校注重講授，而無法講史，故史學浸衰。惟道爾頓制實於歷史之課最宜，然今之教員，未必人人讀畢全史，即明知道爾頓制便於學生，其如不便於教員何？《呂氏春秋》有〈誣徒篇〉，今日學校之弊，恐不至〈誣徒〉不止，誠可嘆也。

政治之學，非深明歷史不可。歷史類目繁多，正史之外，有編年，有別史，有論制度之書，有述地理之書，有載奏議之書。荀悅《漢紀》，別史類也。《通典》、《通考》，貫穿古今，使人一看了然，論制度之類也。志、表之屬，斷代為書，亦使人瞭如指掌，亦論制度之類也。地理書卻不易看，自正史地理志外，有《元和郡縣志》、《元豐九域志》、明清《一統志》、《讀史方輿紀要》之屬，山川形勢，古今沿革，非細讀不能明瞭。奏議往往不載於正史，但見於文集，亦有彙集歷代名臣奏議為專書者。今之學者，務欲速成，鮮有肯閉門讀書十年者。然全看二十四史，一日不輟，亦不過四年。若但看四史，四史之後，看《通鑑》，宋、元、明鑑之類，則較正史減三分之二，一日看兩卷，則五百日可畢。而紀事之書，已可云卒業矣。至於典章制度之書，《通典》古拙，不必看，看《通考》已足。施於政治，《通考》尚有用不著之處。三通不過五百卷，一日看兩卷，二百五十日可畢。地理書本不多。《讀史方輿紀要》為最有用，以其有論斷也，旁及地理掛圖，且讀且看，有三四月之功夫，儘可卒業。奏議書流暢易看，至多不過一年亦畢矣。如此合計紀事之書一年有半，制度之書八月，地理之書半年，奏議之書十月，有三年半之功程，史事已可爛熟。即志在利祿者，亦何惜此三年半之功夫，以至終身無可受用乎？歷代知名將相，固有不讀書者，近若曾、左、胡輩亦所謂名臣者矣，然其所得力，曾在《通鑑》、《通考》，左在《通考》，胡在《讀史方輿紀要》而已，況程功之過於是者乎。

夫人不讀經書，則不知自處之道；不讀史書，則無從愛其國家。即如吾人今日，欲知中華民國之疆域，東西南北究以何為界，便非讀史不可。有史而不讀，是國家之根本先拔矣。古人有不喜人講史者，王安石變法，惟恐人之是古非今，不得自便。今人之不喜人看史，其心跡殆與王安石無異。又好奇說者，亦不喜人看史，歷史著進化之跡，進化必以漸，無一步登天之理，是故詭激之流，惟恐歷史之足以破其說也。至於淺見之人，謂歷史比於家譜。《漢書》即劉氏之譜，《唐書》即李氏之譜，不看家譜，亦無大害。此不知國史乃以中國為一家，劉氏、李氏，不過一時之代表而已，當時一國之政，並非劉氏、李氏一家之事也。不看家譜，不認識其同姓，族誼亦何由而敦？不講歷史，昧於往跡，國情將何由而洽？又或謂歷史有似帳簿，米鹽瑣屑，閱之無謂。此不知一家有一家之產業，一國有一國之產業，無帳簿則產業何從稽考？以此而反對讀史，其居心誠不可測矣。信如所言，歷史是帳簿、是家譜，亦豈可不看？身不能看，惟恐人之能看，則沮人以為不足看也。政界之人如此，學界之人亦如此，學生又不便以講誦，家譜、帳簿，束置高閣，四萬萬人都不知國家之根本何在，失地千萬里，亦不甚惜，無怪其然也。日本外交官在國際聯盟會稱東三省本是滿洲之地，中國外交官竟無以駁正，此豈非不看家譜、帳簿而不知舊有之產業乎！

昔人讀史，注意一代之興亡，今日情勢有異，目光亦須變換，當注意全國之興亡，此讀史之要義也。經與史關係至深，章實齋云「六經皆史」，此言是也。《尚書》、《春秋》，本是史書，《周禮》著官制，《儀禮》詳禮節，皆可列入史部。西方希臘以韻文記事，後人謂之史詩，在中國則有《詩經》。至於《周易》，人皆謂是研精哲理之書，似與歷史無關，不知《周易》實歷史之結晶，今所稱社會學是也。乾坤代表天地，〈序卦〉云「有天地然後有萬物」，是故乾坤之後，繼之以「屯」，屯者，草昧之時也，即鹿無虞，漁獵之徵也。匪寇婚媾，掠奪婚姻之徵也。進而至「蒙」，如人之童蒙，漸有開明之象矣。其時娶女蓋已有聘禮，故曰「見金夫不有躬」，此謂財貨之勝於掠奪也。繼之以「需」，則自遊牧而進於耕稼，於是有飲食宴樂之事。飲食必有訟，故繼之以「訟」，以今語譯之，所謂麵包問題，生存競爭也。於是知團結之道，故繼之以「師」。各立朋黨，互相保衛，故繼之以「比」。然兵役既興，勢必不能人人耕稼，不得不小有積蓄，至於「小畜」，則政府之濫觴也。然後眾人歸往強有力者以為團體之主，故曰「武人為於大君」。履帝位而不疚，至於「履」，社會之進化已及君主專制之時矣。泰者，上為陰、下為陽，上下交通，故為「泰」；否者，上為陽、下為陰，上下乖違，故為「否」。蓋帝王而順從民意，上下如水乳之交融，所謂「泰」也；帝王而拂逆民意，上下如冰炭之不容，所謂「否」也。民為邦本之說，自古而知之矣。自「屯」至「否」，社會變遷之情狀，亦已瞭然。故曰「《周易》者，歷史之結晶也」。然六經之中正式之史，厥維《春秋》，後世史籍，皆以《春秋》為本。《史記》有〈禮書〉、〈樂書〉，《漢書》則禮、樂皆有志，其意即以包括《禮經》一門。〈司馬相如傳〉辭賦多而敘事少，試問辭賦何關於國家大計，而史公必以入錄耶？班固曰：「賦者，古詩之流也。」蓋《史記》之錄辭賦，亦猶六經之有《詩》矣。〈史公自序〉曰：「有能紹明世，正《易》傳，繼《春秋》，本《詩》、《書》、《禮》、《樂》之際，意在斯乎！小子何敢讓焉。」班固亦有類此之語。由今觀之，馬、班之言，並非誇誕，良史之作，固當如是也。

史與經本相通，子與史亦相通。諸子最先為道家，老子本史官也，故〈藝文志〉稱「道家者流，出於史官」。史官博覽群籍，而熟知成敗利鈍，以為君人南面之術。他如法家，韓非之書稱引當時史事甚多。縱橫家論政治，自不能不關涉歷史。名家與法家相近。惟農家之初，但知種植而已。要之九流之言，注重實行，在在與歷史有關。墨子、莊子皆有論政治之言，不似西洋哲學家之純談哲學也。今日學士大夫，治經者有之，治諸子者有之，而治史則寡，不知不講歷史，即無以維持其國家。歷史即是帳簿、家譜之類，持家者亦不得不讀也。

復次，今日有為學之弊，不可盲從者二端，不可不論。夫講西洋科學，尚有一定之軌範，絕不能故為荒謬之說，其足以亂中國者，乃在講哲學講史學，而恣為新奇之議論。在昔道家，本君人南面之術，善用其術，則可致治，漢人之重黃老，其效可見矣。一變而為晉人之清談，即好為新奇之議論，於是社會遂有不安之狀，然劉伶之徒，反對禮教，尚是少數。今之哲學，與清談何異？講哲學者，又何其多也。清談簡略，哲學詳密，比其貽害，且什百於清談。古人有言：「智欲圓而行欲方。」今哲學家之思想，打破一切，是為智圓而行亦圓，徇己逐物，宜其愈講而愈亂矣。余以為欲導中國入於正軌，要自今日講平易之道始，三十年後，庶幾能收其效，否則推波助瀾，載胥及溺而已。

又今之講史學者，喜考古史，有二十四史而不看，專在細微之處，吹毛索瘢，此大不可也。昔蜀之譙周，宋之蘇轍，並著古史考，以駁正太史公。夫上下數千年之事，作史者一人之精力，容有不逮，後之人考而正之，不亦宜乎！無如今之考古者，異於譙周、蘇轍，疑古者流，其意但欲打破歷史耳。古人之治經史，於事理所必無者，輒不肯置信，如姜嫄履大人跡而生后稷，劉媼交龍於上而生高祖，此事理所必無者也，信之則乖於事實。又同為一事，史家記載有異，則辨正之，如《通鑑考異》之類，此史學者應有之精神也。自此以外，疑所不當疑，則所謂有「疑疾者」爾。日本人謂堯、舜、禹皆是儒家理想中人物，優自以其開化之遲，而疑中國三千年前已有文化如此。不知開化本有遲早，譬如草木之華，先後本不一時，但見秋菊之晚開，即不信江梅之早發，天下寧有此理？日本人復疑大禹治水之功，以為世間無此神聖之人。不知治河之功，明清兩代尚有之，本非一人之力所能辦，大臣之下，固有官吏兵丁在，譬如漢高祖破滅項羽，又豈一身之力哉！此而可疑，何事不可疑？猶記明人筆乘，有「丘為最高，淵為最深」之言，然則孔、顏亦在可疑之列矣。當八國聯軍時，剛毅不信世有英、法諸國；今之不信堯、禹者，無乃剛毅之比乎？夫講學而入於魔道，不如不講。昔之講陰陽五行，今乃有空談之哲學，疑古之史學，皆魔道也。必須掃除此種魔道，而後可與言學。

（一九三三年三月十五日在江蘇省立無錫師範學校演講）

歷史的價值

我講學素不主張絕對的，因為他與社會不相應。今天湖南教育會請我講演。所謂教育者，不僅學校，學校以外，凡是教育人才的，皆是教育。湖南人才很多，清有曾、左、胡等，明有夏元吉[1]、劉大夏[2]、李東陽[3]，他們學問從那裡得來的呢？明人所讀的書不可考。清朝曾國藩得力於《文獻通考》，胡林翼得力於《資治通鑑》，左宗棠得力於《方輿紀要》。三書看來不甚高深，何以他們讀之效力如是其大呢？我以為讀書另有注重的地方，無論教育、學術，要與本身有關係，才可作用。科學只能為個人用，舊學也只能為個人用。經學徒有其名，只可考古，與今世無干。純粹哲學無論中外都是空的，比較上只有王陽明的稍切用，因為他是一邊講學，一邊做事。但此非根本之法。根本之法只有講歷史，其餘都用不著。各種科學是世界公共的，獨歷史各國有各國的。引起愛國心，非歷

1 一三六六—一四三〇，湖南湘陰人，明代能臣，濬河有功。體察民間疾苦，奏請減輕徭役、推廣屯田等。

2 一四三六—一五一六，湖廣人，明臣，治水患有功。毀鄭和下西洋資料以避免憲宗勞民傷財。

3 一四四七—一五一六，湖廣人，明中葉重臣。茶陵詩派代表人物，講究格律聲調。

史不可。辛亥革命排滿，就是由歷史來的，不是由學理來的。人不讀歷史，則無愛國心。且歷史記載得失成敗如棋譜一樣。現今各督軍，以至袁世凱，俱不懂歷史，故做事失敗。唐繼堯[4]之於川事，陸榮廷[5]之於粵事，強拂民心，故均失敗，其不知順人心，即是不懂歷史。然則歷史是人心之結晶體，孫中山雖稍好，亦不懂歷史，如主張土地國有，就是一證。土地國有是美治菲律賓的辦法，是宗主國治屬國的辦法。孫中山乃要施於中國，豈不是不懂歷史嗎？違反人情就是違反歷史，道理是一樣的。人情看不出，歷史可以看出來。袁世凱稱帝，就是不懂歷史。自古做皇帝的有兩種，一種是使人畏威，如秦始皇、漢高祖、明太祖等；一種是使人感恩，如宋太祖等。使人畏威者，可以喚作好漢；使人感恩者，可以喚作恩人。有此兩件，然後可以稱帝。袁對外則低頭，對內則亂殺，而要稱帝，豈不是不懂歷史嗎？（中略）

湖南明朝的人則不可知，清朝的人則學問都是由歷史得來的。用功學各科不過是成一學者，於世界無大益處，歷史則不然。有人反對歷史，說是過去的歷史、帝制的歷史。但歷史不是要人一步一趨，都學古人。學棋譜者下棋不能呆照棋譜，必須臨機應變。歷史也是一樣。歷史可以兩語括之

---

4 一八八三－一九二七，滇系軍閥領導人。欲將勢力由雲南擴展至四川，因局勢不利而撤回滇軍，後亦失去雲南政權。

5 一八五九－一九二八，舊桂系軍閥領袖，與粵軍爆發兩次粵桂戰爭（兩廣戰爭）。第二次粵桂戰爭失守廣西，後遭新桂系驅逐。

曰「天之所助者順，人之所助者信」。不順不信，未有不敗。曾、左打洪、楊，助滿人打漢人，不能算順，但為保全桑梓，可說是信，有五分順十分信，就可成功，況且順信十全者們。今日社會擾亂之源，就是因為人做事不順不信。今日社會有所謂優勝劣敗，懂歷史者為優，不懂歷史者為劣。湖南歷史程度很高，以後求學仍應從歷史入手，其他利學、經學都可從緩。諸子書不過造就個人而已，如王陽明的哲學有主觀而無客觀。歷史則主觀客觀都有。教育應有方針，方針應從歷史著手。

（一九二〇年十月三十日在湖南教育會講演）

略論讀史之法

讀史之法，一時言之不盡。今略論其大概，分三層言之。先明史之大體，次論史之優劣，三示讀史之宜忌。

一、史之大體。自古相傳，動則左史書之，言則右史書之。言為《尚書》，事為《春秋》。其實不然。《春秋》經文固是記事，《尚書》則不專記言，記事之處亦多，特是未成之史，所謂史料者爾。《尚書》之外有《逸周書》，與《尚書》性質相同，記事而亦記言，要皆未經編次之史料也。《春秋》與《左傳》為表裡。《左傳》兼備事言，是故拘於事言之分，正未必然。後人論史，以紀傳之體為正史，編年之體為古史。論其性質，則本紀仍為編年，惟與《春秋》不甚同耳。無本紀，編年不能成。史公作本紀，復作表以輔之，年經月緯，較《春秋》為詳。紀表之外，有世家，有列傳。世家惟《史記》可有之，後不當有。列傳變《春秋》之體，《春秋》以事為主，列傳以人為主也。《史記》之八書與他史之志，〈職官〉等於《周禮》；〈禮志〉等於《儀禮》；〈天官〉、〈地理〉古所未有；〈禹貢〉雖略載山川，而不詳郡國；〈樂志〉詳載〈郊祀歌〉，體類《詩經》。蓋馬、班之意，在隱括六經之旨而成文。故於《書》、《詩》、《禮》、《樂》無所不該。論其大體，則主於《春秋》也。後人以為紀、傳之體不主於事，而主於人，於是有繁省不明之弊。如語在〈項籍傳〉，語在〈高祖紀〉，參差回互，繳繞不清。故荀悅、袁宏仍有編年之作。編年之史，在昔只有《春秋》而已。劉知幾謂凡記言之文，應別立一種。然不善編排，史籍將變為文集。章實齋以之修志，此為好奇，未可法也。世家之體，原本封建。封建既廢，即無所謂世家。載記之名，較世家為妥，始於《東觀漢記》，記光武初群雄並起之事。當時群雄皆各稱帝以號召，故不應稱曰世家。然陳涉之事，及身而止，亦不應稱世家。如稱載記，與晉十七國之事相同，即無可非議。《史記》無載記之名，歐陽脩重作《五代史》，一以史公為法，於南唐、前後蜀、南東漢、楚、閩、吳越均稱世家，其實不合。當時僅吳越錢氏、荊南高氏服從中央，其餘則否，安得皆稱世家哉？歐陽之意，一則刻意摹古，再則《舊五代史》荒謬太甚，凡服從中央者稱「世襲列傳」，不服從者稱「僭偽列傳」。五代紛爭，僭與不僭，何從定之？歐陽所以悉改為世家，不知稱載記即無病，稱世家猶未當也。又如《明史》有〈流寇列傳〉。李自成轉徙不常，目為流寇，名實未背；張獻忠定都四川，則不得以流寇目之。《清史稿》記鄭成功、洪秀全別為一類。鄭有帝號，洪稱天王，不能以諸侯之禮待之。如曰載記，即名實相副矣。此外非史公所有，而後人有一得可採者，世紀是也。阿骨打未起以前，其祖已為酋長，統率數千人矣。托克托等修《金史》，於本紀之前別列世紀，其意與〈始皇本紀〉之前有〈秦本紀〉相同。魏收作《魏書》，拓跋珪前二十七代均入帝紀，不合史法，識者所笑。若列為世紀，則無可訾矣。清之初起，世受明封，非草澤英雄可比。《清史稿》不列世紀，直以本紀發端，載清太宗事如草澤英雄，亦無當於史法也。載記《史》、《漢》所無，世紀史公有其義而無其名，雖出後人，實為史中要目。

他如列傳之標題，《史》、《漢》尚少，後出愈多。史公列〈日者〉、〈龜策〉，已甚無謂；〈刺客〉後不常有；〈滑稽〉亦無須標目；獨〈貨殖〉為重要，民間營利之事，非〈食貨志〉所載者，固當詳為記述。至〈儒林〉、〈文苑〉之分，出於不得已，未可厚非。叛逆之名，《新唐書》始有之，前此唐修《晉書》，王敦、桓溫並未別立叛逆之號。余謂列傳標目與否，當以人數為斷。多則宜標，少則宜省。儒林、循吏人非少數，固當標出。至於叛臣，人數實少，何必標也。〈奸臣傳〉之名亦後起，奸臣與佞臣有別，若董賢為禍之大，但入〈佞幸傳〉。奸臣當謂能害人者，不能害人，不得稱奸臣也。唐有〈奸臣傳〉；清史無之，若和珅輩只可稱佞臣耳。《晉書》始有〈忠義傳〉，其後凡一戰而死者，皆入〈忠義傳〉，然則昭忠祠血食之士，無慮千萬，皆可列入耶？方望溪[1]、全謝山[2]迂腐之見，以《史》、《漢》無〈忠義傳〉為憾，不知其人果卓然有所表見，入列傳可矣，何必標忠義之名哉？《宋史》於〈儒林〉之外，別立〈道學傳〉。後之論者，謂宋人重道學而輕儒林。然史公於〈儒林傳〉列說經之士，孟、荀大儒則特立一傳，附以九流。由此知後世儒林、道學之分亦非無見，惟孟、荀僅

---

1 一六六八－一七四九，方苞，晚號望溪，清代文學家，桐城三祖之一。著有《春秋通論》、《史記評語》等。

2 一七〇五－一七五五，全祖望，號謝山，清代文史學家，浙東學派代表。著有《經史問答》等。

二人，故不別為標題耳。錢竹汀謂宋世表章道學，程、朱諸賢應特立傳，不必列入〈道學傳〉，斯言得之。〈列女傳〉起於《後漢書》，劉向別為《列女傳》。有事即書，不別賢否，如蔡文姬節義有虧[3]，而《後漢書》亦傳之。其後變列女為烈女，稍有失德，即遭貶棄，自唐以來皆然，此失古人之意者也。

二、史之優劣。一部二十四史，人皆以太史公書第一。宋人乃以歐陽《五代史》比《史記》。其實何可比也？非徒文章不可比，即事蹟亦不可比。《史》、《漢》本並稱，六朝、隋、唐已有《史》、《漢》優劣之論。方望溪必欲推尊《史記》，壓倒《漢書》，實非通論。要知《史》、《漢》各有優劣。史公〈樂書〉全採〈樂記〉，優於何有？《漢書．禮樂志》，樂不過郊廟之禮，禮是空論。至若叔孫通之《朝儀》，應入禮書，而二家皆不載。至今一無可考，史公、孟堅皆不能辭其咎也。

有古史如此作而後人不應如此作者，如〈天文志〉。古代史官，兼掌天文，《史記》有〈天官書〉，《漢書》亦有〈天文志〉。測天之法不同，應著〈天官書〉以明之。若僅採獲陳文，指明星座，則陳陳相因，何所用之？地理本史家之要，而《史記》不志。〈五行志〉亦《史記》所無，而《漢書》有之。其實董仲舒輩所言，於今觀之，不值一笑。其後〈符瑞志〉更無謂矣。《明史．五行志》載牛生馬、角生背、人有兩頭諸怪事，不載應驗之言，似已明悟。實則〈五行志〉載生物之變異，

3 一七七—二四九，蔡琰，字昭姬，避司馬昭諱而作文姬，建安詩人。節義虧指其改嫁二次，一次為匈奴所擄，二次即「文姬歸漢」一事。

可為生物學之參考，要亦無大用處。又史公重視遊俠，其所描寫，皆虎虎有生氣。班氏反之，謂之「亂世之奸雄」，其言實亦有理。是故《史》、《漢》之優劣，未可輕易下斷語也。

《史》、《漢》之後，首推《後漢書》。劉知幾作《史通》，不云《後漢書》有曲筆，於《史》、《漢》卻有微詞。實則范蔚宗之修《後漢書》，時隔數代，直筆無妨。且蔚宗於史有特識，不僅直筆可貴，如伴食宰相，僅載本紀，不特立傳；在野有名之士，王符、仲長統之流，皆為立傳，其他官位卑微而入傳甚者多。朱文公作《綱目》，即採范書所載，如「曹操自為丞相」、「曹操自立為魏公，加九錫」、「曹操進號魏王」，皆採自《後漢書．獻帝紀》。華嶠《後漢書》今不可見，疑嶠書本善，而范書襲之。觀蔚宗自序，稱諸序論筆勢縱放，實天下之奇作，其中合者往往不減〈過秦篇〉，嘗共比方班氏所作，非但愧之而已。不稱敘事之善，而云議論之美，恐敘事直筆，華嶠已然，故但稱己之序論而已。惟華歆破壁牽伏后，華嶠必不肯載。孔融臨死，二子圍棋，此事出吳人《曹瞞傳》耳。

陳承祚《三國志》，前人譏之，謂不應以魏為正統，清人為之回護。余不謂然。桓靈之惡，甚於桀、紂，曹操代漢，政治修明，雖其初起時，孔融之徒有不滿之意，謂之正統，亦何不可？然司馬溫公謂劉備出於中山靖王後者，實亦如南唐之自稱出於吳王恪，則未必然。劉備之自稱宗室，若為詭說，曹氏應加反駁，曹氏不反駁，其為公認無疑。此蓋與光武為長沙靖王之後相同。惟光武世系明晰，中山靖王至劉備則不能數耳。然必云正統，義有未安。桓、靈之當認為帝王與否？實為問題。而劉備之興，又與光武不同。光武名號官制，必復漢家之舊，謂之正統可也。劉備何嘗如此？故陳書三國鼎立，立意未嘗不公。然於吳、蜀尚有分別，稱蜀主死曰「殂」，稱吳大帝死曰「薨」。吳夫人立為皇后，而稱之曰「夫人」，於蜀則稱曰「后」，此實不合史法。使後人為之，即成笑柄矣。

四史之後，人以《南》、《北》史最佳，宋、齊、梁、陳諸史繁簡不當，《魏書》又有穢史之目，惟《北史》是非最為公正。唐人心理，以北朝為正統，以唐承隋，隋承周故。然《南》、《北》史並立，南方帝王死，《北史》書之曰「殂」；北方帝王死，《南史》書之曰「崩」，此其病也。

唐人所修，前有《晉書》，後有《隋書》，其他尚有《梁書》、《陳書》等。《隋書》以志見稱，以其皆為專家所作也。《史通》云：撰紀傳者，顏師古、孔穎達；撰志者，于志寧[4]、李淳風[5]、韋安仁[6]、李延壽[7]、令狐德棻[8]，皆一時之選也。《晉書》專記逸聞，體近小說，然後人亦有稱之者。蓋自《史》、《漢》以下，可於列傳之中看出其人性質產地者，首推《晉書》。觀《史記．司馬相如傳》，可知其為四川人。觀《屈原傳》，可知其為兩湖人。至於《晉書》列傳各人之性質風度，無不栩栩欲活，安

4 五八八—六六五，唐宰相。《史通・卷十二》載唐代修《五代史志》之事，謂「唯有十志斷為三十卷，尋擬續奏，未有其文，又詔左僕射于志寧、太史令李淳風、著作郎韋安仁、符璽郎李延壽同撰。其先撰史人，唯令狐德棻重預其事」。

5 六〇二—六七〇，唐代天文學家，編撰讖書《推背圖》等。

6 生卒年不詳。唐代官員。

7 ？—約六八七，唐代官員，參與多部史書修撰，包含《晉書》、《南史》、《北史》等。

8 五八三—六六六，唐代史學家，主編《周書》，並參與纂修《晉書》、《南史》、《北史》等多部史書。

得以輕薄而少之？

《舊唐書》、《舊五代史》體例本不甚佳，劉煦[9]、薛居正[10]伴食宰相耳，與雅擅文名之歐陽永叔、宋子京[11]相較，寧止天淵？然吳縝作《新唐書糾謬》，駁正四百餘事，真所謂百孔千瘡矣。案子京《新唐書》文省於前，事增於後。唐人小說悉以為載筆之資，實則小說悠謬之詞，何足信賴？何如《舊唐書》之一依官書為可信哉？是以司馬溫公修《通鑑》，採《舊唐書》多，採《新唐書》少，於《五代史》亦然。夫歷代史籍皆由官修，獨《新五代史》為私家著作，私家採訪，必不能普及，故至於清代，兩舊史仍列入正史。《新唐書》竭力摹擬昌黎；《新五代史》竭力摹擬《史記》、《春秋》，目標愈高，筆力愈不易到。論其事實，舊史實勝於新史。即以《新五代史．職方考》、〈司天考〉而論，當十國錯亂之際，職方固甚重要，司天亦何用哉？

其後《金史》有元遺山手稿，尚足稱道。《宋史》繁瑣，凡宰相必列傳，官位稍高亦無不列傳，甚至一人兩傳，何其蕪雜也！《元史》僅修一年，蒙古人名氏易混，一人兩傳，尚不足怪。短中取長，惟《遼史》耳。

《明史》大半取諸萬季野[12]《明史稿》。今萬氏原稿不可見，聞但有列傳，而無表志。近朱逖先買[13]

---

9 八八七—九四六，五代人，監修國史《唐史》（後世稱《舊唐書》）。

10 九一二—九八一，北宋人，監修《五代史》（後世稱《舊五代史》）。

11 九九八—一〇六一，宋祁，字子京。《新唐書》的主要撰著者。

得原稿，其為真偽不可知，惟列傳多於今之《明史》。又王鴻緒《明史稿》傳後無贊，今通行本每一傳後有贊，事實與原本無異，恐亦如范蔚宗之書原本於華嶠也。《明史稿》所以優於《明史》者，福王、唐王、桂王事為之特敘。《明史》則附於〈三王宗室傳〉中，先後倒置，眉目不清，此其一也。《明史稿》於府縣設置之沿革，備著年月，甚見清楚。重修《明史》皆刪去之，此其二也。

今之《清史》，袁金鎧[14]、金梁[15]等不知而妄作，更多著無關重要之事，體例至不純粹。且清室遺老秉筆修史，是非必不公允。即如皇太后下嫁一事，證據確鑿，無可諱飾，今一概抹殺，何以傳信？最大之病在不列世紀。紀清太祖之初起，一似草澤英雄，有乖實錄甚矣。然則清史非重修不可。今以《清史稿》開罪聞人，禁不發行，不知史之錯誤有二。小節出入，錯誤之微末者也，不難加以修正；大體乖違，則錯誤之深重者也，非更張不可。如以努爾哈赤寫作草澤英雄，焉可以信今而傳後哉？要之《清史》較《宋史》、《元史》稍優，不致有一人兩傳之誤，然比《明史》尚不逮。余謂今人修史，如文章欲力追秦漢，則古今人不相及。無論《史》、《漢》，即范、陳亦不易及。前人稱《南》、《北》史為優，其實《隋書》、《明史》亦尚可觀。如能與方駕，已為上乘。讀史不必問文章

12 一六三八—一七〇二，萬斯同，字季野，清初史學家。為朝廷延攬，編修《明史》。

13 一八七九—一九四四，朱希祖，字逖先，受業於章太炎，專精南明史，並曾於國史館任職。

14 一八七〇—一九四七，政治人物。參與校刻《清史稿》，但多致力於政治活動。

15 一八七八—一九六二，史學者。受袁金鎧之邀，共同校刻趙爾巽主編之《清史稿》。

之優劣，但須問事實之確否。至於議論，各人有其特見，正不必以人之議論為己之議論也。

三、讀史之宜忌。讀史之士學力不同，識見亦異。高者知社會之變遷，方略之當否，如觀棋譜，知其運用，讀史之效可施於政治，此其上也。其次考制度，明沿革，備行政之採擇。正史所載，未必完備，典章制度，不得不參考《通典》、《通考》諸書。譬如地理、職官二門，職官須明權限之異同，不得但據其名；地理應知交爭之形勢，道里之遠近，要知歷史上之地理，不與今之地質學、地文學相同。今人講地理，建置沿革尚能通曉，惟有一說疑不能明。《漢書》述諸夏區域東西一萬三千餘里，南北九千餘里，歷代相沿此說不變。宋土逼窄，猶作此語。漢尺短，用清營造尺比漢尺，則漢一尺得清營造尺七寸四分，漢一萬里為清七千四百里。今自蒙古至瓊州只六千里，焉得有九千里？明尺即今木尺，一尺等於營造尺九寸，則萬里當有九千里，數亦與今不符。漢人之言，猶可諉之測量未精，故有是誤。晉裴秀為司空，作《禹貢地域圖》十八篇，已知測量之法矣。六朝時遵用之，唐賈耽則有《禹蹟圖》、《華夷圖》，劉豫刻之西安，今存西安府學，觀其里數亦覺過大。蓋當時雖知測量，仍不知北極測地之法也。《周禮．職方氏》所云九州之內東西南北相去七千里，其外相去一萬里。以漢尺七四計，尚得五千一百八十里。本部南北相去斷無此遠，古今人皆以為疑。近人廖季平乃謂〈職方氏〉是指全地球而言。實則自漢至明，里數總不確實，凡為測量未精不知北極測地之法故也。

職官之學有職官沿革表可供參考，然有名同而實異者，不可不加審辨。如唐之六部與《周禮》

六官不同，此前人已知之。《周官》冢宰乃唐之尚書令，非唐之六部也。《周禮》天官，大宗伯在漢為九卿，至清大理、太常、太僕則虛名耳。明太僕寺尚須養馬，清則無其事矣。光祿寺不知起於何時，清光祿勳本郎官，不知何以變為庖廚之職？漢之鴻臚如後之理藩院，此皆名同而實不同者。古今職官名實相同者僅有縣令，清之知縣猶是漢之縣令也。以知府比太守，即已不符。顧亭林謂太守如督撫，此語良然，以其有兵權也。日本人譯西洋官制之名，於臺灣、朝鮮則曰總督，稱印度、香港之最高長官即曰太守，不知是否西洋文之本意如此？抑故意作此譯名也。實則守之大小，本無規定。明代總兵鎮守邊陲，亦稱曰守。以故印度總督可比太守，香港只可比巡檢司而已。漢之太守與後之知府，不但名不同，實亦不同。故研究職官不應但取其名，務須稽核其實。古今官制，屢改不一改矣，絕非但見其名相同即可謂是同一職掌也。

他如古今度量衡之變遷沿革，亦不易知。要之考制度以裨有政，乃讀史第二等事，其效已次於識方略知運用也。

讀史所最忌者，妄論古人之是非是已。宋人往往好以當時之是非衡量古人，實則古人之安危利害，不應以後人之目光判斷之。後人所應糾正古人者，乃如華歆，魏、晉人均讚揚之，魏之代漢，歆顏色不悅，曰：「我本漢臣。」此之矯揉造作，而曹子建信之，何也？又如古稱揚雄，幾於聖人，司馬溫公尚然，而後人訾之。以余觀之，雄不過常人而已。

復次借古事以論今事，所謂借題發揮者，亦讀史所忌。王船山《讀通鑑論》，於范文正貶官，歐陽脩、尹師魯、余靖與之同去，以為好名。後之朋黨，即由此起。實則宋之朋黨起於神宗時，范、歐四賢何嘗有此心哉？明懷宗時流寇猖獗，朝臣多議南遷，光時亨曰[16]「國君死社稷」，以此而止。船山於時亨不加訾議，乃力斥李綱，以金人來侵，綱力主迎戰，與時亨同也。不知南宋遷亦亡，不遷亦亡。其時宗澤[17]尚在河北，所以不能成功者，以黃潛善[18]等沮之也。如船山之言，南遷而守東都，東都亦豈易保哉？船山史論常以宋事影射明事，後之讀史者往往以此矜誇。夫作詩有寄託，發感慨，原無不可，然非所語於讀史也。讀史當論大體，以為判案，豈可逞臆而斷也！

（一九三五年七月）

16 一五九九—一六四五，明臣。諫阻朝廷南遷，後遭弘光帝以阻遷罪名論死。

17 一〇五九—一一二八，主張北伐抗金，並多次諫請南渡的高宗遷回開封未果。

18 一〇七八—一一三〇，北宋進士。入《宋史・奸臣傳》。

讀史與文化復興之關係

文化二字，涵義至廣，遽數不能終其物。方今國步艱難，欲求文化復興，非從切實方面言之，何能有所程功？

今之學校，學校包羅萬有，教師滔滔講述，學子屏息奉手，其切於自修者闕如。因之歷史一科，黌舍中視為無足重輕，所講者不過一鱗半爪。蓋歷史書多而理不深，宜自修而不宜聽講，與科學之須口講者大異。今乃列為口講之科，則所講能有幾何？於是一部之書，大都束之高閣。在昔《綱鑑易知錄》，學者鄙為兔園手冊子，今則能讀者已為通人。可勝慨嘆！蓋歷史譬一國之賬籍，彼夫略有恆產者，孰不家置一簿，按其簿籍而即瞭然其產業多寡之數。為國民者，豈可不一披自國之賬籍乎？以中國幅員之大，歷年之久，不讀史書及諸地志，何能知其梗概！且歷史非第賬籍比也，鑑往以知來，援古以證今，此如奕者觀譜，舊譜既熟，新局自創。天下事變雖繁，而吾人處之裕如，蓋應付之法，昔人言行往往有成例可資參證，史之有益於吾人如此。今乃鄙夷至不屑道，於是國事日棘，而應之者幾無不露其捉襟見肘之窘焉。

今且舉其一例：試問安南、緬甸、朝鮮，自昔與中國之關係何若？熱河、察哈爾、綏遠，往昔之情形何若？其能詳舉以對者，有幾人乎？按安南昔與廣東、西同稱百粵，漢武平南粵，置為日南、九真等郡，自茲以後，安南人之出仕於朝者，代不乏人，直至唐末五代，始漸失去。逮明成祖時，又用兵收回，設交趾省，曾開科取士，未幾失去。其人種與廣東人無異，語言亦極相似，蓋自漢至唐，為中國郡縣者一千餘年。朝鮮在漢時亦為郡縣，即樂浪郡，東漢以後，漸非吾屬。人種與滿洲相似，稱夫餘種，而滿洲則挹婁種也。緬甸在明時為屬雲南之土司，即為雲南省之一部分，三百年中，屢叛屢征，前有王驥，後有劉綎，[1]《明史》載其戰功甚明。此三屬國之舊事也。至古代朝鮮所領區域，本兼滿洲發祥之地在內，不可不知。滿洲稱名，明時無有，其族類曰女真。女真族類，計有百餘，大別之為三：一、建州女真；二、海西女真；三、野人女真。所謂滿洲發祥之地者，即指建州女真而言。建州即清之興京，愛新氏之祖先起於是地。其海西女真，散居在鐵嶺左右。至野人女真，即使犬使鹿之族，魚皮韃子之種類也。若《史記》所稱之東胡，乃鮮卑、烏桓等族，常與匈奴相抗，在松花江西北，聚族而居，女真即居其對江。漢之疆土，在東北者，除遼東西外，尚有玄菟、樂浪等郡，明設遼東都指揮使司，都司東北為興京，即漢之玄菟郡。《史記》載燕將秦開襲破東胡，東胡卻千餘里，當時燕境已展至朝鮮矣。漢初，衛滿復據朝鮮，至武帝時用兵收回，定為朝鮮四郡，

1 王驥，一三七八－一四六〇，受命整飭甘肅、寧夏、雲南諸邊境地區。劉綎，一五五八－一六一九，萬曆年間，因大破緬軍而聞名。

即樂浪、真番、玄菟、蒼海是。其後真番、蒼海復廢，故只存樂浪、玄菟耳。遼東諸地，在唐末又失去，至明時復收遼東。明將熊廷弼與清兵相持於瀋陽、廣寧，廣寧即今錦州東北之地，所謂醫無閭山者在此也。

熱、察、綏三特區之沿革，茲再約略言之。按北平漢稱右北平郡，即今喜峰口左右，盧龍、遵化等處，有六縣在今長城以外，其平剛即今平泉，白狼乃今淩源，右北平太守即駐於此。曹操北征烏丸，至柳城而還，柳城今之朝陽也。此皆在中國轄境以內，當時並未視為境外。綏遠之河套，在漢為朔方郡，河套之北，為秦之九原郡，其東為雲中郡，漢之雲中郡，包有托克托和林格爾等處。漢有定襄郡，今已不能明指其處，恐即今之察哈爾也。秦起長城，自臨洮至遼海，河套以東之郡邑，悉在長城以內，漢境直至河套之北，陰山之下。逮後契丹、蒙古，更迭內侵，疆土日蹙。明代長城南移，於是秦、漢之沿邊郡邑，在今日觀之，似均在塞外矣。察哈爾明稱察罕，熱河明稱朵顏，朵顏地險兵強，其人乃契丹餘種。明成祖放棄大寧衛以與兀良哈等，至明末始折入於建夷。河套在明英宗時為毛里孩等佔據[2]，其後楊一清、曾銑、夏言屢議恢復。於此可見此處在明初確屬中國，且明代常遣使宣慰察、綏、熱等處，更可證其為我國之轄境矣。此三特別區舊事也。

今更有所諗於諸君者，東省土地廣漠，自古漢人即與烏桓、鮮卑等族雜居通婚，而女真人數甚

2 ?－一四六八，十五世紀蒙古翁牛特部落領主，多次進犯明朝邊境。於明英宗時入河套地區，與蒙古其他部落之領主相爭河套。

少。明時漢人在東者，有四五百萬，至清末而有三千萬，女真則不及百萬。溯清太祖起兵時，純粹女真不過數十萬，入主中國後，多數帶入關內，八大駐防防及京旗，充其量亦不過五六十萬。二百年來，漸見同化，至今純粹滿人，不少概見，可見其當初人種不多，否則消滅何至如此之速。故論東省居民，以漢人為最多，滿人不過佔其百分之一。此極少數之滿人，散居三省，殆如湘桂之苗、四川之番、雲南之蠻，豈得假民族自決為口實？日人倡言「東省滿人有五百萬」，此其有意矯造，絕非事實。而國人亦若有深信不疑者，此則非第不看舊賬，且將與張宗昌之「三不知」無以異矣。以上所言，不過史事之一部分，而今特為提出者，以害在目前，故不憚瘏口也。

從古迄今，事變至賾，處之者有經有權，觀其得失而悟其會通，此讀史之益也。蓋人之閱歷廣則智識高，智識高則橫逆之來，無所惴縮。故讀史須貫穿一事之本末，細審其癥結所在，前因後果，瞭然胸中，而一代之典章制度，亦須熟諳而詳識之。史之為學，恃記性，不全恃悟性，默記暗誦，乃能有得，口講耳受之功，獲益幾何？大概讀列傳每小時可畢一卷，史乘之精要者，計數不過三四千卷，三年之間，可以蕆事。今人惟不好讀史，故禍變之來，狼顧而莫知所為，可勝慨哉！

《傳》有之曰：「皮之不存，毛將焉傅。」史在各種學問中，可喻之為皮板，羔、裘、豹飾者，愛毛而不愛皮板，抑知無皮板則毛何所麗？印度為世界古國之一，科學哲理，卓越絕倫，弘大之佛教，誕生於是，幾何之學，亦由印度傳至希臘，醫學至刳腸剔胃，行所無事，其文化可稱極高，而無歷史以記載，至今印人不能追念其前代政化。新疆居民，今人多知有回部，而不知在前後漢時本是三十六國。班、范二史，載之甚詳，惟三十六國無歷史，故其人種至今茫無可稽。然則無史之害，豈不較然可見乎！國家之安危強弱，原無一定，而為國民者首須認清我為何種民族，對於本國文化，相與尊重而發揚之，則雖一時不幸而至山河易色，終必有復興之一日。設國民鄙夷史乘，蔑棄本國文化，則真迷失本性，萬劫不復矣。

史之有關於國本者至大：秦滅六國，取六國之史悉焚之；朝鮮亡後，日人祕其史籍，不使鮮人寓目。以今日中國情形觀之，人不悅學，史傳束閣，設天降喪亂，重罹外族入寇之禍，則不待新國教育三十年，漢祖唐宗，必已無人能知，而百年以後，炎黃裔冑決可盡化為異族。然則居今而言復興文化，捨注意讀史外，其道奚由？

（一九三三年）

論經史實錄不應無故懷疑

經史傳世，江河不廢。歷代才智之士，籀讀有得，施之於用而見功效者，不勝僂指。然以考信自矜則寡。蓋經除今文、史除雜史而外，率皆實錄。實錄者，當時之記載也。其所根據，一為官史之奏報，二為史臣所目擊，三為萬民所共聞，事之最可信者也。其有傳聞異辭而記載歧異，經後人之考定者，（如司馬溫公《通鑑考異》之類。）取捨有準，情偽自明，歧異之說，遂成定案，斯亦實錄之次也。至若帝王初興之瑞象，語涉怪誕，於理必無，且非史臣所目擊，萬民所共聞，奏報之所有，自然乖於實錄。其或當時史臣闕於記載，後人據私家著述，掇拾成書，如史公作《史記》時，六國史記俱盡，蘇秦、張儀、魯仲連之語，皆據其自著之書，語雖非偽，然諸人自言其效，未免誇大，非事實所真有。以無國史，不得不據此乖於實錄之言耳。後此宋祁《唐書》，好採小說，時吳縝已糾其謬矣。捨此以外，雖有曲筆，十約八九可信，斯實錄之所以可貴也。經史所載，除今文、雜史而外，大抵實錄，後人無容置喙。王充之徒，於古籍加以駁正，非駁辨經史正文，乃是正漢初諸儒說經之失當，與夫譏彈當時諸子所載之不合情理耳，非今人所謂懷疑也。劉知幾抱孤憤而作《史通》，據《竹書紀年》以疑《尚書》，不知《竹書》非當時之實錄，乃魏安釐王時追記商、周之事。事隔千年，如何可信？據之立論，真所謂以不狂為狂矣。前人疑古，惟韓非為有特見。然法家之言，過於執滯，未為通方之論。〈難篇〉論舜耕歷山，期年而甽畝正；漁於河濱，而漁者讓坻；陶於東夷，而器不苦窳，終以「當時堯安在」五字難之，謂聖人明察在上位，將使天下無奸，令耕漁不爭，陶器不窳，舜又何德而化？舜之救敗也，則是堯有失也，賢舜則去堯之明察，聖堯則去舜之德化，不可兩得也。又〈五蠹篇〉言堯舜禪位，實無足稱。其說曰：「堯之王天下也，茅茨不剪，采椽不斲，糲粢之食，藜藿之羹，冬日麑裘，夏日葛衣，監門之養，不虧於此矣。以是言之，古之讓天子者，是去監門之養，而離臣虜之勞也，不足多也。」余謂韓非之言，乍聞似覺有理，細察乃知可笑。何者？堯之在位，不過使人民安樂而已，非能化全國之人俱進於德讓也。如果能之，何以不能化親近之四凶哉？韓非疑堯與舜不能兩得，乃過言矣。又帝王之尊，無論其苦何若，要必擁生殺予奪之大權。昔人謂：「夸者死權，眾庶憑生。」蓋平民惟計衣食，夸者乃不肯釋權也。劉裕一生儉素，土製屏風，葛作燈籠，生活與堯相似，然未聞辭去帝位。梁武帝五十而斷房室，豆羹糲飯，日只一餐，無鮮腴之享；侯景來逼，尚不肯去其帝位。何者？生殺予奪之權在，不肯捨也。韓非之疑，以田舍翁之心，度豪傑士之腹，未為得矣。即如漢以後開國之君，無不從百戰中來，躬擐甲冑，親歷艱苦，其能安富尊榮，享帝王之樂者，實無多日。試問戰爭時所著之甲，能過堯之麑裘葛衣乎？所食之食，能過堯之糲食藜羹乎？所居之營，能過堯之茅茨采椽乎？未聞以衣食居處之不適，而決然捨去其權位也。故韓非之說，乍聞似覺有理，細察乃知可笑。向來疑古者，多此類矣。

韓非疑古，雖未合理，尚不失為獨抒己見，異於掩卷妄談之士。今有人不加思索，隨他人之妄見，推波助瀾，沿流而不知返者，其愚更可哂也。日本開化在隋唐間，至今目睹鄰近之國，開化甚早，未免自慚形穢，於是不惜造作讕言，謂堯、舜、禹為中國人偽造。非但如此而已，即秦皇、漢武之豐功偉烈，《史》、《漢》所載彰明較著者，亦不願稱說。其所常言，多舉唐太宗以後事。此其忌刻之心，不言可知，而國人信之，真可哂矣。

日本人疑禹治水為無其事，彼謂九州洪水，何能以一身治之？以此為口柄，真淺薄幼稺，不值一噱。夫禹之治水，合天下之力而已督率之耳。名山三百，支川三千，豈盡一己手足之力，孜孜而治之哉！自來記載功績，但舉首領，不及其餘。東漢治河，河堤使者王景獨尸其功，明則河道總督潘季馴，清則河道總督靳輔，皆以治河著稱，此豈三人一手一足之力哉，亦集眾人之功以總其成耳。非惟治河為然，其他各事殆無不然。即以戰功言之，策勳獨在大將，其實斬將搴旗，皆屬士卒之事，豈真為首之大將，徒手搏擊而取勝哉？日人不思此理，悍然斷禹為偽造，其亦不明世務，而難免於大方之笑矣。因其疑禹，遂及堯舜，吾國妄人，不加深思，震於異說，貿然從之。嗚呼！國家未亡，而歷史先亡，可哀也已。要知凡後人偽造之書，只能偽造虛文，不能偽造實事，關於天官、地理，更難偽造。夫偽造〈堯典〉、〈禹貢〉者，果何人哉？遠則孔子，近則伏生，捨此無可言者矣。然〈禹貢〉所載山川，有孔子前早已失去者。蓋東周時四夷交侵，邊地之淪於夷狄者多矣，如梁州「蔡蒙旅平」，孔穎達《正義》引〈地理志〉云：「蒙山在蜀郡青衣縣。」應劭云：「順帝改名漢嘉縣。」按即今四川之雅州，孔子時蜀西尚未交通，但知蜀東有巴國而已，絕不知有所謂蒙山者，何從偽造「蔡蒙旅平」之言哉？又兗州「九河既道」，九河故渠在孔子時已絕，鄭康成謂為齊桓公所塞，孔子又何從而知之？如云非出孔子之手，而為伏生所造，伏生時蒙山雖在境內，九河亦淤廢久矣。且雍州「原隰底績，至於豬野」、「又導弱水，至於合黎，餘波入於流沙」。豬野在漢屬張掖，合黎在漢屬酒泉，均在今甘肅西部，漢時所稱河西四郡者，其地在七國時已淪於匈奴，至休屠王降漢，方入中國版圖，伏生時決不知有此地。何以豬野、合黎，言之鑿鑿，豈孔子、伏生真如《新舊約》所云全知全能之上帝，能後知未來，前知往古者乎？此以地理言也。又就天象考之，古人以昏中之星驗天，而〈堯典〉所言中星，與後世所見不同。〈堯典〉言：「春分日中星鳥，夏至日永星火，秋分宵中星虛，冬至日短星昴。」鳥者，朱鳥之中星也；火者，蒼龍之中星也；虛者，玄武之中星也；昴者，白虎之中星也。此與孔子、伏生時所見，截然不同。孔子去堯約一千八百餘年，伏生去堯約二千一百餘年，而呂氏作〈月令〉時，上去孔子二百年，下去伏生百年，時皆未久，然其所云：「仲春之月則昏弧中，仲夏之月則昏亢中，仲秋之月則昏牽牛中，仲冬之月則昏東壁中。」與〈堯典〉所云，相差十三餘度。如孔子、伏生偽造〈堯典〉，亦應據其所見，如《呂氏》所錄者，以概往古，何以有如此歧異？要知相差十三餘度者，後人謂之歲差。今之言天文者，無人不知此理，而古人未之知也。何承天、祖沖之始知恆星伏現，年各不同，而相差甚微，積久遂致相遠。（語詳《宋書‧曆志》。）

何、祖去堯約二千七百餘年，觀察分明，於是上推〈月令〉，核之〈堯典〉，遂明歲差之故。孔子、伏生，不知歲差，烏能偽造〈堯典〉之中星耶？〈堯典〉、〈禹貢〉既不能證其偽造，則堯、禹之不得懷疑，無待繁言而解矣。

日人不願居中國人後，不信堯禹，尚無足怪。獨怪神明之後，史籍昭彰，反棄置不信，自甘與開化落後之異族同儕，迷其本來，數典忘祖，信可哀已。昔戴東原少時讀〈堯典〉，至「乃命羲和」一節，即研習天文，二三年乃通其說。讀〈禹貢〉，研習地理，又二三年乃明其義。今《尚書釋天》、《禹貢錐指》等書，所在而有，不必如戴東原之勤苦，方能通曉，乃國人不肯披閱，信謬作真，隨日人之後，妄談堯、禹之偽，不亦大可哀乎?此種疑古，余以為極不學可笑者，深望國人矯正之也。

史有事實離奇，難於確然置信者，其故蓋由於實有其事，而描寫過甚。此類之事，如與大體無關，則存而不論可也。《史記．留侯傳》記高祖一見四皓，即瀌然心服，廢立之典，竟不果行。司馬溫公《通鑑》疑而不載，以為高祖暴亢，未必為畏憚四皓而止。又隱士之事，史乘亦多離奇，如《後漢書．嚴光傳》「光以足加帝腹上，明日，太史奏客星犯帝座甚急」。《通鑑》載之甚略。余謂高祖雖暴亢，顧生於七國，禮賢下士之風，知之有素，四皓高尚其事，今乃降心於惠帝，疑惠帝真是可輔之主，今即廢立，未必不貽後患，以故遂止，是亦情理之可通者。子陵之事，出於偶然，足加帝腹，恰值天文之變，史臣認為有關，遂致牽附，亦不能指為必無。以故史中諸事在疑信之間者，皆應存而不論，不應悍然生疑。以上斥疑古史之非。

復次，今人以為史跡渺茫，求之於史，不如求之於器。器物有，即可證其必有，無則無從證其有無。余謂此拾歐洲考古學者之唾餘也。凡荒僻小國，素無史乘，歐洲人欲求之，不得不乞靈於古器。如史乘明白者，何必尋此迂道哉？即如西域三十六國，向無史乘，倘今人得其器物，則可資以為證耳。其次，已有史乘，而記載偶疏，有器物在，亦可補其未備。如列傳中世系、籍貫、歷官之類，史或疏略，碑版在，即可藉以補苴。然此究係小節，無關國家大體。且史乘所載，不下萬人，豈能人人盡為之考？研求歷史，須論大體，豈暇逐瑣屑之末務，況器物不能離史而自明。如器有「秦漢」二字，知「秦漢」二字之意義者，獨非史乘所詔示耶？如無史乘，則無從知「秦漢」二字為何語也。即如陝西出土之秦漢瓦當，知陝西為秦、漢建都之地，乃史乘之力，據史乘，然後知瓦當為秦漢之物，否則又何從知之？且離去史乘，每朝之歷年即不可知。徒信器物，僅如斷爛朝報，何從貫穿？以故，以史乘證器物則可，以器物疑史乘則不可；以器物作讀史之輔佐品則可，以器物作訂史之主要物則不可。如據之而疑信史，乃最愚之事也。

不但此也，器物之最要者，為鐘鼎、貨幣、碑版。然鐘鼎偽造最多，貨幣亦有私鑄、偽造二者，碑版雖少，今亦有偽作者矣。《韓非子．說林》「齊伐魯，求讒鼎，魯以其贋往」。是古代已有偽造之鐘鼎也。又《禮記．祭統》「衛孔悝之鼎銘曰：『六月丁亥，公假於太廟。』」據《左氏．哀公十六年．傳》：「六月，衛侯飲孔悝酒於平陽，醉而逐之，夜半而遣之。」孔氏《正義》謂即此六月中，先命之，後即逐之，此語最為無賴。夫鑄鼎刻銘，事非易易，何能以旬日遽成？以《左傳》所載為信，則孔悝之鼎贋而已矣。今人如欲以古器訂古史，第一須有精到之眼光，能鑒別真偽，不爽毫釐，方足以語此。無如歷代講鐘鼎者，以偽作真者多，甲以為真，乙以為偽，乙以為真，丙以為偽，彼此互相譏彈，卒無休止。鐘鼎自不能言，而真偽又無定法可求，何能得其確證哉？且鐘鼎及六朝碑版所載，多不甚著名之人，稍有名者，即無物可證。夫論史須明大體，不應瑣屑以求，如云今人有四萬萬之多，我能知兩萬萬人之姓名，事固非易，要亦何用？今以古器證史，則可知其人之必有者，蓋無幾矣。如秦半兩錢在，秦詔版在，秦權秦量在，可證始皇之必有其人矣。然漢高祖即不能證其必有。何也？銅器貨幣均無有也，無從證也。王莽二十品錢（六泉、十布、錯刀、契刀、貨泉、貨布。）均在，所謂新量者（真假姑不論。）亦在，王莽可證其必有矣。然光武則不能證其必有。何也？銅器貨幣均無有也，無從證也。史思明順天錢、得一錢均在，今北京法源寺有〈憫忠寺寶塔頌〉，鐫御史大夫思明之名，是史思明可證其必有矣。然安祿山則不能證其必有。何也？貨幣碑版，均無有也，無從證也。以故，以器物證史，可得者少，不可得者多，如斷線之珠，無從貫穿。試問始皇有，高祖未必有；王莽有，光武未必有；史思明有，安祿山未必有，尚成其為歷史耶？

以錢幣論，唐以後鑄錢，皆用年號。然宋仁宗改元九次，皇祐、康定之錢，傳世無幾，寶元以一錢須疊兩寶，（寶元、通寶也。）未鑄，鑄皇宋通寶，如以無寶元錢故，即謂寶元之年號乃偽造，可乎？又明洪武時鑄洪武錢，其後歷朝沿用，嘉靖時補鑄歷朝之錢，然以永樂革除建文年號，故建文錢獨不補鑄。如以無建文錢故，謂建文一代之事，悉係虛造，可乎？果如今世考古之說，錢之為用，非徒可以博當時之利，且可以傳萬世之名，則錢之為神亦信矣！惜乎晉人作〈錢神論〉者，只知其一，不知其二也。

以碑版論，昔隋文帝子秦王俊死，王府僚佐，請為立碑。文帝曰：「欲求名，一卷史傳足矣，何用碑為？」此語當時謂為通人之論，如依今人之目光言之，則此語真不達之至矣。何者？碑可恃，史不可恃也。然則碑版非徒可以諛墓，幾可生死人而肉白骨矣。

且也，錢幣造自政府，銅器鑄由貴族，碑版之立，於漢亦須功曹、孝廉以上，而在齊民者絕少。使今有古代齊民之石臼在，亦無從知其屬於何人，如此而謂周、秦、漢三代，除政府、貴族、功曹、孝廉而外，齊民無幾也，非笑柄而何？

鐘鼎、貨幣、碑版三事之外，有無文字而從古相傳為某人之物者，世亦不乏。如晉之武庫藏孔子履、高祖斬蛇劍、王莽頭三物。孔子履，其上並無孔子字樣；高祖劍，未知有銘與否；王莽頭，當然頭上不致刻字。此三物者，武庫失火，同時被焚，以其失傳。謂孔子、高祖、王莽均屬渺茫，可乎？設或不焚，王莽之頭亦無從知其確為王莽之頭也；履也、劍也，亦無從知其屬於誰何也。何也？劍與履不能自言也。

又有文字本不可知，而後人堅言其為某某字者。如《西京雜記》載夏侯嬰求葬地，下有石槨，銘曰：「佳城鬱鬱，三千年見白日。吁嗟滕公居此室。」《嘯堂集古錄》載之，字作墨團，汗漫如朵菊花，當時人妄言此為某字，彼為某字。夫銘之真偽不可知，即以為真，又何從知其甲為某字，乙為某字哉？今人信龜甲者，又其類也。

由此言之，求之於鐘鼎、貨幣、碑版，而鐘鼎、貨幣、碑版，本身已有不可信者。況即使可信，亦非人人俱有。在古器者皆不甚著名之士，而齊民又大率無有。有文字者如此，無文字者，更無從證明。如此，欲以器物訂史，亦多見其愚而已矣。

夫歐人見亡國無史，不得已而求之器物，固不足怪。吾華明明有史，且記述詳備，反言史不足信，須恃器物作證，以為書篇易偽，器物難偽。曾亦思「書者，契也」。前人契券，流傳至後，後人閱之，即可知當時賣買之情狀，雖間有偽造，考史者如官府驗契，亦可以檢查真偽。如不信史而信器，譬如訟庭驗契時，法官兩造，並不懷疑，忽有一人出而大言曰：「契不足恃，要以當時交易之錢作證。」此非至愚而何？妄人之論，本不足辨，無如其說遍於國中，深恐淆惑聽聞，抹殺歷史，故不憚辭費而闢之，使人不為所愚。以上斥恃器證史之謬。

（一九三五年五月）

信史 上

儒有好今文者謂章炳麟曰：「玄聖[1]沒矣，其意託之經。經不盡，故著微言於緯。」不知緯乃以經為記事，誠記事，遷、固優為之，安用玄聖？且夫識五帝之蠱事者，誰乎？骨骼腐於三泉，方策蝕於蟫蠹。就有遺緒，遭秦火又毀壞，存者縵不可理。別欲實事求是者，當桴視地藏，得其遺跡，謂之石史，又無以六籍為也。章炳麟曰：「諸微言者，眇萬物而為論，立意造端，異於恆眾，非捶其文使不可句度，隱其詞使不可解詁，若方士之為神符也。老、莊之書，此為微言矣，悉明白可籀讀。今秘書完具者，莫如《易緯》，文不可理，自餘類此者眾。鄭玄、宋均[2]猶不能離其文曲也。有可解者，而皆傅會天官，旁摭形法，靈保之詞，委巷之辯，又不足當微言。且經籍毀於秦，何故緯書不見燔爇？其傳在漢，又近起哀、平間，無有授受，公執今文，以其有師法。今緯書者，誠田何[3]、

1 聖賢，指孔子。

2 ？—七六，經學家，注《易緯》。

3 西元前二三〇—前一六〇，開今文易學。由孔子授《易》，幾傳而至田何。

伏勝、[4]申公、[5]轅固、[6]高堂生、[7]胡毋子都[8]所傳耶?誠傳其書，而遷、固皆不為錄，蕞然獨起於哀、平之間。公以孔子所著授之大師，其以為左驗者云何?」或曰:「自周末已有秦讖。」秦讖者，夢書之倫，本不傳六經。今之讖緯，即與秦讖異，實不可引援。假令緯書授之口耳，不在竹帛觚槧之間，故秦火弗能燒。夫可以誦習者，非固韻語，則必語近易知者矣。《詩》有韻，《禮記》、《春秋傳》語近易知，故假唇舌以為書府，則積薪不能燎。《尚書》多三古舊言，而《禮經》節族繁碎，不為韻則詰詘而難誦，故殘餘者無幾何。今圖緯之難知，非直《尚書》也。其涉及星歷者，節族繁碎，非直《禮經》也。安得在口耳間乎?方士之為《道藏》，舊無其書，而今著錄，則曰自天府飛越以至。是故老、墨之書，盡於〈諸子略〉中，而漢、晉間方士，復傳老子〈玉策〉、〈左契〉諸篇，及墨子《枕中五行記》。(皆見《抱朴子》。)公以老、墨微言在是耶?且固偽也?誠以〈玉策〉、〈左契〉、《枕中五行》為真，則緯書必自天府飛越以至矣。誠知〈玉策〉、〈左契〉、《枕中五行》之偽，顧且崇信緯書，斯可謂不知方類矣。公以經典非記事，又不記事以起義也，欲張其義，故假設事類應之。即如

4 西元前二六八—前一七八，伏生，又名勝。撰《尚書大傳》多附會闡發，被視為緯書濫觴。

5 約西元前二一九—前一三五，申培，開今文經《魯詩》一派。

6 生卒年不詳。開今文經《齊詩》一派。

7 生卒年不詳。傳《儀禮》十七篇，即今所見通行本。

8 生卒年不詳。胡毋生，字子都，傳《春秋・公羊傳》。

是，公言《周官經》、《左氏春秋》悉劉歆作偽者，乃不足以誚歆也。等之造事，焉知劉歆不假以張義？以孔子聖人故可，劉歆非聖人故不可，聖與非聖，我與公又不能質也。以知來物定聖名，顏回掇鬻，宰予晝寢，猶弗能踊知之，況百歲以下乎？自《春秋》記獲麟，而言經者多惑。晚世宋翔鳳[9]輩稱述《論語》，各往往傅以奇邪，名字相似，不復理辭氣。吾非不能，固知其違也。誠令傅會二十一篇致之內事，猶不必如翔鳳破析文義。案《論語》言「有朋自遠方來」。朋者，古文鳳字，鳳凰出於東方君子之國，翱翔四海之外，過崑崙，飲砥柱，濯羽弱水，暮宿風穴，故曰自遠方來。子曰：「鳳鳥不至，河不出圖，吾已矣夫！」推此以言，有鳳自遠方來，樂可知也。下學而上達，知我者其天乎？此則血書下魯端門，為其明效，故人不知而不慍也。舞雩者祀赤帝，與曾點之風，善樊須之問，皆係舞雩。此不為漢家赤精發乎？韶者舜樂，陳氏受之，王莽之宗也。聞之三月不知肉味，此不為新室代漢發乎？周南、召南者，在南陽、南郡間，春陵及宛，至於新市、平林，則其地也。不誦其詩，猶正牆面而立。此不為伯升兄弟反正發乎？司馬者，晉之氏也，憂無兄弟。此不為倫、冏、穎、乂戕賊宗室發乎？[10]仲弓者，冉氏也，方以犂牛之子多其騂角，此不為冉閔養於石氏發乎？[11]

---

9 約一七七一—一八六〇，清代今文學家。著有《論語纂言》，以公羊學說解《論語》思想。

10 指西晉末年「八王之亂」。八王分別為汝南王亮、楚王瑋、趙王倫、齊王冏、長沙王乂、成都王穎、河間王顒、東海王越。

11 冉閔，三二〇—三五二，後趙君主石虎養孫，後稱帝改後趙國號，是為冉魏。

可使南面，此不為冉閔代石氏發乎？若然者，不詭章句而事義以就，猶愈翔鳳諸家。然不以是更師說者，以聖人固不能測未來。《論語》口說，猶不可曲，況於六籍邦典，可得而迂誣哉？公以記事不足聖，羞稱遷、固。近古惇史若遷、固者，其數幾何？誠令公簪筆司載，猶俛仰弗能企。元好問、萬斯同巧言戔戔，顏色不怍，其未可也，非獨公矣！近古之載筆者，固未有若遷、固者矣。以公言為類例，經國致用，蕭何、諸葛亮所能也。知天善驗，管輅[12]、郭璞[13]所能也。修母致子，異物來崪，黃龍見，鳳凰降，麒麟至，河出圖，洛出書，漢之宣、章，魏之明帝所能也。顧安用玄聖耶？以經籍非記事，而古史不足徵，欲穿地以求石史，斯又惑於西方之說也。碑版款識，足以參校近史，稍有補苴，然弗能得大體。厥誣妄者，漢世有四皓刻石，以東園公為惠帝司徒。徒亂事狀，縉紳所不道。世人多以金石匡史傳，苟無明識，只自罔耳！五帝以上，文字或不具，雖化肌骨為朐忍，日夜食息黃壤之間，且安所得？夫發地者，足以識山川故處，奇雀異獸之所生長，此為補地志，備博物，非能助人事記載也。往古或有械器遺物，其文字異形不可知。自管仲、孔子去古猶近，七十二家之書，猶弗能識什二。今人既不遍知文、武、周公時書，橫欲尋求鳥跡，以窺帝制，豈可得哉？且漢碑隸書易知耳，釋文者猶有異同。石鼓鐘鼎，則十不能知七八，此猶可以今隸相擬，形聲相檢也。五帝時器，缺泐且大半，其奇文詭形又眾，雖張敞、楊雄猶之眩矣。遠西學者，喜以舊器求古文字，

12 二〇九－二五六，通《周易》，善卜筮、相術。《三國志・管輅傳》載其諸多預言靈驗之事。

13 二七六－三二四，東晉方術師，承傳易學、道教術數。

異國四五千年之書，今人已弗能通，其能者以石刻有數國文字，用相參檢。數國之文，語言不一，聲音不同，雖假以為重譯，得其意固弗能知其文。且遠西文字可知者，紘域盡於希臘。先是雖有數國異書，史篇固絕，音義又亡矣。徒以胸臆訾度，得之固不審。不審於此，眡以檢彼，則愈益為夸誣所傳。埃及、補提佉爾特亞、巴比倫之事，自希臘前史有成文者，其餘虛對冢墓，引不可知之書，以成事狀，殆皆妄也。（此不得以漢世古文經典相擬。秦皇燒書，至漢紀元裁七年。漢初諸儒生長七國，固宜知其文字，七年不用，未至忘誤。且諸儒老壽者，或下逮景、武，轉以相授。故柏寢銅器，漢武亦得案而知之。若近世遠西人，去上古四五千年，則非其比。）中國往古名器，非有他國書，足以參伍，亦不遍刻古文篆隸，無校文之道，何由以知其意？往者紅厓刻石，釋者醒亂以定其文，夸士樂道，絕智者之口。就得古器，其釋文復如此矣。或曰「以地質久近為徵」，斯尤惑。今之礦人，占形色而知鹹淡，鉛鐵銀鏤，固易辨矣。然猶尚有差違，望之若有，而鑿之俄空者，況於地質高下，仍歲澱淤，差之分寸，失之彌年，可信其讕言耶？且夫地質之論，察今者從同同，稽古乃往往殊異。或以遂古之初，氛霧輪囷，熾若煙炭，後稍凝聚，若牛羊乳汁者，以為大地。或言太初其熱焦火，久之復寒如冰。甲言始有天地，至今二三十萬歲矣。乙言且四五萬歲矣。此皆學者擬度所成，非有明表。始紃其想以成其說，終介其說以斷其事，此猶立朝夕於員鈞之上，終古不定，辨人事者，且安取此？諸辨人事，當審諦如法吏，證不悉具，則不敢成獄。以地質徵者，斯猶探湯而驗虛實，刺血而質親疏，愚者持以為證，非其證也。由是言之：今既無術足以遍知，欲知之，乃穿鑿無驗。然則主以六籍，參以諸子，得其辜較，而條品猶不章者，是固不可知也，非學者之恥也。及夫成周以降，事有左驗，知不可求之堀穴瓦礫，因摭緯讖以改成事。下及魏、晉，緯讖又不足用，乃棄置不一道。且曰史官皆曲筆道諛。夫曲筆道諛則然矣，政有經制，國有大故，固弗能以意損益。今一切以為誣罔，其非誣罔者當云何?曲者又好舉異域成事，轉以比擬。情異即以為誣，情同即以為是。或云：「太古二族交鬬，漢以來復受其化。」蓋昔慎到有言：「治水者茨防決塞，雖在夷貉，相似如一，學之於水，不學之於禹也。」（《列子・湯問篇》張湛注引。）今徒見一事相類，則曰異域之人傳相教授。或曰「固同種」，斯已愚矣。乃若迥闢草昧，致之廣明，地不一時，事不一法，猶稻熟有早晚，果實有甘酸也。以為一致，何其迂闊而遠於物情耶?不稽他書，不詳同異，猲猲以誣舊史，人之利晻昧而憎明察也，固如是哉!信神教之款言，疑五史之實錄，貴不定之琦辭，賤可徵之文獻，聞一遠人之言，則頓顙斂衽以受大命，後生不悟，從以馳驟，廢閣舊籍，鬻為敗紙。人之彥聖，而違之俾不通，以不能保我子孫黎民。枳句來巢，空穴來風，悲夫!昔者吾友，嘗從事於斯矣。

信史　下

昔之說三統者曰：「夏之政忠，殷之政質，周之政文，三王之道若循環。」近世金鶚非之，以為械器服用，代益彫麗，其勢不由文反質。言進化者又曰：「世皆自亂以趨治，言一治一亂者，非也；自質以趨文，言一質一文者，非也。」章炳麟曰：「治亂之迭相更，考見不虛。質文之變，過在託圖緯。顧其所容至廣，政化之端，固有自文反質者矣。」昔者六國並立，遊說者務為辯麗。窮閻著書之士，則有儒、墨、道、名四家，義至閎遠。漢興而反，蕭、曹皆文法吏，一於敕謹無害。其他卿相，起自介冑，木強人也。卒漢之世，士大夫喜陰陽讖記，以傅經法，其情屈鈍，求如六國諸子者幾亡一二。相如、子雲之賦麗矣，不辯也；王充之論辯矣，不能自名其家也。魏、晉以降，稍旁理諸子，玄言之士，次六國而起。迄隋、唐又反鈍。轉得兩宋，經術衰，儒釋相漸，分擘湊理，雖不逮魏、晉，亦足珍怪。然此數代，君臣之間，主文溫厚，不戇直以相訐，其致一也。及明世學術壞爛，求欲如漢博士，且不可得。殿堂之上，君臣相詬，乃與妄呼擊柱者等，斯亦文質往復之數矣。械器之端，古拙重而今便巧，非古者質、今者文也。登降舟旋，不及日中奏百，乃韓非固以知之矣。迄於今日，舳艫軺車，煙火萬里，半日越兩都，旬月挾九垓，雖馮夷、大丙之御弗與也。兵則鋻銕鉼丸，彈射數里，人不及避，馬不及馳，曲闉俾倪，應聲崩阤，古之谿子、巨黍弗與也。（古無火器，短兵以外，所恃弓弩。弓所及者，亦才百步，而弩最為利器。蘇秦言谿子、巨黍，射六百步外。則古之二里，今之一里有少半也。《會稽典錄》：鍾離牧謂朱育曰：「大皇帝以中國多騎，欲以當之。然吳神鋒弩射三里，貫洞三四馬，騎敢近之乎？」此漢之三里，今之二里七十步也。據唐李筌《太白陰經》：其時絞車弩射七百步，攻城拔壘用之，與神鋒弩射遠相等。又蘇秦為連弩，一弩十矢俱發。諸葛亮亦依用之。所至不為不遠，所入不為不深，所中不為不多。張弩頗遲，故不如火器也。然據《練兵實紀》，明時所用佛狼機礮，亦才中一里餘。則神鋒、絞車之弩，射遠過佛狼機矣。）家人什器、門首洒湝之倫，勢如轉規，出如飛鳶，古之桔皋、鹿盧弗與也。此皆便巧拙重之較，不與文質數。文質之數，獨自草昧以逮周、秦，其器日麗，周、秦之間，而文事已畢矣。其後文質轉化，代無定型。古之宮室，樓闕軒轅，尊嚴若神。《尚書大傳》曰「天子堂廣九雉」，則二十一丈。（今十三丈餘，五架屋也。）楚靈王為章華臺，三休乃上。秦始皇為阿房宮，東西五百步，南北五十丈，上可坐萬人，下可建五丈旗，今之宮殿無有也。古之兵車，六尺有六寸，而王城經涂九軌，小者至於鄭國皇門之中，猶有逵路，逵廣五丈九尺四寸，（今三丈六尺餘。）今之市衢無有也。古之飲食，王日一太牢，醬用百有二十甕，醢用百有二十品，下逮諸侯之士，祭祀猶以三鼎，今之飲食無有也。古之服物，千八百諸侯，皆執圭璧，縣藜、結綠、垂棘、和氏，自天產良寶也。夏后氏之璜，魯之璠璵，則成於良櫛良雕。小者至於紀、鄺，猶有玉甑玉磬。常賜則金百斤、珠二斗，而春申君之客，多躡珠履。古之葬者，含珠鱗施，鱗施者，玉柙是也。漢世雖夫餘王葬，猶付玄菟賜之，他屬國宜準此，今之服物無有也。古之細布，幅廣二尺二寸，（約今一尺四寸。）而三十升，升八十縷，則分幾十一縷。（今一分則十七縷。）故麻冕之直，貴於純絲，今之布無有也。然此皆道其莊麗，未及眇意妍技之事也。昔紂為旋室傾宮，魏世依之為陵雲臺，先平眾木，輕重無錙銖相負，揭臺高峻，常隨風動搖，終無傾倒。（見《世說・巧藝篇》。）此匠人之精也。六國時，有為周君畫莢者，築十版之牆，鑿八尺之牖，而以日始出時，加之其上，望見其狀，盡成龍蛇禽獸車馬，萬物之狀備具。（《韓子・外儲說左上》。）此畫人之精也。鍾子期聞擊磬，聲甚悲，因得其母子入官事；蔡邕取炊薪以治琴，荀勖聞牛鐸以定律。此樂人之精也。蜀蒲元為諸葛亮造刀三千口，以竹筒實鐵珠，舉刀斷之，如薙生芻，命之曰屈耳環；北齊綦毋懷文為宿鐵柔鋌之刀，浴以五牲之溺，淬以五特之脂，斬甲至三十札。此冶人之精也。魏馬鈞為木人，能令跳丸擲劍，緣絙倒立，出入自在，此巧者所能也；使木人擊鼓吹簫，吹簫雖巧者弗能為。（此見〈魏志・杜夔傳〉注引《傅子》。事既眾著，為傅玄所目睹，非若《列子》所稱偃師幻人出於寓言也。）此梓人之精也。是諸良技微難之事，今皆無有；求之異域，亦有不可得者。輒云古不逮今，何言之唐大也？又諸言社會學者皆云：太古石器，其次骨器，其次銅器，其次鐵器。吾常求域中書，肅慎氏則有楛矢石砮矣。[1]〈釋器〉曰：「金族剪羽謂之鍭，骨族不剪羽謂之志矣。」《越絕

1 肅慎，夏商時代的部族，分布於今黑龍江、松花江流域一帶。楛矢石砮為其所使用之兵器。楛矢，由長

書》曰：「軒轅、神農、赫胥之時，以石為兵；黃帝之時，以玉為兵；禹之時，以銅為兵；當今之時，作鐵兵矣。」其言蓋幾密合，亦誠任信之也。伏枕仰宇察之，而得其謬數事。太古之民，非若匈奴、西羌也。匈奴、西羌雖畜牧，無冶鑄，得因商賈，市諸中國、西域，故匈奴有劍，（〈蘇武傳〉有匈奴劍斬虞常事。）而西羌負鐵鎧。（《晉書・馬隆傳》：「隆夾道累磁石，賊負鐵鎧，行不得前。隆卒悉被犀甲，無所留礙。」）民之初生，東海、西海侗愚相若也，固無所購矣。百工始作，莫如陶，壚土所在而有，燒冶又易，不陶則鑪捶不成，無以鎔鑄，故有陶然後有冶。不冶則耒耜不成，無以發土，神農之時，既有耕稼，必不以白棓朽株劃地，則宜有金岐頭，故有冶然後有耕。事業可敘者如此。石砮之用，古者主以肅慎，今遼東徼外猶時有得之者。或曰：「木液入地所化，而〈夏書〉梁州亦貢砮。」《華陽國志》說之曰：「臺登縣山有砮石，火燒成鐵，剛利。」此則砮本鐵屬，前世省之不孰，以為石耳！夫切磨石器，令銳細有鋒芒，足以深入獸革。不以金器先之，非旬月固弗就。矢者往而不返，人之所施易，非若刀劍可以常御也。旬日治之，一瞚失之，射獵之民，當何所恃哉？矢無弧，則弗能以及遠，弧之弦，非絲即牛馬筋。太古未知蠶桑，獨任筋為相應。金器刀剪不素具，則不制割，牛馬革不解者筋不擢，雖欲得弦無由。將古之射獵者，皆以徒手發耶？則十發而不獲一獸，空以浹旬治石，比獵，已顑頷而欲死矣。發又不中，是太古之民終無孑遺也。以刀鈹戈戟皆用石耶？削石可以斫人，微金固不任，雖有金，亦弗能致之犀利。故以石器先銅器者，非愚則誣也！

白山所產楛木製成的箭桿。石砮，以松花江青石製成的箭頭。《國語》載「肅慎氏貢楛矢石砮」。

古之骨族，以為明器，示不可用，故送葬有志矢一乘。〈夏官．司弓矢〉曰「恆矢用諸散射」，謂禮射、習射也。推此以校域外，其情宜等。今發土得石骨器者，蓋皆明器講肄之具，非杖以射擊者矣。且夫斬木為兵，剡竹為槍，（見《通俗文》。）此皆秦、漢之間，銅鐵已備，猶有杖以自助者。徒以良兵空匱，倉卒莡乏，然亦素有鋤櫌斧斤，以伐竹木，不徒手斬而剡也。縱太古用石兵，要以裨接金刃，為之扶左，其勢不先有石兵。金器未作，桀石以投人所有矣，厲石以為兵所無矣。獨古者兵用銅，春秋吳、越既盛，而兵以鐵，為得其情。若然，必以古無鐵器，復粗緒之論也！〈禹貢〉道九州貢品，而「梁州有鏐鐵、銀鏤、砮磬」，鏤者剛鐵，可以刻鏤。員輿之上，產鐵相屬也，銅稍闊稀。《管子．地數》曰：「出銅之山四百六十七，出鐵之山三千六百九。」雖其大會則然，鐵固視銅為盛。以冶鑄有難易，故兵器多任銅，而什器多任鐵。《管子．海王》道鐵官之數曰：「一女必有一鍼、一刀，耕者必有一耒、一耜、一銚，行服連軺輂者，必有一斤、一鋸、一錐、一鑿。不爾而成事者，天下無有其驗也。」銅鐵之齊，亦不足以類文野，是何故？曰：吳、越之國，古所謂蠻夷，兵器用鐵，乃自吳、越始，中原徒帥行之。以中原文物視吳、越，則不可同日語矣。且泰始之得金者，豈有刃以穿地耶？葛盧之山，雍狐之山，水出而金從之，民以是得鋌樸，種之不生，陶之薜暴，鎔之渙若也。腼如液澤，民以是知辟鍊。此皆逢遇得之，不豫校利鈍而得之。社會學以辨文野，其說難任，其持之亦無故。乃若姓有興廢，政有盛衰，布於方策者，回復相易，亦不可以空言誣矣。或言往古小康，則有變復。今世遠西之政，一往而不可亂，此寧有圖書保任之耶？十世之事，誰可以胸臆度者?觀其徵兆,不列顛世已衰,法蘭西則殆乎滅亡之域矣。後有起者,文理節族,果可以愈前日乎?則不能知也。其大齊可知者,惟獨後生智巧,賢於前民。然非可徵之數百年內也。上觀皇漢,智慧已劣於晚周,比魏、晉乃稍復。遠西中世,民之齊敏,愈不逮大秦。時越千載,然後反始。差校之節,亦甚遠矣。徒偈促於十世以內,以為後必愈前,亦短於視聽者也!

論經史儒之分合

經之所該至廣，舉凡修己治人，無所不具。其後修己之道，衍而為儒家之學；治人之道，則史家意有獨至。於是經、史遂似判然二途。夫所謂經者何指乎？「大綱」二字，允為達詁。《韓非・內外儲》三篇，篇各有經，造大綱於篇端，一若後世藝文之有目錄。《管子》有〈經言〉、〈外言〉、〈短語〉、〈區言〉、〈雜篇〉，而〈經言〉居首，蓋綱之在網，義至重要。《墨子》有〈經上〉、〈經下〉，次有〈經說上下〉，一如後世之分經傳。大抵提出宗旨曰經，解說之者為說；簡要者為經，詳盡者曰說曰傳。後世儒家史家，辭繁不能稱，遂別稱為子為史，溯其朔一而已矣。

古無史之特稱。《尚書》、《春秋》皆史也，《周禮》言官制，《儀禮》記儀注，皆史之旁支。《禮》、《樂》並舉，《樂》亦可入史類。《詩》之歌詠，何一非當時史料？〈大小雅〉是史詩，後人稱杜工部為詩史者，亦以其善陳時事耳。《詩》之為史，當不煩言。《易》之所包者廣，關於哲學者有之，關於社會者有之，關於出處行藏者亦有之。其關於社會進化之跡，亦可列入史類。故陽明有「六經皆史」之說。語雖太過，而史與儒家，皆經之流裔，所謂六藝附庸，蔚為大國，蓋無可疑。

《周禮．大司徒》：「教萬民而賓興之，六德六行六藝而已。」六藝者，禮、樂、射、御、書、數。《記》又有春夏教《詩》、《書》，秋冬教《禮》、《樂》之說，則已備有四經。而《易》不以教士，專為卜筮之守，其後亦得免於秦火。《春秋》為國史，民間所不得見。《尚書》則古史，非當代史，且各自為篇，無年月以比次，歷代興廢，所記不全，如〈夏書〉已有〈甘誓〉、〈五子之歌〉、〈胤征〉諸篇，然於后羿、寒浞之篡弒，少康一旅之中興，均缺焉不載。故《書》雖以道政事，而不得稱為完具之史。惟《春秋》編次年月，體例始備，奠定史基，當弗外是。第《春秋》之作，昉於何時？杜元凱《春秋釋例》，謂為周公之舊典。余觀《周官》五史，未及《春秋》一語。小史掌邦國之志，殆方志類耳。以周公之思兼三王，猶未備編年一體，可見當時對於此道尚疏。余謂《春秋》之作，當起於西周之末。太史公〈十二諸侯年表〉始於共和元年，前此則但稱世表，而弗能次其年月。《墨子．明鬼篇》歷引周、燕、宋、齊之《春秋》，至杜伯射王而止，可見周宣以前，尚無《春秋》。《春秋》既記當代之事，民間不得習睹，惟貴族或可得見，故〈晉語〉司馬侯稱羊舌肸（叔向）習於《春秋》，悼公即召傅太子。〈楚語〉：「士亹傅太子箴，問於申叔時，叔時曰：『教之《春秋》、《世》、《詩》、《禮》、《樂》、《令》、《語》、《故志》、《訓典》。』」《令》、《語》、《故志》、《訓典》皆《尚書》家言。《故志》即邦國之志。蓋《尚書》不專記王朝，如〈費誓〉、〈秦誓〉，皆邦國之志也。《世》即《世本》，為《春秋》家言。由此知公侯子孫，乃得一讀《春秋》。其他教萬民之術，只有《詩》、《書》、《禮》、《樂》而已。管子相齊，其教頗廣，故〈山權數篇〉，言《詩》以記物，時以記歲，

《春秋》以記成敗，行者道民之利害，《易》者所以守凶吉成敗，卜者卜凶吉利害，民之能此者皆與之一馬之田、一金之衣。所謂行者，即《周禮》小行人所掌，辨別每國之五物，亦即方志之類也。管子懸此以求士，可見當時齊國之士，能全讀此者亦不數覯。孔子教人，平時亦止《詩》、《書》、《禮》、《樂》，五十學《易》，習之已晚。《春秋》則西觀周室，論次史記舊聞，作於獲麟之後，非當時教人之學。故《易》與《春秋》，雖經管仲提倡，而孔子以前通之者究無多人也。自孔子定六經之名，然後士得通習，前此蓋未有人言六經者。《漢書．藝文志》本於《七略》，凡《春秋》二十三家，《國語》、《國策》、《楚漢春秋》、《太史公》、《漢著記》，均在《六藝略》中，未嘗別立史部。迨晉荀勖《中經簿》，經史乃歧而為二。此因史籍過多，不得不離《春秋》而獨立。實則史與《春秋》不能相離。太史公作《史記》，即欲上繼《春秋》。班固作《漢書》，其於十二本紀亦自稱為《春秋考紀》。直至晉、宋，孫盛、習鑿齒仍自名其書曰《晉陽秋》、《漢晉陽秋》（晉簡文宣太后諱阿春，故改春秋為陽秋）。蓋襲用經名者，惟史籍為可，否則揚雄撰《太玄》以擬《易》，撰《法言》以擬《論語》，論者斥為吳楚僭王，而於史家之自稱《春秋》，殊無貶詞，蓋史本《春秋》嫡系也。

劉知幾《史通》言：「《尚書》記言，《春秋》記事。」此亦不然。《尚書》亦有記事之文，〈禹貢〉即記地理，〈顧命〉即記喪事。蓋《尚書》為史法未具之書，集合檔案而成之，非專以記言也。故後人作史，法《春秋》不法《尚書》，且法傳而不法經，如《兩漢紀》及《資治通鑑》皆是。惟王通《元經》，乃自比《春秋》經，其書「元年春帝正月」是也。須知《春秋》為魯史，有周天子在，不得不繫正朔於王，南北朝各皆自主，稱「帝正月」何為？又通以祖宗所在國為正統，劉宋時在南，故認宋為正統；齊初遷魏，則以正統予魏；隋代平陳，混一區夏，則稱晉、宋、齊、梁、陳亡，此皆釀成笑柄者也。其後朱晦庵法《春秋》而作《綱目》，蓋以餘力為之，非精心結撰者，且大都為其弟子趙師淵所作。元、明之間，頗有繼作。至清漸少，實因《春秋》經文不易效法，作史者只可法傳不可法經，至《尚書》更無法之者矣。歷代史籍，一以紀傳為主，與《春秋》亦多異趣，惟本紀、編年，紀錄大體，正似《春秋》。若表、志則《春秋》未始有之。故《隋書．經籍志》稱《史》、《漢》為正史，而以《兩漢紀》、《晉陽秋》、《漢晉春秋》隸古史。蓋《史》、《漢》大體雖取法《春秋》，而亦兼涉六經，如〈禮志〉、〈樂志〉，即取法於《周禮》、《儀禮》、《樂經》。後代之史，志、表或付闕如，而紀、傳一準《史》、《漢》。史之應入《春秋》家者，其故在此。

清儒段玉裁謂十三經應擴為二十一經，即加《大戴禮》、《國語》、《史記》、《漢書》、《通鑑》、《說文》、《周髀算經》、《九章算術》八種，斯言頗為卓犖。《國語》本在〈漢志〉經部；《大戴》、《小戴》，亦自古並稱；《說文》宜與《爾雅》並峙；《史》、《漢》、《通鑑》為史學典型，其列入經部宜也。惟《算經》、《算術》，〈藝文志〉不入經部，未宜闌入。然此十九經字數浩繁，學者未易成誦，計十三經共五十餘萬字。《史記》五十餘萬，《漢書》八十餘萬，《通鑑》百三四十萬，加以《國語》、《大戴》、《說文》不啻二十萬，合共三百餘萬字，比十三經字數六倍，誦習者將目不暇給。況二十四史合計三千餘卷，段亦僅舉其主要者而已。惟史之宜習，吾已不憚煩言，而經史之不必分途，段氏已有獨得之見，清儒中蓋未能或之先焉。

儒家之入子部，《漢書．藝文志》已然。儒家之言，關於修己之道獨多，論及政事者亦不少。孔子言「興於《詩》，立於《禮》，成於《樂》」。《詩》、《禮》、《樂》本以教人修己。一部《論語》，言修己之道更多。今《論語》入經部，實則《論語》為孔氏一家之書，亦儒家言耳。《論語》既入經部，則若《孟》、《荀》等無一不可入經部。惟因篇帙太繁，不得不揭稱儒家以冠九流之首。後人疑《孟子》不應入經部，如論其源流，實無大背謬也。經兼修己治人，史則詳治人而略修己。自《論語》出而修己之道燦然大備，儒之可重者在此。原夫史之記載，多帝王卿相之事，罕有言及齊民。舜雖耕稼陶漁，終登帝位，史亦不能詳其初事。周公制《禮》作《樂》，而《禮》猶不下庶人，與齊民修己鮮涉。惟孔子出身編戶，自道甘苦，足使人得所效法。夫子之賢於堯、舜，亦其地位使然也。孔子以前，為帝王而立言者實多，為平民而立言者蓋寡。東家之邱，人固以細民易之。孔子亦自言「吾少也賤，故多能鄙事」。其後為委吏、為乘田，能會計當而牛羊壯；又〈檀弓〉南宮縚之妻之姑之喪，夫子誨之髽，則夫子於細民鄙事，能者實多，故能「蔬食飲水，曲肱而枕，不改其樂」。以歷經困厄之人，甘苦自知，言之自能親切，而修己之道亦因之圓滿。其後孟、荀二儒，益能發揮盡致。〈漢志〉入《孟》、《荀》於儒家者，以分部時當然，實則淵源無異也。如此則經、史二部，亦固可合於儒。若「六經皆史」之說，微有語病，因經所含者不止史學，即儒家之說亦在其內也。

今教人讀經，要在策人記誦，而史傳及儒家學說，無不當悉心研究。儒之與史，源一流分，雖儒談政治，史亦談政治，而儒家多有成見，漸與史有門戶之分。然無儒家，則修己之道不能圓滿。而治人之道，欲其運用有方，則儒家亦往往有得之者。孟、荀二公，不得其位，不論。漢初所謂儒者，若叔孫通、婁敬、酈食其、陸賈四人，無不長於應用。叔孫制禮作樂，不失儒家面目；婁敬乃一策士，而定都關中，敬實主之，與匈奴和親，亦敬主之；酈生雖似迂闊，然能以口舌下齊七十餘城，設不為韓信所賣，當亦不至就烹；陸賈說趙佗去黃屋稱制，才調與縱橫家相近。名之曰儒者，以其本業為儒耳。前此孔子弟子，如子貢之存魯、亂齊、破吳、霸越，亦縱橫家之前驅。後此漢文時之賈誼，才氣較前數人為高，而惜不得其位以死。觀此數子，則古儒者固多有用之才矣。若專門說經之士，往往乏運用之術。孔子以來，惟吳起、杜預二人為有幹略，他若公羊、穀梁與其傳授之徒無有以功名顯者。又如孔子傳《易》於商瞿，中經數傳以至漢世，亦無以功業顯於當代者。餘若傳《詩》之高子、孟仲子；傳《禮》之高堂生；傳《書》之伏生，皆無事蹟可見。蓋純粹經師，往往不涉世務，故功業短於儒家。然則經典治人之道，非儒家固不能運用，有賴於儒家者以此。

承平之世，儒家固為重要，一至亂世，則史家更為有用。如《春秋》「內諸夏，外夷狄」，樹立民族主義。嗣後我國雖數亡於胡，卒能光復舊物，即收效於夷夏之閑也。孔子作《春秋》，《孟子》、《公羊》皆言「其事則齊桓、晉文」，試問《春秋》之異於舊史者安在？蓋以前皆言帝王之道，《春秋》則言霸主之道，故三傳無不推尊齊桓。而《論語》且言「微管仲，吾其被髮左衽矣」。春秋之季，戎夏交捽，若無霸主，將不獨伊川之見野祭而已。又觀管仲以前，以堯、舜、禹之聖明相繼，傳至仲康父子，已為夷羿所篡，蓋保持中國太平者不過三百年耳。〈商書〉簡略，四夷之事不詳，而太王避狄去邠，可見商之國威，亦不能讋服狄人。至文王勝玁狁伐西戎，周公兼夷狄驅猛獸，然後王業以定，國威以立。然不及四百年，而幽王死於驪山之下。逮管仲出，則中國不困於異族者九百餘年。蓋自齊桓伐山戎，救邢、衛，其後晉滅赤狄，至戰國時，國威益振。秦初滅大荔之戎（在今陝西東部，漢之左馮翊），後滅義渠之戎（在今涇陽至寧夏一帶），惠王用司馬錯，西併巴蜀。趙武靈王北收雲中、九原（九原當今榆林至河套，雲中在今河套一帶）。燕將秦開，卻東胡千餘里，置遼東、遼西郡，疆土遠及朝鮮。楚則莊蹻兵定滇池。戰國之勢，制夷而不制於夷，其方略皆有所自來。至秦始皇時，略定陸梁，置桂林、南海、象郡。趙佗更役屬甌駱，至漢時改為九郡（即今兩廣安南地）。而雲南亦於漢武時征服。秦雖殘暴，其對外之功，自不可沒。漢至宣帝時，西域三十六國，盡隸都護。漢人對於藩國，務握其實權，不若後代之徒求虛名也。西漢自武帝以後，胡人不敢南下。王莽末，中國雖亂，而匈奴始終不能蠶食邊地。後漢兵威不及前漢，然班超以三十六人定西域。三國分裂，異族亦不敢內侵，魏武斬蹋頓，司馬宣王滅公孫淵，兵威猶震於殊俗。至晉室平吳，骨肉相殘，然後有五胡之亂。自管仲至此凡九百餘年，遞相祖習，使中國有金甌之勢，其澤不可謂不長矣。孔子之服管仲者以此。

吾今稱此九百年為霸期，以此九百年中，政令雖有寬猛，大抵皆管仲餘勢所持也。前乎霸期者，商、周攘夷之功，殊不及此。後乎霸期者，則自兩晉以逮隋室，戎夏交捽者幾三百年。唐太宗武功極盛，但自隋文平陳至天寶十四年，歷時僅一百六十餘年，安史之亂，已毒遍中原。繼受吐蕃、回紇之侮，異族又駸駸駕中國上矣。其後五代擾攘，李存勗、石敬瑭、劉知遠皆沙陀部落，石且以燕雲十六州割讓契丹。宋興亦無如之何，河北境土，日蹙日削，勉強支持百五六十年。金人起而汴梁不守矣，南渡偏安，更不足論。及蒙古混一，中國淪於夷狄者八十九年。明之興，始得光復舊物，其勝於唐、宋者有數端焉。洪武收復遼東，征服雲南。永樂更滅安南，改設行省（惜僅二十餘年即受黎利之紿許其稱藩），使節遠至斐州，南洋島夷，莫不讋服。及土木之變，英宗北狩，而喪君有君，不必為肅宗之即位靈武，亦不至如徽、欽之羈死五國，卒使也先禮送英宗南還。世宗時俺答入寇，終受勅封而去。直至萬曆季年，群陰構禍，努爾哈赤起，明乃漸以不振。此蓋天子守邊，人自不得不致死於驅除異族也（北京東鄰遼東，北接熱河、察哈爾，異族逼處，非安享太平之地，故明時相傳云天子守邊）。自霸期既畢，能保持攘夷之功者，惟朱明一代而已。霸期以前，西周保持不過三百餘年；霸期以後，朱明保持二百五十餘年；獨此霸期中，保持至九百年，管仲之功真不在禹下矣。孔子作《春秋》，焉得不稱齊桓、晉文哉！孟、荀生於中國強盛之時，故小管仲而羞桓、文，如生於東晉之後，當亦不言管仲功烈之卑也。儒家對於歷史，往往太疏，不綜觀事之本末，而又有門戶之見，故其立論不免失中。孔子作《春秋》，確立民族主義；三傳釋經，雖有不同，而「內諸夏外夷狄」之義則一。管仲建此功，孔子立此義，以故中國屢亡，而卒能復興。是以承平之世，雖有賴於儒家，而國亡再起，非歸功於史家不可。今者外患日深，驟圖富強，談何容易，惟有立定民族主義，曉然於「非我族類其心必異」，本之《春秋》，推至漢、唐、宋、明諸史，人人嚴於夷夏之防，則雖萬一不幸而至下土耗斁，終必有復興之一日也。

今吾人言讀經尊孔，而敵人亦言讀經尊孔，鰓鰓者深恐將來為敵人愚弄。吾謂不然。民族意識之憑藉，端在經史。史即經之別子，無歷史即不見民族意識所在。蓋凡百學術，如哲學，如政治，如科學，無不可與人相通，而中國歷史（除魏、周、遼、金、元五史），斷然為我華夏民族之歷史，無可以與人相通之理。故吾人讀經主旨，在求修己之道，嚴夷夏之辨。前此滿清入關，何嘗不思以讀經尊孔，愚弄吾人？玄燁、胤禛，出其雷霆萬鈞之力，威脅利誘，卒之民族主義，歷劫不磨。蓋讀書種子不絕，《春秋》「內諸夏，外夷狄」之義，長在人心，一觸即發，何懼乎異族？何畏乎愚弄？若至經史道喪，儒學廢絕，則吾炎黃裔胄，真淪於九幽之下矣。

（一九三五年六月）

諸子略說 上

講論諸子，當先分疏諸子流別。論諸子流別者，《莊子．天下篇》、《淮南．要略訓》、太史公〈論六家要指〉，及《漢書．藝文志》是已。此四篇中，〈藝文志〉所述最備，而《莊子》所論多與後三家不同，今且比較而說明之。

〈天下篇〉論儒家，但云其在於《詩》、《書》、《禮》、《樂》者，鄒魯之士，縉紳先生多能明之，而不加批判。其論墨家，列宋鈃、尹文，而〈藝文志〉以宋鈃入小說家，以尹文入名家。蓋宋鈃「以禁攻寢兵為外，以情欲寡淺為內」，周行天下，上說下教，故近於小說；而尹文之名學，不尚堅白同異之辯，觭偶不仵之辭，故與相里勤五侯之徒南方之墨者異趣。其次論彭蒙、田駢、慎到，都近法家。〈藝文志〉則以慎到入法家，以田駢入道家，是道家、法家合流也。田駢當時號為天口駢，今《尹文子》又有彭蒙語，是道家、名家合流也。道家所以流為法家者，即老子、韓非同傳，可以知之。《老子》云「魚不可脫於淵，國之利器不可以示人」，此二語是法家之根本，惟韓非能解老喻老，故成其為法家矣。其次論老聃、關尹，同為道家，而己之道術又與異趣。蓋老子之言，鮮有超過人格者，而莊子則上與造物者遊，下與外死生無終始者為友，故有別矣。惠施本與莊周相善，而莊子譏之曰：「由天地之道，觀惠施之能，其猶一蚉一蝱之勞，與物何庸？」即此可知尹文、惠施同屬名家，而莊子別論之故。蓋尹文之名，不過正名之大體，循名責實，可施於為政，與荀子正名之旨相同。若惠施、公孫龍之詭辯，與別墨一派，都無關於政治也。然則莊子之論名家，視〈藝文志〉為精審矣。其時荀子未出，故不見著錄。若鄧析者，變亂是非，民獻襦袴而學訟，殆與後世訟師一流，故莊子不屑論及之歟？

〈要略〉首論太公之謀為道家，次論周、孔之訓為儒家，又次論墨家，又次論管子之書為道家，晏子之諫為儒家，又次論申子刑名之書、商鞅之法為法家。比於〈天下篇〉，獨少名家一流。

太史公〈論六家要指〉，於陰陽、儒、墨、名、法五家，各有短長，而以黃老之術為依歸。此由身為史官，明於成敗利鈍之效，故獨有取於虛無因循之說也。昔老聃著五千言，為道家之大宗，固嘗為柱下史矣。故曰「道家者流，出於史官」。

〈藝文志〉列九流，其實十家。其縱橫家在七國力政之際，應運而起，統一之後，其學自廢。農家播百穀，勤耕桑，則《呂覽》亦載其說。至於君臣並耕，如孟子所稱許行之學，殆為後出，然其說亦不能見之實事。雜家集他人之長，以為己有，《呂覽》是已。此在後代，即《群書治要》之比，再擴充之，則《圖書集成》亦是也。小說家街談巷議，道聽塗說，固不可盡信，然宋銒之流，亦自有其主張，虞初九百，則後來方志之濫觴。是故縱橫、農、雜、小說四家，自史公以前，都不數也。

雖然，縱橫之名，起於七國，外交專對，自春秋已重之。又氾勝之區田之法，本自伊尹，是伊尹即農家之發端。田蚡所學《盤盂》書，出自孔甲，是孔甲即雜家之發端。方志者，《周官》土訓、誦訓之事。今更就〈藝文志〉所言九流所從出而推論之。

〈藝文志〉云「儒家出於司徒之官」。此特以《周官》司徒掌邦教，而儒者主於明教化，故知其源流如此。又云「道家出於史官者」，老子固嘗為柱下史，伊尹、太公、管子，則皆非史也，惟管子下令如流水之源，令順民心，論卑而易行，此誠合於道家南面之術耳。又云「墨家出於清廟之守者」，墨家祖尹佚，〈洛誥〉言「烝祭文王武王，逸祝冊」，逸固清廟之守也。又《呂覽》云：「魯惠公使宰讓請郊廟之禮於天子，桓王使史角往，惠公止之，其後在於魯，墨子學焉。」是尤為墨學出於清廟之確證。又云「名家出於禮官」，此特就名位禮數推論而知之。又云「法家出於理官者」，理者莫尚於皋陶。皋陶曰：「余未有知，思曰贊贊襄哉！」此頗近道家言矣。贊者，老子所稱輔萬物之自然而不敢為也，襄者因也，即老子所稱「聖人無常心，以百姓心為心」也。莊子稱「慎到無用賢聖，塊不失道」，此即理官引律斷案之法矣。然〈藝文志〉法家首列李悝，以悝作《法經》，為後來法律之根本。自昔《夏刑》三千，《周刑》二千五百，皆當有其書，子產亦鑄《刑書》，今悉不可見。獨《法經》六篇，蕭何廣之為《九章》，遂為歷代刑法所祖述。後世律書，有名例，本於曹魏之刑名法例，其原即《法經》、《九章》之具律也。持法最重名例，故法家必與名家相依。又云「陰陽家出於羲和之官」。今案：《管子》稱述陰陽之言頗多，《左傳》載萇弘之語，亦陰陽家言也。又云「農家出於農稷之官」，此自不足深論。又云「縱橫家出於行人之官者」，此非必行人著書傳之後代，特外交成案，有可稽考者爾。〈張儀傳〉稱儀與蘇秦俱事鬼谷先生學術，《風俗通》云「鬼谷先生，六國時縱橫家」，更不知鬼谷之學何從受之。又云「雜家出於議官者」，漢官有議郎，即所謂議官也，於古無徵。又云「小說家出於稗官者」，如淳曰：「王者欲知閭巷風俗，故立稗官，使稱說之。」是稗官為小官近民者。

諸子之起，孰先孰後，史公、劉、班都未論及。《淮南》所敘，先後倒置，亦不足以考時代。今但以戰國諸家為次，則儒家宗師仲尼，道家傳於老子，此為最先。墨子或曰並孔子時，或曰在其後。案墨子亟說魯陽文子，當楚惠王時，惠王之卒，在魯悼公時，蓋墨子去孔子亦四五十年矣。觀墨子之論辯，大抵質樸遲鈍，獨〈經說〉為異。意者，〈經說〉別墨所傳，又出墨子之後。法家李悝，當魏文侯時。名家尹文，當齊宣王時。陰陽家鄒衍，當齊湣王、燕昭王時，皆稍稍晚出。縱橫家蘇秦，當周顯王時。小說家淳于髡，當梁惠王時，此皆與孟子並世者。雜家當以《呂覽》為大宗，《呂覽》集諸書而成，備論天地萬物古今之事。蓋前此無呂氏之權勢者，亦無由辦此。

然更上徵之春秋之世，則儒家有晏子，道家有管子，墨家則魯之臧氏近之。觀於哀伯之諫[1]，首

---

1 《左傳・桓公二年》載桓公「取郜大鼎於宋，納於大廟」之事。哀伯進諫，謂國君應發揚道德，不可將大鼎置於太廟，宜以「清廟茅屋」為佳，用茅草作為太廟屋頂，以昭示節儉。

稱清廟，已似墨道。及文仲縱逆祀，[2]祀爰居，則明鬼之效也。妾織蒲則節用之法也。武仲見稱聖人，[3]蓋以鉅子自任矣。至如師服之論名，[4]即名家之發端。子產之鑄《刑書》，得法家之大本。其存鄭於晉、楚之間，則亦盡縱橫之能事。若燭之武之退秦師，[5]是純為縱橫家。梓慎、[6]裨竈，[7]皆知天道，是純為陰陽家。蔡墨之述畜龍，蓋近於小說矣。惟農家、雜家，不見於春秋。

以上論九流大旨。今復分別論之。先論儒家。

《漢書．藝文志》謂儒家出於司徒之官，大旨是也。《周禮．大司徒》，以鄉三物教萬民：六德、六行、六藝。六德者，智、仁、聖、義、中、和，此為普遍之德，無對象；六行者，孝、友、睦、

2《左傳・文公二年》載孔子謂文仲不知者有三，即作虛器、縱逆祀、祀爰居。縱逆祀，指文仲縱容夏父弗忌僭越禮制祭祀。

3孔子曾稱讚武仲是有智慧的人。《論語・憲問》：「子路問成人。子曰：『若臧武仲之知，公綽之不欲……，亦可以為成人矣。』」

4師服，春秋時期的樂師。《左傳・桓公二年》載「師服曰：『異哉君之名子也，夫名以制義，義以出禮，禮以體政，政以正民……』」。其謂命名都具有一定的意義，由此而生出禮儀。

5西元前六三〇年，秦、晉圍攻鄭國，燭之武以外交辯才說退秦軍。

6春秋人。魯昭公十七年，出現彗星，與裨竈等人預言將有火災。

7春秋人。魯昭公十七年，出現彗星，與梓慎等人預言將有火災發生，並向大夫子產進言，應以玉器禳災，子產不從，而後果真發生大火。

婣、任、卹，此為各別之行，有對象（如孝對父母，友對兄弟，睦、婣對戚黨，任、卹對他人。）；六藝者，禮、樂、射、御、書、數，禮、樂不可斯須去身，射、御為體育之事，書、數則尋常日用之要，於是智育、德育、體育具備。又師氏，以三德教國子，曰：「至德以為道本，敏德以為行本，孝德以知逆惡。」蓋以六德、六行概括言之也。又大司徒，以五禮防萬民之偽而教之中，以六樂防萬民之情而教之和；大司樂，以樂德教國子，中和祇庸孝友。大宗伯，亦稱中禮和樂。可知古人教士，以禮樂為重。後人推而廣之，或云中和，或云中庸。孔子曰：「中庸之為德，其至矣乎，民鮮能久矣。」中庸連稱，不始於子思。至子思乃謂「喜怒哀樂之未發謂之中，發而皆中節謂之和」，其始殆由「中和祇庸孝友」一語出也。

儒者之書，《大學》是至德以為道本，（明明德，止於至善，至德也。）《儒行》是敏德以為行本，《孝經》是孝德以知逆惡，此三書實儒家之總持。劉、班言儒家出於司徒之官，固然。然亦有出於大司樂者，中庸二字是也。以儒家主教化，故謂其源出教官。

《荀子．儒效》稱周公為大儒，然則儒以周公為首。《周禮》云：「師以賢得民，儒以道得民。」師之與儒殆如後世所稱經師人師。師以賢得民者，鄭《注》謂以道行教民。儒以道得民者，鄭《注》謂以六藝教民。此蓋互言之也。

儒之含義綦廣，《說文》：「儒，柔也。術士之稱。」術士之義亦廣矣，草昧初開，人性強暴，施以教育，漸漸摧剛為柔。柔者受教育而馴擾之謂，非謂儒以柔為美也。受教育而馴擾，不惟儒家為然，道家、墨家，未嘗不然，等而下之，凡宗教家莫不皆然，非可以專稱儒也。又《莊子．說劍》：「先生必儒服而見王，事必大逆。」莊子道家，亦服儒服。司馬相如〈大人賦〉：「列仙之儒，居山澤間，形容甚臞。」仙亦可稱為儒。而《弘明集》復有「九流皆儒」之說，則宗教家亦可稱儒矣。今所論者，出於司徒之儒家，非廣義之術士也。

周公、孔子之間，有儒家乎？曰：「有。晏子是也。」柳子厚稱晏子為墨家。余謂晏子一狐裘三十年，尚儉與墨子同，此外皆不同墨道。春秋之末，尚儉之心，人人共有。孔子云：「禮，與其奢也，寧儉。」老子有三寶，二曰儉。蓋春秋時繁文縟禮，流於奢華，故老、墨、儒三家皆以儉為美，不得謂尚儉即為墨家也。且晏子祀其先人，豚肩不掩豆。墨家明鬼，而晏子輕視祭祀如此，使墨子見之，必顰蹙而去。墨子節葬，改三年服為三月服，而晏子喪親盡禮，亦與墨子相反。可見晏子非墨家也。又儒家慎獨之言，晏子先發之，所謂「獨立不慙於影，獨寢不慙於魂」是也。當時晏子與管子並稱，晏之功不如管，而人顧並稱之，非以其重儒學而何？故孔子以前，周公之後，惟晏子為儒家。蘧伯玉雖似儒家，而不見有書，無可稱也。

孔子之道，所包者廣，非晏子之比矣。夫儒者之業，本不過大司徒之言，專以修己治人為務，《大學》、《儒行》、《孝經》三書，可見其大概。然《論語》之言，與此三書有異。孔子平居教人，多修己治人之言，及自道所得，則不限於此。修己治人，不求超出人格，孔子自得之言，蓋有超出人格之外者矣。子絕四：毋意、毋必、毋固、毋我。毋意者，意非意識之意，乃佛法之意根也。有生之本，佛說謂之阿賴耶識，阿賴耶無分彼我。意根執之以為我，而其作用在恆審思量，有意根即有我，有我即墮入生死。顛狂之人，事事不記，惟不忘我。常人作止語默，絕不自問誰行誰說，此即意根之力。欲除我見，必先斷意根。毋必者，必即恆審思量之審。毋固者，固即意根之念念執著。無恆審思量，無念念執著，斯無我見矣。然則絕四即是超出三界之說。六朝僧人好以佛、老、孔比量，謂老、孔遠不如佛，玄奘亦云，皆非知言之論也。（然此意以之講說則可以之，解經則不可。何者？講說可以通論，解經務守家法耳。）

儒者之業，在修己治人，以此教人，而不以此為至。孔門弟子獨顏子聞克己之說。克己者，破我執之謂。孔子以四科設教，德行顏淵、閔子騫、冉伯牛、仲弓。然孔子語仲弓，僅言「出門如見大賓，使民如承大祭」而已。可知超出人格之語，不輕告人也。顏子之事不甚著，獨莊子所稱心齋坐忘，能傳其意。然《論語》記顏子之語曰：「仰之彌高，鑽之彌堅，瞻之在前，忽焉在後。」蓋顏子始猶以為如有物焉，卓然而立。經孔子之教，乃謂「如有所立卓爾，雖欲從之，末由也已」。（「如」當作假設之辭，不訓似。）此即本來無物，無修無得之意。然老子亦見到此，故云：「上德不德，是以有德。下德不失德，是以無德。」德者得也。有所得非也，有所見亦非也。揚子雲則見不到此，故云顏苦孔之卓，實則孔顏自道之語，皆超出人格語。孟子亦能見到，故有「望道而未之見」語。既不見則不必望，而猶曰「望者，行文不得不爾也」。孔子曰：「吾有知乎哉？無知也。」此亦非謙辭。張橫渠謂：「洪鐘無聲，待叩乃有聲；聖人無知，待問乃有知。」其實答問者有依他心，無自依心。待問而知之知，非真知也，依他而為知耳。佛法謂一念不起，此即等於無知。人來問我，我以彼心照我之心，據彼心而為答，烏得謂之有知哉？橫渠待問有知之語，猶未諦也。佛法立「人我」、「法我」二執。覺自己有主宰，即為人我執；信佛而執著佛，信聖人而執著聖人，即為法我執，推而至於信道而執著道，亦法我執也。絕四之說，人我、法我俱盡。「如有所立卓爾，雖欲從之，末由也已」者，亦除法我執矣。此等自得之語，孔、顏之後，無第三人能道。（佛、莊不論。）

子思之學，於佛法入天趣一流。超出人格而不能斷滅，此之謂天趣。其書發端即曰「天命之謂性」，結尾亦曰「與天地參，上天之載，無聲無臭」。佛法未入中土時，人皆以天為絕頂。佛法既入，乃知天尚非其至者。謝靈運言成佛生天，居然有高下。如以佛法衡量，子思乃中國之婆羅門。婆羅門者，崇拜梵天王者也。然猶視基督教為進。觀基督教述馬利亞生耶穌事，可知基督教之上帝，乃欲界天，與漢儒所稱感生帝無別。（佛法所謂三界者，無色界天、色界天、欲界天。欲界天在人之上，而在色界天之下。）而子思所稱之「無聲無臭」，相當於佛法之色界天，適與印度婆羅門相等。子思之後有孟子，孟子之學，高於子思。孟子不言天，以我為最高，故曰「萬物皆備於我」。孟子覺一切萬物，皆由我出。如一轉而入佛法，即三界皆由心造之說，而孟子只是數論。數論立神我為最高，一切萬物，皆由神我流出。孟子之語，與之相契。又曰「反身而誠，樂莫大焉」者，反觀身心，覺萬物確然皆備於我，故為可樂。孟子雖不言天，然仍入天界。蓋由色界天而入無色界天，較之子思，高出一層耳。夫有神我之見者，以我為最尊，易起我慢。孟子生平誇大，說大人則藐之。又云：「我善養吾浩然之氣，至大至剛，以直養而無害，塞乎天地之間。」其我慢如此。何者？有神我之見在，不自覺其誇大耳。以故孟子之學，較孔、顏為不逮。要之，子思、孟子均超出人格，而不能超出天界，其所得與婆羅門數論相等。然二家於修己治人之道，並不拋棄，則異於婆羅門數論諸家。子思作〈中庸〉，孟子著七篇，皆論學而及政治者也。子思、孟子既入天趣，若不轉身，必不能到孔、顏之地，惟莊子為得顏子之意耳。

荀子語語平實，但務修己治人，不求高遠。論至極之道，固非荀子所及。荀子最反對言天者，〈天論〉云：「聖人不求知天。」又云：「星墜木鳴，日月有蝕，怪星黨見，牛馬相生，六畜為妖，怪之可也，畏之非也。」揆荀子之意，蓋反對當時陰陽家一流，（鄒衍之說及後之《洪範五行傳》一流。）其意以為天與人實不相關。

〈非十二子〉云：「案往舊造說，謂之五行。子思唱之，孟軻和之。」今案：《孟子》書不見五行語，〈中庸〉亦無之，惟〈表記〉（〈表記〉、〈坊記〉、〈中庸〉、〈緇衣〉皆子思作。）有「水尊而不親，土親而不尊，天尊而不親，命親而不尊，鬼尊而不親」諸語。子思五行之說，殆即指此。（《漢書·藝文志》：《子思》二十三篇，今存四篇，見《戴記》，餘十九篇不可見，其中或有論五行語。）孟子有《外書》，今不可見，或亦有五行語。荀子反對思、孟，即以五行之說為其的。蓋荀子專以人事為重，怪誕之語，（五行之說，後鄒衍輩所專務者。）非駁盡不可也。漢儒孟、荀並尊，余謂如但尊荀子，則《五行傳》、緯書一流，不致囂張。今人但知陰陽家以鄒衍為首，察荀子所云，則陰陽家乃儒家之別流也。（〈洪範〉陳說五行而不及相生相克。〈周本紀〉武王問箕子殷所以亡，箕子不忍言殷惡，武王亦醜，故問以天道。據此知〈洪範〉乃箕子之閒話耳。漢文帝見賈生於宣室，不問蒼生問鬼神。今賈生之言不傳，或者史家以為無關宏旨，故闕而不書。當時武王見箕子，心懷慚疚，無話可說，乃問天道。箕子本陽狂，亦妄稱以應之。可見〈洪範〉在當時並不著重，亦猶賈生宣室之對也。漢儒附會，遂生許多怪誕之說。如荀子之說早行，則《五行傳》不致流衍。）墨子時子思已生，鄒衍未出，《墨經》有「五行無常勝說在宜」一語。而鄒衍之言，以五勝為主。五勝者，五行相勝：水勝火，火勝金，金勝木，木勝土，土勝水也。然水火之閒承之以釜，火何嘗不能勝水？水大則懷山襄陵，土又何嘗能勝水？墨子已言「五行無常勝」，而孟子、鄒衍仍有五行之說，後乃流為讖緯。如荀子不斥五行，墨家必起而斥之。要之，荀子反對思、孟，非反對思、孟根本之學，特專務人事，不及天命，即不主超出人格也。

荀子復言隆禮樂，（或作儀。）殺《詩》、《書》，此其故由於孟子長於《詩》、《書》，而不長於禮。（孟子曰：「諸侯之禮，吾未之學也。」）墨子時引《詩》、《書》，（引《書》多於孟子。）而反對禮樂。荀子偏矯，純與墨家相反。此其所以隆禮樂，殺《詩》、《書》也。（〈非十二子〉反對墨家最甚，寧可少讀《詩》、《書》，不可不尊禮樂，其故可知。）其所以反對子思、孟子者，子思、孟子皆有超出人格處，荀子所不道也。

若以政治規模立論，荀子較孟子為高。荀子明施政之術，孟子僅言五畝之宅樹之以桑，使民養生送死無憾而已。由孟子此說，乃與龔遂之法相似，[8] 為郡太守固有餘，治國家則不足，以其不知大體，僅有農家之術爾。又孟子云：「堯舜性之也，湯武反之也，五霸假之也。」又謂：「仲尼之門，無道桓文之事者。」於五霸甚為輕蔑。荀子則不然，謂「義立而王，信立而霸，權謀立而亡」，於五霸，能知其長處。又〈議兵〉云：「齊之技擊，不可以遇魏氏之武卒；魏氏之武卒，不可以遇秦之銳士；秦之銳士，不可以當桓文之節制；桓文之節制，不可以敵湯武之仁義。」看來層次分明，不如孟子之一筆抹殺。余謂〈議兵〉一篇，非孟子所能及。

至於性善性惡之辯，以二人為學入門不同，故立論各異。荀子隆禮樂而殺《詩》、《書》，孟子則長於《詩》、《書》。孟子由《詩》入，荀子由《禮》入。《詩》以道性情，故云人性本善。《禮》以立節制，故云人性本惡。又，孟子鄒人，鄒、魯之間，儒者所居，人習禮讓，所見無非善人，故云性善。荀子趙人，燕、趙之俗，杯酒失意，白刃相仇，人習凶暴，所見無非惡人，故云性惡。且孟母知胎教，教子三遷，孟子習於善，遂推之人性以為皆善；荀子幼時教育殆不如孟子，自見性惡，故推之人性以為盡惡。

孟子論性有四端：惻隱為仁之端，羞惡為義之端，辭讓為禮之端，是非為智之端。然四端中獨辭讓之心為孩提之童所不具，野蠻人亦無之。荀子隆禮，有見於辭讓之心性所不具，故云性惡，以此攻擊孟子，孟子當無以自解。然荀子謂禮義辭讓，聖人所為。聖人亦人耳，聖人之性亦本惡，試

8 龔遂，西漢人，勸民農桑，以避免糧荒而盜寇盛。後世北魏崔衡，便以龔遂之法治河東，有效止息竊盜。

問何以能化性起偽？此荀子不能自圓其說者也。反觀孟子既云性善，亦何必重視教育，即政治亦何所用之？是故二家之說俱偏，惟孔子「性相近，習相遠」之語，為中道也。

揚子雲迂腐，不如孟、荀甚遠，然論性謂善惡混，則有獨到處。於此亦須採佛法解之，若純依儒家，不能判也。佛法阿賴耶識，本無善惡，意根執著阿賴耶為我，乃生根本四煩惱：我見、我癡、我愛、我慢是也。我見與我癡相長，我愛與我慢相制，由我愛而生惻隱之心，由我慢而生好勝之心。孟子有見於我愛，故云性善；荀子有見於我慢，故云性惡；揚子有見於我愛、我慢交互為用，故云善惡混也。

孟、荀、揚三家，由情見性，此乃佛法之四煩惱。佛家之所謂性，渾沌無形，則告子所見無善無不善者是矣。揚子生孟、荀之後，其前尚有董仲舒，仲舒謂人性猶穀，穀中有米，米外亦有糠。是善惡混之說，仲舒已見到，子雲始明言之耳。子雲之學，不如孟、荀，惟此一點，可稱後來居上。

然則論自得之處，孟子最優，子思次之，而皆在天趣。荀子專主人事，不務超出人格，則但有人趣。若論政治，則荀子高於思、孟。子雲投閣，其自得者可知。韓昌黎謂「孟子醇乎醇，荀與揚大醇而小疵」，其實揚不如荀遠甚。孟疏於禮，我慢最重，亦未見其醇乎醇也。司馬溫公注《太玄》、《法言》，欲躋揚子於孟、荀之上。夫孟、荀著書，不事摹擬，揚則摹擬太甚，絕無卓然自立之處，若無善惡混一言，烏可與孟、荀同年而語哉！溫公所云，未免阿其所好。至於孔、顏一路，非惟漢儒不能及，即子思、孟子亦未能步趨，蓋逖乎遠矣。以上略論漢以前之儒者。

論漢以後之儒家，不應從宋儒講起，六朝、隋、唐，亦有儒家也。概而言之，須分兩派：一則專務修己治人，不求高遠；一則顧亭林所譏「明心見性」之儒是矣。（明心見性，亭林所以譏陽明學派者，惟言之太過，不如謂盡心知性為妥。）修己治人之儒不求超出人格，明心見性，則超出人格矣。

漢以後專論修己治人者，隋、唐間有文中子王通（其人有無不可知，假定為有。）；宋有范文正（仲淹。）、胡安定[9]（瑗。）、徐仲車[10]（積。）；南宋有永嘉派之薛士龍[11]（季宣。）、陳止齋[12]（傅良。）、葉水心[13]（適。），金華派之呂東萊（祖謙。）；明有吳康齋[14]（與弼，白沙、陽明均由吳出。）、羅一峰[15]（倫。）；清有顧亭林（炎武。）、陸桴亭[16]（世儀，稍有談天說性語。）、顏習齋（元。）、戴東原（震。）。此數子者，學問途徑雖不同，（安定修己之語多，治人之語少。仲車則專務修己，不及治人。永嘉諸子偏重治人，東萊亦然。習齋兼務二者。東原初意亦如此，惟好駁斥宋人，致入棘叢。）要皆以修

9 九九三—一〇五九，胡瑗，世稱安定先生。開北宋理學先河，授業兼重經義、治世，並倡蘇湖教法。
10 一〇二八—一一〇三，徐積，字仲車，耳聵。為北宋教官，曾師從胡安定。
11 一一二五—一一七三，薛季宣，字士龍。南宋理學家，開永嘉學派先河。
12 一一三七—一二〇三，陳傅良，號止齋。主張經世致用，反對空談性理。
13 一一五〇—一二二三，葉適，號水心。南宋理學家，主張重商、實用。
14 一三九一—一四六九，吳與弼，號康齋。推崇程朱理學。
15 一四三一—一四七八，羅倫，號一峰。明代進士，後講學於金牛山。
16 一六一一—一六七二，陸世儀，晚號桴亭。明末清初理學家，以居敬窮理為本，主張為學的實用性。

己治人為歸，不喜高談心性。此派蓋出自荀子，推而上之，則曾子是其先師。

明心見性之儒，首推子思、孟子。唐有李習之（翺。），作〈復性書〉，大旨一依〈中庸〉。習之曾研習禪宗。一日，問僧某：「黑風吹墮鬼國，此語何謂？」僧訶曰：「李翺小子，問此何為？」習之不覺怒形於色，僧曰：「此即是『黑風吹墮鬼國』。」今觀〈復性書〉雖依〈中庸〉立論，其實陰襲釋家之旨。宋則周濂溪（敦頤。）開其端。濂溪之學本於壽涯。濂溪以為儒者之教，不應羼雜釋理。壽涯教以改頭換面，又授以一偈，云：「有物先天地，無形本寂寥。能為萬象主，不逐四時凋。」（此詩語本《老子》「有物混成，先天地生。寂兮寥兮，獨立而不改，周行而不殆，可以為天下母，吾不知其名，強字之曰道」一章。「有物先天地」，即「有物混成，先天地生」也。「無形本寂寥」，即「寂兮寥兮」也。「能為萬象主，不逐四時凋」，即「獨立不改，周行不殆，可以為天下母」也。壽涯不以佛法授濂溪，而採老子，不識何故。）後濂溪為《太極圖說》、《通書》，更玄之又玄矣。張橫渠（載。）《正蒙》之意，近於回教。橫渠陝西人，唐時景教已入中土，陝西有大秦寺，唐時立，至宋嘉祐時尚在，故橫渠之言或有取於彼。其云「清虛一大之謂天」，似回教語，其云「民吾同胞，物吾與也」，則似景教。人謂《正蒙》之旨，與墨子兼愛相同。墨子本與基督教相近也。然橫渠頗重禮教，在鄉擬興井田，雖雜景教、回教意味，仍不失修己治人一派之旨。此後有明道（程顥。）、伊川（程頤。）世所稱二程子者。伊川天資不如明道，明道平居燕坐，如泥塑木雕，（此非習佛家之止觀，或如佛法所稱有宿根耳。）受濂溪之教，專尋孔、顏樂處，一生得力，從無憂慮，實已超出人格。著〈定性書〉，謂「不須防檢力索，自能從容中道」。以佛法衡之，明道殆入四禪八定地矣。楊龜山[17]（時。）、李延平[18]（侗。）傳之，數傳而為朱晦庵（熹。）。龜山取佛法處多，天資高於伊川，然猶不逮謝上蔡[19]（良佐。）。上蔡為二程弟子天資最高者。後晦庵一派，不敢採取其說，以其近乎禪也。龜山較上蔡為有範圍，延平範圍漸小。迨晦庵出，爭論乃起。時延平以默坐澄心體認天理教晦庵。（此亦改頭換面語，實即佛法之止觀。）晦庵讀書既多，言論自富，故陸象山（九淵。）、王陽明（守仁。）譏為支離。陽明有朱子晚年定論之說，據〈與何叔京一書〉。（書大意謂但因良心發現之微，猛省提撕，使心不昧，即為學者下功夫處。）由今考之，此書乃晦庵三四十歲時作，非真晚年。晚年定論，乃陽明不得已之語，而東原非之，以為墮入釋氏。陽明以為高者，東原反以為歧。實則晦庵恪守師訓，惟好勝之心不自克，不得不多讀書，以資雄辯，雖心知其故，而情不自禁也。至無極、太極之爭，非二家學問之本，存而不論可矣。（象山主太極之上無無極，晦庵反之，二人由是鬨爭。晦庵謂如日未然，則各尊所聞各行所知。象山答云：「通人之過雖微，箴藥久當自悟。」蓋象山稍為和平矣。）

17 一〇五三—一一三五，楊時，號龜山先生。繼承二程理學學派，為尹洛之學大家，後有李侗、朱熹等人承傳。

18 一〇九三—一一六三，李侗，世號延平先生。師從楊時，並將尹洛之學傳與朱熹。

19 一〇五〇—一一〇三，謝良佐，學者稱其上蔡先生。從二程學，與遊酢、呂大臨、楊時並稱「程門四先生」。

宋儒出身仕宦者多，微賤起家者少。惟象山非簪纓之家，（象山家開藥肆。）其學亦無師承。常以為二程之學，明道疏通，伊川多障。晦庵行輩高出象山，論學則不逮。象山主先立乎其大者，（宋人為學入手之功各有話頭，濂溪主靜，伊川以後主敬，象山則謂先立乎其大者。）不以解經為重，謂「六經注我，我不注六經」。顧經籍爛熟，行文如漢人奏議，多引經籍，雖不如晦庵之盡力注經，亦非棄經籍而不讀也。其徒楊慈湖[20]（簡，慈湖成進士為富陽主簿時，象山猶未第。至富陽，慈湖問：「何謂本心？」象山曰：「君今日所斷扇訟，彼訟扇者必有一是有一非，若見得孰是孰非，即決定為某甲是某乙非，非本心而何？」慈湖亟問曰：「止如斯耶？」象山厲聲答曰：「更何有也！」慈湖退，拱坐達旦，質明，納拜遂稱弟子。），作〈絕四記〉，多參釋氏之言，然以意為意識，不悟其為意根，則於佛法猶去一間。又作〈己易〉，以為易之消息，不在物而在己，己即是易。又謂衣冠禮樂，取妻生子，學周公、孔子，知其餘不學周孔矣。既歿，弟子稱之曰「圓明祖師」。（不知慈湖自稱，抑弟子尊之云爾。）宋儒至慈湖，不諱佛如此。然猶重視禮教，無明人猖狂之行。蓋儒之有禮教，亦猶釋之有戒律。禪家呵佛罵祖，猖狂之極，終不失僧人戒律。象山重視禮教，弟子飯次交足，諷以有過。慈湖雖語言開展，亦守禮惟謹，故其流派所衍，不至如李卓吾輩之披猖也。

明儒多無師承。吳康齋[21]與薛敬軒[22]（瑄。）同時，敬軒達官，言語謹守矩矱，然猶不足謂為修己

20 一一四一－一二二六，楊簡，世稱慈湖先生。宋代理學家，受業於陸九淵，致力於心學。

21 一三九一－一四六九，吳與弼，號康齋。推崇程朱理學。

治人一流。英宗復辟，于謙凌遲處死，敬軒被召入議，但謂三陽發生，不可用重刑，詔減一等。凌遲與斬，相去幾何？敬軒於此固當力爭，不可則去，烏得依違其間如此哉！（此事後為劉蕺山所[23]斥。）康齋父溥建文時為國子司業，燕師圍金陵，康齋年十二，聞胡廣語獨激昂，以為胡叔能死大佳。溥謂廣不忍殺一豬，必不能殺身。然己亦未嘗死節。康齋之躬耕不仕，殆以此故。敬軒之學不甚傳，而康齋之傳甚廣。（陳白沙、獻章即其弟子，又有婁一齋諒以其學傳陽明。白沙之學傳湛甘泉若水。其後王、湛兩家之傳最廣，皆自康齋出也。）康齋安貧樂道，無超過人格語。白沙講學，不作語錄，不解經，亦無論道之文，惟偶與人書，或託之於詩，常稱曾點浴沂風雩之美，而自道工夫，則謂靜中養出端倪。（端倪一語，劉蕺山謂為含糊，其實孟子有四端之說，四端本不甚著，故須靜中養之。）亦復時時靜坐，然猶不足以擬佛法，蓋與四禪八定近耳。弟子湛甘泉（若水。）與陽明同時。陽明成進士，與甘泉講學，甚相得，時陽明學未成也。陽明幼時，嘗與鐵柱宮道士交契，三十服官之後，入九華山，又從道士蔡蓬頭問道。及為龍陽驛丞，憂患困苦之餘，忽悟知行合一之理。謂宋儒先知後行，於事未當。所謂「如惡惡臭」、「如好好色」，即知即行，非知為好色而後好之，知為惡臭而後惡之也。其致良知之說，在返自龍場之後，以為昔人之解致知格物，非惟朱子無當，司馬溫公輩亦

---

22 一三八九－一四六四，薛瑄，號敬軒，官至禮部右侍郎兼翰林院學士，好程朱理學。

23 一五七八－一六四五，本名劉宗周，後人稱其為蕺山先生。為宋學浙東學派代表之一，講求為學的經世致用。

未當。(溫公以格為格殺勿論之格。然物來即格之，惟深山中頭陀不涉人事者為可，非所語於常人也。)朱子以「窮知事物之理」為格物，(宋人解格物者均有此意，非朱子所創也。)陽明初信之，格竹三日而病，於是斥朱子為非是。朱子之語，包含一切事物之理。一切事物之理，原非一人之知所能盡，即格竹不病，亦與誠意何關？以此知陽明之斥朱子為不誤。然陽明以為格當作正字解，格物者，致良知以正物。物即心中之念，致良知，則一轉念間，知其孰善孰惡，去其惡，存其善，斯意無不誠。余謂陽明之語雖踔，顧與《大學》原文相反。《大學》謂「物格而后致知」，非謂「致知而后物格」。朱子改竄《大學》，陽明以為應從古本，至解格物致知，乃顛倒原文，又豈足以服朱子之心哉？(後朱派如呂涇野柟輩謂「作止語默皆是物」，實襲陽明之意，而引申之。顧亭林謂「為人君止於仁，為人臣止於敬，為人子止於孝，為人父止於慈，與國人交止於信」，斯即格物。皆與陽明宗旨不同，而亦不采朱子窮至事物之理之說。然打破朱子之說，不可謂非陽明之力也。)

格物致知之說，王心齋[24](艮。)最優。心齋為陽明弟子，(心齋初為鹽場竈丁，略讀四書，製古衣冠大帶笏板服之，曰：「言堯之言，行堯之行，而不服堯之服，可乎？」或聞其論，曰：「此絕類王巡撫之談學也。」時陽明巡撫江西，心齋即往謁，古服舉笏，立於中門，陽明出迎於門外。始入據上坐，辯難久之，心折移坐於側，論畢下拜稱弟子。明日復見，告之悔，復上坐辯難久之，乃大服，卒為弟子。本名銀，陽明為改曰艮。)讀書不多，反能以經解經，義較明白。謂《大學》有「物有本末，事有終始，

24 一四八三—一五四一，王艮，號心齋。王陽明弟子，開泰州學派，主張「百姓日用即道」。

知所先後，則近道矣」語。致知者，知事有終始也；格物者，知物有本末也。格物致知，原係空文，不必強為穿鑿。是故誠意是始，平天下是終，誠意是本，平天下是末，知此即致知矣。劉蕺山（宗周。）等崇其說，稱之曰：「淮南格物論，謂是致知格物之定論。」蓋陽明讀書多，不免拖沓，心齋讀書少，（心齋入國子監，司業問：「治何經？」曰：「我治總經。」又作〈大成歌〉，亦有尋孔、顏樂處之意，有句云：「學是學此樂，樂是樂此學。」）故能直截了當，斬除葛藤也。心齋解「在止於至善」，謂身名俱泰，乃為至善，殺身成仁，便非至善。其語有似老子。而弟子顏山農[25]（鈞。）、何心隱輩[26]，猖狂無度，自取戮辱之禍，乃與師說相反。清人反對王學，即以此故。顏山農頗似遊俠，後生來見，必先享以三拳，能受乃可為弟子。心隱本名梁汝元，從山農時，亦曾受三拳而心終不服，知山農狎妓，乃伺門外，山農出，以三拳報之。此誠非名教所能羈絡矣。山農篤老而下獄遣戍，心隱卒為張江陵所殺[27]。（江陵為司業，心隱問曰：「公居太學，知《大學》道乎？」江陵目攝之，曰：「爾

---

25 一五〇四—一五九六，顏鈞，號山農，王心齋弟子，為泰州學派代表人物，於各地講學。被當朝視為異端思想而遭逮捕充軍。

26 一五一七—一五七九，原名梁汝元，因參與鬥爭權臣嚴嵩一事，而改名易姓逃亡。師從顏鈞，為泰州學派代表之一。後撰〈原學原講〉，反對宰相張居正毀書院、禁講學，而遭通緝。

27 一五二五—一五八二，張居正，出身湖廣江陵，故稱張江陵。其學為陽明學右派、朱子學，與陽明學左派之泰州學派不同，一說其為鞏固階級利益遂下令毀名山書院、禁議時政。時泰州學派何心隱與其有過節，而遭下獄致死。

意時時欲飛，欲飛不起。」江陵去，心隱曰：「是夫異日必當國，必殺我。」時政由嚴氏，而世宗幸方士藍道行，心隱偵知嵩有揭帖，囑道行假乩神降語：「今日當有一奸臣言事。」帝遲之，而嵩揭帖至，由此疑嵩。御史鄒應龍避雨內侍家，偵知其事，因抗疏極論嵩父子不法，嚴氏遂敗。江陵當國，以心隱術足以去宰相，為之心動，卒捕心隱下獄死。）蓋王學末流至顏、何輩而使人怖畏矣。

陽明破宸濠，弟子鄒東廓（守益。）助之，而歐陽南野[28]（德。）、聶雙江[29]（豹。）輩，則無事功可見。雙江主兵部，《明史》贊之曰：「豹也碌碌，彌不足觀。」蓋皆明心見性，持位保寵，不以政事為意。湛甘泉為南京吏部尚書亦然。羅念菴（洪先。）辭官後，入山習靜，日以晏坐為事，謂：「理學家闢佛乃門面語，周濂溪何嘗闢佛哉？」陽明再傳弟子，萬思默[30]（廷言。）、王塘南[31]（時槐。）、胡正甫[32]（直。）、鄧定宇[33]（以讚。）官位非卑，亦無事功可見。思默語不甚奇，日以晏坐為

---

28 一四九六—一五五四，歐陽德，號南野。王陽明弟子，強調良知為辨識道德的本體。

29 一四八七—一五六三，聶豹，號雙江。主張良知來自人性有為善的道德本能，並提出「歸寂說」。

30 一五三一—一六一〇，萬廷言，號思默，學於王陽明、羅念菴，精研易學。

31 一五二二—一六〇五，王時槐，號塘南。其對良知學的解釋與王陽明不同，主張致良知並非透過道德來判斷何為善惡是非。

32 約一五一七—約一五八五，胡直，字正甫，從歐陽德學。思想主張博文約禮，雖批評當時為學重內輕外的弊病，但其自身即由靜坐而體認萬物一體。

33 一五四二—一五九九，鄧以讚，號定宇。主張良知無是無非，學問內求即可得。

樂。塘南初曾學佛，亦事晏坐，然所見皆高於陽明。塘南以為一念不動，而念念相續，此即生生之機不可斷之意。（一念不動，念念相續，即釋家所謂阿賴耶識，釋家欲轉阿賴耶以成涅槃，而王學不然，故僅至四禪四空地。）思默自云靜坐之功，若思若無思，則與佛法中非想非非想契合，即四空天中之非想非非想天耳。定宇語王龍谿（畿。）曰：「天也不做他，地也不做他，聖人也不做他。」張陽和（元忭。）謂此言駭聽。定宇曰：「畢竟天地也多動了一下，此是不向如來行處行手段。」正甫謂「天地萬物，皆由心造」，獨契釋氏旨趣。前此理學家謂天地萬物與我同體，語涉含混，不知天地萬物與我，孰為賓主。孟子「萬物皆備於我」之說亦然。皆不及正甫之明白了當。梨洲駁之，反為支離矣。甘泉與陽明並稱，甘泉好談體認天理。人有不成寐者，問於甘泉。甘泉曰：「君恐未能體認天理耳。」陽明譏甘泉務外，甘泉不服，謂心體萬物而無遺，何外之有？後兩派並傳至許敬菴（孚遠。），再傳而為劉蕺山[34]（宗周。）。蕺山紹甘泉之緒，而不甚心服。三傳而為黃梨洲（宗羲。）。梨洲，餘姚人；蕺山，山陰人。梨洲服膺陽明而不甚以蕺山為然，蓋猶存鄉土之見。蕺山以常惺惺為教。常惺惺者，無昏憒時之謂也，語本禪宗，非儒家所有。又蕺山所以不同於陽明者，自陽明之徒王心齋以致知為空文，與心意二者無關，而心意之別未明也。心齋之徒王一菴（棟。）以為意乃心之主宰，（即佛法意根。）於是意與心始別，蕺山取之，謂誠意者，誠其意根，此與陽明不同者也。

34 一五七八—一六四五，本名劉宗周，後人稱其為蕺山先生。為宋學浙東學派代表之一，講求為學的經世致用。

然蕺山此語，與《大學》不合。《大學》語語平實，不外修己治人。明儒強以明心見性之語附會，失之遠矣。誠其意根者，即墮入數論之神我，意根愈誠，則我見愈深也。余謂〈中庸〉「誠者物之終始」、「不誠無物」二語甚確，蓋誠即迷信之謂。迷信自己為有，迷信世界萬物為有，均迷信也。誠之為言，無異佛法所稱無明。信我至於極端，則執一切為實有。無無明則無物，故曰「不誠無物」。〈中庸〉此言，實與釋氏之旨符合。惟下文足一句曰「是故，君子誠之為貴」，即與釋氏大相逕庭。蓋〈中庸〉之言，比於婆羅門教，所謂「參天地，贊化育」者，是其極致，乃入摩醯首羅天王一流也。儒、釋不同之處在此，儒家雖採佛法，而不肯放棄政治社會者亦在此。若全依釋氏，必至超出世間，與中土素重世間法者違反。是故明心見性之儒，謂之為禪，未嘗不可。惟此所謂禪，乃四禪八定，佛家與外道共有之禪，不肯打破意根者也。昔歐陽永叔謂「孔子罕言性，性非聖人之所重」，此言甚是。儒者若但求修己治人，不務談天說性，則譬之食肉不食馬肝，亦未為不知味也。

儒者修己之道，《儒行》言之甚詳，《論語》亦有之，曰「行己有恥」，曰「見利思義，見危授命」。修己之大端，不過爾爾。范文正開宋學之端，不務明心見性而專尚氣節，首斥馮道之貪戀。[35]《新五代史》之語，永叔襲文正耳。其後學者漸失其宗旨，以氣節為傲慢而不足尚也，故群以極深研幾為務，於是風氣一變。國勢之弱，職此之由。宋之亡，降臣甚多，其明證也。明人之視氣節，

35 馮道，八八二—九五四，五代政治人物。過去史家多視其歷事五朝為不忠，《新五代史》便謂其「無廉恥者矣」。

較宋人為重。亭林雖誚明心見性之儒，然入清不仕，布衣終身，信可為百世師表。夫不貴氣節，漸至一國人民都無豪邁之氣，奄奄苟活，其亡豈可救哉！清代理學家甚多，然在官者不可以理學論。湯斌[36]、楊名時[37]、陸隴其輩[38]，江鄭堂[39]《宋學淵源記》所不收，其意良是。何者？炎黃之胄，而服官異族，大節已虧，尚得以理學稱哉？若在野而走入王派者，則有李二曲[40]（顒。）、黃梨洲（宗羲。）。其反對王派者，今舉顧亭林、王船山（夫之。）、陸桴亭、顏習齋、戴東原五家論之。此五家皆與王派無關，而又非拘牽朱派者也。梨洲、二曲雖同祖陽明，而學不甚同。梨洲議論精致，修養不足；二曲教人以悔過為始基，以靜坐為入手。李天生（因篤，陸派也。）之友欲從二曲學，中途折回，天生問故，曰：「人謂二曲王學之徒也。」二曲聞之嘆曰：「某豈王學乎哉！」蓋二曲雖靜坐觀心，然其經濟之志，未曾放棄。其徒王心敬（爾緝。）即以講求區田著稱。此其所以自異於王學也。梨洲弟子萬季野（斯同。）治史學，查初白（慎行。）為詩人，並不傳其理學。後來全謝山（祖望。）亦治史學，而於理學獨推重慈湖，蓋有鄉土之見焉。

36 一六二七—一六八七，成長於明末流寇紛亂之時，為清代政治人物、理學名臣。

37 一六六一—一七三六，康熙年間晉士，長於經學，著有《易義札記》、《四書札記》等。

38 一六三〇—一六九二，清代理學家，以朱熹為宗。清廷譽其為「本朝理學儒臣第一」。

39 一七六一—一八三一，江藩，號鄭堂。清代經學家。編纂《宋學淵源記》，記述研究宋學的清代學者之生平、學術淵源，但達官或史書有傳者不錄。

40 一六二七—一七〇五，李顒，號二曲，明末清初儒者，治學兼朱熹、陸九淵二派。

陽明末流，一味猖狂，故清初儒者皆不願以王派自居。顧亭林首以明心見性為詬病。亭林之學，與宋儒永嘉派不甚同，論其大旨，亦以修己治人為歸。亭林研治經史最深，又講音韻、地理之學，清人推為漢學之祖。其實後之為漢學者，僅推廣其《音學五書》，以講小學耳。其學之大體則未有步趨者也。惟汪容甫（中。）頗有紹述之意，而日力未及。觀容甫述學但考大體，不及瑣碎，此即亭林矩矱。然亭林之學枝葉蔚為大國，而根本不傳者，亦因種族之間，言議違禁，故為人所忌耳。（《四庫提要》稱其音韻之學，而斥經世之學為迂闊，其意可知。）種族之見，亭林勝於梨洲。梨洲曾奉魯王命乞師日本，後遂無聞焉，亭林則始終不渝。今通行之《日知錄》，本潘次耕（耒。）所刻，其中胡字、虜字或改作外國，或改作異域，「我朝」二字，亦被竄易。〈素夷狄行乎夷狄〉一條，僅存其目。近人發現雍正時抄本，始見其文，約二千餘言，大旨謂孔子云「居處恭，執事敬，與人忠，雖之夷狄不可棄也」。此之謂「素夷狄行乎夷狄」，非謂臣事之也。又言管仲大節有虧而孔子許之者，以管仲攘夷，過小而功大耳。以君臣之義，較夷夏之防，則君臣之義輕，而夷夏之防重，孔子所以亟稱之也。又〈胡服〉一條刻本并去其目，忌諱之深如此，所以其學不傳。亭林於夷夏之防不僅騰為口說，且欲實行其志，一生奔馳南北，不遑寧居，到處開墾，隱結賢豪，凡為此故也。山東、陝西、山西等處，皆有其屯墾之跡，觀其意殆欲於此作發展計。漢末田子泰（或作田子春，名疇。）躬耕徐無山，（今河北玉田縣。）百姓歸之者五千餘家。子泰為定法律，制禮儀，興學校，眾皆便之。烏丸、鮮卑並遣譯致貢。常忿烏丸賊殺冠蓋，有欲討之意。而曹操北征，子泰為嚮導，遂大斬獲，追奔逐北。使當時無曹操，則子桊必親自攘夷矣。亭林之意，殆亦猶是。船山反對王學，宗旨與横渠相近，曾為《正蒙》作注。蓋當時王學猖狂，若以程朱之學矯之，反滋糾紛，惟横渠之重禮教乃足以懲之。船山之書，自說經外，只有鈔本，得之者什襲珍藏，故黃書流傳甚廣，而免於禁網也。船山論夷夏之防，較亭林更為透澈，以為六朝國勢不如北魏遠甚，中間又屢革命，而能支持三百年之久者，以南朝有其自立精神故也。南宋不及百六十年，未經革命，而亡於異族，即由無自立精神故也。此說最中肯綮。然有鑑於南宋之亡，而謂封建藩鎮，可以抵抗外侮，此則稍為迂闊。特與六朝人主封建者異趣。六朝人偏重王室，其意不過封建親戚以為藩屏而已。船山之主封建，乃從諸夏夷狄著想，不論同姓異姓，但以抵抗外侮為主，此其目光遠大處也。要之船山之學，以政治為主，其理學亦不過修己治人之術，謂之駢枝可也。

陸桴亭《思辨錄》，亦無過修己治人之語，而氣魄較小。其論農田水利，亦尚有用。顧足跡未出江蘇一省，故其說但就江蘇立論，恐不足以致遠。

北方之學者，顏（習齋。）、李[41]（剛主。）、王[42]（崑繩。）、劉[43]（繼莊。）並稱，而李行輩略後。習

41 一六五九—一七三三，李塨，字剛主，學術思想承顏習齋，但對知行問題與顏看法相異，主張知先於行。政治方面則認同顏習齋「復井田」、「復學校」之說。

42 一六四八—一七一〇，王源，字崑繩。與李剛主交友，並從師顏習齋。

43 一六四八—一六九五，劉獻廷，號繼莊。受引薦入史館增修明史，作《新韻譜》、《廣陽雜記》。

齋之意，以為程、朱、陸、王都無甚用處，於是首舉《周禮》鄉三物以為教，謂《大學》格物之物，即鄉三物之物。其學頗見切實。蓋亭林、船山但論社會政治，卻未及個人體育。不講體育，不能自理其身，雖有經世之學，亦無可施。習齋有見於此，於禮、樂、射、御、書、數中，特重射、御，身能盤馬彎弓，抽矢命中，雖無反抗清室之語，而微意則可見也。崑繩、剛主，亦是習齋一流，惟主張井田，未免迂腐。繼莊精輿地之學。《讀史方輿紀要》之作，繼莊周遊四方，觀察形勢，顧景范考索典籍，援古證今，二人聯作，乃能成此鉅著。其後徐乾學修《一統志》，開館洞庭山，招繼莊纂修，繼莊首言郡縣宜記經緯度，故《一統志》每府必記北極測地若干度。此事今雖習見，在當時實為創獲。

大概亭林、船山，才兼文武，桴亭近文，習齋近武。桴亭可使為地方官，如省長之屬；習齋可使為衛戍司令。二人之才不同，各有偏至，要皆專務修己治人，無明心見性之談也。

東原不甘以上列諸儒自限，作《原善》、《孟子字義疏證》。其大旨有二：一者，以為程、朱、陸、王均近禪，與儒異趣；一者，以為宋儒以理殺人，甚於以法殺人。蓋雍、乾間，文字之獄，牽累無辜，於法無可殺之道，則假借理學以殺之。東原有感於此，而不敢正言，故發憤為此說耳。至其目程、朱、陸、王均近禪，未免太過。象山謂「六經注我，我不注六經」，乃掃除文字障之謂，不可謂之近禪。至其駁斥以意見為理，及以理為「如有物焉，得於天而具於心」之說，只可以攻宋儒，不足以攻明儒。陽明謂「理不在心外」，則非如有物焉，湊泊附著於氣之謂也。羅整庵[44]（欽順。）作

《困知記》，與陽明力爭理氣之說，謂宋人以為理之外有氣，理善，氣有善、有不善。夫天地生物，惟氣而已，人心亦氣耳。所謂理者，氣之流行而有秩序者也，非氣之外更有理也，理與氣不能對立。東原之說蓋有取於整庵。然天理人欲語見〈樂記〉。〈樂記〉本謂窮人欲則天理滅，不言人欲背於天理也。而宋儒則謂理與欲不能並立，於是東原謂天理即人欲之有節文者，無欲則亦無理，此言良是，亦與整庵相近。惟謂理在事物而不在心，則矯枉太過，易生流弊。夫能分析事物之理者，非心而何？安得謂理在事物哉？依東原之說，則人心當受物之支配，喪其所以為我，此大謬矣。至孟子「性善」之說，宋儒實未全用其旨。程伊川、張橫渠皆謂人有義理之性，有氣質之性。義理之性善，氣質之性不善。東原不取此論，謂孟子亦以氣質之性為善，以人與禽獸相較而知人之性善，禽獸之性不善。（孟子有「人之所以異於禽獸者幾希」語。）余謂此實東原之誤。古人論性，未必以人與禽獸比較。詳玩《孟子》之文，但以五官與心對待立論。《孟子》云：「從其大體為大人，從其小體為小人。」、「耳目之官不思而蔽於物。物交物則引之而已矣。心之官則思，思則得之，不思則不得也。」其意殆謂耳目之官不純善，心則純善。心縱耳目之欲，是養其小體也。耳目之欲受制於心，是養其大體也。今依生理學言之，有中樞神經，有五官神經。五官不能謂之無知，然僅有欲而不知義理，惟中樞神經能制五官之欲，斯所以為善耳。《孟子》又云：「口之於味，目之於色，耳之於聲，鼻之於

44 一四六五—一五四七，羅欽順，號整庵。修正程朱理學，並批駁王陽明、陸九淵心學。所著《困知記》載有許多和王陽明等人切磋學術的往來書信。

臭，四肢之於安佚，性也。有命焉，君子不謂性也。」是五官之欲固可謂之性。以有心為之主宰，故不以五官之欲為性，而以心為性耳。由此可知孟子亦不謂性為純善，惟心乃純善。東原於此不甚明白，故不取伊川、橫渠之言，而亦無以解《孟子》之義。由今觀之，孟、荀、揚三家論性雖各不同，其實可通。孟子不以五官之欲為性，此乃不得已之論，如合五官之欲與心而為言，亦猶揚子所云善惡混矣。孟子謂惻隱、羞惡、辭讓、是非四端，性所具有。荀子則謂人生而有好利焉，順是則爭奪生而辭讓亡矣。是荀子以辭讓之心，非性所本有，故人性雖具惻隱、羞惡、是非三端，不失其為惡。然即此可知荀子但云性不具辭讓之心，而不能謂性不具惻隱、羞惡、是非之心。是其論亦同於善惡混也。且荀子云：「塗之人皆可以為禹。」孟子云：「人皆可以為堯舜。」是性惡性善之說殊途同歸也。荀子云：「人皆有可以知仁義法正之質，皆有可以能仁義法正之具。」孟子云：「乃若其情則可以為善矣，乃所謂善也。」此其語趣尤相合。（孟子性善之說似亦略有變遷，可以為善曰性善，則與本來性善不同矣。）雖然，孟子曰：「仁、義、禮、知，非由外鑠我也，我固有之也。」荀子則謂「禮義法度，聖人所生，必待聖人之教，而後能化性起偽」。此即外鑠之義，所不同者在此。

韓退之〈原性〉有上、中、下三品說。前此王仲任《論衡》記周人世碩之言，謂人性有善有惡。舉人之善性，養而致之則善長，舉人之惡性，養而致之則惡長，故作〈養書〉一篇。又言宓子賤、漆雕開、公孫尼子之徒，亦論情性，與世子相出入。又孔子已有「生而知之者上，學而知之者次，困而學之又其次，困而不學民斯為下」語。如以性三品說衡荀子之說，則謂人性皆惡可也。不然，荀子既稱人性皆惡，則所稱聖人者，必如宗教家所稱之聖人，然後能化性起偽爾。是故，荀子雖云性惡，當兼有三品之義也。

告子謂「性無善，無不善」，語本不謬，陽明亦以為然。又謂「生之謂性」，亦合古訓。此所謂性，即阿賴耶識。佛法釋阿賴耶為無記性（無善無惡。），而阿賴耶之義即生理也。古人常借「生」為「性」字。《孝經》「毀不滅性」，《左傳》「民力凋盡，莫保其性」皆是。《莊子》云：「性者生之質也。」則明言生即性矣。故「生之謂性」一語，實無可駁。而孟子強詞相奪，駁之曰：「犬之性猶牛之性，牛之性猶人之性歟？」若循其本，性即生理。則犬之生與牛之生，牛之生與人之生，有何異哉？至杞柳桮棬之辨，孟子之意謂戕賊杞柳以為桮棬可，戕賊人以為仁義不可。此因告子不善措辭，致受此難。如易其語云性猶金鐵也，義猶刀劍也，以人性為仁義，猶以金鐵為刀劍，則孟子不能謂之戕賊矣。

東原以孟子舉犬性、牛性、人性駁告子，故謂孟子性善之說，據人與禽獸比較而為言。余謂此非孟子本旨，但一時口給耳。後人視告子如外道，或曰異端，或曰異學。其實儒家論性，各有不同，趙邠卿注《孟子》，言告子兼治儒、墨之學。邠卿見《墨子》書亦載告子，（《墨子》書中之告子與孟子所見未必為一人，以既與墨子同時，不得復與孟子同時也。）故為是言。不知《墨子》書中之告子，本與墨子異趣，不得云兼治儒、墨之學也。宋儒以告子為異端，東原亦目之為異端，此其疏也。

《孟子字義疏證》一書，惟說理氣語不謬，（大旨取羅整庵。）論理與欲亦當。至闡發性善之言，均屬難信。其後承東原之學者，皆善小學、說經、地理諸學，惟焦里堂（循。）作《孟子正義》，不得不採《字義疏證》之說。（近黃式三亦有發揮東原之言。）要之東原之說，在清儒中自可卓然成家，若謂可以此推倒宋儒，（段若膺作挽詞有「孟子之功不在禹下」語，太過。）則未敢信也。

道咸間方植之[45]（東樹。）作《漢學商兌》，糾彈東原最力。近胡適尊信東原之說，假之以中唯物主義，然「理在事物而不在心」一語，實東原之大謬也。

（一九三五年）

45 一七七二－一八五一，方東樹，字植之，師從桐城派姚鼐。所著《漢學商兌》指出當時興盛之考據學無助國事，並支持非顯學的理學，以其有致用之效。

諸子略說　下

數道家當以老子為首。《漢書．藝文志》道家首舉《伊尹》、《太公》，然其書真偽不可知，或出後人依託。《管子》之書，可以徵信，惟其詞意繁富，雜糅儒家、道家，難尋其指歸。太史公言其「善因禍而為福，轉敗而為功」。蓋《管子》之大用在此。黃老並稱，始於周末，盛行於漢初。如史稱環淵學黃老道德之術，陳丞相少時好黃帝、老子之術，膠西有蓋公善治黃老言，竇太后好黃帝、老子言，王生處士善為黃老言。然黃帝論道之書，今不可見。〈儒林傳〉，黃生與轅固爭論湯武革命，曰：「冠雖敝必加於首，履雖新必貫於足。」其語見《太公六韜》。然今所傳《六韜》不可信，故數道家當以老子為首。

《莊子．天下篇》自言與老聃、關尹不同道。老子多政治語，莊子無之。莊子多超人語，老子則罕言。雖大旨相同，而各有偏重，所以異也。《老子》書八十一章，或論政治，或出政治之外，前後似無統系。今先論其關於政治之語。

老子論政，不出因字，所謂「聖人無常心，以百姓心為心」是也。嚴幾道（復。）附會其說，以為老子倡民主政治。以余觀之，老子亦有極端專制語，其云「魚不可脫於淵，國之利器不可以示人」，非極端專制而何？凡尚論古人，必審其時世。老子生春秋之世，其時政權操於貴族，不但民主政治未易言，即專制政治亦未易言。故其書有民主語，亦有專制語。即孔子亦然。在貴族用事之世，惟恐國君之不能專制耳；國君苟能專制，其必有愈於世卿專政之局，故曰「魚不可脫於淵，國之利器不可以示人」。然此二語法家所以為根本。

太史公以老子、韓非同傳，於學術源流，最為明瞭。韓非解老、喻老而成法家，然則法家者，道家之別子耳。余謂老子譬之大醫，醫方眾品並列，指事施用，都可療病。五千言所包亦廣矣，得其一術，即可以君人南面矣。

漢文帝真得老子之術者，故太史公既稱孝文好道家之學，以為繁禮飾貌無益於治，又稱孝文帝本好刑名之言。蓋文帝貌為玄默躬化，其實最擅權制。觀夫平、勃誅諸呂，使使迎文帝，文帝入，即夕拜宋昌為衛將軍，領南北軍，以張武為郎中令，行殿中。其收攬兵權，如此其急也。其後賈誼陳〈治安策〉，主以眾建諸侯而少其力，文帝依其議，分封諸王子為列侯。吳太子入見，侍皇太子飲博，皇太子引博局提殺之，吳王怨望不朝，而文帝賜之几杖，蓋自度能制之也。且崩時，誡景帝，「即有緩急，周亞夫真可任將兵」。蓋知崩後，吳、楚之必反也。蓋文帝以老、莊、申、韓之術合而為一，故能及此。然謂「周云成康，漢言文景」，則又未然。成康之世，諸侯宗周；文帝之世，諸侯王已有謀反者，非用權謀，烏足以制之？知人論世，不可同年而語矣。

後人往往以宋仁宗擬文帝，由今觀之，仁宗不如文帝遠甚。雖仁厚相似，而政術則非所及也。仁宗時無吳王叛逆之事。又文帝之於匈奴與仁宗之於遼、西夏不同。仁宗一讓之後，即議和納幣，無法應付；文帝則否，目前雖似讓步，卻能養精蓄銳，以備大舉征討，故後世有武帝之武功。周末什一而稅，以致頌聲。然漢初但十五而取一，（高帝、惠帝皆然。）文帝出，常免天下田租，或取其半，則三十而稅一矣。又以緹縈上書，而廢肉刑。此二事可謂仁厚。然文帝有得於老子之術。老子之術，平時和易，遇大事則一發而不可當。自來學老子而至者，惟文帝一人耳。

《老子》書中有權謀語，「將欲歙之，必固張之；將欲弱之，必固強之；將欲廢之，必固興之；將欲奪之，必固與之」是也。凡用權謀，必不明白告人。而老子筆之於書者，以此種權謀，人所易知故爾。亦有中人權謀而不悟者，故書之以為戒也。

歷來承平之世，儒家之術，足以守成；戡亂之時，即須道家，以儒家權謀不足也。凡戡亂之輔佐，如越之范蠡，（與老子同時，是時老子書恐尚未出。）漢初之張良、陳平，（二人純與老子相似。張良嘗讀《老子》與否不可知，陳平本學黃老。）唐肅宗時之李泌，[1]皆有得於老子之道。蓋撥亂反正非用權謀不可，老子之真實本領在此。然即「無為而無不為」一語觀之，恐老子於承平政事亦優為之，不至如陳平之但說大話。（文帝問右丞相周勃：「天下一歲決獄幾何？」勃謝不知。問：「天下錢穀一歲出入幾何？」勃又謝不知，惶愧汗出浹背。帝問左丞相陳平，平曰：「有主者。」帝曰：「君所主者何

1 七二二—七八九，歷事四位皇帝，安史亂後協助唐肅宗返京，為唐德宗時宰相，信神怪方術。

事？」平曰：「宰相上佐天子理陰陽順四時，下遂萬物之宜，外鎮撫四夷諸侯，內親附百姓，使卿大夫各得任其職焉。」蓋周勃武夫非所能對，陳平粗疏亦不能對也。）承平而用老子之術者，文帝之前曹參曾用蓋公，日夜飲酒而不治事，以為法令既明，君上垂拱而臣下守職，此所謂「無為而無不為也」。至於晉人清談，不切實用，蓋但知無為，而不知無不為矣。

至於老子之道最高之處，第一看出「常」字，第二看出「無」字，第三發明「無我」之義，第四倡立「無所得」三字，為道德之極則。《老子》首章云：「道可道，非常道。名可名，非常名。」常道、常名，王《注》不甚明白，韓非〈解老〉，則言之瞭然。謂「物之一存一亡，乍死乍生，初盛而後衰者，不可謂常；惟與天地之剖判也俱生，至天地之消散也不死不衰者，謂常」。蓋常道者，不變者也。《莊子．天下篇》稱「老聃建之以常無有，主之以太一」。常無有者，常無、常有之簡語也。《老子》曰：「常無欲以觀其妙，常有欲以觀其徼。」又云：「無名天地之始，有名萬物之母。」無名故為常，有名故非常。徼者邊際界限之意。夫名必有實，實非名不彰，撤去界限，則名不能立，故云「常有欲以觀其徼」也。聖人內契天則，故常無以觀其妙；外施於事，故常有以觀其徼。建之以常無有者，此之謂也。

《老子》云：「天下萬物生於有，有生於無。」後之言佛法者，往往以此斥老子為外道，謂「無何能生有？」然非外道也。《說文》：「無，奇字无也，通於元者，虛無，道也。」《爾雅》：「元，始也。」夫萬物實無所始。《易》曰「大哉乾元」、「首出庶物」，是有始也。又曰「見群龍無首」、

「天德不可為首」，則無始也。所謂有始者，畢竟無始也。莊子論此更為明白，云：「有始也者，有未始有始也者，有未始有夫未始有始也者。」《說文繫傳》云：「無通於元者，即未始有始之謂也。」又佛法有緣起之說，唯識宗以阿賴耶識為緣起，《起信論》以如來藏為緣起，二者均有始。而《華嚴》則稱無盡緣起，是無始也。其實緣起本求之不盡，無可奈何，乃立此名耳。本無始，無可奈何稱之曰始，稱之曰始，未必純是，無可奈何又稱之曰無始。故曰無通於元。儒家無極、太極之說，意亦類是。故老子曰：「天下萬物，生於有，有生於無。」語本了然，非外道也。

無我之言，《老子》書中所無，而《莊子》詳言之。太史公〈孔子世家〉：「老子送孔子曰：『為人臣者毋以有己，為人子者毋以有己。』」二語看似淺露，實則含義宏深。蓋空談無我，不如指切事狀以為言，其意若曰一切無我，固不僅言為人臣、為人子而已。所以舉臣與子者，就事說理，《華嚴》所謂事理無礙矣。於是孔子退而有猶龍之嘆。夫惟聖人為能知聖，孔子耳順心通，故聞一即能知十。其後發為「毋意、毋必、毋固、毋我」之論，顏回得之而克己。此如禪宗之傳授心法，不待繁詞，但用片言隻語，而明者自喻。然非孔子之聰明睿智，老子亦何從語之哉！（老子語孔子之言，《禮記・曾子問篇》載三條，皆禮之粗跡，其最要者在此。至無我、克己之語，則《莊子》多有之。）

《德經》以上德、下德開端，（是否《老子》原書編次如此，今不可知。）云：「上德不德，是以有德；下德不失德，是以無德。」德者得也，不德者，無所得也。無所得乃為有德，其旨與佛法歸結於無所得相同，亦與文王視民如傷，望道而未之見符合。蓋道不可見，可見即非道。望道而未之見者，實無有道也。所以望之者，立文不得不如此耳。其實何嘗望也。佛家以有所見為所知障，又稱理障。有一點智識，即有一點所知障。縱令理想極高，望去如有物在，即所知障也。今世講哲學者不知此義，無論剖析若何精微，總是所知障也。《老子》謂：「玄之又玄，眾妙之門。」玄之一字於老子自當重視。然老子又曰「滌除玄覽」，玄且非掃除不可，況其他哉。亦有極高、極深之理，自覺絲毫無謬，而念念不捨，心存目想，即有所得，即所謂所知障，即不失德之下德也。孔子云：「吾有知乎哉？無知也。」無知故所知障盡。顏子語孔子曰：「回益矣，忘仁義矣。」孔子曰：「可矣，猶未也。」它日復見曰：「回益矣，忘禮樂矣。」孔子曰：「可矣，猶未也。」它日復見曰：「回益矣，坐忘矣。」孔子乃稱：「而果其賢乎！丘請從而後。」蓋坐忘者，一切皆忘之謂，即無所得之上德也。此種議論，《老子》書所不詳，達者觀之立喻，不達者語之而不能明。非如佛書之反復申明，強聒而不舍。蓋儒以修己治人為本，道家君人南面之術，亦有用世之心。如專講此等玄談，則超出範圍，有決江救涸之嫌。故略示其微而不肯詳說，否則其流弊即是清談。非惟禍及國家，抑且有傷風俗，故孔、老不為也。印度地處熱帶，衣食之憂，非其所急，不重財產，故室廬亦無多用處，自非男女之欲，社會無甚爭端，政治一事，可有可無，故得走入清談一路而無害。中土不然，衣食居處，必賴勤力以得之，於是有生存競爭之事。團體不得不結，社會不得不立，政治不得不講。目前之急，不在乎「有我」、「無我」，乃在衣食之足不足耳。故儒家、道家，但務目前之急，超出世間之理，不欲過於講論，非智識已到、修養已足者，不輕為之語也。此儒、道與釋家根本雖同，而方法各異之故也。

六朝人多以老莊附佛法，（如僧祐《弘明集》之類。）而玄奘以為孔、老兩家，去佛甚遠，至不肯譯《老子》，恐為印度人所笑。蓋玄奘在佛法中為大改革家，崇拜西土，以為語語皆是，而中國人語都非了義。以玄奘之智慧，未必不能解孔子、老子之語，特以前人注解未能瞭然，雖或瀏覽，不足啟悟也。南齊顧歡謂孔、老與佛法無異，中國人只須依孔、老之法，不必追隨佛法，雖所引不甚切當，而大意則是。（《南齊書・五十四》載歡之論曰：「國師、道士，無過老莊；儒林之宗，孰出周孔？若孔老非佛，誰則當之？二經所說，如合符契，道則佛也，佛則道也。其聖則符，其跡則反。」又云：「理之可貴者，道也，事之可賤者，俗也。捨華效夷，義將安取？」）至「老子化胡」，乃悠謬之語。人各有所得，奚必定由傳授也。

道士與老子無關，司馬溫公已見及此。道士以登仙為極則，而莊子有齊死生之說，又記老聃之死，正與道士不死之說相反也。漢武帝信少翁、欒大、李少君之屬，以求神仙，當時尚未牽合神仙、老子為一。《漢書．藝文志》以神仙、醫經、經方同入方技，可證也。漢末張道陵注《老子》，（《弘明集》引。）其孫魯亦注《老子》，（日想余注《老子》。「想余」二字不可解。）以老子牽入彼教，殆自此始。後世道士，乃張道陵一派也。然少翁輩志在求仙，道陵亦不然，僅事祈禱或用符籙捉鬼，謂之劾禁。蓋道士須分兩派，一為神仙家，以求長生、覬登仙為務；一為劾禁家，則巫之餘裔也。北魏寇謙之出，道士之說大行。近代天師打醮、畫符、降妖而不求仙，即是劾禁一派。前年，余寓滬上，張真人過訪，余問煉丹否？真人曰：「煉丹須清心寡欲。」蓋自以不能也。

梁陶宏景為《本草》作注，又作《百一方》，而專務神仙。醫家本與神仙家相近，後世稱陶氏一派曰茅山派，張氏一派曰龍虎山派。二派既不同，而煉丹又分內丹、外丹二派。《抱朴子》載煉丹之法，唐人信之，服大還而致命者不少。後變而為內丹之說，《悟真篇》即其代表。然於古有漢人所作《參同契》，亦著此意。元邱處機，（即長春真人，作《西遊記》者。）亦與內丹相近，白雲觀道士即此派也。此派又稱龍門派。是故，今之道士，有此三派，而皆與老子無關者也。

神仙家、道家，〈隋志〉猶不相混。清修《四庫》，始混而為一。其實煉丹一派，於古只稱神仙家，與道家豪無關係。宋元間人集《道藏》，凡諸子書，自儒家之外，皆被收錄。余謂求仙一派，本屬神仙家，前已言之。劾禁一派，非但與老子無關，亦與神仙家無關。求之載籍，蓋與墨子為近。自漢末至唐，相傳墨子有《枕中五行記》。（其語與墨子有無關係不可知。）《後漢書・劉根傳》：「根隱居嵩山，諸好事者就根學道。太守史祈，以根為妖妄，收而數之曰：『汝有何術，而誣惑百姓？』根曰：『實無他異，頗能令人見鬼耳。』於是左顧而嘯，祈之亡父祖及近親數十人皆反縛在前，向根叩頭。祈驚懼，頓首流血。根默然，忽俱去不知所在。」余按：其術與《墨子・明鬼》相近。劉根得之何人不可知，張道陵之術與劉根近似，必有所受之也。蓋劾禁一派雖與老子無關，要非純出黃巾米賊，故能使晉世士大夫若王羲之、殷仲堪輩皆崇信之也。

莊子自言與老聃之道術不同，「死與生與？天地並與？神明往與？」此老子所不談，而莊子聞其風而悅之。蓋莊子有近乎佛家輪迴之說，而老子無之。《莊子》云：「若人之形者，萬化而未始有極也，其為樂可勝計邪？」此謂雖有輪迴而不足懼，較之「精氣為物，遊魂為變」二語，益為明白。老子但論攝生，而不及不死不生。莊子則有不死不生之說。〈大宗師篇〉，南伯子葵問乎女偊，女偊稱卜梁倚守其道三日，而後能外天下；又守之七日，而後能外物；又守之九日，而後能外生。已外生矣，而後能朝徹，朝徹而後能見獨，見獨而後能無古今，無古今而後能入於不死不生。天下者，空間也，外天下則無空間觀念。物者實體也，外物即一切物體不足攖其心。先外天下，然後外物者，天下即佛法所謂地、水、火、風之器，世間物即佛法所謂有情世間也。已破空間觀念，乃可破有情世間，看得一切物體與己無關，然後能外生。外生者猶未能證到不死不生，必須朝徹而見獨。朝徹猶言頓悟，見獨則人所不見，己獨能見，故先朝徹而後能見獨。人為時間所轉，乃成生死之念。無古今者，無時間觀念，死生之念因之滅絕，故能證知不死不生矣。佛家最重現量，陽明亦稱留得此心常現在。莊子云無古今，而後能入於不死不生者，亦此意也。南伯子葵、女偊、卜梁倚，其人有無不可知。然其言如此，前人所未道，而莊子盛稱之，此即與老聃異趣。老子講求衛生，〈庚桑楚篇〉老聃為南榮趎論衛生之經可見。用世涉務必先能衛生。近代曾國藩見部屬有病者輒痛訶之，即是此意。《史記．老子列傳》稱老子壽一百六十餘。衛生之效，於此可見。然莊子所以好言不死不生，以彭祖、殤子等量齊觀者，殆亦有故。《莊子》書中，自老子而外最推重顏子，於孔子尚有微辭，於顏子則從無貶語。顏子之道，去老子不遠，而不幸短命，是以莊子不信衛生而有一死生、齊彭殤之說也。

〈內篇〉以〈逍遙〉、〈齊物〉開端，淺言之，逍遙者，自由之義；齊物者，平等之旨。然有所待而逍遙，非真逍遙也。大鵬自北冥徙於南冥，經時六月，方得高飛，又須天空之廣大，扶搖羊角之勢，方能鼓翼。如無六月之時間，九萬里之空間，斯不能逍遙矣。列子御風，似可以逍遙矣。然非風則不得行，猶有所待，非真逍遙也。禪家載黃龍禪師說法，呂洞賓往聽，師問道服者誰？洞賓稱雲水道人。師曰：「雲乾水涸，汝從何處安身？」此襲《莊子》語也。無待，今所謂絕對。惟絕對乃得真自由。故逍遙云者，非今通稱之自由也。如云法律之內有自由，固不為真自由，即無政府，亦未為真自由。在外有種種動物為人害者，在內有飲食男女之欲，喜、怒、哀、樂之情，時時困其身心，亦不得自由。必也一切都空，才得真自由，故後文有外天下、外物之論，此乃自由之極致也。

「齊物論」三字，或謂齊物之論，或謂齊觀物論，二義俱通。《莊子》此篇，殆為戰國初期學派紛歧、是非蜂起而作。「彼亦一是非，此亦一是非」，莊子則以為一切本無是非。不論人物，均各是其所是，非其所非，惟至人乃無是非。必也思想斷滅，然後是非之見泯也。其論與尋常論平等者不同，尋常論平等者僅言人人平等，或一切有情平等而已。是非之間，仍不能平等也。莊子以為至乎其極，必也泯絕是非，方可謂之平等耳。

揆莊子之意，以為凡事不能窮究其理由，故云「惡乎然？然於然；惡乎不然？不然於不然」。然之理即在於然，不然之理即在於不然。若推尋根源，至於無窮，而然不然之理終不可得，故云「然於然，不然於不然」，不必窮究是非之來源也。〈逍遙〉、〈齊物〉之旨，大略如是。

〈養生主〉為常人說法，然與學者亦有關係。其云「生也有涯，知也無涯，以有涯隨無涯，殆已」，斯言良是。夫境界無窮，生命有限，以有限求無窮，是夸父逐日也。〈養生主〉命意淺顯，頗似老子衛生之談。然不以之為七篇之首，而次於第三，可知莊子之意，衛生非所重也。世間惟愚人不求知，稍有智慧，無不竭力求知。然所謂「一物不知，儒者之恥」，天下安有此事？如此求知，所謂「殆已」。其末云：「指窮於為薪，火傳也，不知其盡也。」以薪喻形骸，以火喻神識，薪盡而火傳至別物，薪有盡，而火無窮。喻形體有盡，而神識無盡，此佛家輪迴之說也。

〈人閒世〉論處世之道，「顏子將之衛」、「葉公問仲尼」二段可見。其中尤以「心齋」一語為精。宋儒亦多以晏坐為務。余謂心齋猶晏坐也。古者以《詩》、《書》、《禮》、《樂》教士，《詩》、《書》屬於智識，《禮》、《樂》屬於行為。古人守禮，故能安定；後人無禮可守，心常擾擾。〈曲禮〉云「坐如尸，立如齋」，此與晏坐之功初無大異。常人閒居無事，非昏沉，即掉舉。欲救此弊，惟有晏坐一法。古人禮樂不可斯須去身，非禮勿動，（動者非必舉手投足之謂，不安定即是動。）非禮勿言，（心有思想即言也。）自不必別學晏坐。「子之燕居，申申如也，夭夭如也。」「申申」挺直之意，「夭夭」屈曲之意，申申、夭夭並舉，非崛強，亦非傴僂，蓋在不申不屈之間矣。古有禮以範圍，不必晏坐，自然合度。此須觀其會通，非謂佛法未入之時，中土絕無晏坐法也。心齋之說，與四勿語（非禮勿視，非禮勿聽，非禮勿言，非禮勿動。）相近，故其境界，亦與晏坐無異。向來注《莊子》者，於「瞻彼闋者，虛室生白，吉祥止止」十二字多不瞭然。謂室比喻心，心能空虛，則純白獨生，然闋字終不可解。按：《說文》「事已閉門」為闋。此蓋言晏坐閉門，人從門隙望之，不見有人，但見一室白光而已。此種語，佛書所恆道，而中土無之，故非郭子玄所知也。

〈德充符〉言形骸之不足寶，故以兀者王駘發論，至謂王駘之徒與孔子中分魯國，則其事有無不可知矣。中有二語，含意最深，自來不得其解，曰：「以其知，得其心，以其心，得其常心。」余謂此王駘之絕詣也。知者，佛法所謂意識；心者，佛法所謂阿賴耶。阿賴耶恆轉如瀑流，而真如心則無變動。常心者，真如心之謂，以止觀求阿賴耶，所得猶假，直接以阿賴耶求真如心，所得乃真。此等語與佛法無絲豪之異，世間最高之語，盡於此矣。

〈大宗師篇〉有不可解處，如「真人之息以踵，眾人之息以喉」。喉踵對文，自當訓為實字，疑參神仙家言矣。至乎其極，即為卜梁倚之不死不生，如此方得謂之大宗師。

〈應帝王〉言變化不測之妙。列子遇季咸而心醉，歸告其師壺子。季咸善相人，壺子使之相，示之以地文，示之以天壤，示之以太沖，最後示之以虛而委蛇。季咸無從窺測，自失而走。此如《傳燈錄》所載忠國師事，有西僧能知人心事，師往問之，僧曰：「汝何以在天津橋上看猢猻耶？」師再問之，僧又云云，最後一無所念而問之，僧無從作答。此即壺子對季咸之法矣。

要之，〈內篇〉七首，佛家精義俱在。〈外篇〉、〈雜篇〉與〈內篇〉稍異。蓋《莊子》一書有各種言說，〈外篇〉、〈雜篇〉，頗有佛法所謂天乘（四禪四空。）一派。〈讓王篇〉主人事，而推重高隱一流。蓋莊子生於亂世，用世之心，不如老子之切，故有此論。郭子玄《注》，反薄高隱而重仕宦，此子玄之私臆，未可輕信。子玄仕於東海王越，招權納賄，素論去之，故其語如此，亦其所也，惟大致不謬耳。〈外篇〉、〈雜篇〉，為數二十六，更有〈佚篇〉，郭氏刪去不注，以為非莊子本旨。〈雜篇〉有孔子見盜跖及漁父事，東坡以為此二篇當刪。其實〈漁父篇〉未為揶揄之言，〈盜跖篇〉亦有微意在也。七國儒者，皆託孔子之說以餬口，莊子欲罵倒此輩，不得不毀及孔子，此與禪宗呵佛罵祖相似。禪宗雖呵佛罵祖，於本師則無不敬之言。莊子雖揶揄孔子，然不及顏子，其事正同。禪宗所以呵佛罵祖者，各派持論，均有根據，非根據佛，即根據祖，如用尋常駁辯，未必有取勝之道，不得已而呵佛罵祖耳。孔子之徒，顏子最高，一生從未服官，無七國遊說之風。自子貢開遊說之端，子路、冉有皆以從政終其身。於是七國時仕宦遊說之士，多以孔子為依歸，卻不能依傍顏子，故莊子獨稱之也。東坡生於宋代，已見佛家呵佛罵祖之風，不知何以不明此理，而謂此二篇當刪去也。

太史公謂莊子著書十餘萬言，剽剝儒、墨。今觀〈天下篇〉開端，即反對墨子之道，謂墨子雖獨能任，奈天下何？則史公之言信矣。惟所謂儒者乃當時之儒，非周公、孔子也。其譏彈孔子者，凡以取便持論，非出本意，猶禪宗之呵佛罵祖耳。

老子一派，傳者甚眾。而《莊子》書，西漢人見者寥寥。史公而外，劉向校書，當曾見之。桓譚號為博覽，顧獨未見《莊子》。班嗣家有賜書，譚乞借《莊子》，而嗣不許。《法言》曾引《莊子》，殆揚子雲校書天祿閣時所曾見者。班孟堅始有解《莊子》語，今見《經典釋文》。外此則無有稱者。至魏、晉間，《莊子》始見重於世，其書亦漸流傳。自《莊子》流傳，而清談之風乃盛。由清談而引進佛法。魏、晉間講佛法者，皆先究《莊子》。（東晉支遁曾注《莊子》。）《弘明集》所錄，皆莊、佛並講者也。漢儒與佛法扞格，無溝通之理。明帝時佛經雖入中土，當時視之，不過一種神教而已。自莊子之說流行，不啻為研究佛法者作一階梯，此亦猶利瑪竇入中國，傳其天算之學，而中國人即能了悟。所以然者，利瑪竇未入之前，天元、四元之術已研究有素，故易於接引也。

清儒謂漢稱黃老，不及老莊；黃老可以致治，老莊惟以致亂。然史公以老、莊、申、韓同傳。老子有治天下語，漢文兼參申、韓，故政治修明。莊子政治語少，似乎遺棄世務。其實則莊在老後，政治之論，老子已足，高深之論，則猶有未逮，故莊子偏重於此也。漆園小吏，不過比今公安局長耳，而莊子任之，官愈小，事愈繁劇，豈莊子純然不涉世務哉！清談之士，皆是貴族，但借莊子以自高，故獨申其無為之旨。然不但清談足以亂天下，講理學太過，亦足以亂天下。亭林謂今之心學，即昔之清談，比喻至切。此非理學之根本足以亂天下，講理學而一切不問，斯足以亂天下耳。以故黃老治天下，老莊亂天下之語，未為通論也。

墨子，據高誘《呂覽注》謂為魯人。《史記．孟荀列傳》或曰並孔子時，或曰在其後。蓋墨子去孔子不遠，與公輸般同時。據《禮記．檀弓》，季康子之母死，公輸般請以機封，事在哀公之末，或悼公之初。墨子見楚惠王時，蓋已三四十歲，是時公輸般已老，則墨子行輩，略後於般也。〈親士篇〉言吳起之裂。考吳起車裂，在周安王二十一年，上去孔子卒已逾百年，墨子雖壽考，當不及見。至〈所染篇〉言宋康染於唐鞅田不禮。宋康之滅，在周赧王二十九年，去吳起之裂又九十餘年，則絕非墨子所及見矣。是知《墨子》書有非墨子自著而後人附益之者。韓非〈顯學篇〉稱孔、墨之後，儒分為八，墨離為三，有相里氏之墨，相夫氏之墨，鄧陵氏之墨。《莊子．天下篇》亦云相里勤之弟子，五侯之徒，南方之墨者，苦獲已齒鄧陵子之屬，俱誦《墨經》，而倍譎不同，相謂別墨。今觀墨子〈尚賢〉、〈尚同〉、〈兼愛〉、〈非攻〉、〈節用〉、〈節葬〉、〈天志〉、〈明鬼〉、〈非樂〉、〈非命〉，皆有上、中、下三篇，文字雖小異，而大體則同。一人所著，絕不如此重沓，此即墨離為三之證。三家所傳不同，而集錄者兼採之耳。《漢書》稱《墨子》七十一篇，今存五十三篇。

墨子之學以「兼愛」、「尚同」為本。「兼愛」、「尚同」則不得不「尚賢」。至於「節用」，其旨專在儉約，則所以達「兼愛」之路也。「節葬」、「非樂」，皆由「節用」來。要之皆尚儉之法耳。「明鬼」之道，自古有之，墨子傳之，以為神道設教之助，亦有所不得已。依墨子之道強本節用，亦有用處。而孟子、荀子非之。孟子斥其「兼愛」，（攻其本體。）荀子斥其「尚儉」。（攻其辦法。）夫兼愛之道，乃人君所有事，墨子無其位而有其行，故孟子斥為「無父」。汪容甫謂孟子厚誣墨子，實非知言。近世治墨學者，喜言〈經上〉、〈經下〉，不知墨子本旨在「兼愛」、「尚同」，而「尚賢」、「節用」、「節葬」、「非樂」是其辦法，「明鬼」則其作用也。

「明鬼」自是迷信。春秋戰國之間，民智漸啟，孔子無迷信之語，老子語更玄妙，何以墨子猶有尊天明鬼之說？近人以此致疑老子不應在墨子之前，謂與思想順序不合。不知老子著書，關尹所請，關尹自當傳習其書。《莊子．達生篇》有列子問關尹事，則老子傳之關尹，關尹傳之列子矣。今《列子》書雖是偽託，《莊子》記列子事則可信。〈讓王篇〉言鄭子陽遺粟於列子，據《史記．六國表》、〈鄭世家〉，子陽之死在周安王四年，是時上去孔子之卒八十一年。列子與子陽同時，遺粟之時，蓋已年老，問關尹事，當在其前。關尹受老子之書，又在其前。如此上推，則老、孔本同時，列子與墨子同時。然老子著書傳關尹，關尹傳列子，此外有無弟子不可知。齊稷下先生盛言老子，則在墨子之後五六十年。近人以為思想進步，必有順序，然必須一國之中交通方便，著書易於流布，方足言此。何者？一書之出，人人共見，思想自不致卻退也。若春秋之末，各國嚴分疆界，交通不便，著書則傳諸其人，不若後世之流行，安得以此為論！且墨子足跡，未出魯、宋、齊、楚四國，宋國以北，墨子所未至。老子著書在函谷關，去宋遼遠。列子鄭人，與宋亦尚異處。故謂墨子未見老子之書可也。墨子與孔子同為魯人，見聞所及，故有「非儒」之說。然《論語》一書，恐墨子亦未之見。《論語》云：「曾子有疾，孟敬子問之。」而《禮記》：「悼公之喪，孟敬子食食。」可見《論語》之成，在魯悼之後，當楚簡王之世。是時墨子已老，其說早已流行，故《論語》雖記孔子「天何言哉」之言，而墨諸子猶言「天志」也。

又學派不同，師承各別，墨子即見老、孔之書，亦未必遽然隨之而變。今按：儒家著書在後，（儒家首《晏子》。）道、墨著書在前，《伊尹》、《太公》之書，〈藝文志〉所不信，《辛甲》二十九篇則可信也。（辛甲道家，見《左傳・襄四年》。）墨家以〈尹佚〉二篇開端，尹佚即史佚也。〈藝文志〉所稱某家者流出於某官，多推想之辭。惟道家之出史官，墨家之出清廟之守，確為事實。道家辛甲為周之太史，墨家不但史角為清廟之守，尹佚亦清廟之守。〈洛誥〉逸祝冊可證也。師承之遠，歷五百餘載，學派自不肯輕易改變。故公孟以無鬼之論駁墨子，墨子無論如何不肯信也。春秋之前，道家有辛甲，墨家有尹佚。《左傳》引〈尹佚〉之語五，《國語》引之者一，而《辛甲》則鮮見稱引，可見尹佚之學流傳甚廣，而辛甲之學則不甚傳。老子本之辛甲，墨子本之尹佚，二家原本不同，以故墨子即親見老子之書，亦不肯隨之而變也。

《禮記》孔子語不盡可信，而《論語》及《三朝記》，漢儒皆以為孔子之語，可信。《三朝記・千乘篇》云：「下無用則國家富，上有義則國家治，長有禮則民不爭，立有神則國家敬，兼而愛之，則民無怨心，以為無命，則民不偷。昔者先王立此六者，而樹之德，此國家所以茂也。」今按：孔子所言，與墨子相同者五。「無用」即不奢侈之意，墨子所謂「節用」也；「上有義」即墨子所謂「尚同」也；「立有神」即墨子所謂「明鬼」也；「以為無命」即墨子所謂「非命」也。蓋尹佚有此言，而孔子引之。其中不及「節葬」、「非樂」者，據《禮記・曾子問》：「下殤，土周，葬於園，遂輿機而往。史佚有子而殤，棺斂於宮中。」於此可見史佚不主節葬。周用六代之樂，史佚王官，亦斷不能非之。「節葬」、「非樂」乃墨子量時度勢之言。尹佚當太平時，本無須乎此。墨子經春秋之亂，目睹厚葬以致發冢，（《莊子》有「詩禮發冢」語可證。）故主「節葬」。春秋之初樂有等級，及季氏僭用八佾，三家以雍徹，後又為女樂所亂，（齊人饋女樂可見。）有不得不非之勢。蓋「節葬」、「非樂」二者，本非尹佚所有，乃墨子以意增加者也。其餘「兼愛」、「尚同」、「明鬼」、「節用」，自尹佚以來已有之。「尚賢」老子所非，其名固不始於墨子。墨子「明鬼」，但能稱引典籍而不能明言其理，蓋亦遠承家法，非己意所發明也。

孔、老之於鬼神，措辭含蓄，不絕對主張其有，亦不絕對主張其無。老子曰：「以道莅天下，其鬼不神。」韓非解之曰：「夫內無痤疽癉痔之害，而外無刑罰法誅之禍者，其輕恬鬼也甚，故曰『道莅天下，其鬼不神』。」蓋天下有道，禍福有常，則鬼神不足畏矣。孔子曰：「敬鬼神而遠之。」然〈中庸〉曰：「鬼神之為德，視之而弗見，聽之而弗聞，體物而不可遺，洋洋乎如在其上，如在其左右。」如此彷徨周浹，又焉能遠？蓋孔、老之言，皆謂鬼神之有無，全視人之信不信耳。至公孟乃昌言無鬼之論，此殆由孔、老皆有用世之志，不肯完全摧破迷信，正所謂「不信者吾亦信之」也。公孟在野之儒，無關政治，故公然論無鬼矣。凡人類思想，固由閉塞而漸進於開明，然有時亦未見其然，竟有先進步而後卻退者。如鬼神之說，政治衰則迷信甚，信如老子之言。然魏有王弼、何晏崇尚清談，西晉則樂廣、王衍大扇玄風，[2]於是迷信幾於絕矣。至東晉而葛洪著《抱朴子·內》、〈外篇〉，〈外篇〉語近儒家，〈內篇〉則專論煉丹。爾時老莊「一死生、齊彭殤」之論已成常

2 樂廣，約二四七－三〇四，擅以清談論事，任內無甚政績。被當時名士王衍相中。王衍，二五六－三一一，好玄學、清談，尤重何晏、王弼之論，後世責其清談誤國。

識，而抱朴猶信煉丹，以續神仙家之緒。又如陽明學派，盛行於江西，而袁了凡亦江西人，獨倡為功過格，以承道教之風。夫清談在前，而後有葛洪；陽明在前，而後有袁黃，皆先進步而後卻退也。一人之思想，絕不至進而復退。至於學說興替，師承不同，則進退無常。以故老子之言玄妙，孔子之言灑落，而墨子終不之信也。且墨子「明鬼」亦有其不得已者在。墨子之學主於「兼愛」、「尚同」，欲萬民生活皆善，故以「節用」為第一法。「節用」則家給人足，然後可成其「兼愛」之事實，以「節用」故反對厚葬，排斥音樂。然人由儉入奢易，由奢返儉難。莊子云：「以裘褐為衣，以跂蹻為服，墨子雖獨能任，奈天下何？」墨子亦知其然，故用宗教迷信之言誘人，使人樂從。凡人能迷信，即處苦而甘。苦行頭陀，不憚赤腳露頂，正以其心中有佛耳。南宋有邪教，曰吃菜事魔，其始蓋以民之窮困，故教之吃菜，然恐人之不樂從也，故又教之事魔，事魔則人樂吃菜矣。於是從之者，皆漸饒益。論者或謂家道之豐，乃吃菜之功，非事魔之報，當禁事魔，不禁吃菜。其言似有理，實可笑也。夫不事魔，焉肯吃菜？墨子之「明鬼」，猶此志矣。人疑墨子能做機械，又〈經上〉、〈經下〉辨析精微，〈明鬼〉之說，與此不類。不知其有深意存焉。

「節用」之說，孔、老皆同。老子以儉為寶，孔子曰「寧儉」。然儉有程度，孔子飯疏飲水，而又割不正不食，固以時為轉移也。墨子無論有無，壹以自苦為極。其徒未必人人窮困，豈肯盡聽其說哉？故以尊天明鬼教之，使之起信。此與吃菜事魔，雅無二致。若然，則公孟之論，宜乎不入耳矣。

《墨經．上》、〈下〉所載，即「堅白同異」之發端。「堅白同異」，〈藝文志〉稱為名家。名家之前，孔子有「正名」之語，《荀子》有〈正名〉之篇，皆論大體，不及瑣細。其後《尹文子》亦然。獨《墨子》有「堅白同異」之說，惠施、公孫龍輩承之，流為詭辯，與孔子、荀子不同。魯哀公欲學小辯，孔子云：「奕固十棋之變，由不可既也，而況天下之言乎？」小辯，蓋即「堅白同異」之流。小事詭辯，人以為樂，如云「火不熱」、「犬可以為羊」，語異恆常，聳人聽聞，無怪哀公樂之也。

〈經上〉、〈下〉又有近於後世科學之語，如「平，同高也」；「圜，一中同長也」，解釋皆極精到。然物之形體，有句股者，有三角者，有六觚者，但講平、圓二種，一鱗一爪，偏而不全，總不如幾何學，事事具備。且其書龐雜，無系統可尋，今人徒以其保存古代思想，故樂於研討耳。其實不成片段，去〈正名篇〉遠矣。

墨子數稱道禹，（《莊子．天下篇》。）禹似為其教祖。《周髀算經》釋矩字云：「禹之所以治天下者，此數之所生也。」趙《注》云：「禹治洪水，望山川之形，定高下之勢，乃句股之所由生。」《考工記》：「有虞氏上陶，夏后氏上匠。」禹明於句股測量之術，匠人世守其法以營造宮室，通利溝洫，（〈考工記〉：「匠人建國，水地以縣，置槷以縣眡以景，為規識日出之景與日入之景，晝參諸日中之景，夜考之極星以正朝夕。」又：「匠人為溝洫，凡行奠水，磬折以參伍，欲為淵則句於矩。」匠人明句股測量之理如此，故能建國行水。而行水奠水即禹治水之方也。）墨子既以禹為祖，故亦尚匠，亦擅句股測量之術。公輸般與之同時，世為巧匠。公輸子削竹木以為鵲，成而飛之三日不下，而墨子亦能做飛鳶。惟墨子由句股術進求其理，故有「平，同高也」，「圜，一中同長也」，「端，體之無序而最前者也」諸語。此皆近於幾何，所與遠西不同者，遠西先有原理，然後以之應用；中國反之，先應用然後求其理耳。

墨子、公輸般皆生於魯，皆能造機械，備攻守。其後楚欲攻宋，二人解帶為城，以牒為械，試於惠王之前。般九設攻城之機變，墨子九距之，般之攻械盡，墨子之守圉有餘。此雖墨子誇飾之辭，亦足徵二人之工力相敵矣。

〈藝文志〉稱法家者流，蓋出於理官。余謂此語僅及其半。法家有兩派：一派以法為主，商鞅是也；一派以術為主，申不害、慎到是也。惟韓非兼擅兩者，而亦偏重於術。出於理官者，任法一派則然，而非所可語於任術一流。《晉書．刑法志》：「魏文侯師李悝，撰次諸國法，著《法經》六篇，商君受之以相秦。」此語必有所本。今案：商鞅本事魏相公叔痤，為中庶子。秦孝公下令求賢，乃去魏之秦。〈秦本紀〉載其事，在孝公元年，當梁惠王十年，上距魏文侯之卒，僅二十六年，故商鞅得與李悝相接。商鞅不務術，刻意任法，真所謂出於理官者。（《法經》即理官之書也。）其餘申不害、慎到，本於黃老，而主刑名，不純以法為主。韓非作〈解老〉、〈喻老〉，亦法與術兼用者也。太史公以老、莊、申、韓同傳，而商君別為之傳，最為卓識。大概用法而不用術者，能制百姓、小吏之奸，而不能制大臣之擅權，商鞅所短即在於是。主術者用意最深，其原出於道家，與出於理官者絕異。春秋時世卿執政，國君往往屈服。反對世卿者，辛伯諫周桓公云：「並后匹嫡，兩政耦國，亂之本也。」（《左傳．桓十八年》。）辛伯者，辛甲之後，是道家漸變而為法家矣。管子亦由道家而入法家，〈法法篇〉（雖云法法，其實仍是術也。）謂「人君之勢，能殺人、生人、富人、貧人、貴人、賤人。人主操此六者以畜其臣；人臣亦望此六者以事其君。六者在臣期年，臣不忠，君不能奪；在子期年，子不孝，父不能奪。故《春秋》之記，臣有弒其君，子有弒其父者」。其懼大權之旁落如此。老子則云：「魚不可脫於淵，國之利器不可以示人。」語雖簡單，實最扼要。蓋老子乃道家、法家之樞轉矣。其後慎到論勢，（見《韓非子．難勢》。）申不害亦言術。勢即權也，重權即不得不重術，術所以保其權者也。至韓非漸以法與術並論，然仍重術。〈奸劫弒臣篇〉所論，僅防大臣之篡奪，而不憂百姓之不從令，其意與商鞅不同。夫大臣者，法在其手，徒法不足以為防，必輔之以術，此其所以重術也。《春秋》譏世卿，（三傳相同，《左傳》曰：「是以為君慎器與名不可以假人。」）意亦相同。春秋之後，大臣篡弒者多，故其時論政治者，多主專制。主專制者，非徒法家為然，管子、老子皆然，即儒家亦未嘗不然。蓋貴族用事，最易篡奪，君不專制，則臣必擅主。是故孔子有不可以政假人之論。而孟子對梁惠王之言，先及弒君。惟孟子不主用術，主用仁義以消弭亂源，此其與術家不同處耳。莊子以法術仁義都不足為治，故云「竊鉤者誅，竊國者侯」，「絕聖棄知，大盜乃止」。然其時猶無易專制為民主之說，非必古人未見及此，亦知即變民主，無益於治耳。試觀民國以來，選舉大總統，無非藉兵力、賄賂以得之。古人深知其弊，故或主執術以防奸，或主仁義以弭亂。

要使勢位尊於上，覬覦絕於下，天下國家何為而不治哉！

後世學管、老、申、慎而至者，惟漢文帝；學商鞅而至者，惟諸葛武侯。文帝陽為謙讓，而最能執術以制權臣，其視陳平、周勃，蓋如骨在口矣。初即位，即令宋昌、張武收其兵權，然後以微詞免勃，而平亦旋死。《史》、《漢》皆稱文帝明申、韓之學，可知其不甚重法以防百姓。武侯信賞必罰，一意於法，適與文帝相反。雖自比管仲，實則取法商鞅。（《魏氏春秋》記司馬宣王問武侯之使，使對諸葛公夙興夜寐罰二十以上皆親覽焉，是純用商君之法。）惟《商君書》列「六蝨」：曰禮樂，曰詩書，曰修善，曰孝弟，曰誠信，曰貞廉，曰仁義，曰非兵，曰羞戰，名為六蝨，實有九事。商鞅以為六蝨成群，則民不用，去其六蝨，則兵民競勸。而武侯〈出師表〉稱「郭攸之、費禕、董允等，此皆良實，志慮忠純」。可見武侯尚以誠信、貞廉為重，非如商鞅之極端用法，不須親賢臣遠小人也。《商君書》云：「善治者使跖可信，而況伯夷乎？不能治者使伯夷可疑，而況盜跖乎？勢不能為奸，雖跖可信也；勢得為奸，雖伯夷可疑也。」獨不念躬攬大柄，勢得犯上，足以致人主之疑乎？夫教人以可疑之道，而欲人之不疑之也，難矣。作法自斃，正坐此論。及關下求舍，見拒而嘆，不已晚乎？韓非〈定法〉云：「申不害言術，公孫鞅為法，二者不可相無。然申不害徒術而無法。韓者，晉之別國也。晉之故法未息，而韓之新法又生，先君之令未收，而後君之令又下。申不害不擅其法，不一其憲令，則奸多。故利在故法、前令則道之，利在新法、後令則道之，利在故新相反，前後相勃，則申不害雖十使昭侯用術，而奸臣猶有所譎其辭矣。故託萬乘之勁韓，七十年而不至於霸王者，雖用術於上，法不勤飾於官之患也。公孫鞅徒法而無術，其治秦也，設告相坐而責其實，連什伍而同其罪，賞厚而信，刑重而必，是以其民用力勞而不休，逐敵危而不卻，故其國富而兵強。然而無術以知奸，則以其富強資人臣而已矣。及孝公、商君死，惠王即位，秦法未敗也，而張儀以秦殉韓、魏；惠王死，武王即位，甘茂以秦殉周；武王死，昭襄王即位，穰侯越韓、魏而東攻齊，五年而秦不益尺土之地，乃成其陶邑之封；應侯攻韓八年，成其汝南之封。故戰勝則大臣尊，益地則私封立，主無術以知奸也。商君雖十飾其法，人臣反用其資。故乘強秦之資，數十年而不至於帝王者，法不勤飾於官，主無術於上之患也。」其言甚是。以三國之事證之，魏文帝時兵力尚不足，明帝時兵力足矣，末年破公孫淵，後竟滅蜀，而齊王被廢，高貴鄉公被弒。魏室之強，適以成司馬氏奸劫殺臣之禍，其故亦在無術以制大臣也。是故韓非以術與法二者並重。申不害之術，能控制大臣，而無整齊百姓之法，故相韓不能致富強。商鞅之法，能致富強，而不能防大臣之擅權。然商鞅之法，亦惟可施於秦國耳。何者？春秋時，秦久不列諸侯之會盟，故《史記．六國表》云：「秦始小國僻遠，諸夏賓之，比於戎翟。」商君曰：「始秦戎翟之教，父子無別，同室而居，今我更制其教，而為男女之別，大築冀闕，營如魯衛。」可見商鞅未至之時，秦民之無化甚矣。惟其無化，故可不用六蝨，而專任以法。如以商君之法施之關東，正恐未必有效。公叔痤將死，語惠王曰：「公孫鞅年雖少有奇才，願王舉國而聽之，即不聽用，必殺之，無令出境。」假令惠王用公叔之言，使商鞅行法於魏，魏人被文侯、武侯教化之後，宜非徒法之所能制矣。是故武侯治蜀，雖主於法，猶有親賢臣遠小人之論。蓋知國情時勢不同，未可純用商君之法也。其後學商鞅者，唐有宋璟，明有張居正。宋璟行法，百官各稱其職，刑賞無私，然不以之整齊百姓。張居正之持法，務課吏職，信賞罰，一號令，然其督責所及，官吏而外則士人也，猶不普及氓庶。於時陽明學派盛行天下，士大夫競講學議政，居正惡之，盡毀天下書院為公廨。又主沙汰生員。向時童子每年入學者，一縣多則二十，少亦十人；沙汰之後，大縣不過三四人，小縣有僅錄一人者，此與商鞅之法相似。（沙汰生員，亭林、船山亦以為當然。）然於小民，猶不如商君持法之峻也。蓋商君、武侯所治，同是小國，以秦民無化，蜀人柔弱，持法尚不得不異。江陵當天下一統之朝，法令之行，不如秦、蜀之易。其治百姓，不敢十分嚴厲，固其所也。

商鞅不重孝悌、誠信、貞廉，老子有「不尚賢，使民不爭」之語，慎到亦謂「塊不失道，無用賢聖」。後人持論與之相近而意不同者，梨洲《明夷待訪錄》所云「有治法無治人」是也。（梨洲之言頗似慎到。）慎到語本老子。老子目睹世卿執政，主權下逮，推原篡奪之禍，始於尚賢。《呂氏春秋．長見篇》云：「太公望封於齊，周公旦封於魯，二君甚相善也。相謂曰：『何以治國？』太公望曰：『尊賢上功。』周公旦曰：『親親上恩。』太公望曰：『魯自此削矣。』周公旦曰：『魯雖削，有齊者亦必非呂氏也。』其後齊日以大，至於霸，二十四世而田成子有齊國。魯日以削，至於覲存，三十四世而亡。」蓋尊賢上功，國威外達，主權亦必旁落，不能免篡弒之禍。親親尚恩，以相忍為國，雖無篡弒之禍，亦不能致富強也。老子不尚賢，意在防篡弒之禍。而慎到之意又不同。

漢之曹參、宋之李沆，皆所謂塊不失道者。曹參日夜飲醇酒，來者欲有言，輒飲以醇酒，莫得開說。李沆接賓客，常寡言，致有「無口匏」之誚。而沆自稱居重位，實無補，惟中外所陳利害，一切報罷之，少以此報國爾。蓋曹、李之時，天下初平，只須與民休息，庸人擾之，則百姓不得休息矣。慎到之言，不但與老子相近，抑亦與曹、李相近。莊子學老子之術，而評田駢、慎到為不知道。慎到明明出於老子，而莊子詆之者，莊子卓識，異於術、法二家。以為有政府在，雖不尚賢，猶有古來聖知之法，可資假借。王莽一流，假周孔之道，行篡弒之事，固已為莊子所逆料。班孟堅曰：「秦燔《詩》、《書》，以立私議；莽誦六藝，以文奸言。殊途同歸。」是故，詩禮可以發冢，仁義適以資盜，必也絕聖棄知，大盜乃止。

有國者欲永免篡殺之禍，恐事勢有所不能。日本侈言天皇萬世一系，然試問大將軍用事時，天皇之權何在？假令大將軍不自取其咎，即可取天皇而代之，安見所謂萬世一系耶？辛伯憂兩政耦國[3]，公羊譏世卿擅主，即如其說，遏絕禍亂之本，亦豈是久安長治之道？老子以為不尚賢則不爭，然曹操、司馬懿、劉裕有大勳勞於王室，終於篡奪，固為尚賢之過；若王莽無功，起自外戚，亦竟篡漢，不尚賢亦何救於爭哉！若民主政體，選賢與能，即尚賢之謂。尚賢而爭宜矣。

是故論政治者，無論法家、術家，要是苟安一時之計，斷無一成不變之法。至於「絕聖棄知」，

3 辛伯曾諫周公黑肩，若一國權力相當的正卿有兩位、大城市的實力足以與國家匹敵，勢必招致禍亂。《左傳・桓公十八年》：「辛伯諫曰：『並后，匹嫡，兩政，耦國，亂之本也。』周公弗從，故及。」

又不能見之實事。是故政治比於醫藥，醫家處方，不過使人苟活一時，不能使人永免於死亡也。

《漢書．藝文志》：「名家者流出於禮官。古者名位不同，禮亦異數。」余謂此乃局於一部之言，非可以概論名家也。《荀子．正名篇》舉刑名、爵名、文名、散名四項。刑名、爵名、文名，皆有關於政治，而散名則普及社會一切事物，與政治無大關係。〈藝文志〉之說僅及爵名，而名家多以散名為主。荀子因孔子「正名」之言作〈正名篇〉，然言散名者多，言刑名、爵名者少。《墨子．經上》〈下〉，以及惠施、公孫龍輩，皆論散名，故名家不全出禮官也。

名家最得大體者荀子，次則尹文。尹文之語雖簡，絕無詭辯之風。惠施、公孫龍以及墨子〈經上〉〈下〉，皆近詭辯一派，而以公孫龍為最。《法言》稱公孫龍詭辭數萬以為法，而不及尹文、惠施。荀子譏惠施蔽於辭而不知實。其實惠施尚少詭辯之習也。名家本出孔子「正名」一語，其後途徑各別，遂至南轅北轍。

孔子「正名」之言有所本乎？曰有。《禮記．祭法》云：「黃帝正名百物，以明民共財。」《國語》作「成命百物」，韋《注》：「命，名也。」鄭注《論語》：「正名謂正書字也。古者曰名，今世曰字。」《禮記》曰：「百名以上則書之於策。」然則黃帝正名，即倉頡造字矣。《易》曰：「上古結繩而治，後世聖人易之以書契。」項籍云：「書足以記姓名。」造字之初，本以記姓名，造契約，故曰「明民共財」。《易》曰：「理財正辭。」其意亦同。《管子．心術篇》曰：「物固有形，形固有名。此言不得過實，實不得延名。姑形以形，以形務名，督言正名。」延即延長之意，過也。

形不能定形，故須以名定之，此謂名與實不可相爽。然則「正名」之說，由來已久，孔子特採古人之說爾。

名家主形名，形名猶言名實。孔子之後，名家首推尹文。尹文謂名有三科：一曰命物之名，方員白黑是也；二曰毀譽之名，善惡貴賤是也；三曰況謂之名，賢愚愛憎是也。（〈大道上〉。）其語簡單膚廓不甚切當。又云：「有形者必有名，有名者未必有形。（如墨子所稱之鬼，何有於實？只存名耳。）形而不名，未必失其方員白黑之實。名而不可尋名，以檢其差，故亦有名以檢形，形以定名，名以定事，事以檢名。察其所以然，則形名之與事物，無所隱其理矣。」（〈大道上〉。）蓋尹文是循名責實一派，無荒誕瑣屑之病，惟失之太簡，大體不足耳。《荀子．正名》頗得大體，其時惠施、公孫龍輩已出，故取當時諸家之說而破之。惠施、公孫龍二人之術，自來以為一派，其實亦不同。《莊子．天下篇》載惠施之說十條，其他辯者之說二十二條。今觀惠施之說，尚少詭辯，與其他辯者之說卵有毛、雞三足者不同。蓋公孫龍輩未服官政，故得以詭辯欺人。而惠施身為卿相，（惠施為梁惠王相，並見《莊子》、《呂覽》。）且莊子稱其多方。多方者，方法多也。知其不但為名家而已。黃繚問天地所以不墜不陷、風雨雷霆之故，惠施不辭而應，不慮而對，遍為萬物說，說而不休，多而無已，猶以為寡，益之以怪。惠施之博學於此可見。葉水心嘗稱惠施之才高於孟子。今案：梁惠王東敗於齊，長子死焉，西喪地於秦七百里，南辱於楚，意欲報齊，以問孟子。孟子不願魏之攻齊，故但言可使制梃以撻秦楚之堅甲利兵。於是惠王問之惠施，惠施對以王若欲報齊，不如因變服折節而朝齊，楚王必怒，王游人而合其鬥，則楚必伐齊，以休楚而伐罷齊，則必為楚禽，是王以楚毀齊也。惠王從之，楚果伐齊，大敗之於徐州。於此知惠施之有權謀，信如水心之言矣。今就《莊子》所載惠施之說而條辨之，無非形名家言也。一曰「至大無外謂之大一，至小無內謂之小一」。小一即幾何學之點，點無大小長短可言，是其小無內也。大一即幾何學之體，引點而為線，則有長短；引線而為面，則有方圓；引面而為體，是其大可以無外也。點為無內，故曰至小；體可無外，故曰至大。二曰「無厚不可積也，其大千里」。（《墨子》亦有無厚語。）無厚者空間也，故不可積，空間無窮，千里甚言其大耳。三曰「天與地卑，山與澤平」。卑當作比。《周髀算經》云：「天象蓋笠，地法覆槃。」如其說，則天與地必有比連之處矣。《大戴禮記．曾子天圓篇》云：「如誠天圓而地方，則是四角之不揜也。」曾子之意，殆與惠施同。山高澤下，人所知也。山上有澤，咸之象也。黃河大江，皆出崑崙之巔，松花江亦自長白山下注，故云山與澤平也。四曰「日方中方睨，物方生方死」。今之常言，時間有過去、現在、未來三者，其實無現在之時間，方見日中，而日已睨矣。生理學者謂人體新陳代謝，七年而血肉骸骨都非故我之物，此與佛法剎那無常之說符合，故曰物方生方死，生死猶佛言生滅爾。五曰「大同而與小同異，此之謂小同異；萬物畢同畢異，此之謂大同異」。此義亦見《荀子．正名篇》。同者荀子謂之共，異者荀子謂之別。其言曰：「萬物雖眾，有時而欲遍舉之，故謂之物。物也者，大共名也。推而共之，共則有共，至於無共然後止。有時而欲別舉之，故謂之鳥獸。鳥獸也者，大別名也。推而別之，別則有別，至於無別然後止。」鳥獸皆物也，別稱之曰鳥獸，此之謂小同異。動物、植物、礦物同稱之曰物，是畢同也。物與心為對待，由心觀物，是畢異也，此之謂大同異。六曰「南方無窮而有窮」，此言太虛之無窮，而就地上言之則有窮也，四方皆然，言南方者，舉一隅耳。七曰「今日適越而昔來」。（〈齊物論〉「來」作「至」。）謂之今日，其為時有斷限；謂之昔，其為時無斷限。就適越一日之程言之，自昧旦至於日入，無非今日也；就既至於越言之，可云昔至也。八曰「連環可解也」。案《國策》秦昭王嘗遣使者遺君王后連環，曰：「齊多智，解此環不？」君王后以示群臣，群臣不知解。君王后引椎椎破之，謝秦使曰：「謹以解矣。」楊升庵《丹鉛錄》[4]嘗論此事，以為連環必有解法，非椎破之也。今湖南、四川頗有習解連環者。然惠施之意，但謂既能貫之，自能解之而已。其時有無解連環之法則不可知。九曰「我知天下之中央，燕之北越之南是也」。此依舊注固可通，然依實事亦可通。據《周髀算經》，以北極為中央，則燕之北至北極，越之南亦至南極，非天之中央而何？十曰「泛愛萬物，天地一體也」。此係實理，不待繁辭。綜上十條觀之，無一詭辯。其下二十二條，雖有可通者，然用意繳繞，不可不謂之詭辯。惠施與莊子相善，而公孫龍聞莊子之言，口呿而不合，舌舉而不下。（見〈秋水篇〉。）蓋公孫龍純為詭辯，故莊子不屑與為伍也。

惠施遺書，〈漢志〉僅列一篇。今欲考其遺事，《莊子》之外，《呂覽》、《國策》皆可資採摭。莊子盛稱惠施，惠施既歿，莊子過其墓，顧謂從者曰：「自夫子之死，吾無以為質，吾無與言之。」

4 楊慎，一四八八—一五五九，齋號升庵。著有《丹鉛錄》，為考據解疑之著作。

（〈徐無鬼篇〉。）其推重之如此。然又詆之曰：「由天地之道，觀惠施之能，猶一蚊一虻之勞。」（〈天下篇〉。）則自道術之大處言之爾。至於「惠子相梁，莊子往見之，或謂惠子曰：『莊子來，欲代子相。』於是惠子恐，搜於國中三日三夜。」（〈秋水篇〉。）此事可疑。案：《史記．魏世家》稱惠王卑禮厚幣以招賢者，其時惠施為相，令自己出，宜無拒絕莊子之事。意者鵷鶵腐鼠之喻但為寓言，以自明其高尚而已。《呂覽．不屈篇》云：魏惠王謂惠子曰「寡人不若先生，願得傳國」。惠子辭。以子之受燕於子噲度之，《呂覽》之言可信。以此可知惠施之為名家非後世清談廢事者比。要而論之，尹文簡單，而不玄遠。惠施玄遠矣，尚非詭辯。《墨經．上》〈下〉以及公孫龍輩，斯純為詭辯矣。自此輩出，而荀子有〈正名〉之作。

《荀子．正名》，本以刑名、爵名、文名、散名並舉，而下文則專論散名。其故由於刑名隨時可變，爵名易代則變，文名從禮，如《儀禮》之名物，後世改易者亦多矣，惟散名不易變。古今語言，雖有不同，然其變以漸，無突造新名以易舊名之事，不似刑名、爵名、文名之隨政治而變也。有昔無而今有，昔微而今著者，自當增作新名。故荀子云：「若有王者起，必有循於舊名，有作於新名。」散名之在人者，荀子舉性、情、慮、偽、事、行、智、能、病、命十項。名何緣而有同異？荀子曰「緣天官」。此語甚是。人之五官，感覺相近，故言語可通，喜怒哀樂之情亦相近，故論制名之緣由曰「緣天官」也。其云「單足以喻則單，單不足以喻則兼」，此可以破白馬非馬之論。蓋總而名之曰馬，以色別之曰白馬。白馬非馬之論，本無由成立也。至堅白同異之論，堅中無白，白中無堅；白由眼識，堅由身識，眼識有白而無堅，身識有堅而無白。由眼知白，由身知堅，由心綜合而知其為石，於是名之曰石。故堅白同異之論，無可爭也。如此則詭辯之說可破。（公孫龍輩所以詭辯者，以其無「緣天官」一語為之限制，得荀子之說而詭辯自破。）大概草昧之民，思想不能綜合，但知牛之為牛，馬之為馬，不知馬與牛之俱為獸；知雞之為雞，鶩之為鶩，不知雞與鶩之俱為鳥。稍稍進步，而有鳥獸之觀念，再進步而有物之觀念。有物之觀念，斯人類開化矣。（其於石也先覺其堅與白，然後綜合而名之曰石，由石而綜合之曰礦，由草木鳥獸礦而一切包舉之曰物。）荀子又曰：「名無固宜，約之以命。約定俗成謂之宜，異於約則謂之不宜。」蓋物之命名，可彼可此，犬不必定謂之犬，羊不必定謂之羊，惟既呼之為犬為羊，則約定俗成，犬即不可以為羊也。制名之理，本無甚高深，然一經制定，則不可以變亂。孔子謂：「名不正，則言不順；言不順，則事不成；事不成，則禮樂不興；禮樂不興，則刑罰不中；刑罰不中，則民無所措手足。」此推論至極之說，施於政治，文牘最要。若指鹿為馬，則循名不能責實，其弊至於無所措手足矣。

要之，形與名務須切合，儒家「正名」之旨在此。（《管子》已有此語。）為名家者，即此已足。惠施雖非詭辯，然其玄遠之語，猶非為政所急，以之講學則可，以之施於政治則無所可用。至其他繳繞之論，適足亂名實耳。

（一九三五年）

第三輯

文學與小學

提要

章太炎格外自豪文字學、小學的積累功力，也有意識地聲揚自己創造的獨特古奧文風，兩者連繫在一起，產生了他對於中國文學一系列獨特的看法。

首先他強調研究文字絕對離不開聲韻，溯源地看，中國文字的衍生關鍵在於「轉注」與「假借」。在這方面，章太炎和傳統上重視「形聲」作用的看法有很大的差異。「轉注」、「假借」之所以發生，根本機制是聲音相近，於是要弄清楚如何轉、如何借，當然就要從聲韻學中去找線索了。章太炎在聲韻學上不只下過極大工夫，而且具備特殊天分，在這條道路上，他開發出了超越前人、引動學界注意的新領域。

但也因為深入中國傳統語言的聲韻原理，重視聲音與文字的關聯，使得章太炎對於熱鬧的「白話文運動」有了非常奇特的立場。他反對以白話文取代文言文，理由是：寫白話文比寫文言文要困難多了！為什麼會有這種看法？不正因為文言文太難，要代之以簡單的白話文？但從章太炎的學術角度，依照語言發音，要找到正確的、適當的字來代表、來記錄，得費多大力氣啊！你怎麼知道現在所說的語言，哪個詞到底對應哪兩個、或哪三個字呢？很多語言沒有固定、正確表音的字，必得先弄清楚所有這些字才能寫白話文，這樣的白話文何從簡單起？

講文學，章太炎重視的仍然是性質、分類、源流。是「著作之文」還是「獨行之文」，是「史部」還是「子部」的「著作之文」，而「獨行之文」中何時、在什麼狀況下在「奏議」、「書札」之外，出現了「論」？這是章太炎的問題意識方向。

從這樣的角度出發，他的文學不是用時代或朝代歷史性架構起來的，而是依照不同文類，要先搭起分類，並追究不同文類的不同作用，依照不同文類而有不同風格與不同評判標準。優點是如此而張開了對於中國文學的視野，擺脫了朝代主流限制，不會只看「漢賦－六朝駢文－唐詩－宋詞－元曲－明清小說」，而能注意到主流以外的眾多不同形式文章及其規範原則。

不過缺點則是太過重視分類，文學研究變成了形式區別，形式的重要性超越了內容，忽略了文學內在的傳遞、感染、抒發效果，讓人難免時有「買櫝還珠」之憾。

文學略說

文學分三項論之：一論著作之文與獨行之文有別；二論駢體、散體各有所施，不可是丹非素；三論周秦以來文章之盛衰。

一、著作之文與獨行之文

著作之文云者，一書首尾各篇，互有關係者也；獨行之文云者，一書每篇各自獨立，不生關係者也。準是論之，則《周易》、《春秋》、《周官》、《儀禮》、諸子，著作之文也。（《儀禮》雖分十七篇，而互有關係。）《詩》、《書》，獨行之文也。孔子刪《詩》，如後世之總集，惟商初、周初諸篇偶有關係，然各篇不相接者多，與《春秋》編年者異撰，或同時並列三篇，或曠數百年而僅存一篇。自堯至秦，一千七百年中，〈商書〉殘缺，〈夏書〉則於后羿寒浞之事，一無記載。蓋《書》本各人各作，不相繫聯。孔子刪而集之，亦猶夫《詩》矣。後人文集，多獨行之文，惟正史為著作之文耳。以故著作之文，以史類為主；而周末諸子，說理者為後起，老、墨、莊、申、韓、孟、荀是也。惟《呂覽》是獨行之文編集而為著作者也。著作之盛，周末為最。顧獨在諸子，史部不能與抗。至漢，太史公繼《春秋》而作，史部始盛。此後子書，西漢有陸賈《新語》、（真偽不可知。）賈誼《新書》、董仲舒《春秋繁露》、（後歸入經部。）桓寬《鹽鐵論》、（集當時郡國賢良商論鹽鐵榷酤事。）揚雄《法言》，東漢有王充《論衡》、王符《潛夫論》、仲長統《昌言》、（全書不可見。）荀悅《申鑒》、徐幹《中論》。持較周、秦諸子，說理固不逮，文筆亦漸遜矣。然魏文帝論文，不數宴遊之作，而獨稱徐幹為不朽者，蓋猶視著作之文尊於獨行者也。

著作之文，本有史部、子部二類。王充謂：「司馬子長累積篇第，文以萬數，然而因成紀前，無胸中之造。揚子雲作《太玄經》，造於助思，極窅冥之深，非庶幾之才，不能成也。」（《論衡・超奇篇》。）此為抑揚太過。《史記》雖襲前文，其為去取，亦甚難矣。充又數稱桓君山，謂「說論之徒，君山為甲」。今桓譚書不可見，惟《群書治要》略載數篇，亦無甚高深處。而充稱為素丞相者，蓋王、桓氣味相投，能破壞不能建立，此即邱光庭《兼明書》[1]之發端也。（東漢人皆信陰陽五行，王充獨破之，故蔡中郎得其書，祕之帳中。中郎長於碑版，能為獨行之文，而不能著作者。）至於三國，《典論》全書不可見。劉劭《人物志》論官人之法，行文精鍊，漢人所不能為，〈隋志〉入之名家，

1 邱光庭，五代人，亦有載其為唐人或宋人。其所撰《兼明書》，卷數記載不一，今所見五卷，疑後人所作。該書為考據辯證之書，駁諸書、五臣《文選註》等。

以其書品評人物，綜覈名實，於名家為近也。其論英雄，謂「張良英而不雄，韓信雄而不英。體分不同，以多為目，故英雄異名，皆偏至之才，人臣之任也。故英可為相，雄可為將。若一人之身兼有英、雄，則能長世，高祖、項羽是也。然英之分以多於雄，而英不可以少也。英分少則智者去之，故項羽氣力蓋世，明能合變，而不能聽採奇異，有一范增不用，是以陳平之徒，皆亡歸高祖。英分多故群雄服之，英才歸之，兩得其用，故能吞秦破楚，宅有天下。然則英雄多少，能自勝之數也。徒英而不雄，則雄才不服也；徒雄而不英，則智者不歸也。故雄能得雄，不能得英；英能得英，不能得雄。故一人之身兼有英雄，乃能役英與雄，能役英與雄，故能成大業也」。語似突梯，而頗合當時情理。晉世重清談，宜多著作之文，然而無有者，蓋清談務簡，異於論哲學也。樂廣擅清言，而不著書。《世說新語》云：「客問樂令旨不至者，樂亦不復剖析文句，直以麈尾柄确几曰：『至不？』客曰：『至。』樂因又舉麈尾曰：『若至者，那得去？』於是客乃悟服。廣辭約而旨達皆此類。」故無長篇大論。其時子書有《抱朴子》等，（《抱朴子．外篇》論儒術，〈內篇〉論煉丹。）顏之推譏之，以為「魏晉以來，所著諸子，理重事複，遞相模學，猶屋下架屋，床上施床爾」。《顏氏家訓》言處世之方，不及高深之理。精於小學，故有〈音辭篇〉；信奉釋氏，故有〈歸心篇〉。其書與今敦煌石室所出《太公家教》類似。之推文學之士，多學問語。太公不知何人，或為隋、唐間老農，學問有深淺，故文筆異雅俗耳。李習之謂《太公家教》與《文中子》為一類，不知《文中子》誇飾禮樂，而《家教》則否，余故謂是家訓之類也。唐人子部絕少。後理學家用禪宗語錄體著書，亦入子部，其文字鄙俚，故顧亭林譏之曰：「夫子之文章，不可得而聞矣。」

史部之書，范曄《後漢書》、陳壽《三國志》皆一手所作。《宋書》、《齊書》、《梁書》、《陳書》亦然。《隋書》魏徵等撰，本紀、列傳出顏師古、孔穎達手，（自來經學家作史惟孔穎達一人。）〈天文〉、〈律曆〉、〈五行〉三志出李淳風手。《新唐書》宋祁撰列傳，歐陽脩撰志，雖出兩人，文筆不甚相遠。《晉書》出多人之手。《舊唐書》號稱劉昫撰，昫實總裁而已。《舊五代史》薛居正撰，恐亦非一人之作。歐陽脩《新五代史》，固出一手，然見聞不廣，遺漏太多。《遼》、《金》、《元》三史皆雜湊而成，惟《東都事略》乃王偁一人之作。《明史》本萬斯同所作，但有列傳，無本紀、表、志。余弟子朱逖先在北京購得稿本，體裁工整，而紙色如新，未敢決然置信，然文筆簡鍊，殆非季野不能為。王鴻緒《橫雲山人明史稿》，紀、表、志、傳具備，而刪去萬曆以後列傳。乾隆時重修《明史》，則又出多人之手矣。編年史如《漢紀》、《後漢紀》、《十六國春秋》，皆一手所作。（《十六國春秋》真偽不可知。）《通鑑》一書，周、秦、兩漢為劉奉世所纂，六朝為劉恕所纂，隋、唐為范祖禹所纂，雖出眾手，而溫公自加刊正，「臣光曰」云云，皆溫公自撰，亦可稱一手所成者也。大抵事出一手者為著作之文，（史部、子部應分言之。）反之則非著作之文。宋人稱《新五代史》可方駕《史記》，《史記》安可幾及？以後世史部獨修者少，故特重視之耳。

《左》、《國》、《史》、《漢》中之奏議、書札，皆獨行之文也。西漢以前，文集未著，《楚辭》一類，為辭章之總集。漢人獨行之文，皆有為而作，或為奏議，或為書札，鮮有以論為名者。其析理論事，僅延篤〈仁孝先後論〉一篇耳，其文能分析而未臻玄妙，徒以〈解嘲〉、〈非有先生論〉之屬皆是設論，非論之正，故不得不以延篤之論為論之首也。魏、晉、六朝，崇尚清談。裴頠〈崇有〉，范縝〈神滅〉，斯為傑構。清談者宗師老子，以無為貴，故裴頠作論以破其說。《宏明集》所收，多揚玄虛之旨。范縝遠承公孟，（太史公云學者多言無鬼神。）近宗阮瞻，昌論無鬼。謂形之於神，猶刀之於利，未聞刀去而利存，安有人亡而神在？是仍以清談破佛法也。此種析理精微之作，唐以後不可見。近世曾滌笙[2]言古文之法，「無施不可，獨短於說理」。（方望溪有文以載道之言，曾氏作此說是所見過望溪已。）夫著作之文，原可以說理。古人之書，《莊子》奇詭，《孟》、《荀》平易，皆能說理。《韓非·解老》、〈喻老〉，說理亦未嘗不明。降格以求，猶有〈崇有〉、〈神滅〉之作，何嘗短於說理哉？後人為文，不由此道，故不能說理耳。然而宗派不同，門戶各別，彼所謂古文，非吾所謂古文也。彼所謂古文者，上攀秦、漢，下法唐、宋，中間不取魏、晉、六朝。秦、漢高文，本非說理之作，相如、子雲，一代宗工，皆不能說理。韓、柳為文，雖云根柢經子，實則但摹相如、子雲。持韓較柳，柳猶可以說理，韓尤非其倫矣。（柳遭廢黜，不能著成一書，年為之限，深可惜也。）蓋理有事理、名理之別。事理之文，唐、宋人尚能命筆。名理之文，惟晚周與六朝人能為之。古文家既不敢上規周、秦，又不願下取六朝，宜其不能說理矣。要之文各有體。法律條文，自古至今，其體

---

2 一八一一－一八七二，曾國藩，號滌笙，晚清重臣。文章有漢賦氣象，並師法桐城派而另創一格，開晚清古文湘鄉派。

不變。《漢律》、《唐律》，如出一轍。算術說解，自《九章》而下，亦別自成派。良以非此文體，無以說明其理故也。律、算如此，事理、名理亦然。上之周、秦諸子，下之魏、晉、六朝，捨此文體不用，而求析理之精、論事之辨，固已難矣。然則古人之文，各類齊備，後世所學，僅取一端。是故，非古文之法獨短於說理，乃唐宋八家下逮歸、方之作，獨短於說理耳。

史部之文，班、馬最卓。後世學步，無人能及。傳之與碑，文體攸殊。傳純敘事，碑兼文質。而宋人造碑，宛如列傳。昌黎以二千餘字作〈董晉行狀〉，其他碑誌，不及千字。宋人所作神道墓誌，漸有長者。子由作〈東坡墓誌〉，字近七千，而散漫冗碎，不能收束。晦庵作〈韓魏公誌〉，文成四萬，亦不能收束。持較《史》、《漢》千餘字之〈李斯列傳〉，七八千字之〈項羽本紀〉，皆收束得住者，不可同年而語矣。後人無作長篇之力量，則不能不學韓、柳短篇，以求收束得住，所謂起伏照應之法。凡為作長篇不易收束而設也。（此法宋人猶罕言，明人乃常言爾。）是故即論單篇獨行之作，亦古今人不相及矣。

後世史須官修，不許私撰。學成班、馬，技等屠龍。惟子書無妨私作，然自宋至今，載筆之士，率留意獨行之文，不尚著作。理學之士，創為語錄，有意子部，而文采不足。餘皆單篇孤行，未有巨製，豈不以屠龍之技為不足學耶？今吳江有寶帶橋，綿亙半里，列洞七十，傳為胡元時造；福建泉州有萬安橋，長及二里，傳為蔡襄所造。此皆絕技，後人更無傳者。何者？師不以傳之弟子，弟子亦不願受之於師，以學而無所可用也。著作之文，每下愈況，亦猶此矣。

二、駢文、散文各有體要

駢文、散文，各有短長。言宜單者，不能使之偶；語合偶者，不能使之單。《周禮》、《儀禮》，同出周公，而《周禮》為偶，《儀禮》則單。蓋設官分職，種別類殊，不偶則頭緒不清；入門上階，一人所獨，為偶則語必冗繁。又〈文言〉、《春秋》，同出孔子，〈文言〉為偶，《春秋》則單。以陰陽剛柔，非偶不行；年經月緯，非單莫屬也。同是一人之作，而不同若此，則所謂辭尚體要矣。

駢、散之分，實始於唐，古無是也。晉、宋兩代，駢已盛行，然屬對自然，不尚工切。晉人作文，好為迅速。〈蘭亭序〉醉後之作，文不加點，即其例也。《昭明文選》，則以沉思翰藻為主；〈蘭亭〉速成，乖於沉思，文采不豔，又異翰藻，是故屏而弗錄。然魏、晉佳論，譬如淵海，華美精辨，各自擅場。但取華美，而棄精辨，一偏之見，豈為允當？顧《文選》所收對偶之文，猶未極其工切也。

降及隋、唐，鏤金錯采，清順之氣，於焉衰歇。所以然者，北人南學，（如溫子昇輩是。）得其皮毛，循流忘返，以至斯極。於是初唐四傑廓清之功，不可沒也。（顏師古作〈等慈寺塔記銘〉，有意為文即不能工。楊盈川作〈王子安文集序〉[3]，以為當時之文皆糅之金玉龍鳳，亂之青黃朱紫，子安始革此

3 楊盈川，六五〇—？，即楊炯，初唐四傑之一。為《王勃文選》作〈王勃文選序〉，又名〈王子安文集

弊。）降及中葉，李義山始專力於對仗，為宋人四六之先導。王子安「落霞」、「孤鶩」二語，本寫當時眼前景物，而宋人橫謂「落霞」飛蛾之號，以對「孤鶩」，乃為甚工。（宋人筆記中多此語。）其可笑有如此者。駢文本非宋人所工，徒以當時表、奏皆用四六，故上下風行耳。歐陽永叔以四六得第，雖宗韓、柳，不非駢體。（永叔舉進士試〈左氏失之誣論〉有「石言於晉，神降於莘，內蛇鬥而外蛇傷，新鬼大而故鬼小」，語頗以自矜。）東坡雖亦作四六，而常譏駢體。平心論之，宋人四六實有可議處也。清乾隆時，作駢體者規摹燕、許，斐然可觀。李申耆選《駢體文鈔》[4]，（申耆，姚姬傳之弟子，肄業鍾山書院，反對師說乃作是書。）取〈過秦論〉、〈報任少卿書〉，一切以為駢體，則何以異於桐城耶？阮芸臺妄謂古人有文有辭，辭即散體，文即駢體，舉孔子〈文言〉以證文必駢體，不悟〈繫辭〉稱辭，亦駢體也。劉申叔文本不工，而雅信阮說。余弟子黃季剛初亦以阮說為是，在北京時，與桐城姚仲實爭，姚自倚老耄，不肯置辯，或語季剛，訶斥桐城，非姚所懼，詆以末流，自然心服。其後白話盛行，兩派之爭，泯於無形。由今觀之，駢、散二者，本難偏廢。頭緒紛繁者，當用駢；敘事者，止宜用散；議論者，駢、散各有所宜。不知當時何以各執一偏，如此其固也。

鄒陽，縱橫家也，觀其上書，（〈鄒陽〉七篇，〈漢志〉入縱橫家。《史記》鄒陽與魯仲連同傳。周、

序〉，總述歷代駢文發展，並讚揚王勃文采對當時文壇句碎調陰等弊病的矯正。

4 清代文學家李申耆認為當世不知以兩漢之文為宗，而兩漢之文須由駢體入手，遂著《駢體文鈔》，收錄上起戰國、下迄隋代之詩歌韻文。

孔之作不論，論漢人之作，相如、子雲之文非有為而作，故特數鄒陽。）行文以駢。而文氣之盛，異於後之四六。是故謂駢體氣弱，未為篤論。宋子京《筆記》謂作史不應有駢語。劉子玄亦云：「史文用駢，似簫笛雜鼙鼓，脂粉飾壯士。」此謂敘事不宜用駢也。不僅宋子京、劉子玄知此，六朝人作史，亦無用駢語者。唐詔令皆用駢體，而歐陽永叔撰《新唐書》，一切削去，此則太過。夫詔令以駢而不可錄，罪人供狀，詞旨鄙俚，莫此為甚，何為而可錄耶？後人不願為散體者，謂散體短於說理，不知〈崇有〉、〈神滅〉之作，亦匪易為。若夫桐城派導源震川，堯峰亦然。陽湖略變其法，而大旨則同。震川之文，好搖曳生姿，一言可了者，故作冗長之語。曾滌笙譏之曰：「神乎味乎？徒辭費耳。」此謂震川未脫八股氣息也。至於散之譏駢，謂近俳優，此亦未當。玉谿而後，雕繢滿眼，弊固然矣。若《文選》所錄，固無襞積臃腫之病也。今以口說衡之，歷舉數事，不得不駢；單述一理，非散不可。二者並用，乃達神旨。以故駢、散之爭，實屬無謂。若立意為駢，或有心作散，比於削趾適屨，可無須爾。

駢、散合一之說，汪容甫倡之[5]，李申耆和之[6]。然晉人為文，如天馬行空，絕無依傍，隨筆寫去，

5 一七四五—一七九四，汪中，字容甫。開容甫學派，以漢學為宗，並擅長文學，主張駢散不分，其駢文在清代備受讚譽。

6 李申耆，一七六九—一八四一，李兆洛，字申耆，清代文學家。所著《駢體文鈔》謂駢散本同源，藉以倡導駢散合一。

使人難分段落。今觀容甫之文，句句鍛鍊，何嘗有天馬行空之致？容甫譏訶望溪，[7]而湘綺並誚汪、方。[8]湘綺之文，才高於汪，取法魏、晉，兼宗兩漢。蓋深知明七子之弊，專學西漢，有所不逮，但取晉、宋，又不甘心，故其文上取東漢，下取魏、晉，而自成湘綺之文也。若論駢、散合一，汪、李尚非其至，湘綺乃成就耳。然湘綺列傳、碑版，摹擬《史記》，襲其成語，往往有失檢之處。如〈鄒漢勳傳〉云：「如鄒漢勳者，又何以稱焉？」此襲用《史記．伯夷列傳》語而有誤也。夫許由、卞隨、務光之事，太史疑其非實，故作此問。若鄒漢勳者，又何疑焉？

三、周、秦以來文章之盛衰

論歷代文學，當自周始。孔子曰：「郁郁乎文哉，吾從周。」周初之文，厥維經典，不能論其優劣。春秋而後，始有優劣可言。春秋時文體未備，綜其所作，記事敘言多，而單論說少。七國時

7方苞（望溪）為清代桐城派代表之一，為文以「義理、考據、辭章」三者為圭臬，認為文章即使工整，內容無涉聖賢之道或經世致用，仍為無用之文。汪中（容甫）則反對該主張，並曾語「吾所罵者，皆非不知古今者，惟恐莠亂苗爾；若方苞、袁枚輩，豈屑屑罵之哉。」

8王闓運，一八三三—一九一六，齋號湘綺樓，晚清經學家。其將文章之「駢散」改以「單復」而論，「復」指整齊的句式而言。認為方苞之單筆不足、汪中則古文氣韻不足。

文體完具，但無碑版一體。鐘鼎雖與碑版相近，然其文不可索解。故正式碑版，斷自秦後起也。（任昉《文章緣起》，其書真偽不可知，所論亦未可信據。）概而論之，文章大體備於七國，若其細碎，則在六朝。六朝之後，亦有新體，如墓誌，本為不許立碑者設。後世碑與墓誌並用，其在六朝，墓誌不為正式文章也。又如壽序，宋以前猶未著。然論文學之盛衰，固不拘於文體之損益。

自唐以來，論文皆以氣為主，氣之盛衰，不可強為。大抵見理深，感情重，自然氣盛。周、秦之作，未有不深於理者，故篇篇有氣。論感情，亦古人重於後人。《顏氏家訓》謂：「別易會難，古人所重，江南餞送，下泣言離。」梁武帝送弟王子侯出為東郡，云：「我年已老，與汝分張，甚以惻愴。」數行淚下。非獨愛別離如此，即栝酒失意，白刃相仇，亦惟深於感情者為然。何者？愛深者恨亦深，二者成正比例也。今以《詩經》觀之，好賢如〈緇衣〉，惡惡如〈巷伯〉，皆可謂甚矣。至於《楚辭．離騷》之忠怨，〈國殤〉之嚴殺，皆各盡其致。漢人敘戰爭者，如〈項羽本紀〉、〈李陵列傳〉，有如目睹，非徒其事跡之奇也，乃其文亦極描寫之能事矣。此在後世文人為之，雖有意描寫，亦不能幾及。何也？其情不至也。大抵抒情之作，往往宜於小說。然自唐以降，小說家但能敘鬼怪，而不能敘戰爭攻殺。此由實情所無，想像亦有所不逮。惟有男女之情，今古不變，後世小說，類能道之。然人之愛情，豈僅限於男女？君臣、父子、兄弟、朋友無不有愛情焉。而後世小說之能事，則盡於述男女而已。

漢人之文，後世以為高，然說理之作實寡。魏、晉漸有說理之作，但不能上比周、秦。今人真欲上擬周、秦、兩漢，恐貽舉鼎絕臏之誚。明七子李空同輩[9]，高談秦、漢，其實邯鄲學步耳。後七子[10]如李滄溟文，非其至者，而詩尚佳；王鳳洲文勝於滄溟，頗能敘戰爭及奇偉之跡，此亦由於情感激發爾。如楊椒山之事，人人憤慨，故鳳洲所作行狀，有聲有色。顧持較《史》、《漢》，猶不能及。以《史》、《漢》文出無心，鳳洲則有意摹擬，著力與不著力，自有間也。

抒情說理之作如此，其非抒情亦非說理如〈七發〉之類者亦然。（〈七發〉亦賦類。）〈七發〉氣勢浩瀚，無堆垛之跡。擬作〈七啟〉、〈七命〉，即大有逕庭。相如、子雲之賦，往往用同偏旁數字堆垛以成一句，然堆垛而不覺其重。何也？有氣行乎其間，自然骨力開張也。降及東漢，氣骨即有不逮。然〈兩都〉、〈兩京〉，以及〈三都〉，猶粗具規模，後此則無能為之者矣。此類文字不關情之深、理之邃。以余度之，殆與體氣有關。漢人之強健，恐什佰於今人，故其辭氣之盛，亦非後世所及。今人發古墓，往往見古人屍骨大於今人，此一證也。武梁祠畫像，其面貌雖不可細辨，然鼻準隆起，有如猶太、回回人，此又一證也。漢世尚武之風未替，文人為將帥者，往往而有。又漢行徵兵制，而其時歌謠，無道行軍之苦者。唐代即不然，杜詩〈兵車行〉、〈石壕吏〉之屬可徵也。由此可見唐

9 指「前七子」，即明代文人李夢陽、何景明、徐禎卿、邊貢、康海、王九思與王廷，反對當時盛行的應酬詩文臺閣體，而推崇秦漢古文。

10 指明代嘉靖年間的文人李攀龍、王世貞、謝榛、宗臣、梁有譽、徐中行與吳國倫，為與前七子區別而稱後七子，亦以「文必秦漢，詩必盛唐」為宗。

人之體氣，已不逮漢人，此又一證也。以漢人堅強好勇，故發為文章，舉重若輕，任意堆垛，而不見堆垛之跡，此真古今人不相及矣。不特文章為然，見於道德者亦然。道德非盡出於禮，亦生於情，情即有關於體氣。體氣強，則情重，德行則厚；體氣弱，情亦薄，德行亦衰。孔子曰：「仁者必有勇。」知無勇不能行仁也。《呂氏春秋．慎大覽》稱孔子之勁，舉國門之關，而不肯以力聞。《史記．仲尼弟子傳》云：「子路性鄙，少孔子九歲，好勇力，志伉直，冠雄雞，佩豭豚，陵暴孔子。孔子設禮誘之，乃儒服委質，因門人請為弟子。」今觀孝堂山石刻子路像，奮袖抽劍，雄雞之冠，與《史記》所言符合。知孔子之服子路，非僅用禮，亦能以力勝矣。後世理學家不取粗暴之徒，殆亦為無孔子之力故耳。（澹臺滅明之斬蛟，亦好勇之徵也。）夫並生一時代者，體格之殊，當不甚遠。孔子、墨子，時代相接，孔子之勇如此，則墨子之以自苦為極，若救宋之役，百舍重繭而不息，亦可信矣。自兩漢以迄六朝，文氣日以衰微者，其故可思也。《世說新語》記王子猷、子敬，俱坐一室，上忽發火，子猷遽走避，不遑取屐，子敬神色恬然，徐喚左右，扶憑而出，不異平常。爾時膏粱子弟，染於遊惰如此，體氣之弱可知矣。有唐國勢，雖不逮兩漢，猶勝於六朝。故燕、許大手筆，文雖駢體，氣骨特健，自此一變而為韓、柳之散文。宋代尚文，諱言武事，歐、曾、王、蘇之作，氣骨已劣於韓、柳。余常謂文不論駢、散，要以氣骨為主。曾滌笙倡陰陽剛柔之說，合於東人所謂壯美優美者。以歷代之作程之：周、秦、兩漢之文剛，魏、晉、南朝之文柔。唐代武功猶著，故其文雖不及兩漢，猶有兩漢遺風。宋代國勢已弱，故歐、蘇、曾、王之文，近於六朝。南宋及元，中國既微，文不成文。洪武肇興，驅逐胡虜，國勢雖不如漢、唐，優於趙宋實遠。其異於漢、唐者，漢、唐自然盛強，明則有勉強之處耳。明人鑑於宋人外交之卑屈，故特自尊大。凡外夷入貢，表章須一律寫華文；朝鮮、安南文化之國，許其稱臣；南洋小國及滿洲之屬，則降而稱奴。天使冊封，不可逕入其國城，須特建天橋，踰城而入；貢使之入中國者，官秩雖高，見典史不可不用手本，不可不稱大人。外夷稱中國曰天朝者，即始於此。諸如此類，即可見明代國勢之盛，出於勉強。國勢如此，國人體氣恐亦類此。其見於文事者，臺閣體不足為代表，歸震川閒情冷韻之作，亦不足為代表。所可代表者，為前後七子之作。彼等強學秦、漢，力不足以赴之，譬如舉鼎絕臏，不自覺其面紅耳赤也。歸震川[11]生長崑山，王鳳洲[12]生長太倉，籍貫同隸蘇州，而氣味差池。震川與鳳洲爭名，二人皆自謂學司馬子長，然鳳洲專取《史記》描摹之筆及濃重之處，震川則以為《史記》佳處在閒情冷韻。蓋蘇州人好作冷語，震川之文，蘇州人之文也。震川殆自知秦、漢不易學，而又不甘自謂不逮秦、漢，故專摹《史記》之冷語歟？由此遂啟桐城派之先河。桐城派不皆效法震川，顧其主平淡不主濃重則同。姚姬傳[13]學問之博，勝於方望溪[14]，而文之氣魄則更小，謀篇過六七百字者甚罕。梅伯言[15]修飾更精，而氣

---

11 一五〇七—一五七一，歸有光，人稱震川先生，尊古文，為唐宋派代表之一。認為以《史記》為代表的秦漢文章為佳。

12 一五二六—一五九〇，王世貞，號鳳洲，明代後七子之一，文學方面提倡復古運動。

13 一七三二—一八一五，姚鼐，字姬傳，清代桐城派代表之一，對於文章的擬古，提出「陽剛陰柔」、「精

體尤不逮矣。曾滌笙學梅伯言而以為未足，頗有粗枝大葉之作，氣體近於陽剛。此其故亦關於國勢體力。清初國勢之盛，乃滿洲之盛，非漢族之盛，漢人懾伏於滿洲淫威之下，綠營兵丁大抵羸劣，營汛武職官俸薄，往往出為賈豎，自謀生活，其權力猶不如今之警察，故漢人皆以當兵為恥。夫不習戎事，則體力弱，及其為文，自然疲苶矣。曾滌笙自辦團練，以平洪、楊之亂，國勢既變，湘軍亦儼然一世之雄，故其文風骨遒上，得陽剛之氣為多。雖繼起無人，然並世有王湘綺，亦可云近於陽剛矣。湘綺與滌笙路徑不同，滌笙自桐城入，而不為八家所囿；湘綺雖不明言依附七子，其路徑實與七子相同，其所為詩，宛然七子作也。惟明人見小欲速，文章之士，不講其他學問。昌黎云「作文宜略識字」，七子不能，故雖高談秦、漢，終不能逮。湘綺可謂識字者矣，故其文優於七子也。由上所論，歷代文章之盛衰，本之國勢及風俗，其彰彰可見者也。

文之變遷，不必依駢、散為論，然綜觀尚武之世作者多散文，尚文之世作者多駢文。秦、漢尚武，故為散文，駢句罕見。東漢崇儒術，漸有駢句。魏、晉、南朝，純乎尚文，故駢儷盛行。唐代尚武，散體復興。（唐人散體非始於韓、柳，韓、柳之前有獨孤及[16]、梁肅[17]、蕭穎士[18]、元結輩，其文漸趨於

粗八要」等主張。

14 一六六八—一七四九，方苞，晚號望溪，清代桐城派始祖。著有《史記評語》、《史記注補正》。

15 一七八六—一八五六，梅曾亮，字伯言。學於姚鼐，並被視為桐城派承上啟下的人物。

16 七二六—七七七，唐代古文運動的先驅，與李華、蕭穎士等齊名。權德輿謂其「立言造辭，有古風格」。

散，惟魄力不厚。至昌黎乃漸厚耳。譬之山嶺脈絡，來自獨孤、蕭、梁，至韓、柳乃結成高峰也。）宋不尚武，故其文通行四六。作散文者，僅歐、曾、王、蘇數人而已。（姚姬傳云：「論文章雖朱子亦未為是。」大抵南宋之文為後世場屋之祖。呂東萊、陳止齋、葉水心學問雖勝，文則不工。《東萊博議》純乎場屋之文。陳止齋、葉水心之作，當時所謂對策八面鋒，亦僅可應試而已。）餘波及於明、清，桐城一派，上接秦、漢，下承韓、柳，固不足，以繼北宋之軌則有餘，勝於南宋之作遠矣。

唐、宋以來之散文，導源於獨孤及、蕭穎士輩，是固然矣。然其前猶可推溯，人皆不措意耳。《文中子》書，雖不可信，要不失為初唐人手筆，其書述其季弟王績，（字無功，號東皋子。）作〈五斗先生傳〉，（見〈事君篇〉。）其文今不可見，以意度之，殆擬陶淵明之〈五柳先生傳〉。其可見者，〈醉鄉記〉、〈負苓者傳〉，皆散漫而不用力，於陶氏為近，不可不推為唐代散文之發端。又馬、周所作章奏，摹擬賈太傅〈治安策〉，於散體中為有骨力。唐人視周為策士一流，不與文學之士同科，實亦散文之濫觴也。大凡文品與當時國勢不符者，文雖工而人不之重。燕、許廟堂之文，當時重之，而陸宣公論事明白之作，見重於後世者，當時反不推崇。蕭穎士之文，平易自然。元結始為譎怪，獨孤及、梁肅變其本而加之厲。至昌黎始明言詞必己出，凡古人已用之語，必屏棄不取，而別鑄新詞。昌黎然，柳州亦然，皇甫湜[19]、孫樵[20]無不皆然。風氣既成，宜乎宣公奏議之不見崇矣。然造詞之

17 七五二－七九三，文章有「遐蹈古始，六經為師」之徵，具秦漢古風。

18 七〇七－七五八，唐代古文運動的先驅，與李華並稱「蕭李」。

風，實非始於昌黎。《唐闕史》云：「左將軍吐突承璀，（昌黎同時人。）方承恩顧，及將敗之歲，有妖生所居。先是，承璀嘗華一室，紅梁粉壁，為謹詔敕藏機務之所。一日，晨啟其戶，有毛生地，高二尺許，承璀大惡之，且恐事泄，乃躬執箕帚，芟除以瘞。雖防口甚固，而亹亹有知者。承璀尤不欲達於班列。一日，命其甥嘗所親附者曰：『姑為我微行省闥之間，伺其叢談，有言者否。』甥稟教斂躬而往。至省寺，即詞詰守衛，輒不許進。方出安上門，逢二秀士，自貢院迴，笑相謂曰：『東廣坤毳，可以為異矣！』甥馳告曰：『醋大知之久矣，（原注：中官謂南班，無貴賤皆呼醋大。）且易其名呼矣。』謂左軍為『東廣』，地毛為『坤毳』矣。」易左軍、地毛曰東廣、坤毳，則與稱龍門曰「虬戶」無異，以言者之無礙，聞者之立悟。知唐人好以僻字易常名，乃其素習。故樊宗師作[21]〈絳守居園池記〉，而昌黎稱為文從字順也。今觀其文，代東方以「丙」，西方以「庚」，亦「東廣」、「坤毳」之類。昌黎稱之者，以其語語生造，合於己意也。蓋造詞為當時風尚，而昌黎則其傑出者耳。

---

19 七七七—八三五，繼韓愈後提倡古文運動。學於韓愈，故文章、思想皆與韓相似，為文用詞亦生僻怪奇。

20 約八六七年前後在世，出自韓愈之門，為文亦喜奇險。蘇軾評韓門古文創作日漸趨下，「唐之古文自韓愈始，其後學韓而不至者為皇甫湜，學皇甫湜而不至者為孫樵」。

21 約七六六—八二四，為文刻意生僻奇古，當時稱之為「澀體」，著作今僅存〈絳守居園池記〉、〈綿州越王樓詩並序〉。

歐陽永叔號稱宗師韓、柳，其實與韓、柳異轍，惟以不重四六為學韓、柳耳。永叔題〈綘守居園池記〉，詆訶樊氏，不遺餘力，可知其與昌黎異趣矣。宋子京與永叔同時，皆以學昌黎為名，而子京喜造詞，今《新唐書》在，人以澀體稱之，可證也。夫自作單篇，未嘗不可造詞，作史則不當專務生造。子京之文，有盛名於時，及永叔之文行，趨之者皆崇自然，於是子京之文不復見稱道。故知文品不合於時代，雖工亦不行也。

唐末迄於五代，文之衰弊已極。北宋初年，柳河東[22]（開。）、穆伯長[23]（修。）稍為傑出。河東文實不工，伯長才力薄弱，而故為詰屈聱牙。於時王禹偁所作[24]，實較柳、穆為勝，惟才力亦薄弱耳。禹偁激賞丁謂、孫何，《宋史．丁謂傳》云：「謂與何同袖文謁禹偁，禹偁重之，以為自唐韓愈、柳宗元後，三百年始有此作。」二人之文，今不可見。穆伯長弟子尹師魯[25]（洙。），文頗可觀。蘇子美[26]（舜欽。）亦佳。師魯之文，永叔所自出，惟師魯簡鍊，永叔搖曳為異。永叔之文，震川一派所自昉也。蘇子美仕不得志，頗效柳州之所為，永叔亟稱之。此二家較柳、穆、王三家為勝。又永叔

22 九四八—約一〇〇〇，柳開，河東郡人，北宋古文運動先驅。

23 九七九—一〇三二，繼柳開後弘揚韓愈、柳宗元之古文。《聞見前錄》謂唐代古文「柳開仲塗、穆修伯長首為之倡」。

24 九五四—一〇〇一，文章學於韓愈、柳宗元，平易淺切。

25 一〇〇二—一〇四七，尹洙，字師魯。為文推崇孟子、韓愈，辭約理精。

26 一〇〇八—一〇四八，蘇舜欽，字子美。為文推崇韓愈、柳宗元，〈滄浪亭記〉為其代表作。

同時有劉原父[27]（敞。），才力宏大。司馬溫公文亦醇美。今人率稱唐宋八家，以余論之，唐、宋不只八家。唐有蕭穎士、獨孤及、梁肅、韓愈、柳宗元、李翱六家，（皇甫湜、孫樵不足數。）宋則尹洙、蘇舜欽、劉敞、宋祁、司馬光、歐陽脩、曾鞏、王安石、蘇洵父子合十一家。（柳、穆、王不必取蘇門，如秦觀之《淮海集》，蘇過之《斜川集》，文非不佳，惟不出東坡之窠臼故不取。元結瑰怪，杜牧粗豪，亦不取。）合之可稱唐宋十七家。茅鹿門之所以定為八家者，蓋韓、柳以前之作，存者無多。宋初人文亦寡，六家之文，於八股為近。韓、柳名高，不得不取，故遂定為八家耳。

權德輿[28]年輩高於昌黎，文亦不惡，惟少林下風度耳。明臺閣體即自此出。杜牧之文為侯朝宗、魏叔子所自出，惟粗豪太過耳。近桐城、陽湖二派，拈雅健二字以為論文之準。然則權德輿雅而不健，杜牧之健而不雅。雅健並行，二家所短。若依此選文，唐可八家，（合權、杜數之。）宋可十六家，（合柳、穆、王、秦、蘇過數之。）允為文章楷則矣。（雅健者，文章入門之要訣，不僅散文須雅健，駢文亦須雅健，派別可以不論。）乾嘉間朱竹君[29]（筠。）《笥河文集》，行於北方，其文亦雅而不健，似臺閣一路。姚姬傳笑之，以為笥河一生為文學宋景濂[30]，永遠是門外漢。是故，雅而不健，不可；

27 一〇一九—一〇六八，劉敞，字原父。歐陽脩謂其六經傳記皆通，且文章尤其敏贍。

28 七五九—八一八，《舊唐書》謂其文章「雅正而弘博」。

29 一七二九—一七八一，朱筠，號竹君，姚鼐〈朱竹君先生傳〉評其文章「才氣奇縱，於義理、事物情態無不備」。

健而不雅，亦不可。明於雅健二字，或為獨行之文，或為著作之文，各視其人之力以為取捨，庶乎可以言文。

繼此復須討論者，文章之分類是也。《文心雕龍》分為十九類，《古文辭類纂》則為十三類。今依陸士衡〈文賦〉為說，取其簡要也。自古惟能文之士為能論文，否則皮傅之語，必無是處。士衡〈文賦〉，區分十類，雖有不足，然語語確切，可作準繩。其言曰：「詩緣情而綺靡，賦體物而瀏亮，碑披文以相質，誄纏綿而悽愴，銘博約而溫潤，箴頓挫而清壯，頌優游以彬蔚，論精微而朗暢，奏平徹以閑雅，說煒曄而譎誑。」十類以外，傳、狀、序、記，士衡所未齒列。今案：家傳一項，晉人所作，有〈李郃傳〉、〈管輅傳〉，全文今不可見。就唐人所引觀之，大抵散漫，無密栗之致。行狀一項，《文選》錄任彥昇〈竟陵文宣王行狀〉一篇，體裁與後世所作不類。原行狀之體，本與傳同，而當時所作，文多質少，語率含混。（行狀上之尚書，考功司據以擬謚，李翱以為今之行狀，文過其質，不可為據，始變文為質，不加藻飾。）遊記一項，古人視同小說，不以入文苑。東漢初，馬第伯作〈封禪儀記〉[31]，偶然乘興之筆。後則遊記漸孳，士衡時尚無是也。序錄一項，古人皆自著書而自為序。劉向為各家之書作序，此乃在官之作。後世為私家著述作序者，古人無是也。此四項，士

30 一三一〇—一三八一，宋濂，字景濂，與劉基、方孝儒為「明初散文三大家」，為文取益於唐宋。

31 建武三十二年（西元五六年），馬第伯隨東漢光武帝至泰山進行封禪儀式，作〈封禪儀記〉一篇，為目前所見中國史上最早的遊記，記述封禪經過與一路所見山形地物。

衡所不論，今就士衡所賦者論之。

詩、賦：士衡「緣情」、「體物」二語，實作詩造賦之要。賦本古詩之流，七國時始為別子之祖。至漢，〈子虛〉、〈上林〉篇幅擴大，而《古詩十九首》仍為短章。蓋體物者，鋪陳其事，不厭周詳，故曰瀏亮。緣情者，詠歌依違，不可直言，故曰綺靡。賦亦有緣情之作，如班孟堅之〈幽通〉、張平子之〈思玄〉、王仲宣之〈登樓〉，皆偶一為之，非賦之正體也。

碑、誄：古人刻石，不以碑名。秦皇刻石嶧山、泰山、瑯琊、芝罘、碣石、會稽諸處，皆直稱刻石，不稱碑。廟之有碑，本以麗牲；墓之有碑，本以下棺。作碑文者，東漢始盛。今漢碑存者百餘通，皆屬文言。往往世系之下，綴以考語，所治何學，又加考語，每歷一官，輒加考語，無直敘其事者。故曰「披文以相質」也。不若是，將與行狀、家傳無別。魏、晉不許立碑；北朝碑文，體制近於漢碑；中唐以前之碑，體制亦未變也。獨孤及、梁肅始為散文，然猶不直敘也。韓昌黎作〈南海神廟碑〉，純依漢碑之體，作〈曹成王碑〉，用字瑰奇，以此作碑則可，作傳即不可。桐城諸賢不知此，以昌黎之碑為獨創，不知本襲舊例也。（昌黎猶知文體，宋以後漸不然。）宋人作碑，一如家傳，惟首尾異耳。此實非碑之正體。觀夫蔡中郎為人作碑，一人作二三篇，以其本是文言，故屬辭可以變化。若為質言，豈有一人之事蹟，可作二三篇述之耶？至漢碑有稱「誄曰」者，知碑與誄本不必分，然大體亦有區別。碑雖主於文飾，仍以事實為重；誄則但須纏綿悽愴而已。後世作誄者少，潘安仁〈馬汧督誄〉，乃是披文相質之作。碑與誄故是同類，後世祭文，則與誄同源。

銘、箴：碑亦有銘。此所謂銘，則器物之銘也。崔子玉座右銘，多作格言，乃《太公家教》之類，取其義，不取其文耳。張孟陽〈劍閣銘〉云[32]：「敢告梁益。」是箴體也。所謂博約溫潤者，語不宜太繁，又不宜太露。然則〈劍閣銘〉是銘之正軌也。箴之由來已久。官箴王闕，本以刺上，後世作箴，皆依〈虞箴〉為法。揚子雲、崔亭伯官箴州箴，合四十餘篇。所與銘異者，有頓挫之句，以直言為極，故曰「頓挫而清壯」也。張茂先〈女史箴〉[33]，筆路漸異，尚能合法。至昌黎五箴，則失其步趨者也。

頌、論：三頌而外，秦碑亦頌之類也。刻石頌德，斯之謂頌矣。惟古代之頌，用之祭祀。生人作頌，始於秦碑。及後漢人作碑亦稱頌曰是也。柳子厚作〈平淮西雅〉，其實頌也。頌與雅後世不甚分耳，要以優游炳蔚為貴。論者評議臧否之作，人之思想，愈演愈深，非論不足以發表其思想，故貴乎精微朗暢也。士衡擬〈過秦〉作〈辯亡論〉，議封建作〈五等論〉，二者皆論政之文，故為粗枝大葉，而非論之正體。論之正體，當以諸子為法，論名理不論事理，乃為精微朗暢者矣。莊、荀之論，無一不合精微朗暢之旨。韓非亦有之，但不稱論耳。（論事之作不以為正體，王褒〈四子講德論〉，作於漢代，周、秦無有也。）《文選》錄王褒〈四子講德論〉。論事本非正體，當為士衡所不數。蓋周、秦而後，六朝清談佛法諸論，合乎正軌。〈崇有論〉反對清談，〈神滅論〉反對佛法，此亦非精

32 張載，生卒年不詳，字孟陽。作〈劍閣銘〉，藉描述劍閣形勢，規戒當朝「興實在德，險亦難恃」。

33 張華，二三二—三〇〇，字茂先。作〈女史箴〉，諷諫賈后亂政。

微朗暢不能取勝。此種論唐以後人不能作。蓋唐以後人只能論事理，不能論名理矣。劉夢得、柳子厚作〈天論〉，似乎精細，要未臻精微朗暢之地。宋儒有精微之理，而作文不能朗暢，故流為語錄。

奏、說：七國時遊說，多取口說而鮮上書，上書即奏也。縱橫家之作，大抵放恣，蘇秦、范睢是矣，即李斯〈諫逐客〉亦然。自漢人乃變為平徹閑雅之作，以天下統一，縱橫之風替矣。平則易解，雅則可登於廟堂。此種體式，自漢至唐不變。至明人奏議，輒以痛罵為能事，故焦里堂謂溫柔敦厚之教，至明人而盡。如楊椒山劾嚴嵩曰「賊嵩」，雖出忠憤，甚非法式。又如劉良佐、劉澤清稱福王拘囚太子，是無父子，不納童氏，是無夫婦。又如萬曆時御史獻〈酒〉、〈色〉、〈財〉、〈氣〉四箴，此皆乖於進言之道。自唐以來，奏議以陸宣公為最善，既平徹，又閑雅，可謂正體。所不足者，微嫌繁冗耳。唐人好文，三四千言之奏，人主猶能遍覽，若在後世，正恐無暇及此。曾滌笙自謂學陸宣公，今觀其文，類於八股，平固有之，雅則未能。甲午戰後，王湘綺嘗代李少荃奏事[34]，多引《詩》、《書》，摹擬漢作，雅固有餘，平則不足。於是知平徹閑雅之難也。說者，古人多為口說，原非命筆為文。《文心雕龍》譏評士衡，謂：「自非譎敵，則惟忠與信，披肝膽以獻主，飛文敏以濟辭，此說之本也。」不悟七國遊士，縱橫捭闔，肆口陳言，取快一時，確有煒曄譎誑之觀，然其說必與事實相符，乃得見聽。蘇秦之合縱，非易事也，而六國之君聽之者，固以其口辯捷給，亦為有

34 一八二三—一九〇一，李鴻章，字少荃，晚清重臣，經歷清末太平軍至義和團等內由外患，史家唐德剛以「內悅昏君，外御列強」評之。

其實學耳。《國策》言蘇子去秦而歸，揣摩太公陰符之謀，然後出說人主。由今觀之，蘇子亦不徒恃陰謀，蓋明於地理耳。七國時地圖難得，惟涉路遠者，知輿地大勢。荀子游於列國，故〈議兵篇〉所言地理不誤。自餘若孟子之賢，猶不知淮泗之不入江。（《孟子》：「決汝漢、排淮泗，而注之江。」不知淮泗不入江也。）漢興，蕭何入關，收秦圖籍，故能知天下形勢。否則高祖起自草莽，何由知之？惟蘇秦居洛陽，必嘗見地圖，故每述一國境界，悉中事情，然後言其財賦之多寡，兵力之強弱，原原本本，瞭然無遺。其說趙肅侯也，謂「臣請以天下之地圖按之」。夫以草澤匹夫，而深知國情如此，宜乎六國之君不敢不服其說矣。後世口說漸少，惟戰爭時或有之。留侯之借箸，武侯之求救於孫權，皆所謂譎誑者。後杜牧之作〈燕將錄〉，載譚忠為燕牧劉濟使說魏牧田季安，又元和十四年說劉濟子忠，皆慷慨立談，類於蘇秦。頗疑牧之所文飾，非當時實事。昌黎作〈董晉行狀〉，述晉對李懷光語，亦口若懸河，晉服官無聞，此亦疑昌黎所文飾也。然則蘇秦而後，口說可信者，惟留侯、諸葛二事。要皆煒曄譎誑，不盡出於忠信，以此知士衡之說為不可易也。

綜上所論，知士衡所舉十條，語語諦當，可作準繩。至其所未及者：祭文準誄；傳狀準史；（今人如欲作傳，不必他求，只依《史》、《漢》可矣。行狀與傳大體相同，惟首尾為異。且行狀所以議謚，明以來議謚不據行狀，則行狀無所用之，不作可也。）序記之屬，古人所輕。官修書庫，序錄提要，蓋非一人所能為。若私家著述，於古只有自序，他人作之，亦當提挈綱領，不可徒為膚泛。記惟遊記可作，《水經注》，馬第伯〈封禪儀記〉，皆足取法。宋人遊記敘山水者，多就瑣碎之處著筆，而不言大勢，實無足取。余謂〈文賦〉十類之外，補此數條已足。姚氏《古文辭類纂》分十三類，大旨不謬。然所見甚近，以唐、宋直接周、秦諸子、《史》、《漢》，置東漢、六朝於不論，一若文至西漢，即斬焉中絕。昌黎之出，真似石破天驚也者。天下安有是事耶！（桐城派所說源流不明，不知昌黎亦有師承。）余所論者，似較姚氏為明白。

（一九三六年）

講文學

何以謂之文學？以有文字著於竹帛，故謂之文。論其法式，謂之文學。凡文理、文字、文辭皆謂之文。而言其彩色之煥發，則謂之彣。《說文》云：「文，錯畫也，象交文。」「彣，䎘也。」「䎘，有彣彰也。」或謂文章當作彣彰，此說未是。要之，命其形質，則謂之文；狀其華美，則謂之彣。凡彣者必皆成文，而成文者，不必皆彣。是故研論文學，當以文字為主，不當以彣彰為主。今舉諸家之說，商訂如下。

《論衡．超奇篇》云：「能說一經者為儒生，博覽古今者為通人，採掇傳書以上書奏記者為文人，能精思著文連結篇章者為鴻儒。」又曰：「州郡有憂，有如唐子高、谷子雲之吏，出身盡思，竭筆牘之力，煩憂適有不解者哉！」又曰：「長生死後，州郡遭憂，無舉奏之吏。以故事結不解，徵詣相屬，文軌不尊，筆疏不續也。豈無憂上之吏哉？乃其中文筆不足類也。」又曰：「若司馬子長、劉子政之徒，累積篇第，文以萬數，其過子雲、子高遠矣。然而因成前紀，無胸中之造。若夫陸賈、董仲舒論說世事，由意而出，不假取於外，然而淺露易見，觀讀之者，猶曰傳記。陽城子長作《樂經》，揚子雲作《太玄經》，造於助思，極窅冥之深，非庶幾之才，不能成也。」桓君山「作《新論》，論世間事，辯照然否，虛妄之言，偽飾之辭，莫不證定。彼子長、子雲說論之徒，君山為甲。自君山以來，皆為鴻眇之才，故有嘉令之文」。據此所說，文之與筆，本未分途，而所謂文者，皆以善作奏記為主。自是以上仍有鴻儒。鴻儒之文，若司馬子長、劉子政所著，則為歷史；陸、董、陽城、揚四子所著，則為諸子經說；君山所著，則為諸子。是歷史、經說、諸子三者，彼方目以最上之文，非如後人擯此於文學之外，而沾沾焉惟以華辭為文，或以論說、記序、碑誌、傳狀為文也。惟能說一經者，則不在此列。蓋學官弟子，聚徒講經，須以發策決科，其所撰者，無異於後世之帖括，是故屏之不與也。

自晉以後，始有文、筆之分。《文心雕龍》云：「今之常言，有文有筆，無韻者文也，有韻者筆也。」然《雕龍》所論列者，藝文之屬，一切並包，是則文筆分科，只存時論，固未嘗以此為限界也。昭明太子之序《文選》也，其於歷史，則云「事異篇章」；其於諸子，則云「不以能文為貴」。此為裒次總集，自成一家，體例適然，非不易之定論也。若以文、筆區分，則《文選》所登無韻者，亦自不少。若以文之為道，貴在彣彰，則未知賈生〈過秦〉，比於周、秦諸子，其質其彣，竟何所判？且《漢書．藝文志》儒家者流，有賈誼五十八篇，〈過秦〉亦在其列。此亦諸子，何以獨堪登錄？有韻文中既登漢祖〈大風〉之作，即《古詩十九首》亦皆入選，而漢、晉《樂府》，反在所遺，是其於韻文也，亦不以節奏低昂為主，惟取文采斐然，足耀觀覽，又失韻文之本矣。是故昭明之說，本無可以成立者也。

近世阮伯元氏，以為孔子贊《易》，始著〈文言〉，故文必以駢儷為主，而又牽引文、筆之分，以成其說。夫有韻為文，無韻為筆，則駢散諸體，皆是筆而非文。藉此證成，適足自陷。既以〈文言〉為文，則〈序卦〉、〈說卦〉，又將何說？且文辭之用，各有所當。〈彖〉、〈象〉諸篇，屬於占繇之體，則不得不為韻語；〈繫辭〉、〈文言〉，屬於述贊之體，則不得不為儷辭；〈序卦〉、〈說卦〉，或屬目錄，或屬箋疏，則不得不為散錄。必以儷辭為文，何以《十翼》不能一致？豈波瀾既盡，有所謝短乎？或舉《論語》「辭達」一言，以為文之與辭，劃然異職。然則〈文言〉稱文，〈繫辭〉稱辭，體格未殊，而稱號有異，此又何也？董仲舒云「《春秋》文成數萬」，兼彼經傳，總稱為文，猶曰今文家之曲說。太史〈自序〉亦云「論次其文」，此固以史為文也。又曰：「漢興，蕭何次律令，韓信申軍法，張蒼為章程，叔孫通定禮儀，則文學彬彬稍進。」此非駢偶之文，而未嘗不謂之文也。屈、宋、唐、景之作，既是韻文，亦多駢語。而《漢書．王褒傳》已有《楚辭》之目，王逸仍之。名曰「楚辭」，不曰「楚文」，則有韻與駢偶者，亦未嘗不謂之辭也。《漢書．賈誼傳》云：「以屬文稱於郡中。」其文云何？若云賦也，則〈惜誓〉登於《楚辭》，文辭不別矣；若云奏記條議，則又彼之所謂辭也。〈司馬相如傳〉云：「景帝不好辭賦。」《法言．吾子篇》云：「詩人之賦麗以則，辭人之賦麗以淫。或問君子尚辭乎？曰君子事之為尚，事勝辭則伉，辭勝事則賦，事辭稱則經。」此可見韻文、駢體，皆可稱辭，無文、辭之別也。且文辭之稱，若從其本以為分析，則辭為口說，文為文字。古者簡帛重煩，多取記憶，故或用韻文，或用駢語，為其音節諧熟，易於口記，不煩記載也。戰國縱橫之士，抵掌搖唇，亦多疊句，是則駢偶之體，適可稱職。而史官方策，如《春秋》、《史記》、《漢書》之屬，乃當稱為文耳。由是言之，文、辭之分，矛盾自陷，可謂大惑不解者矣。蓋自梁、李、韓、柳、獨孤、皇甫、呂、李、來、張之輩，競為散體，而自美其名曰古文辭，將使駢儷諸家，不登文苑，此固持論偏頗，不為典要。今者務反其說，亦適成論甘忌辛之見，此亡是公之所笑也。

或言學說、文辭所以異者，學說在開人之思想，文辭在動人之感情。雖亦互有出入，而大致不能逾此。此亦一偏之見也。何以定之？文之為名，包舉一切著於竹帛者而言之，故有成句讀之文，有不成句讀之文，兼此二事，通謂之文。就成句讀者言之，謂之文辭；就無韻文之部分言之，則有六科，而雜文、小說，居其二焉。凡不成句讀者，表譜之體，旁行邪上，件繫支分。會計之簿錄，算術之演草，地圖之列名，此皆有名身而無句身。若此類者，無以動人之思想，亦無以發人之感情，此不得謂之文辭，而未嘗不得謂之文也。其成句讀者，復有有韻、無韻之別。無韻文中，當有學說、歷史、公牘、典章、雜文、小說六科。就吾所說，則有韻、無韻，皆可謂之文辭。特其體裁有異，故所以斷其工拙者，各有不同。就彼所說，則除學說而外，一切有韻、無韻之文，皆得稱為文辭，而一以激發感情為主，則其誤亦已甚矣。無韻文中，專尚激發感情者，惟雜文、小說耳。歷史之中，目錄、學案，則於思想有關，而於感情無涉。其他敘事之文，固有足動感情者，然本非以是為主。

蓋敘事者，在得其事之真相耳。其事有足動感情與不動感情之異，故其文亦有足動感情與不動感情之異。若強事而就辭，則所謂削足適屨者也。至於姓氏之書，列入史科，此則無關思想，亦無關於感情者也。公牘之中，詔誥奏議亦有能動感情者，然考績升調之詔，支銷舉劾之書，則於感情固無所預。其取動感情者，惟為特別事端，非其標準在此也。訴訟之詞狀，錄供之爰書，當官之履歷，經商之引帖，此足動感情乎？抑不足動感情乎？典章之中，思想感情，皆無所預。若評論典章，與尋求其原理者，此則諸子之法家，當在學說，非彼所謂文辭矣。然則無韻之文，除學說外有歷史、公牘、典章、雜文、小說五科，而三科皆不以能動感情為主，惟雜文、小說，則以是為標準耳。有韻之文，誠以能動感情為主矣，然如蓍龜、彖象之文，體皆韻語，命曰占繇，《周易》而外，見於《左氏》者多，乃如揚子之《太玄》，焦贛之《易林》，東方朔之《靈棋》，其文古雅有餘，而於感情實無所動。其他詩、賦、箴、銘、哀、誄、詞、曲之屬，固以宣情達意為歸，抑揚宛轉，是其職也。雖然，儒家之賦，意存諫戒，若荀卿〈成相〉一篇，固無能動感情之用。毛公傳《詩》，獨標興體，所謂興者，即能動感情之謂。則知比、賦二式，宜不以此為限。《傳》稱：「登高能賦謂之德音。」然則原本山川，極命草木，若相如之〈子虛〉，揚雄之〈羽獵〉、〈甘泉〉，左思之〈三都〉，郭璞、木華之〈江〉、〈海〉，奧博翔實，極賦家之能事矣。其於感情，動耶否耶？（惟相如〈大人賦〉，漢武讀之，飄飄有陵雲氣、遊天地間意。此自憑虛構造之作，與〈子虛〉諸篇不同。）其專賦一物者，若荀卿之〈蠶賦〉、〈箴賦〉，王延壽之〈王孫賦〉，禰衡之〈鸚鵡賦〉，侔色揣稱，曲盡形相，讀者感情亦未動也。今之言詩，與古稍異，故詩、賦分為二事。漢世〈郊祀〉、〈房中〉之歌，沉博絕麗，而莊敬之情，覽者曾不為動。蓋其感人之處，固在彼之管絃，非局於詞句也。若夫柏梁聯句，語皆有韻，後世遵之，自為一體。今試紬繹其辭，惟是夫子自道。而上林令詩，則以「桃李橘柏枇杷梨」七字垛積成言，無異〈急就篇〉中文句。若以〈柏梁詩〉為不善，則固詩人所尊奉也；若以〈柏梁詩〉為善，則無可動人之感情也。然則謂文辭之妙，惟在能動感情者，在韻文已不能限，而況無韻之文乎！彼專以雜文、小說之能事，概一切文辭者，是真知其一而不知其二也。或云壯美，或云優美，學究點文之法，村婦評典之辭，庸陋鄙俚，無足掛齒。而以是為論文之軌，不亦過乎？吾今為一語曰：一切文辭（兼學說在內），體裁各異，以激發感情為要者，箴、銘、哀、誄、詩、賦、詞、曲、雜文、小說之類是也；以濬發思想為要者，學說是也；以確盡事狀為要者，歷史是也；以比類知原為要者，典章是也；以便俗致用為要者，公牘是也；以本隱之顯為要者，占繇是也。其體各異，故其工拙，亦因之而異，其為文辭則一也。

如上諸說，前之昭明，後之阮氏，持論偏頗，誠不足辯。最後一說，以學說與文辭對立，其規模雖稍寬博，而其失也在惟以彣彰為文，而不以文字為文，故學說之不彣者，則悍然擯之於文辭之外。惟《論衡》所說，略成條理。先舉奏記為質，則不遺公牘矣，次舉敘事、經說、諸子為言，則不遺歷史與學說矣。有韻為文人所共曉，故略而不論，雜文漢時未備，故亦不著。不言小說，或其意存鄙夷。不列典章，由其文有缺略，此則不能無失者也。雖然，王氏所說，雖較諸家為勝，亦但知有句讀文，而不知無句讀文，此則不明文學之原矣。

吾今當為眾說，古者書籍得名，由其所用之竹木而起，此可見語言、文學，功用各殊，是文學之所以稱文學也。且如「經」之得稱，謂其「常」也；「傳」之得稱，謂其「轉」也；「論」之得稱，謂其「倫」也。此皆後儒訓說，未必睹其本真。欲知稱經、稱傳、稱論之由，則經者，編絲綴屬之謂也，是故六經而外，復有緯書，義亦同此。如佛經稱「素怛纜」（亦云「修多羅」）。素怛纜者，直譯為線，意譯為經。蓋彼以貝葉成書，故不得不用線聯貫。此以竹簡成書，亦不得不編絲綴屬，其必舉此為號者，異於百名以下，專用版牘者耳。蓋經本官書，故〈吳語〉有「挾經秉枹」之說（韋《解》：「經，兵書也。」此說未確，豈有臨陳而讀兵書者。蓋尺籍，伍符之屬，臨陳攜之，取便檢點）。字既繁多，故用策而不用版也。傳者，專之假借也。《論語》「傳不習乎」，魯作「專不習乎」，是其明證。《說文》訓「專」為「六寸簿」，簿則手版，古謂之「忽」（今作笏）。「書思對命」，以備忽忘，故引申為書籍記事之稱。書籍名簿，亦名為專。專之得名，以其體短，有異於經。鄭康成〈論語序〉云：「《春秋》二尺四寸，《孝經》一尺二寸，《論語》八寸。」則知專之簡策，當更短於《論語》，所謂六寸者也（漢〈藝文志〉言劉向校中古文《尚書》，有一簡二十五字者。而服虔注《左氏傳》則云：「古文篆書一簡八字。」蓋二十五字者，二尺四寸之經也；八字者，六寸之專也。古官書皆長二尺四寸，故云二尺四寸之律。舉成數言，則曰三尺。《法經》亦官書，故長如之。其非經律，則稱短書。皆見《論衡》）。論者，古只作侖。比竹成冊，各就次第，是之謂侖。簫亦編竹為之，是故「侖」字從「侖」，引申則樂音之有秩序者，亦稱為侖。「於論鼓鐘」是也。言說之有秩序者，亦稱為侖，「坐而論道」是也。推尋本義，實是「侖」字。《論語》為師弟問答，而亦略記舊聞，散為各條，編次成帙，故曰《侖語》。要之經者，繩線貫聯之稱；傳者，簿書記事之稱；論者，比竹成冊之稱。各從其質，以為之名，亦猶古言方策，漢言「尺牘」，今言「劄記」也。雖古之言「肄業」者（《左氏傳》「臣以為肄業」及之也），亦謂肄版而已。〈釋器〉云：「大版謂之業。」所習之書，各有篇第，而習者移書其文於版（學童習字用觚，觚亦版也），故云肄業。《管子．宙合篇》云：「退身不捨端，修業不息版。」以此證之，則「肄業」之為「肄版」明矣（學業之名，由此引申，與事業、功業異義）。據此諸證，或簡或牘，皆從其質為名，此所以別文字於言語也。其所以必為之別者，何也？文字初興，本以代言為職，而其功用，有勝於言者。蓋言語之用，僅可成線，喻如空中鳥跡，甫見而形已逝。故一事一義，得相聯貫者，言語司之。及夫萬類坌集，棼不可理，言語之用，有所不周，於是委之文字。文字之用，可以成面，故表譜圖畫之術興焉。凡排比鋪張，不可口說者，文字司之。及夫立體建形，向背同現，文字之用，又有不周，於是委之儀象。儀象之用，可以成體，故鑄銅雕木之術興焉。凡望高測深，不可圖表者，儀象司之。然則文字，本以代言，而其用則有獨至。凡無句讀之文，皆文字所專屬者也。文之代言者，必有興會神味，文之不代言者，則不必有興會神味。不代言者，文字所擅場也。故論文學者，不得以感情為主。

今先說文學各科如下：

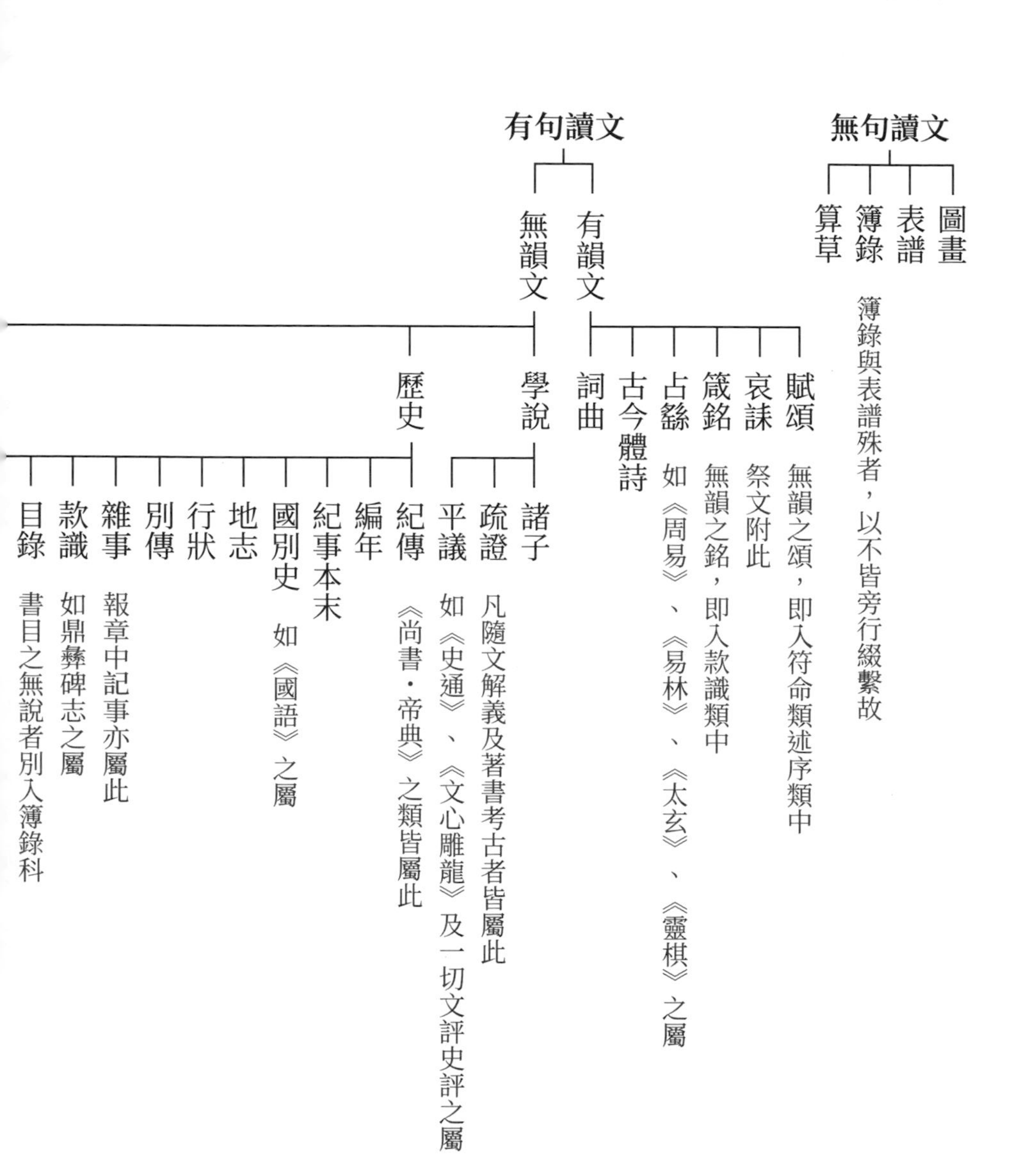
無句讀文
圖畫
表譜
簿錄
算草
簿錄與表譜殊者，以不皆旁行綴繫故
有句讀文
有韻文
無韻文
賦頌
無韻之頌，即入符命類述序類中
哀誄
祭文附此
箴銘
無韻之銘，即入款識類中
占繇
如《周易》、《易林》、《太玄》、《靈棋》之屬
古今體詩
詞曲
學說
諸子
疏證
凡隨文解義及著書考古者皆屬此
平議
如《史通》、《文心雕龍》及一切文評史評之屬
歷史
紀傳
《尚書・帝典》之類皆屬此
編年
紀事本末
國別史
如《國語》之屬
地志
行狀
別傳
雜事
報章中記事亦屬此
款識
如鼎彝碑志之屬
目錄
書目之無說者別入簿錄科

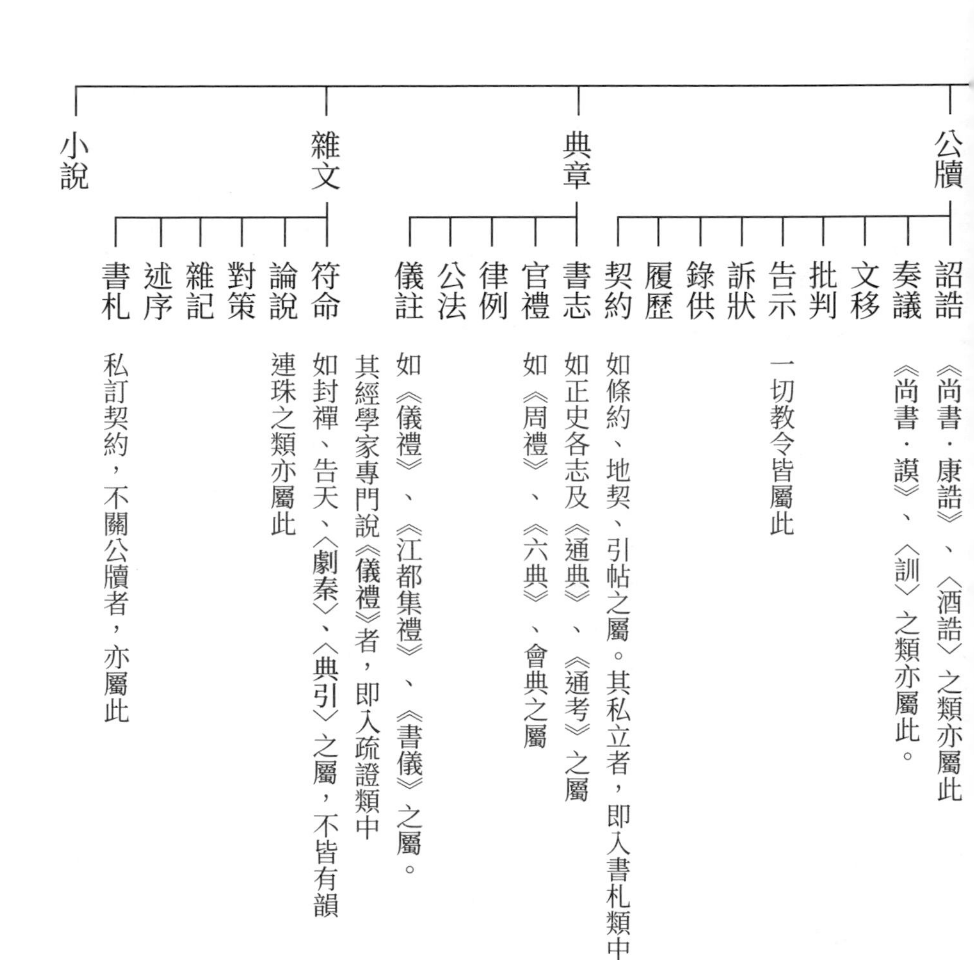

公牘
詔誥
《尚書．康誥》、〈酒誥〉之類亦屬此
奏議
《尚書．謨》、〈訓〉之類亦屬此。
文移
批判
告示
一切教令皆屬此
訴狀
錄供
履歷
契約
如條約、地契、引帖之屬。其私立者，即入書札類中
典章
書志
如正史各志及《通典》、《通考》之屬
官禮
如《周禮》、《六典》、會典之屬
律例
公法
儀註
如《儀禮》、《江都集禮》、《書儀》之屬。
其經學家專門說《儀禮》者，即入疏證類中
雜文
符命
如封禪、告天、〈劇秦〉、〈典引〉之屬，不皆有韻
論說
連珠之類亦屬此
對策
雜記
述序
書札
私訂契約，不關公牘者，亦屬此
小說

如右所說，分無句讀文、有句讀文為二列。其下分十六科，即圖畫、表譜、簿錄、算草、賦頌、哀誄、箴銘、占繇、古今體詩、詞曲、學說、歷史、公牘、典章、雜文、小說是也。其中學說、歷史、公牘、典章、雜文，又當區為各類。以此分析，則經典亦當散入各科。如《周易》者，占繇科也；如《詩》者，賦頌科也；如《尚書》者，歷史科之紀傳類、紀事本末類，公牘之詔誥類、奏議類、告示類也；如《周禮》者，典章科之官禮類也；如《儀禮》者，典章科之儀註類也（《樂經》已亡，無由判別）；如《禮記》者，典章科之儀註類（〈曲禮〉、〈內則〉、〈投壺〉、〈公冠〉諸篇皆是）；書志類（〈祭法〉、〈明堂〉、〈月令〉諸篇皆是）；學說科之諸子類（〈中庸〉、〈禮運〉、〈禮器〉、〈三朝記〉諸篇皆是）；疏證類（〈昏義〉、〈冠義〉、〈鄉飲酒義〉諸篇皆是）；歷史科之紀傳類（如〈五帝德篇〉是）也；《春秋》者，歷史科之編年類；《世本》則表譜科；《國語》則歷史科之國別史類；二《傳》，則學說科之疏證類也；《論語》、《孝經》者，學說科之諸子類也；《爾雅》、《說文》者，學說科之疏證類也。至於正史，一書之中，分科各異。如紀傳，則歷史科之紀傳類也；書志，則典章科之書志類也；年表、人表，則表譜科也；若百官公卿表，則又典章科之官禮類也；宰相世系表，則又歷史科之姓氏書類也。於書志中有〈藝文〉、〈經籍〉等志，則又歷史科之目錄類也。文人所作總集、別集之屬，大抵多在雜文科中。而碑誌，則歷史科之款識類。傳狀，則歷史科之行狀類、別傳類也。若《翰苑集》，則公牘科之奏議類也。若《順宗實錄》，則歷史科之紀傳類也（近世奏議、實錄，皆不入集，則別集中無此二類矣）。凡自成一家之書，名為諸子，然《別錄》、

《七略》，兵書、方技、數術，皆為獨立，不入諸子略中。晉荀勖《簿錄中經》分為四部，而兵書、數術，遂與諸子合符。梁阮孝緒作《七錄》，子、兵為一，而技術復在其外。《隋．經籍志》，始以兵家、天文家、曆數家、五行家、醫方家盡入諸子。自今以後，科學漸興，則諸子所包，其數將不可計。儒家、道家，同為哲學。墨家、陰陽家，同為宗教，似亦不須分立矣。此與歷史、公牘、典章、小說諸科皆相涉入，惟於雜文則遠耳。其次或自成一家，或依附舊籍，而皆以實事求是為歸者，則通名為疏證。上自經說，下至近世之劄記，此皆疏證類也。其最古者，若《尚書》有〈大誓故〉（見〈周語〉），《管子》有〈形勢解〉、〈立政九敗解〉、〈版法解〉、〈明法解〉，《韓非》有〈解老〉、〈喻老〉，此亦疏證類也。而近人別集，如戴震、錢大昕、段玉裁、阮元輩，其間雜文甚少，而關於考證者多，是亦疏證類也。此類與歷史、公牘、典章、雜文、小說諸科，則皆相涉入者也。其有商度文史，自成一家者，名曰平議，若荀勖之《雜撰文章家集敘》、摯虞之《文章志》、傅亮之《續文章志》，《隋書》皆列入史部簿錄篇中，皆為近似。而後人則於別集、總集而外，又立一文史類，蒐集此種，錄入其中，則名實相去遠矣。今之史評，若《史通》是也。今之文評，若《文心雕龍》是也。其關於款識者，若《金石要例》是也。其關於古今體詩者，若《詩品》是也。其通評文史者，若《文史通義》是也。此則與無句讀文、有句讀文，皆相涉入者也。

既知文有無句讀、有句讀之分，而後文學之歸趣可得言矣。無句讀者，純得文稱，文字之不共性也。有句讀者，文而兼得辭，稱文字、語言之共性也。論文學者，雖多就共性言，而必以不共性為其素質。故凡有句讀文，以典章為最善，而學說科之疏證類，亦往往附居其列。文皆質實，而遠浮華，辭尚直截，而無蘊藉。此於無句讀文最為鄰近。魏、晉以後，珍說叢興，文漸離質，作史者能為紀傳，而不能為表譜、書志。今觀陳壽之《三國志》，范曄之《後漢書》，姚思廉之《梁書》、《陳書》，令狐德棻之《周書》，李百藥之《北齊書》，李延壽之《南史》、《北史》，惟存紀傳，而表志絕焉（惟沈約《宋書》、蕭子顯《齊書》、魏收《魏書》有志。若《續漢書》之志，則司馬彪作，非范曄所能作也。《隋書》成於官撰，紀傳與志，分任纂修，蓋作紀傳者，亦不能作志也。《晉書》亦官撰，故得有志）。江淹所以嘆作史之難，莫難於作志也。中唐以後，三傳束閣，降及北宋，論鋒橫起，好為浮蕩恣肆之辭，不惟其實，故疏證之學漸疏。劉攽[1]、劉奉世[2]、洪适[3]、洪邁[4]、婁機[5]、吳曾[6]、王應麟[7]之徒，雖能考證叢殘，持之有故，言之不能成理。屬文者，便於荒陋，反以疏證為支離，此

---

1 一〇二三—一〇八九，北宋史學家，撰有《東漢刊誤》。

2 一〇四一—一一一三年，與其父劉敞及劉攽合寫《漢書標注》。

3 一一一七—一一八四，其文獻學著作《隸釋》，取兩漢到魏初碑碣隸書相參，並考證以訂正遺誤

4 一一二三—一二〇二，所著《容齋隨筆》，以史料、考據見稱，為宋代三大考據筆記之一。

5 一一三三—一二一一，所著《班馬字類》，廣參《史記》、《漢書》等書之古字、僻字，詳於考證辨音；《漢隸字源》則收東漢碑刻等銘文，是漢字演變的重要參考著作。

6 生卒年不詳，所著《能改齋漫錄》以考據、博引見稱。

7 一一二三—一二九六，所著《困學紀聞》，廣涉經史子集，為宋代三大考據筆記之首。

文辭所以日趨浮偽。是故，作史不能成書志，屬文不能兼疏證，則文字之不共性，自是亡矣。雖然，既已謂之文辭，則書志必不容與表譜、簿錄同其繁碎，疏證必不容與表譜、簿錄同其冗雜。故書志之要，必在訓辭翔雅，若〈漢志〉、〈隋志〉、《通典》之文，則得矣。宋、元、明志，《通考》、《續通考》輩，非其任也。疏證之要，必在條列分明，若江永、戴震、段玉裁、王引之[8]、金榜[9]、黃以周[10]之文，則得矣；余蕭客[11]、王昶[12]、洪亮吉[13]輩，非其任也。以典章科之書志，學說科之疏證，施之於一切文辭，除小說外，凡敘事者，尚其直敘，不尚其比況。若云「血流標杵」，或云「積戈甲與熊耳山齊」，其文雖工，而為偭規改錯矣。凡議論者，尚其明示，而不尚其代名，若云「顏淵雖篤學，附驥尾而行益顯」，或云「足歷王庭，垂餌虎口」，其文雖工，而為雕刻曼辭矣。乃若疊韻、雙聲，連字、

---

8 一七六六—一八三四，乾嘉學派代表人物王念孫之子。著虛詞詞典《經傳釋詞》、《經義述聞》、《字典考證》等，糾正諸多當時的錯誤。

9 一七三五—一八〇一，著《禮箋》。

10 一八二八—一八九九，著《禮書通故》，考釋中國古代名物制度等，並訂正舊注訛誤。

11 約一七二八—約一七七八，從惠棟學。著有《古經解鉤沉》，為漢唐注經之作的輯佚書，並加以校勘證誤。

12 一七二四—一八〇六，喜金石之學，晚年因眼疾而請門下代撰《金石萃編》，故多有謬誤，史家陳垣遂謂此書「體例甚佳，而所錄文一塌糊塗」。

13 一七四六—一八〇九，嘉慶年間學者，長於詞章考據。

連義，用為形容者，惟於韻文為宜，無韻之文，亦非所適。所以者何？韻文以聲調節奏為本，故形容不患其多。如顧寧人《日知錄》云：

> 詩用疊字最難。〈衛詩〉：「河水洋洋，北流活活；施罛濊濊，鱣鮪發發；葭菼揭揭，庶姜孽孽。」連用六疊字，可謂複而不厭，賾而不亂矣。《古詩》：「青青河畔草，鬱鬱園中柳；盈盈樓上女，皎皎當窗牖；娥娥紅粉粧，纖纖出素手。」連用六疊字，亦極自然，下此即無人可繼。屈原〈九章・悲回風〉：「紛容容之無經兮，罔芒芒之無紀；軋洋洋之無從兮，馳逶移之焉止；漂翻翻其上下兮，翼遙遙其左右；氾潏潏其前後兮，伴張弛之信期。」連用六疊字。宋玉〈九辯〉：「乘精氣之摶摶兮，騖諸神之湛湛；驂白霓之習習兮，歷群靈之豐豐；左朱雀之茇茇兮，右蒼龍之躍躍；屬雷師之闐闐兮，通飛廉之衙衙；前輕輬之鏘鏘兮，後輜乘之從從；載雲旗之委蛇兮，扈屯騎之容容。」連用十一疊字，後人辭賦，亦罕有能及之者。

此則韻文貴在形容之證也。無韻之文，便與此異。前世作者，用之符命，是為合格。其他諸篇，倘見則可，過多則不適矣。相如、子雲，湛深於古文奇字，〈移檄〉、〈解嘲〉之屬，用此亦多。後人當師其奇字，不當師其形容語也（此如商、周誓誥，只容古人為之，後生不得模仿）。乃如舊地稱官，皆從時制，雖當異族秉政，而亦無可詭更，所謂名從主人也。近世為文例者，只以此為金石刻劃之程式，其實雜文亦爾。特歷史，公牘諸科，需此尤切爾。夫解文者，以典章、學說之法，施之歷史、公牘，復以施之雜文，此所以安置妥貼也。不解文者，以小說之法施之雜文，復以施之歷史、公牘，此所以骫骳不安也。或曰：「子前言一切文辭，體裁各異，故其工拙亦因之而異，今乃欲以書志、疏證之法，施之於一切文辭，不自相剌謬耶？」答曰：「前者所說，以工拙言也，今者所說，以雅俗言也。工拙者，系乎才調，雅俗者，存乎軌則。軌則之不知，雖有才調而無足貴。是故俗而工者，無寧雅而拙也。雅有消極、積極之分。消極之雅，清而無物，歐、曾、方、姚之文是也；積極之雅，閎而能肆，揚、班、張、韓之文是也。雖然，俗而工者，無寧雅而拙。故方、姚之才雖駑，猶足以傲今人也。吾觀日本之論文者，多以興會神味為主，曾不論其雅俗。或其取法泰西，上追希臘，以「美」之一字，橫梗結噎於胸中，故其說若是耶？彼論歐洲之文，則自可爾，而復持此以論漢文，吾漢人之不知文者，又取其言以相矜式，則未知漢文之所以為漢文也。日本人所讀漢籍，僅中唐以後之書耳。魏、晉、盛唐之遺文，已多廢閣，至於周、秦、兩漢，則稱道者絕少。雖或略觀大意，訓詁文義，一切未知，由其不通小學耳。夫中唐文人，惟韓、柳、皇甫、獨孤、呂、李諸公為勝。自宋以後，文學日衰，以至今日。彼方取其最衰之文，比較綜合，以為文章之極致，是烏足以為法乎！」或曰：「子之持論，似明世七子所說，專以唐為封域，而蔑視宋後諸公，甯非一偏之論耶？」答曰：「七子之弊，不在宗唐而祧宋也，亦不在效法秦、漢也，在其不解文義，而以吞剝為能，不辨雅俗，而以工拙為準。吾則不然，先求訓詁，句分字析，而後敢造詞也；先辨體裁，引繩切墨，而後敢放言也。此所以異於明之七子也。」或曰：「子謂不辨雅俗，則工拙可以不論。前者已云，以便俗致用為要者，公牘是也。彼公牘者，復何雅之足言乎？」答曰：「所謂雅者，謂其文能合格。公牘既以便俗，則上準格令，下適時語，無屈奇之稱號，無表象之言詞，斯為雅矣。《漢書．藝文志》曰：『《書》者，古之號令，號令於眾，其言不立具，則聽受施行者弗曉。古文讀應《爾雅》，故解古今語而可知也。』是則古之公牘，以用古語為雅，今之公牘，以用今語為雅？或用軍門、觀察、守令、丞倅，以代本名，斯所謂屈奇之稱號也；或言水落石出、剜肉補瘡，以代本義，斯所謂表象之言詞也。其餘批判之文，多用四六。昔在宋世，已有《龍筋鳳髓》[14]之書。近世宰官，相率崇效，以文掩事，猥瀆萬端。此弊不除，此公牘所以不雅也。公牘之文與所謂高文典冊者，其積極之雅不同，其消極之雅則一，要在質直而已。安有所謂便俗致用者，即無雅之可言乎？非獨公牘然也，小說之文，與他文稍異矣，然亦有其雅者。《史記．滑稽傳》、《漢書．東方朔傳》，此皆小說所本。而《漢書．藝文志》之稱小說，則云『街談巷語道聽塗說者所造』，是所謂詢於芻蕘者也。故如邯鄲淳之《笑林》，劉義慶之《世說》，皆當時實事也。其有意構造者，則如〈漢志〉所載小說諸家，多兼黃老，而其後亦兼神鬼。若《搜神記》、《幽明錄》者，非小說之正宗矣，然猶以譎怪恢奇相尚。雖云致遠恐泥，而無淫汙流漫之文，是在小說，猶不失為雅也。自明以來，文人誇毗，惟懷婚姻，自詡風流，廉恥道喪，於是有《祕辛雜事》、《飛燕外傳》諸作。浸淫至今，而其流不可遏

14 指唐代張鷟所編《龍筋鳳髓判》，收錄唐代中央與地方的判例案由。

矣。反古復始，故亦有其雅者。近世小說，其為街談巷語，若《水滸傳》、《儒林外史》；其為神怪幽祕，若《閱微草堂》五種，此皆無害為雅者。若以古豔相矜，以明媚自喜，則無不淪入惡道。故知小說自有雅俗，非有俗無雅也。公牘、小說，尚可言雅，況典章、學說、歷史、雜文乎！若不知世有無句讀文，則必不知文之貴者在乎書志、疏證。若不知書志、疏證之法，可施於一切文辭，則必以因物騁辭，情靈無擁，為文辭之根極。宕而失原，惟知工拙，不知雅俗，此文辭所以日弊也。」

日本武島氏《修辭學》[15]云：「凡備體製者，皆得稱文章。然凡稱文章者，不必皆備體製。無味之談論，乾枯之記事，非不自成一體，其實文字之臚列，記號之集合也，未可云備體製之文章也。」此說不然。圖畫有圖畫之體製，非善準望、審明暗者勿能為。表譜有表譜之體製，非知統系、明綱目者勿能為。簿錄有簿錄之體製，非識品性審去取者勿能為。算草有算草之體製，非知記號通章數者勿能為。此皆各有其學，故亦各有其體。乃至單篇札記，無不皆然。其意既盡，而文獨不盡，則當刊落盈辭，無取虛存間架。若夫前有虛冒，後有結尾，起伏照應，惟恐不周，此自蘇軾、呂祖謙輩教人策鋒之法，以此謂之體製，吾未見其為體製也。善夫，章氏《文史通義》之言曰：「塾師之講時文，必有法度，以合程式，而法度難以空言，則往往取譬以示蒙學。擬於房室，則有所謂間架結構；擬於身體，則有所謂眉目筋節；擬於繪畫，則有所謂點睛添毫；擬於形家，則有所謂來龍結

---

15 武島又次郎，一八七二—一九六七，日本作詞家、文學研究者。撰有《修辭學》，說明文章體製與構成，並將文章分為記事文、敘事文、解釋文、議論文四種，講解各文類之性質與所長。

穴。」此為初學示法，無庸責也。惟時文結習，深錮腸腑，進窺一切古書古文，皆此時文見解，則如用象棋枰，布圍棋子，必不合矣。日本人未習時文，乃其所言亦有類是，則以眼界所及，多屬宋文。而蘇軾、呂祖謙輩，實為時文之祖，故所言亦適相符合。不知文有有句讀、無句讀之分，就有句讀文中，亦尚有近於無句讀文者，而必執一體製以概凡百之體製，悲夫！井魚不可與語海者，拘於墟也；夏蟲不可與語冰者，篤於時也。

（一九〇六年九月講於日本）

研究中國文學的途徑

兄弟這次初到湖南，湖南的文化，一向是很高的。近來有人提倡新文化，究竟新文化和舊文化應該怎樣才得調和，今天預備關於這層來講講明白。

湖南本來是一個講理學的地方，自清初以至道光，理學都很盛。後來出了魏默深等講漢學，洪楊以後，漢學漸次發達。可見湖南從前文化上是調和的。

近來有人對於古學，嫌其煩瑣。兄弟對於這層，也曾很研究。近來學問，不能求深，要想像前人的專精一種，實在是不可能的事。兄弟最初專攻漢學，不求科舉和別的職業，偶然也做過教師，當時對於學問，總求精奧，後來覺得精奧也無甚用，就講大體，對於前人所未發者，雖然也曾加以發明，但瑣碎的事總不講了。人各有志，願意專攻那一門，本來很好。至於現在的學校中，科目很多，要講各科調和，當然就不能專精一門。不過學問的大體，卻不可不知，不知大體，雖學也等於不學。近來各科教科書，都不適當，編書的人，對於學問自己也無頭緒，不能提綱挈領，專舉些瑣碎的事，這種教科書，學了有什麼用處？有人說「中國舊學無用」，像這種教科書中所講的學，當然無用。所以做教師的宜在教科書外指導學生，學生也要自己多方參考，務必要求得學問的大體。

那麼大體怎樣去求呢？學問的大體，從前卻不易求，現在卻比較容易。明以前考證很疏，到清代漸漸精密，自然說來也很瑣碎。但到了後來，大體卻顯現出來了，這大體不會錯誤，我們也容易求得。學校教育不過指示求學的途徑，學者第一要懂得大體，瑣碎的事學校也不能教，就使學了也沒有用。我國古學，舉其大者，不過是經、史、小學、諸子幾種。現在就這幾種來說個研究的途徑：

經學家的著作，差不多有四五千卷之多，著手很不容易，但現在卻比從前便利了。清代治經，分古文、今文兩派，不如從前的難得系統。古文是歷史，今文是議論。古文家治經，於當時典章制度很明白的確；今文家治理，往往不合古時的典章制度。《周禮》、《春秋》、《左傳》都是古文學，《詩》和《書》則有古文、有今文。但是今文家所說往往與古文情形不對，古文家將經當歷史看，能夠以治史的法子來治經，就沒有紛亂的弊病，經就可治了。這是治經的途徑。

再講讀史，學校裡讀，往往多做空議論，實在不得法。古人像呂祖謙、蘇氏等也歡喜多做史論，但是不過是為干祿計底，所論於當時的利害，並不切當，這是毫無意義的事。我們讀史，應知大體。全史三千多卷，現在要人全讀，是不可能的事。《資治通鑑》和《通典》、《通考》，卻合起來不過六七百卷，可以讀完的，不可不讀。這個裡面也有許多可以不讀的，如五行、天文等類，用處很少；至於兵制、官制、食貨、地理等重要門類，應該熟覽詳考；其餘煩瑣的事，不考究本不要緊，只講大體也不紛煩，這是讀史的途徑。

小學似非有師指導不能入門的。學問其實關於小學著作中真可觀的書也沒有幾種。清代講小學的人總算最多。現在的講法，卻有弊病。聲音、訓詁、形體，都是小學的部分，近人不重聲音、訓詁，專講形體，形體是講不了的。近來應用的字已達三千以上的數目，專從形體上去求，實太瑣碎，應該從音訓上去學。文字原是言語的符號，未有文字以前，卻已有了言語，這是一定的道理，不會錯的。凡聲相近的，義也相近，譬如「天，顛也」，人身最高部是顛，天也是最高部，所以音義也相近。這樣去講求，就能得著系統，得了系統，就可以御煩。對於很複雜的文字，不求了解他的根源，專從形體上去講求，既覺得紛煩而且無實用。這是小學的途徑。

諸子在昔是九流，現在卻不止九流了。這當中也有相通之理，原來我國的諸子學，就是現在西洋的所謂哲學。中國哲學有特別的根本。外國哲學是從物質發生的，譬如古代希臘、印度的哲學，都以地、火、水、風為萬物的原始。外國哲學，注重物質，所以很精的。中國哲學是從人事發生的。中國最古的哲學，就是《易經》，《易經》中所講的都是人事，八卦無非是他的表象罷了。後面出來的，如老子、孔子也著重在人事，於物質是很疏的。人事原是幻變不定的。中國哲學從人事出發，所以有應變的長處，但是短處卻在不甚確實。這是中外不同底地方。於造就人才上，中勝於西。西洋哲學，雖然從物質發生，但是到得程度高了，也就沒有物質可以實驗，也就是沒有實用，不過是理想高超罷了。中國哲學，由人事發生，人事是心造的，所以可從心實驗，心是人人皆有的，但是心不能用理想去求，非自己實驗不可。中國哲學，就使到了高度，仍可用理學家驗心的方法來實驗，不像西洋哲學始可實驗，終不可實驗，這是中勝於西的地方。印度哲學，也如是。我從前傾倒佛法，鄙薄孔子、老、莊，後來覺得這個見解錯誤。佛、孔、老、莊所講的，雖都是心，但是孔子、老、莊所講的，究竟不如佛的不切人事。孔子、老、莊自己相較，也有這樣情形。老、莊雖高妙，究竟不如孔子的有法度可尋，有一定的做法。那麼孔子可以佩服，宋儒不可佩服了嗎？這卻不然。宋儒也有考據學，不過因時代不同罷了。程、朱、陸、王互相爭軋，其實各有各的用處。陽明學說，言而即行，適於用兵；朱子一派，自然淺薄，但是當當地方官做做紳士，卻很有用；程明道、陳白沙於兩派都不同，氣象好像老、莊，於為君很適當。這三派易地俱敗：以陽明學說去行政治，就成了專制；以朱子學說去用兵，就有猶豫不決的弊病；以明道、白沙兩學說去做地方官和紳士，就覺得大而無當。據《漢書》上說，九流都是出於官的，那一官應該用那一流，原是各有用處，後來這種學問由官而民，各人都以自己的所志，發為學說。陽明自幼就喜歡談兵，性情應機立斷，就成了這樣的學說；明道、白沙氣象闊大，好像一個元首，他的學說也就有這樣態度；朱子是好像歡喜做地方官紳士的，一切都很謹慎，他的學說也有謹慎的樣子。我們自己歡喜做那樣的人，就去學那一派，不必隨著前人爭論的。這是諸子學的途徑。

中國學問中最要緊的就是這幾種。此外雖然還有許多門類，但不是切要的。能照上面所講的做去，就可曉得中國的學問並非無用的。近來有人說中國學問無用，卻不足怪，因為他們並不曾有系統的研究，於中國學問，當然茫無頭緒。倘然茫無頭緒去做，就是多讀書也本來沒用的。

今天所講，真是應急法，若在百年前、五十年以前，卻不應該這樣講，但是現在卻不得不這樣講，因為已經很急了。諸君中想不乏明白這些道理的人，請印證吾言。

（一九二〇年十月二十五日在長沙第一師範學校演說）

文章流別

向來論文，有《文心雕龍》一類的書，今天，可以不必依照他們去講。

大概最初的文章，都是有韻的。譬如〈堯典〉之類，敘事也須用韻，後來漸漸變為散文。春秋以前，完全敘事還敘不來。《尚書》敘事，一篇中偶有一二段，完全敘事的，很少很少。把《尚書》和漢碑相比，覺得很是相像。就〈堯典〉而論，語不質直，都是概括的稱讚，和漢碑很相像。漢碑的體例，一件事狀之後，總是加上幾句考語，〈堯典〉也是如此。所以，最初的敘事是敘不來的。到了《春秋》，方才能夠敘事。議論最初已有，《尚書．臯陶謨》便是。古人喜歡用韻，從〈臯陶謨〉到商、周〈誥〉、〈誓〉，還不大有韻。《春秋》、《國語》中的議論，語帶駢儷。到了漢朝，竟有用韻來作議論文的。大約敘事文在春秋時代方算成立，議論文在七國時代方算成立。漢朝議論文沒有進步，反而退步。奏議擅長，議論文用韻，便不擅長。此後魏、晉之間，論比漢好。名理精微的地方，漢人不及魏、晉。所以清談雖然有弊，從名理之文內容精深一點上看來，未始沒有益處。

敘事議論之外，還有一種文章，一般人不大留意。這種文章，不是敘事，也不是論議，是一種排比鋪張的文章。〈禹貢〉不能算作敘事文；《周禮》每一官下，有許多的排比鋪張，這一種，只可叫作「數典」。尋常文章，不外乎敘事議論，至於數典一類，尋常人不大會做，史中的志，便是屬於這一類的。

無韻的文章是一類，有韻的文章又是一類。有韻的文章，在古人只有詩。由詩生賦，以及箴、銘、哀、誄等等。箴向來便有韻，銘卻未必有韻，這都是在詩的範圍以外的，總之，都是韻文。我想無韻的可以分為三種：一敘事，二議論，三數典。有韻的可以分為詩、箴、銘、誄等等。列舉項目，不勝其繁，任昉《文章緣起》分做八十多類，我以為不必如此的繁。

文章的體裁，大概如此。現在再講一講文章的剛柔強弱，和國勢民情的關係。

一代有一代的文章，當時看了很好，過後或許不以為然。周以前材料缺乏，好壞無從評起。就周朝一代而論，周文經過三變，周初，口說的議論少，只有《周禮》一部，完全是數典的文章，到了《春秋》，三種都很像樣。關於國勢，春秋是微弱不振的時代，所以文章和平而帶有柔性。戰國時代的文章，便變為剛性了。從戰國到秦代，剛性更加厲害，每篇文章，都是虛字少而語句斬截。漢文比秦文稍覺寬和，但是氣魄洪大，總是帶有剛性，東漢還是如此。到了三國，漸漸由剛變柔，曹操、諸葛亮的文章，還是帶有剛性。他們語句不多，篇幅短小。後來中國衰弱，局勢分碎，晉文便變為柔性。假如借日人「壯美」、「優美」的話來講，從戰國到三國，是壯美的，晉代便是優美的了。國勢如此，文章亦然。南朝富有柔性，北朝似乎兩樣一些，但剛性仍少。一直到了唐朝，才由柔性變為剛性。這種情形，並非起於韓昌黎，昌黎以前的駢體，已是具有剛性的了，燕、許大手筆，即可作為證據。當時國勢強盛，所以文章都是詰屈聱牙，直至韓、柳，總是如此。當時昌黎以為好的文章，別人沒有稱之為壞的。譬如李觀、樊宗師一流，文章都是詰屈聱牙，唐人都是以為好的。昌黎以下，有皇甫湜、孫樵，都是如此。氣魄當然昌黎最大，後來的人，都及不上他，但是都帶剛性，這是同一的。經過五代破碎的局面，到了宋代，國勢仍舊衰弱。柳開、王禹偁，才力薄弱，算不來好的作家。和歐陽脩同時作文章的，有尹師魯（洙），他比柳開要略勝一籌，他和蘇舜欽、宋祁，都帶一些剛氣。蘇舜欽的境遇，和柳柳州相近，文亦近柳。宋祁是學昌黎的，所以亦帶一些剛氣。然而這三人的文章，宋人並不喜歡。所以，歐陽脩的文章得到通行，他們三人卻不通行了。歐和尹、蘇，恰巧立於反對地位。歐文純是優美的偏於柔性，曾鞏、蘇軾，十分剛氣的文章都沒有，宋朝的國勢，和晉朝相差不遠，所以文章都是柔性，所可分別的，不過晉含駢，宋少駢而已。宋人喜歡委婉，不喜歡倔強，和唐文截然不同。後人稱唐、宋八家，實則宋的六家，和韓、柳截然不同，所同者，在不作駢體罷了。當時歐陽脩反對太學生劉輝，因為劉輝的文章中有「天地豁，萬物軋，聖人茁」等生硬的句子，所以深惡痛絕。這種文章假如叫宋祁或韓愈去看，他們一定稱讚。假如樊宗師生在宋朝，歐陽脩定要痛罵。唐人以為韓愈的文章好，略帶一些柔性，便不喜歡。陸宣公的文章，委婉詳盡，受後代人的稱讚，但是和唐人是不相宜的，所以當時沒有稱讚他的。反而言之，當然尹、蘇的文章，宋人要不喜歡了。國勢強，文氣便剛，一般人也喜歡剛強的文章；國勢弱，文氣便柔，一般人亦厭惡剛性的文章。明初文章，盛行一種老生常談而又陳腐不堪的臺閣體，由此一變而為李空同、何大復，他們詩好，文卻不好。他們要想文學秦、漢，其實那裡學得到。即使學得，也未免舉鼎絕臏，面紅耳赤，沒有自然的態度。明七子的文章，便可以代表明朝的國勢。明朝比漢朝比不來，比唐朝也比不來，比六朝、宋朝，卻綽乎有餘，對於屬國，架子擺得很大。明朝以前，無論那一朝，沒有故為尊嚴，擺出大架子的。舉一個例來說，譬如朝鮮、安南，明朝的天使到時，不肯走進他們的城門，必定要架了天橋，從天上下來，表示上國的威風。對於南洋小國，架子更大，小國對於明朝，又有「代身金人」的崇奉。明朝強迫滿人自稱「奴才」，對待南洋小國，亦是如此。明朝的架子，比較漢、唐，真是大了好幾倍，但是，實力不如。明七子的文章，亦是如此，架子雖大，實力不充，這是他們根本的弊病。這種文章，行了一百多年，當時以為不差，過後便不甚注意了。歸震川的文章，和明朝沒有關係，卻開了清朝一代的風氣。清朝國勢很強，但是，這不是漢人的勢力，所以漢人的文章沒有剛性。魏叔子是明朝的遺民，他的文章帶有剛性，清朝人卻不喜歡，說他不甚乾淨。其實漢人願意為奴，所以喜歡柔性，魏叔子不然，所以人家不喜歡。曾滌笙出來，文即兩樣。奴雖仍舊是奴，正如《史記》所說的「桀黠奴」，奴的力量幾乎可以壓倒主人，他的文章便帶剛性。其餘「桐城」、「陽湖」，都是柔性的。以此可見文章的忽而重柔，忽而重剛，完全關於當時的國勢，關於一己的能力，從春秋到現在，一些也沒有例外的。至於批評的時美時惡，也如衣服之時髦與否一樣，或大或小，或長或短，隨著當時的眼光而定，理由是說不出來的。清朝自從曾滌笙以後，文章雖然仍帶柔性，但是，吳摯甫之流，即稍有剛性了。當時滿人勢力漸衰，漢人漸漸強盛，所以比較方望溪、姚姬傳便有剛氣，文章因乎國勢民情，真是一毫不爽的。至於駢文、散文，只是表面上的分別，和剛柔不相干。唐人散文剛，駢文亦剛；宋人散文柔，四六文更柔。所以，駢、散之分，只是表面，和剛柔是不相干的。

近來講文學的人很少，駢、散之爭亦沒有。在清朝末年，這是很厲害的一番爭論。阮芸臺以為駢文是文章的正宗，矯向來重散不重駢之弊。其實這是無理取鬧，不足深論的。我們須得知道，駢文、散文，有不能相符之處，譬如數典文都是儷語，不是儷語，便看不清楚，這是文章上不得不然之勢；至於直敘，斷乎無須儷語，譬如《春秋》、《儀禮》，斷乎不能用駢文來做。阮芸臺不懂這層道理，單說駢文是正宗，抬出孔子來壓服人家，以為孔子作〈文言〉，文是駢體，所以必須駢體方得算文，其實這是壓不來的，何以孔子作《春秋》，一句也不用駢語呢？他不知道相宜不相宜，所以如此胡說。《易經》雖非數典，但是陰陽相對，吉凶相對，正和非正相對，所以可用駢語。譬如我們有兩隻眼睛、兩個耳朵，同時還有一個鼻子、一張嘴巴，我們究竟把那一件叫作正宗呢？駢文的開端，要算《周禮》，〈文言〉是駢，《老子》之類，有時也有駢語，但這種只可叫作儷語，到底不能叫作駢體。有人說鄒陽〈上梁王書〉是駢體，其實還不是駢體，直到〈聖主得賢臣頌〉才可以算真的駢體。四六文到庾子山[1]、徐孝穆[2]才漸漸開端。以前雖然有一兩句，只是偶然的逢著，不是有意的去作，孔

1五一三－五八一，庾信，字子山。所作文章於駢體中寓行散，風格綺麗，為南北朝駢體之巔峰，世稱其

融〈薦禰衡表〉，「鈞天廣樂，必有奇麗之觀；帝室皇居，必畜非常之寶」，這兩句真是四六。假如《後漢書》不載這文，後人必定疑為偽造。這種體裁，當時並不通行。到齊、梁之間，才漸漸發展成熟，所以四六的成立，總要推徐、庾二家。後來繼承的人，是晚唐的李義山，燕、許還不是四六，宋人便都走這一條路了。清末爭論的人，著眼於駢散之分，四六卻不在其內，不知道駢和四六，亦是兩樣。唐人如韓昌黎不作駢文、柳柳州卻很有駢文。又如呂溫（化光）[3]，他的駢文，和晉人相近，當時柳柳州、劉夢得都很稱讚。韓、柳和宋人所共同反對的，不是駢體，實是四六，所以我們不得不把駢和四六劃清界限。姚惜抱和李申耆是師生，他們卻起了一番重大的爭執。姚選《古文辭類纂》，李選《駢體文鈔》和他反對。在實際上，他們各有不能成立之處，既云古文，便須都選古文；唐人古文已是很少，到了歸震川；何嘗可以稱為古文？所以，我以為姚惜抱的《古文辭類纂》，叫作「散文辭類纂」則可，叫作「古文辭類纂」則不可。試問劉海峰[4]的文章，有什麼古呢？李選《駢體文鈔》，竭力推尊駢體，把賈誼〈過秦論〉、太史公〈報任少卿書〉，都算駢文；《文選》中的文章，

與徐陵之辭賦為「徐庾體」

2 五〇七—五八三，徐陵，字孝穆，擅宮體詩，風格綺麗，與庾信齊名，世稱「徐庾體」。

3 七七二—八一一，學於梁肅，長於銘贊、政論。劉禹錫謂其文「微為富豔」，《舊唐書》以其有「丘明、班固之風」。

4 一六九八—一七七九，劉大櫆，號海峰，清代桐城三祖之一，論文以品鑑為主。

亦選了許多；徐、庾、溫、邢，亦統統選入。試問徐、庾一派，漸漸走入四六一路的，和賈生、史公氣味如何合得上？所以事實上不免叫作「四六文鈔」。姚選前一段好，唐以前是古文，唐以後是散文，明以後到劉海峰，簡直算不得文章，李選亦然，梁以前是駢體，梁以後只好叫作四六。他們各有拖泥帶水之處，自然各不相服。假如截去下段，兩方便無可非議了。《說文》引「蘗一莖六穗於庖，犧雙觡共觝之獸」，小徐《說文繫傳》[5]駁他說「屬對精切，始自陳、隋」，可見梁以前駢體還是散漫，不像後來四六的精研。這便是駢和四六之分，小徐很能知道，不知李申耆何以不知！以前的駢文，似對非對，譬如《易經．文言》：「君子體仁足以長人，嘉會足以合禮，利物足以和義，貞固足以幹事。」「體仁」與「利物」、「嘉會」與「貞固」，並非動字對動字、名字對名字，不過語句整齊而已，何嘗字字相對？直到齊、梁還是如此，宋人歐、曾、蘇、王，亦是如此。但是，迷信四六的人，便不是如此了，譬如王子安〈滕王閣序〉「落霞與孤鶩齊飛，秋水共長天一色」，並非如宋人四六，天文對天文，植物對植物。葉大慶《考古質疑》[6]卻以為「落霞」是蟲名，所以可對「孤鶩」。迷信四六，便有這樣的妄論。流弊及於說經，高郵王氏說「終南何有？有條有梅；終南何有？有紀有堂」，以為「堂」須對「梅」，當是「棠」字，這和「落霞」蟲名的話，不是差不多嗎？所以，把宋人的四六文、清人的試帖詩，強以衡斷古人，這是不對的事。不懂古今文章變遷大勢，便有這

5 指南唐徐鍇所校訂之《說文解字》。世稱小徐本，以與其兄所校訂之大徐本區別。

6 葉大慶，生卒年不詳，宋代學者。所著《考古質疑》，考證六經諸史與宋代名家著述之疑義。

樣的弊病。其實駢和四六，散和古文，都有界限。歸、方、劉三家不能稱為古文，正如現在報章體散文不能稱為古文。諸君須知，宋以後的四六，不能稱駢文；近來的報章體，不能稱為古文，所謂界限者，即在於此。

（一九三二年十月在蘇州中學演講）

白話與文言之關係

白話、文言，古人不分。《尚書》直言（見《七略》），而讀應《爾雅》（見《漢書．藝文志》）。其所分者，非白話、文言之別，乃修飾與不修飾耳。《尚書》二十九篇，口說者皆詰屈聱牙，敘事則不然。〈堯典〉、〈顧命〉，文理明白；〈盤庚〉、〈康誥〉、〈酒誥〉、〈洛誥〉、〈召誥〉之類，則艱澀難讀。古者，右史記言，左史記事。敘事之篇，史官從容潤飾，時間寬裕，頗加斟酌；口說之辭，記於匆卒，一言既出，駟不及舌，記錄者往往急不及擇，無斟酌潤飾之功。且作篆之遲，遲於真草，言速記遲，難免截去語助，此異於敘事者也。商、周口語，不甚修飾，至春秋戰國則不然。春秋所錄辭命之文，與戰國時蘇秦、張儀、魯仲連之語，甚見順適。所謂「出辭氣斯遠鄙倍」者，不去語助，自然文從字順矣。蘇、張言文合一，出口成章。當時遊說之士，殆無不然。至漢，《漢書》載中山靖王入朝，聞樂涕泣，口對之辭，宛然賦體。可見言語修飾，雅擅辭令，於漢猶然。是以漢時有識人不識字者，未聞有識人文理不通者。赤眉之樊崇，蜀將之王平，識字無多，而文理仍通。自晉以後，言、文漸分。《世說新語》所載「阿堵」、「寧馨」，即當時白話，然所載尚無大異於文言，惟特殊者有異耳。隋末士人，尚能出口成章，當時謂之書語。文帝受周之禪，與舊友榮建緒商共享富貴，榮不可，去之，後入朝，帝問：「悔否？」榮曰：「臣位非徐廣，情類楊彪。」文帝曰：「我雖不解書語，亦知卿此言為不遜。」（見《隋書．榮毗傳》）文帝不讀書，故云「不解書語」。李密與宇文化及戰時，其對化及之詞，頗似一篇檄文，化及聞而默然，良久乃曰：「共爾作相殺事，何須作書語耶？」（見《隋書．李密傳》）可見士人口語，即為文章。隋、唐尚然，其後乃漸衰耳。《傳燈錄》[1]記禪家之語，宋人學之而成語錄，其語至今不甚可曉，至《水滸傳》乃漸可解。由是白話、文言，不得不異其途轍。今人思以白話易文言，陳義未嘗不新，然白話究能離去文言否？此疑問也。白話亦多用成語，如「水落石出」、「與虎謀皮」之類，不得不作括弧，何嘗盡是白話哉？且如「勇士」、「賢人」，白話所無，如欲避免，須說：「好漢」、「好人」。「好漢」、「好人」，究與「勇士」、「賢人」有別。元時徵求遺逸，詔謂徵求有本領的好人，當時薦馬端臨之狀曰：「尋得有本領的好人馬端臨。」（見《文獻通考・抄白》。）今人稱有本領者曰「才士」，或曰「名士」，如必改用白話，亦必曰「尋得有本領的好人某某」。試問提倡白話之人，願意承當否耶？以此知白話意義不全，有時仍不得不用文言也。

昌黎謂「凡作文字，宜略識字」。學問如韓，只求略識字耳。識字如韓已不易，然僅曰「略識字」，蓋文言只須如此也。余謂欲作白話，更宜詳識字，識字之功，更宜過於昌黎。今世作白話文

1 指《景德傳燈錄》，即《佛祖同參集》，為北宋景德年間道原禪僧所撰之禪宗史書。

者，以施耐庵、曹雪芹為宗師，施、曹在當日，不過隨意作小說耳，非欲於文苑中居最高地位也，亦非欲取而代之也。今人則欲取文言而代之矣！然而規模格律，均未有定。果欲取文言而代之，則必成一統系，定一格律然後可。而識字之功，須加昌黎十倍矣。何者？以白話所用之語，不知當作何字者正多也。今通行之白話中，鄙語固多，古語亦不少，以十分分之，常語占其五，鄙語、古語復各占其半。古書中不常用之字，反存於白話，此事邊方為多，而通都大邑，亦非全無古語。夫所謂白話者，依何方之話為準乎？如曰首都，則昔在北而今在南，南京、北京，語言不同。不僅此也，敘事欲聲口畢肖，須錄當地方言，文言如此，白話亦然。《史記．陳涉世家》：「夥頤，涉之為王沉沉者。」「夥頤」、「沉沉」，皆當時鄙俗之語，不書，則無以形容陳客之豔羨。欲使聲口畢肖，用語自不能限於首都，非廣採各地方言不可。然則，非深通小學，如何可寫白話文哉？尋常語助之字，如焉、哉、乎、也，今白話中焉、哉不用，乎、也尚用。如乍見熟人而相寒暄，曰「好呀」，呀即乎字；應人之稱曰「是唉」，唉即也字。「夫」字文言用在句末，如「必子之言夫」，即白話之「罷」字，輕唇轉而為重唇也。「矣」轉而為「哩」，《說文》目聲之字，或從里聲，相或作梩，可證其例。乎、也、夫、矣四字，僅聲音小變而已。論理應用「乎」、「也」、「夫」、「矣」，不應用「呀」、「唉」、「罷」、「哩」也。

又如抑揚之詞，「肆」訓「甚」，《詩．崧高》「其風肆好」，即其風甚好。今江浙語稱「甚冷」、「甚熱」曰「冷得勢」、「熱得勢」，其實乃「肆」字也。古語有聲轉之例，「肆」轉而為「殺」，〈夏小正〉「貍子肇肆」，肆，殺也。今人言「殺似」、「殺好」、「忒殺」，「殺」皆「甚」意。又今天津語謂甚好，曰「好得況」。「況」亦古音古字，《詩．出車》「僕夫況瘁」，「況」亦「甚」也。又如讚嘆之詞，南京人見可驚者，開口大呼曰「乖乖了不得」，「乖乖」即「傀傀」。《說文》：「傀，偉也。」四川胥吏錄供，造張目哆口卷舌而不發聲之字曰「⊡」，「⊡」即咄咄怪事之「咄」。如白話須成格律，有系統，非書正字不可，則此等字，安得不加意哉？又如形容異狀之詞，今江浙人稱行步兩足不能相過曰「墊腳走」，「墊」應作「縶」。春秋衛侯之兄縶，「縶」《穀梁》作「輒」，《說文》為兩足不能過，「縶」從「執」聲，故變而為墊音也。今語喉破發聲不亮曰「沙」。《禮記．內則》「鳥皫色而沙鳴」，若嚴格言之，字應作「嘶」。《漢書．王莽傳》「莽大聲而嘶」，「嘶」正字，「沙」假借字也。今南方呼曲背曰「呵腰」，北方曰「哈腰」，實即「亞」字。《說文》「亞象人局背形」，音變而為「哈」，又變則為「呵」矣。又如動作加人之詞，今上江稱追奔曰「捻」，實當作「躡」，聲轉而為「捻」矣。弔掛之「弔」，與弔喪意無關，《一切經音義》引《方言》：「𠄌，懸也。」窗鉤亦曰「了𠄌」，「𠄌」音如「弔」，弔掛之弔，正應作𠄌耳。又北人語打謂「奏」，至東三省，則官廳叱責人犯亦曰「奏五百」、「奏一千」，此字正應作「盩」。《說文》：「盩，引擊也。」江南語以荊條或竹篠擊人謂之「抽」，「抽」亦「盩」字。又北方人稱「斬」曰「砍」，此字不知何以從石？唐末已有此語，書止作「坎」。宋人筆記載朱溫遣人相地，久而未至，溫大怒，既至，問之，曰：「乾上龍尾」。溫入，人謂之曰：「爾若非乾上龍尾，已坎下驢頭矣！」其實「坎」應作「𢦑」。《說文》：「𢦑，殺也。」其字後人亦作「戡」，「西伯戡黎」，舊正作「𢦏」也。唐人言「坎」，不知其語之來歷？後遂妄作「砍」字。如此之類，白話不定統系格律即已，如須定統系，明格律，則非寫正不可，故曰「欲作白話文者，識字應過於昌黎也」。

要之，白話中藏古語甚多，如小學不通，白話如何能好？且今人同一句話，而南與北殊，都與鄙異，聽似一字，實非一字，此非精通小學者斷不能辨。如通語言「不」，江南浙江曰「弗」。《公羊．僖二十六年傳．注》：「弗者，不之深也。」「弗」、「不」有異矣。有無之「無」，江南一帶曰「無不」。「無」古音如「模」，變為是音，而通語則言「沒」。實即《論語．陽貨》「末之也已」之「末」。「無」與「末」又異矣。又，北人言「去」，如開之去聲，實乃「朅」字，與通語曰「去」者義同而字異。又如「打」字，歐陽永叔《歸田錄》，歷舉其不可解之處，「朾」本音宅耕切，不知何以變為「打」字，作德下切，且「打鐵」、「打釘」，稱打則可；今製一物件曰「打」，每一動作輒曰「打」，如「打坐」、「打拱」。「打」於何有？歐公頗以為非。余謂宅耕切之「朾」字，依音理不能變作德下切，今揚州鄙人呼此音如「鼎」，江南浙西轉如「黨」，此實「朾」之音變也，而通語作德下切者，乃別一字。按「撾」字，《說文》作「某」，乃舌上音，古無舌上，唯有舌頭，故「撾」音變為德下切，正字當作「某」，聲轉則為「笪」。《說文》：「笪，笞也。」音當割切，又轉而為撻，皆一語之變也。至於「打量」之「打」，字應作「娸」。《說文》：「娸，量也。」音朵，轉為長音即曰「打」矣。是故，不詳識字，動筆即錯，其所作之白話文，乃全無格律之物。欲使白話登於文苑，則識字之功宜何如？

古人深通俗語者，皆精研小學之士。顏之推在益州，與數人同坐，初晴，見地下小光，問左右是何物？一蜀豎就視，云：「是豆逼耳」，皆不知何謂。取來，乃小豆也。蜀土呼豆為「逼」，時莫之解。之推云：《三蒼》、《說文》，皆有「皀」字，訓粒，《通俗文》音方力反。眾皆歡悟。（見《顏氏家訓．勸學篇》）其孫師古作《匡謬正俗》，人問礪刀使利曰「略刃」，何故？師古曰：「《爾雅》『略，利也』，故礪刀曰略刃。」以顏氏祖孫小學之功如此，方能盡通鄙語，其功且過昌黎百倍。余謂須有顏氏祖孫之學，方可信筆作白話文。余自揣小學之功，尚未及顏氏祖孫，故不敢貿然為之。今有人誤讀「為絺為綌」作「為希為谷」，而悍然敢提倡白話文者，蓋亦忘其顏之厚矣！

（一九三五年）

論中國語言統系之演講

中國現在的語言，是從四千年以前，慢慢的變化、慢慢的衍進而來的。語言之為物，絕不能突然發明，是經過很長的時期，一步一步的變，或由簡而繁，或由繁而簡，我們只要仔細從文字學上去追根，便可以尋出他的系統來。今天所講的，便是舉些例來說明這種方法。至於有些語言，是由外國輸入的，不在我們研究的範圍以內，例如「珊瑚」、「蒲陶」、「駱駝」這一類的名詞，都非中國所固有，因為這些東西，不產於中國。「珊瑚」產於紅海一帶，「蒲陶」產於西域，「駱駝」產於漢時匈奴的境內。我們研究的是中國語言的統系，這一類從外國輸入的名詞，例當除外。

中國古來的文字，是沒有什麼樣大的變化的，他們的變法，只不過把這個字由名詞變為動詞，或由動詞變為名詞，因之而異其譯。至於字形方面，沒有什麼顯著的變化，所變的不過是聲音罷了。現在且從原始講起。中國最早的文字，就是獨體的象形字，如山水這一類的字是。這一類字，只不過是簡當的象形，並不是由許多字體合成的，《說文》上大概有四百多的光景。自然古人只有這樣少的字，是不夠用的，但是那些獨體的象形字，並非一字一義，同時一字卻含有幾種意義在裡邊。惟其一字含有數義，易於含混，故後來才有許多字衍化出來。我們可以把那些最早的獨體字叫作「文」，把隨後衍化出來的字叫作「字」。「文」的通則是「依類象形」，「字」的通則是「孳乳浸多」。如果沒有「孳乳浸多」這一條通則，則語言統系，簡直無從研究，因為字之由簡而繁，非由輾轉孳乳的結果，我們如何能尋出他的根來呢？

我們研究文字學時，常常撞到下列的兩種情形：一、同字異義，二、同義異字。比方一個字，形體不變，聲音不變（或稍變），但一方面可以用作名詞，同時又可以用作動詞，意義截然不同。這種字的變法，在六書中叫作「假借」；又一種字，雖有兩個，但義同、語同、音同（有時或不同），實際上只能算一個字。這種字的變法，在六書中叫作「轉注」。先拿「假借」來說。《說文》上替「假借」所下的定義說：「本無其字，依聲託事。」怎麼叫「本無其字，依聲託事」呢？最好舉個例來說明他。比方「令」字，最初只含有「發號施令」之義，是個動詞，後來假借而為名詞，凡是所發的命令，統稱曰「令」，更進而連發命令的人，也都稱為「令」了，如「縣令」之類的名稱是。命令、縣令之「令」，本無其字，乃由「發號施令」之義，輾轉引申而出，此即所謂「依聲託事」也。更拿「長」字來說，「長」字本訓為「高」，是個形容詞，後來一變而為長幼之「長」，但還有「高」字的意義在內，因為年紀漸長，身體便會漸高起來，再變而為「長者」之「長」，又變而為「官長」之「長」。這幾個「長」字都是名詞，意義小有出入。這一類的字，為什麼不單獨造出，而要假借，這就是因為要求簡的緣故了。另外還有一種變聲的假借字，如好惡之假借而為好惡，但是好惡二字的讀音是後人變的，古人一如作名詞用時的讀法。像這類假借字的意義多從本字的意義孳乳而出，例如因其好而引起人家的好，因其惡而引起大家的惡，線索井然，我們絕不致於弄錯的。另外還有一種字，本是從某字假借而來的，但附加一二筆畫，意義便截然不同了。

總括以上同字異義的假借字，就是所謂「本無其字，依聲託事」。他們的變法，都是有一統系可尋的。「假借」既已講明，現在且講「轉注」。《說文》上替「轉注」下的定義說：「建類一首，同意相受。」這就是說，凡是意義相同的字，可以屬於一類的，就叫作「轉注」。大概屬於轉注的字，多為雙聲或疊韻（凡二字之起音相同者為雙聲，收音相同者為疊韻），而且是可以互訓的。例如「考」、「老」二字，意義是完全一樣的，起初因為這個地方，叫「年高」曰「考」，那個地方曰「老」，形聲雖稍有不同，而語義絕無二致，後來我們便把「考」字來解釋「老」字，或把「老」字來解釋「考」字，這便是「互訓」。「考」、「老」二字的收音相同，所以是疊韻的例。把「老」字建為一類，而「考」、「壽」（古音讀如疇）等字屬之，這正是「建類一首，同意相受」之意。現在且舉幾個關於雙聲的例。比方「無」字，南音讀「嘸」，北音讀「沒」，湖南讀若「毛」，而這些字都是可以互訓的。由雙聲推出去，這一類的例，舉不勝舉，像「但」（同袒）、「裼」、「裎」三字，同是裸體之意，義同語同，實是一字。「裼」音同「鬄」，「裎」音如「聽」，仄聲，他們同是雙聲。我們從雙聲疊韻之例去尋，可以尋出許多「建類一首，同意相受」的轉注字來。

上面已將古來文字兩種重要的變法，「假借」、「轉注」約略說明了，現在在此地要矯正一個謬誤的觀念，就是歷來的人，都以為字是倉頡造的，其實甚不可靠，因為語言文字這類的東西，少數人斷斷包辦不來（如果字是由少數人包辦的，則轉注的字就不會有了）。大概那四百多個獨體的象形字，不過經倉頡匯集攏來，像許慎之匯集《說文》而已。且我們知道，文字是隨著語言變的，語言不是一二人所能發明出來，是由各地方慢慢演變出來的。明乎此，一面可以打倒個人（倉頡）包辦造字的謬說，一面可以從文字變化的痕跡上研究出語言的統系來。有一種字，他的變化的痕跡，是很顯然的，就是由意義相反或相對的關係而引申出來的，例如「亂」之於「治」，「苦」之於「快」，「故」之於「今」之類是。像這些字的意義，現在雖然相反，古來卻可互訓。又如「生」、「死」，「始」、「終」，「陰」、「陽」之類的字，也都是由連帶的關係變來，且都屬於雙聲。始終二字，現在的讀音，雖有不同，但古人只讀這兩字的右邊，音如冬臺，所以也是雙聲。其他如「文」、「武」，「長」、「短」，「疏」、「數」，「疾」、「徐」等字，同屬此例。長短二字，也是雙聲，不過讀音有舌頭、舌上之分罷了。總括這一類的字的變法，我們可以□出，必是先有了這個字，然後因連帶的關係，將雙聲稍變而有另一意義相反或相對的字，所以這些字絕非憑空而來，都是關連貫串的。我們懂得這些例，便可進而研究最初的語言文字了。

上文已經說過，中國最初的獨體字，見於《說文》的，約有三四百個的光景。這些字多是依物象形的，例如「馬」、「牛」、「羊」、「犬」、「豕」、「雨」之類，這一類的字，簡直是寫意畫，雖不像現在的工筆畫那樣逼真，可是一望而即能識。還有屬於指事方面的字，如「上」、「下」二字是，像這種字，無形可象，所以只好先設一劃以為標準，然後加丨以為識別，只要看見丨是向上的，就是「上」字；丨是向下的就是「下」字，猶之於現在有許多廁所的門首，畫了一隻手向裡指著，是有同樣的意義與作用。還有一類的字，在《文字蒙求》上稱為會意的字，其實也可以說是指事的字。如「捉」字，是指豕的腿被縛住了；「縶」字係指隊足被羈；「爬」字，係指犬足為物所絆，不能立行。這三個字通是寓意於事。至於動詞也有屬於指事的，例如「棲」字，從西是指鳥歸巢之狀，從鹵是指日頭偏西而言，日偏西而鳥歸巢，正合於「棲」字之義。不過這字也可以說是半象形、半指事的。還有（不）、（至）二字，亦屬此例。大概古人造字，多喜先設一畫以為標準，一畫橫於上者為天，一畫橫於下者為地。「不」字上面的一畫，係指天而言，下面係像一鳥向天飛去之狀，以代表「不」字之義；「至」字下面的一畫，係指地而言，上面係指一鳥向地飛下，以表「至」字之義。顯然可見這兩字是半屬象形，半屬指事的。另外還有一種因物見義的形容字，如「高」字是拿高樓的樣子來象徵的；「方」（匚）字是拿盛物之器（如籃子之類，因為這字一方是缺的）來象徵的；「曲」字是拿曲尺之類的東西來象徵的，因為這些字實在無法把他單獨表現出來，勢不得不藉他物以表現其意義。

以上各種名詞、動詞、形容詞等，都是古來的獨體字。古來像這一類的字，僅四百餘。雖然古人的語言簡當，無論如何，這樣少的字是不夠用的，於是不得不出於「假借」之一途。我們初看起來，古來的獨體的象形字，如馬、牛、羊、犬之類，似乎不能含有他義的，其實不然。現在就「馬」

字來說，「馬」音讀如「母」，含有「武」字之義，大概因為馬跑得非常之快，故亦訓「馬」為「武」。「牛」字讀若「利」，含有「事」字之義，大概因為那時用牛力的地方很多，牛非常之忙，故訓「牛」為事。至於「羊」訓為「祥」，祥義實不可考。記得有一個民族，除酋長之外，小百姓是不許吃羊肉的，他們這樣把羊肉看得貴重，「羊」訓為「祥」，於此或不無關係。至「犬」訓為「卷」，很易解釋，因為犬字本有卷臥之象，故因以得義。這些字之變化，都是一音轉，最初只用「馬」字代表「武」字，易於含混，所以後來漸漸孳乳出「武」字來。「孳乳」這一條原則，對於研究語言系統，極為要，因為有許多字，都是輾轉孳乳出來的。比方「馬」字孳乳出「武」字，如果「武」字又含有他義，則可以更孳乳出一個新字來，以此遞相推演下去，文字便可以繁衍起來了。

還有一條原則，我們應當知道，就是古人造字，多半是近取諸身的。例如《說文》上說：「天，顛也。」，其實古來並無「天」字，「天」字是山「顛」字孳乳而出的。「顛」與「頂」為轉注，古人因為人身最高的部分就是顛，故把一切最高的部分都叫作「顛」，連天也包括在內，後來因不易分別，才把聲音稍變而另造出一個「天」字來。還有一個「巔」字，這字不見於《說文》，大約是魏晉之間造的，因為「顛」字用得太泛了，所以有把山頂另造一字的必要，「巔」字大概就在這種情形之下孳乳出來的。照這樣推起來，我們大可以把屋頂造個「巔」字，然而為什麼不這樣辦呢？因為如果這樣一來，造不勝造。所以只要不十分含糊，也便算了。再拿「地」字來說，「地」字本單獨作「也」，《說文》上說：「也，女陰也。」地是生長萬物之源，所以最初拿「也」字作「地」字用。

「池」字最初亦作「也」，後來因為太含混了，才孳乳出「地」字、「池」字來，這都是「近取諸身」之例。

上面所有的例，意在說明古來的字，都是有根可尋的。古來的獨體字，只有四百多個的光景，經過上述的種種變法，才有《說文》上的九千字，才有宋朝《集韻類編》的五萬字，清朝的《康熙字典》也不過五萬多字的光景。我們若下一番功夫，一定可以把他個個歸根，從五萬字歸到九千字，從九千字歸到四百字。然若欲尋出這個字，為什麼叫這個字的本源來，恐怕卻辦不到。例如：「雞」之所以叫「雞」，很不容易考出他的所以然來。然間亦有可考的，如「鴉」字，大概因鴉的叫聲是如此，所以才叫作「鴉」。但可考的究竟很少。至於獸類、植物的名稱，尤其難考了。

由上所述，我們研究中國語言統系，只有將所有的字，個個歸根之一法，然而這事是極不便宜做的。中國的語言，雖不曾經過大的變化，然卻也經過幾次小變。例如從漢到唐，唐到北宋，北宋到南宋，南宋到現在，中間都小有變更，不過卻還可考，然可考的也只是古之正音，方音是無法可考的。無已，只好先就現在的語言，託諸文字者，來加一番「追源溯流」的功夫。因語言少於文字，這是我們知道的，字典裡有五萬多字，而吾人日常所用的，只過數千字的光景。語言所以少於文字，就是因為從前有好多方言，現在都已廢棄不用之故。古來方言雖不可考，但現在的方言是可考的，考之之法，當把全國的方言，調查統計起來，這事固然極難辦到，不過我認為是極應當趕快去做的。現在有一班人，主張以北京音為正音，其實是很不對的，試問未做到語言統計這一步，我們卻拿什麼來做標準？即此一端，亦可見語言統計之重要了。

上面雖然說了一大篇，其作只有一個重要的觀念貢獻諸位，就是研究中國語言統系，應從「尋源溯流」四字下手，因為語言文字，不是憑空而來的，是演化而出的，是有根的。

（一九二二年前後）

論文字的通借

現在使用的文字，十分有二三分用通借。通借本來和假借不同。由這一個意義，引申作那一個意義，喚作假借。本來有這個字，卻用那個聲音相近的字去替代，喚作通借。六書只有假借，沒有通借。造字的人，既造了這個字，自然要人寫這個字，斷不要人寫聲音相近的字。所以通借這條例，本來不在六書裡頭，但古來一向好用通借，到現在還依著這個習慣，已經不可改變了。什麼喚作假借？像《說文》裡頭說的，卥字本來就是棲字（現在卥字省寫作西），是鳥歸窠巢的意義，因為太陽正到西宮的時候，鳥也就歸窠巢，所以把西宮喚作西方。來字本來是麥名，因為古人以為五穀是天上降下來的，所以就把來字當來去的意義。[illegible]字就是鳳字（現在[illegible]字寫作朋），因為鳳凰飛翔的時候，許多小鳥成群結黨，跟了他飛，所以就把群黨喚作朋友。這一類字，都是由本義引申，喚作假借。什麼是通借呢？像現在用的左、右、前、後四個字，只有「後」字用本字本義。「左右」本來應該寫「ナ又」，「左右」是輔助的意義，是動詞，「ナ又」是ナ手、又手的意義，是名詞，意義雖則相近，字卻不是本字。至於前字，本來就是剪刀的剪字，篆書寫作[illegible]，從刀歬聲，並沒有前後的意義。前後的「前」，應該寫「歬」字，《說文》說歬字是不行而進的意義。怎麼說不行而進呢？人在船上，不須自己走，自然會進去，所以說不行而進。歬字的字形，從止在舟上，止就是現在用的趾字，意思說腳在船上，任他自進，本來是「前進」的意義，引申作「歬後」的意義。現在用「前」字去代「歬」字，意義全不相干。又像伯、仲、叔、季四個字，仲、伯、季都用本字本義。叔字本來從又，「又」就是「右手」，所以叔是拾起來的意義，《詩經》裡說的「九月叔苴」，就是用本義。別的書上，用作伯、仲、叔、季的意義，卻是借為少字。古人去聲、入聲，本來不大分別，所以喚「叔」字和「少」字相近，就用他替代「少」字，意義也全不相干。又像元、亨、利、貞四個字，《說文》說：「元，始也。」《易經．文言》也說：「元者，善之長也。」《說文》說：「亯，獻也。」（「亯」現在變作「亨」。）是用酒食獻客的意義。《易經．文言》也說：「亨者，嘉之會也。」《說文》說：「利，銛也。從刀。和然後利，從和省。」《易經．文言》也說：「利者，義之和也。」這都是用本字。惟有貞字不同，《說文》說：「貞，卜問也。」《易經．文言》說：「貞者，事之榦也。」兩義全不對，就知道貞是借用。借用作什麼字？《說文》說：「楨，剛木也。」引申作剛的意義。楨、榦又是同類的東西，既然說「貞者，事之榦也」，又說「貞固足以榦事」，就知道「貞」字本來應該寫「楨」字，大凡貞實、堅貞、貞潔，都應該寫楨字。古來或者沒有楨字，但「丁」字必先有「了」，貞、楨都是舌上音，古人沒有舌上音，讀作舌頭音，和丁字聲音一樣，丁字本來是丁實的意義，就不寫「元亨利楨」，也該寫「元亨利丁」。現在寫卜問的貞字，不過是用同音替代，意義也全不相干。又像進、退、屈、伸四個字，「進」、「退」都用本字本義，屈字篆書正體寫作𡲬，從尾出聲，是無尾的意義。屈伸的「屈」，應該寫作「詘」，現在用無尾的屈字來替代，意義也全不相干。這種字原來都有本字，卻用聲音相同的字去代，所以喚作通借，不喚作假借，原不在六書條例之內。但現在講《說文》，最要緊的倒是這一件事。不講通借，《說文》只是《說文》，別的書上所用的字，只是別的書上所用的字，兩不相關，《說文》就變了死物。略識字的人，最要緊的也是講通借這一件事。不講通借，看見一個字，有這一種意義，又有那一種意義，兩種意義，像胡越的不相干，就要懷幾分疑惑。懷疑還是好事，有一班武斷的人，竟胡亂去解說字形，就變成了世界第一種謬妄。看宋朝的王荊公，就曉得了。

通借的字，定要求出本字，也有不必過於拘牽的。因為有許多字，最初原只有一個字，包括許多意義，後來加了偏旁，覺得這個字和那個字定要分別，其實就寫最初這一個字，仍舊可以算作本字本義。譬如最初有個交字，本義只是兩腿交叉，引申作一切交叉的義；後來交會的交，又加偏旁作䢒；交友的交，又加偏旁作佼。三個字都見《說文》，但經典相承，只寫交字。交字本來可以引申作交會、交友的義，就不必說定要寫䢒、佼兩字，才算交會、交友的本字。又像最初有個桀字，本義只是破人肚子，引申作好殺的義。夏朝末年有個王，因為好殺，百姓喚他作桀。再引申變作豪桀的義，古人說豪桀，彷彿現在人說好漢，含得能夠殺人的話在裡頭。但豪桀的字，又加偏旁作傑，也見《說文》，卻是古書往往寫作豪桀，豪傑這個名目，本是從能夠殺人來，就不必說豪傑不是本字，豪傑才算本字。又像最初有個亞字，本義只是醜，容貌醜就喚作亞，引申作品行醜的義；後來就加偏旁作惡；古書裡面，容貌醜也有寫惡字，品行醜也有寫亞字。亞字在先，惡字在後，所以說容貌醜，寫成惡字就不算本字，必要寫亞字才算本字；說品行醜，就寫成亞字，仍舊可以算本字，不必定寫惡字，才算本字。又像最初有個齊字，本義只是禾麥吐穗，一片平勻，引申作一切齊等的義，後來又加妻聲作齎，也見《說文》。但經典相承只寫齊字，齊字本來可以引申作齊等的義，就不必定要寫齎字，才算本字。這幾件事，不可拘牽一格。

修詞的方法，和質言的方法，頗有不同。所以在修詞上，通借的字，純然改作本字，有幾分不方便。舉幾件事為例：「休」字的本義，只是止息，但又有美的一義；止息與美不相干，訓美的是借作「好」字，因為古音喚「好」作「朽」，平上不大分別，所以讀休像好字，就借得去用了；假如「無疆惟休」、「何天之休」，改作「無疆惟好」、「何天之好」，寫是寫的本字，倒覺得文章上不大莊雅。「孚」字的本義，只是鳥伏卵，但又有信的一義；鳥伏卵與信不相干，訓信的是借作「保」字，因為保字古文作「㑅」，采就是古文孚字，古音「孚」字原喚作「保」，就借得去用了。假如〈易卦〉「中孚」改作「中保」，也是寫成本字，倒覺得文章上不大嚴重。「渠」字的本義，只是水所居，但又有主帥的義；水居與主帥不相干，訓主帥的是借作「父」字，因為古音「父」也可以讀「巨」（《說文》：「父，巨也。」取聲音相近為訓。），就借用渠字為父字，古人喚長官都稱父，像《尚書》說的祈父、農父、宏父就是，所以主帥也稱父。假如「殲厥渠魁」，改作「殲厥父魁」，也是寫本字，倒覺得文章上很奇怪了。「昆」字的本義，只是同，但又有後的一義；同與後不相干，訓後的是借為「卵」，因為古音喚「卵」字作「管」，管與昆是雙聲，卵字也寫作鯤。《爾雅》訓鯤作魚子，《說文》沒有鯤字，只有卵字，因魚子的義，引申作後世子孫的義，就借用昆字。假如「垂裕後昆」，改作「垂裕後卵」，也是寫本字，倒覺得文章上很鄙俗了。據這幾條例看來，在修詞上，不得不糊塗寫去。但這種平奇雅俗的意見，從習慣來，不從理論來。假如積古相承，訓美的字總寫好，訓信的字總寫保，訓主帥的字總寫父，訓後的字總寫卵，現在自然也沒有異同，到底修詞於理論有礙。質言於理論無礙，畢毫應該寫從本字。

有人說，古人用同音字代本字，就稱通借；今人用同音字代本字，就稱為別字，這也太不公平了。古人可以寫得，為什麼今人不可寫得？我說這句話倒不然。就古人用通借，也是寫別字，也是不該。不過積古相沿，一向通行到如今，沒有法子強人改正。假使個個字都能夠改正，正是《易經》裡所說的「榦父之蠱」。縱使不能，豈可在古人寫的別字以外，再加許多別字呢？古人寫得別字，通行到如今，全國相同，所以還可解得。今人若添寫許多別字，各處用各處的方音去寫，別省別府的人，就不能懂得了。後來全國的文字，必定彼此不同，這不是一種大障礙嗎？就使各處懂得，檢起韻書來，這個字和那個字聲音本來不同，也斷不能通借。比如用查字代察字，是明代北京的土音，用場合代場許（許字也是通借，本字應該作處），是現代江蘇的土音。究竟照《唐韻》的正音，查與察，合與許，韻理上截然不能相通，隨意亂用，就是破壞聲韻，在小學法律上，斷不能容得的。

（一九〇七年至一九一〇年講於日本）

第四輯

論家國——談種族革命、宗教與制度等

提要

學術之外，章太炎發表了許多時論相關文章，其強烈不容商量的口氣，以及同樣強烈執拗的立場，在當時帶來衝擊、引發討論。

在革命時期，章太炎將鮮明的種族立場，特別建立在「復仇」的概念上，進而將「復仇」高舉為人類普遍道德條目，並拒絕一般將「復仇」視為野蠻的看法，力主「復仇」反而是文明的行為。革命出於「復仇」之熱情，目的在推翻滿洲政權，重建漢人政權，基於這樣的堅持，章太炎視當時流行的無政府主義非但不是革命的同路，甚至是革命的大敵。而他表達反對無政府主義的方式，是以反諷口氣將調子拉到更高去談「五無」——無政府、無聚落、無人類、無眾生、無世界，意思是此五項環環相扣，有世界就有眾生，有眾生就有人類，有人類就有聚落，有聚落就有政府，要達致「無政府」，步步後推，終究必須要弄到「五無」才有可能。如此凸顯了無政府主義陳義太高，絕對不符合現實、無從落實的基本問題。

章太炎不只思考革命、觀察革命，他還親身涉入革命，刺激他得到了一個重要的觀點，那就是革命不能不講究道德，不能因為革命要打倒既有秩序，就連道德也一併推翻了；相反地，革命要能成功，有賴於革命者信守道德。這個看法乍看像是悖論，然而實質反映了，甚至預言了中國革命初期的狀況：沒有原則的行為充斥在革命陣營，這樣的革命成果很快就會墮落到比革命前更糟糕的狀況了。

章太炎愈到後來愈傾向於以佛理為至高思想成就，以致在他的論理上出現了以佛理比擬、統納、詮釋中國文化的現象，也從佛理根據質疑基督教的「神」而提出了「無神論」，這一部分的推展雄辯滔滔，很容易讓人看得目眩神迷，不得不佩服章太炎理解與運用佛教知識的特殊能力與方式。

依循佛法根本，章太炎甚至不認為佛教必然屬於印度。佛法沒有空間限制，也沒有時間限制，也就是佛法不只可以屬於當下現在，也可以屬於中國。尤其對於唯識論的重視，讓章太炎得以從分析角度綜貫中西思想，統合在「如來藏」的理論中。如此固然建構起一個龐大昂然的系統，但同時也就失去了民族文化的本位，和他在革命上採取的強硬民族主義立場，畢竟有著難以牟合的矛盾、尷尬之處。

說我

適才馬先生論中國科學之不進步，[1]因說到陽明先生不願格竹，只願致良知。我今也且學陽明先生，不論科學，只論「我」。因為一切對境的知識，都是後起，惟有直覺有我，是最先的知識。假使不知有我，一切知識的對境，就都無根，非但科學、哲學、文學等等知識，變了浮空無著的東西，就是說白說黑，這白黑也是浮空無著的東西，所以最要緊的是說我。

第一件是講我之名義。據《說文》：「我，施身自謂也。」又說：「我，頃頓也。」又說：「俄，頃也。」這樣說，「我」字本來就是「俄」字。把俄頃的義，轉用作施身自謂的義。就像「朋」字本來是「鳳」字，把鳳凰的義，轉用作朋友的義。但問俄頃的義何以轉用作施身自謂的義呢？當初告子說的：「生之謂性，性猶湍水。」這「我」字的真意，不過就是生機，生機像湍水一樣，不是刻刻不留的嗎？就長期的生機言，不過百年，在這天長地久之中，原不過是俄頃。就一念

1 一九二九年馬相伯九十歲壽慶，章太炎與其赴震旦大學演講。馬相伯先論「中國科學不進步之原因」，反對王學；章太炎後談「說我」，則主張王陽明之學。

的生機言，一念方起，已經成了過去。剛才說我，已經是過去的我，這不是俄頃嗎？但因有長期的生機，就看為成片段的，所以有「有我」、「無我」的二說。

第二件就講「有我」與「無我」。凡是生物，那一個不自覺有我的？但推論到極端一點，就看得必先有我，才有世界萬物。又看得我不只是生機，未生以前已經有我，就死了還是有我。在印度地方，佛法未出以前先有僧佉（此土譯作數論。）一派，立論是以「神我」為根本，一切地、水、火、風之類，項項都從神我流出。在中國地方，孟子說的「萬物皆備於我矣」，議論正是和僧佉派一樣。他兩家的學說，固是由自己體驗得來的，但這理論從何處說起呢？因看得一切知識，最先是直覺有我，而且別種知識起來的時候，同時仍是直覺有我。所以偶起一念，斷不疑這念是誰念；偶說一句話，斷不疑這話是誰說；偶然行住坐臥，斷不疑這行住坐臥是誰行住坐臥。明明有個我把持定的，就到瘋狂的人，別的知識可以錯亂，惟直覺有我的知識，不會錯亂。就到厭世自殺的人，何以自殺，不過是為我而自殺。那殺身成仁的人，是誰成仁，不過是我成仁，總見得身是可以殺的，我是不能殺的。因為這幾件道理，所以僧佉、孟子都看得我是世界萬物的本源。但又有一派最高的，就說「無我」。孔子「無意，無必，無固，無我」，他教顏淵，又吃緊的說要「克己」，顏淵後來「坐忘」，也是直覺上忘去了我。所以說「墮枝體，黜聰明，離形去知，同於大通」，是把形體和知識都消化盡了。在印度方面，那釋迦牟尼的本領，也不過是「無人我，無法我」。這也都是他們自證得來的，但這理論又從何處說起呢？他看得性猶湍水，是刻刻不留的，既然不留，如何可說有我？究竟佛家也不能硬把這個我字抹殺，只說萬物的主因，名為「阿賴耶識」，因「意根」念念思量，把這「阿賴耶識」認作是我，其實本來沒有我。孔子所見，恐怕也是一樣。所以必先無意，才能無我。無意就是伏滅「意根」，無我就是不把「阿賴耶識」認做我。因中國沒有「阿賴耶識」的名詞，所以《易經》喚作「乾元」，《莊子》喚作「靈臺」。《易經》本說「大哉乾元，首出庶物」，卻又說「天德不可為首」。前邊是假說有我的義，後邊就是實說無我的義。只為中國聖人所做的事，本來與釋迦不同，一切社會政治，無不要管理周到。無我是依據自證，有我是依據大眾的知識。老子說：「常無，欲以觀其妙；常有，欲以觀其徼。」也是一樣的道理。究竟在學說方面，無我並不是反對有我，卻是超過一層；在實行方面，有我也不能障礙無我，只像鏡裡現出影像。

第三件再講孟子所說之我。孟子說的「萬物皆備於我」，並不專是一種理論，確是他體驗得來的，所以說「反身而誠，樂莫大焉」。「反身」就是回看自己，「誠」就是實在體認到萬物皆備於我。只看他又說：「其為氣也，至大至剛，塞乎天地之間。」「氣」尚且塞乎天地之間，「我」自然包含天地萬物了。後代的理學家，最佩服的是孟子，因為孔子的「無我」、顏淵的「克己」，他們究竟不能辦到，只有孟子的「萬物皆備於我」，略略能夠辦到了。周茂叔說：「顏子見大而忘其小，見大則其心泰，心泰則無不足。」本來顏子「坐忘」，是一切都忘，周茂叔卻說作「見大忘小」，「見大」就是見「神我」了。後來陳白沙也說：「天地我立，萬物我出，宇宙在我。」又說：「得此把柄入手，往古來今，四方上下，都一齊穿紐，一齊收拾。」這分明是體認到「神我」的境界。論孟子、周茂叔、陳白沙的本領，固然不及孔、顏，但這三位先生，無一時不快活，無一事失了人格，這都是重「我」的成效。

第四件講應用於人事須有我。有我之說，說到絕對的我，就是「萬物皆備於我」；說到相對的我，就是孔子所說「行己有恥」。曾子所說：「彼以其富，我以吾仁；彼以其爵，我以吾義。」孟子所說：「我得志弗為也。」應用於人事，不過是相對的我。但如把相對的我看輕，人格就毀了。什麼叫人格，人格不過就是「我格」。「行己有恥」，就是人格的第一義。人都要好的飲食、好的衣服、好的房屋車馬、好的妓妾、大的官位、高的權勢，這幾件都是「我所」，並不是「我」。假如營求「我所」，不傷犯「我」的一毫，這也沒得說了。現在眼見營求「我所」的，有用言語去奉承人，有用金錢去討好人，有用身體去伺候人，甚至謂他人父，賣了自家的祖宗，這就是只知「我所」，忘了有「我」，還有什麼人格呢？道德的敗壞，雖不只是一端，惟有人格墮落，是最緊一件事。殺人放火做強盜，雖是惡人，可是還不算喪了人格，這樣人回轉心來，儘有成就志士仁人、英雄豪傑的；只有喪了廉恥，就算把人格消磨乾淨，求他再能振作，就一百個難得一個了。你不看女子失身、官吏行賄，在法律上判他的罪狀，比殺人放火做強盜是輕得多，但社會的評論是怎樣呢？明末顧亭林先生，眼看道德敗壞，只提出「行己有恥」四個字，可惜後來的人，口頭雖說尊重亭林先生，卻把「行己有恥」四個字忘了。道德敗壞，一天進一天，直到今日，不能不提出「我」字。若不把「我」字做個靠背，就使有通天的學問，到得應用於人事，自己還能夠把捉得定嗎？

（一九二九年在上海震旦大學講演）

無神論

世之立宗教、談哲學者，其始不出三端，曰唯神、唯物、唯我而已：吠檀多之說，建立大梵，此所謂唯神論也。鞞世師（譯曰勝論。）之說，建立實性，名為地、水、火、風、空、時、方、我、意，九者皆有極微，我、意雖虛，亦在極微之列，此所謂唯物論也。僧佉（譯曰數論）。之說，建立神我，以神我為自性三德所纏縛，而生二十三諦，此所謂唯我論也。（近人以數論為心、物二元，其實非是。彼所謂自性者，分為三德，名憂德、喜德、闇德，則非物質明矣。其所生二十三諦，雖有心、物之分，此如佛教亦分心、色，非謂三德之生物質者，即是物質。尋其實際，神我近於佛教之識陰，憂德、喜德近於佛教之受陰，闇德近於佛教之根本無明，非於我外更有一物。）漸轉漸明，主唯神者，以為有高等梵天；主唯物者，以為地、水、火、風，皆有極微，而空、時、方、我、意，一切非有；主唯我者，以為智識意欲，互相依住，不立神我之名。似吠檀多[1]派而退者，則基督、天方諸教是也；似

1 音譯自梵語 Vedānta，印度婆羅門教六派哲學之一，經典為《梵經》。主張「真我」只有一個，且是不滅的存在。

韡世師派而進者，則殑德歌生諸哲是也[2]；似僧佉派而或進或退者，則前有吠息特[3]，後有索賓霍爾是也[4]。（近人又謂笛加爾說，近於數論。其實不然。笛氏所說，惟「我思我在」一語，與數論相同耳。心、物二元，實不相似。）唯我之說，與佛家唯識相近，唯神、唯物則遠之。佛家既言唯識，而又力言無我。是故唯物之說，有時亦為佛家所採。小乘對立心物，則經部正量[5]、薩婆多派[6]，無不建立極微；大乘專立一心，有時亦假立極微，以為方便。瑜伽論師[7]以假想慧，除析粗色，至不可析，則說此為極微，亦說此為諸色邊際，能悟此者，我見亦自解脫。雖然，其以物為方便，而不以神為方便者，何也？唯物之說，猶近平等；唯神之說，崇奉一尊，則與平等絕遠也。欲使眾生平等，不得不先破

---

2 音譯自 Arnold Geulincx，亦作求冷克斯。一六二四—一六六九，荷蘭哲學家，笛卡爾的後繼者，以前定和諧 (Pre-established harmony) 作為心物問題 (Mind—body problem) 的解決之道。

3 音譯自 Fichte，即費希特。一七六二—一八一四，法國哲學家，奠定德國唯心主義的哲人之一，提出外在世界是由「絕對自我」推導而成的。

4 音譯自 Schopenhauer，即叔本華。一七八八—一八六〇，德國哲學家，提出「唯意志論」，認為意志為一切活動的根本。

5 即正量部，音譯自 Sammitīya，屬小乘佛教，認為色、受、想、行、識五蘊是由極微積聚而成。

6 即說一切有部，音譯自 Sarvāstivādāh，屬小乘佛教，主張透過分析色法（色蘊），即眼、耳、鼻、舌、身、色、聲、香、味、觸、無表色，則可知有極微的存在。

7 即瑜伽師，音譯自 Yogācārya，指修行瑜珈的觀行者。為瑜珈宗，即唯識宗的前身，屬於大乘佛教。

神教。故就基督、吠檀多輩論其得失，而泛神諸論附焉。

基督教之立耶和瓦也[8]，以為無始無終，全知全能，絕對無二，無所不備，故為眾生之父。就彼所說，其矛盾自陷者多，略舉其義如左：

無始無終者，超絕時間之謂也。既已超絕時間，則創造之七日，以何時為第一日？若果有第一日，則不得云無始矣。若云創造以前，固是無始，惟創造則以第一日為始。夫耶和瓦既無始矣，用不離體，則創造亦當無始。假令本無創造，而忽於一日間有此創造，此則又類僧佉之說。未創造時，所謂「未成為冥性」者；正創造時，所謂「將成為勝性」者。彼耶和瓦之心，何其起滅無常也？其心既起滅無常，則此耶和瓦者，亦必起滅無常，而何無始之云？既已超絕時間，則所謂末日審判者，以何時為末日？果有末日，亦不得云無終矣。若云此末日者，惟是世界之終，而非耶和瓦之終，則耶和瓦之成此世界、壞此世界，又何其起滅無常也？其心既起滅無常，則此耶和瓦者，亦必起滅無常，而何無終之云？是故無始無終之說，即彼教所以自破者也。

全知全能者，猶佛家所謂薩婆若也[9]。今試問彼教曰：「耶和瓦者，果欲人之為善乎？抑欲人之為不善乎？」則必曰：「欲人為善矣。人類由耶和瓦創造而成，耶和瓦既全能矣，必能造一純善無缺之人，而惡性亦無自起；惡性既起，故不得不歸咎於天魔。」雖然，是特為耶和瓦委過地耳。彼

8 今多譯為耶和華，基督教教義中三位一體的神。

9 音譯自 Sarvajña，指「一切智」，引申為證得佛果者。

天魔者，是耶和瓦所造，抑非耶和瓦所造耶？若云是耶和瓦所造。則造此天魔時，已留一不善之根，以為惑誘世人之用。是則與欲人為善之心相刺謬也。若云非耶和瓦所造，則此天魔本與耶和瓦對立，而耶和瓦亦不得云絕對無二矣。若云此天魔者，違背命令，陷於不善，耶和瓦既已全能，何不造一不能違背命令之人，而必造此能違背命令之人？此塞倫哥自由之說，所以受人駁斥也。若云耶和瓦特造天魔，以偵探人心之善惡者，耶和瓦既已全知，則亦無庸偵探。是故全知全能之說，又彼教所以自破者也。

絕對無二者，謂其獨立於萬有之上也。則問此耶和瓦之創造萬有也，為於耶和瓦外無質料乎？為於耶和瓦外有質料乎？若云耶和瓦外本無質料，此質料者，皆具足於耶和瓦中，則一切萬有，亦具足於耶和瓦中，必如莊子之說，自然流出而後可，亦無庸創造矣。且既具足於耶和瓦中，則無時而無質料，亦無時而無流出。此萬有者必不須其相續而生，而可以遍一切時，悉由耶和瓦生，何以今時萬有不見有獨化而生者？若云偶爾樂欲，自造萬有，樂欲既停，便爾休息，此則耶和瓦之樂欲無異於小兒遊戲，又所謂起滅無常者也。若云耶和瓦外本有質料，如鞞世師所謂陀羅驃者[10]，則此質料固與耶和瓦對立。質料猶銅，而耶和瓦為其良冶，必如希臘舊說，雙立質料工宰而後可，適自害其絕對矣。是故絕對無二之說，又彼教所以自破者也。

10 鞞世師，音譯自梵語 Vaiśeṣika，又譯作衛世師，為婆羅門教六派哲學之一。立六諦，其一為「主諦」，又名「所依諦」，即「陀羅驃」，說「地、水、火、風、空、時、方、神、意」之九法為一切物主。

無所不備者，謂其無待於外也。則問此耶和瓦之創造萬有也，為有需求乎？為無需求乎？若無需求，則亦無庸創造；若有需求，此需求者當為何物何事？則必曰：「善耳，善耳。」夫所以求善者，本有不善，故欲以善對治之也。今耶和瓦既無所不備，則萬善具足矣，而又奚必造此人類以增其善為？人類有善，於耶和瓦不增一髮；人類不善，於耶和瓦無損秋毫。若其可以增損，則不得云無所不備也。且世界之有善惡，本由人類而生。若不創造人類，則惡性亦無自起。若云善有不足，而必待人類之善以彌縫其缺，又安得云無所不備乎？是故無所不備之說，又彼教所以自破者也。

基督教人以此四因，成立耶和瓦為眾生之父。夫其四因，本不足以成立，則父性亦不極成。雖然，姑就父性質之，則問此耶和瓦者，為有人格乎？為無人格乎？若無人格，則不異於佛家所謂藏識。藏識雖為萬物之本源，而不得以藏識為父。所以者何？父者，有人格之名，非無人格之名。人之生也，亦有賴於空氣、地球。非空氣、地球，則不能生。然不聞以空氣、地球為父，此父天母地之說，所以徒為戲論也。若云有人格者，則耶和瓦與生人各有自性。譬如人間父子，肢體既殊，志行亦異，不得以父并包其子，亦不得以子歸納於父。若是，則非無所不備也，非絕對無二也。若謂人之聖靈，皆自耶和瓦出，故無害為無所不備，亦無害為絕對無二者。然則人之生命，亦悉自父母出，父母於子又可融合為一耶？且所以稱為父者，為真有父之資格乎？抑不得已而命之乎？若其真有父之資格者，則亦害其絕對無二。所以者何？未見獨父而能生子者，要必有母與之對待。若是，則耶和瓦者，必有牝牡之合矣。若云不待牝牡，可以獨父而生，此則單性生殖，為動物最下之階，恐彼耶和瓦者，乃不異於單性動物。而夜光、浸滴諸蟲，最能肖父，若人則不肖亦甚矣。若云不得已而命之者，此則無異父天母地之說，存為戲論，無不可也。

如上所說，則能摘其宗教之過，而尚不能以神為絕無。嘗試論之曰，若萬物必有作者，則作者亦更有作者，推而極之，至於無窮。然則神造萬物，亦必被造於他，他又被造於他。此因明所謂犯無窮過者。以此斷之，則無神可知矣。雖然，亦不得如向、郭自然之說。夫所謂自然者，謂其由自性而然也。而萬有未生之初，本無自性；既無其自，何有其然？然既無依，自亦假立。若云由補特伽羅而生，而此補特伽羅者，亦復無其自性。是故人我之見，必不能立。若云法則固然，而此法則由誰規定？佛家之言「法爾」，與言「自然」者稍殊，要亦隨宜假說，非謂法有自性也。本無自性，所以生迷，迷故有法，法故有自，以妄為真，以幻為實。此則誠諦之說矣。

若夫吠檀多教，亦立有神，而其說有遠勝於基督教者。彼所建立，一曰高等梵天，二曰劣等梵天。高等梵天者，無屬性，無差別，無自相；劣等梵天者，有屬性，有差別，有自相。而此三者，由於無明而起，既有無明，則劣等梵亦成於迷妄。而一切萬物之心相，皆自梵出，猶火之生火花。是故梵天為幻師，而世間為幻象。人之分別自他，亦悉由梵天使其迷妄。若夫高等梵天者，離言說相，離名字相，離心緣相。謂之實在而不可得，謂之圓滿而不可得，謂之清淨而不可得。所以者何？實在、圓滿、清淨之見，皆由虛妄分別而成，非高等梵天之自性也。人之所思想者，皆為劣等梵天；惟正智所證者，乃為高等梵天。既以正智證得，則此體亦還入於高等梵天，非高等梵天之可入，本即高等梵天而不自知也。若其不爾，則必墮入輪迴，而輪迴亦屬幻象。惟既不離虛妄分別，則對此幻象而以為真。此則吠檀多教之略說矣。

今夫基督教以耶和瓦為有意創造，則創造之咎，要有所歸，種種補苴，不能使其完善。吠檀多教立高等、劣等之分，劣等者既自無明而起，則雖有創造，其咎不歸於高等梵天。基督教以世界為真，而又欲使人解脫。世界果真，則何解脫之有？吠檀多教以世界為幻，幻則必應解脫，其義乃無可駁。雖然，彼其根本誤謬，有可道者。若高等梵天有士夫用，則不得不有自性；既有自性，則無任運轉變，無明何自而生？劣等梵天依何而起？若高等梵天無士夫用者，則無異於佛家之真如。真如無自性，故即此真如之中，得起無明，而劣等梵天者，乃無明之異語。真如、無明，不一不異，故高等梵天與劣等梵天，亦自不一不異。若是，則當削去梵天之名，直云真如、無明可也。若謂此梵天云者，寧非虛妄分別之名耶？又凡云「幻有」者，固與「絕無」有別。若意識為幻有，五大亦屬幻有，則有情之意識，得以解脫，而無情之五大，以何術使其解脫？是則虛妄世界，終無滅盡之期也。若意識是幻有，而五大是絕無者，無則比於龜毛兔角，亦不得謂是梵天幻師所作之幻象矣。是何也？幻象者是幻有，而此乃絕無也。且劣等梵天既是無明，必斷無明而後解脫，則將先斷劣等梵天。人能斷無明，高等梵天亦能斷無明耶？否耶？若高等梵天能斷無明者，則劣等梵天固有永盡之日。若高等梵天，常與劣等梵天互相依住，有如束蘆，則必不能斷無明。人能斷無明，而高等梵天乃不能斷無明，是則高之與劣，復有何異？故由吠檀多教之說，若變為抽象語，而曰真如、無明，則種種皆可通；若執此具體語，而曰高等梵天、劣等梵天，則種種皆不可通。此非有神教之自為障礙耶？

近世斯比諾莎所立[11]泛神之說，以為萬物皆有本質，本質即神。其發見於外者，一為思想，一為面積。凡有思想者，無不具有面積；凡有面積者，無不具有思想。是故世界流轉，非神之使為流轉，實神之自體流轉。離於世界，更無他神；若離於神，亦無世界。此世界中，一事一物，雖有生滅，而本體則不生滅，萬物相支，喻如帝網，互相牽掣，動不自由。乃至三千大千世界，一粒飛沙，頭數悉皆前定，故世必無真自由者。觀其為說，以為萬物皆空，似不如吠檀多教之離執著。若其不立一神，而以神為寓於萬物，發蒙叫旦，如雞後鳴，瞻顧東方，漸有精色矣。萬物相支之說，不立一元，而以萬物互為其元，亦近《華嚴》無盡緣起之義。雖然，神之稱號，遮非神而為言；既曰泛神，則神名亦不必立。此又待於刊落者也。

赫爾圖門[12]之說，以為神即精神。精神者，包有心物，能生心物，此則介於一神、泛神二論之間。

11 音譯自 Benedictus de Spinoza，即斯賓諾莎。一六三二—一六七七，荷蘭哲學家，認為存在一「惟一實體」，即上帝，即自然，宇宙一切皆由該惟一實體所構成。

12 音譯自 Hermann Lotze，即洛采。一八一七—一八八一，德國哲學家，認為宇宙間的發展可以被解釋為人類心智精神的運作。

夫所謂包有者，比於囊橐耶？且比於種子耶？若云比於囊橐，囊橐中物，本是先有，非是囊橐所生，不應道理。若云比於種子，幹莖華實，悉為種子所包，故能生此幹莖華實。然種子本是幹莖華實所成，先業所引，復生幹莖華實；若種子非幹莖華實所成者，必不能生幹莖華實。此則神亦心物所成，先業所引，復生心物，是心物當在神先矣。若謂自有種子能生幹莖華實，而非幹莖華實所成，如藕根之相續者，為問此藕自何處來？必曰藕自藕生。復問此藕往何處去？必曰藕復生藕，及生蓮之幹莖華實。然則以藕喻神，則今神為先神所生，當有過去之神矣。今神復生後神，及生一切心物，當有未來之神矣。過去之神，精神已滅；現在之神，精神暫住；未來之神，精神未生。達摩波羅氏云：「若法能生，必非常故；諸非常者，必不遍故；諸不遍者，非真實故。」若是，則神亦何足重耶？雖然，赫氏則既有其說矣，彼固以為世界自盲動而成。此則竊取十二緣生之說。盲即無明，動即是行，在一切名色六入之先，是以為世界所由生也。神既盲動，則仍與吠檀多教相近。而有無之辨，猶鸛雀蚊蝱之相過乎前矣。

夫有神之說，其無根據如此，而精如康德，猶曰：「神之有無，超越認識範圍之外，故不得執神為有，亦不得撥神為無。」可謂千慮一失矣！物者，五官所感覺；我者，自內所證知。此其根底堅牢，固難驟破。而神者，非由現量，亦非自證，直由比量而知。若物若我，皆俱生執，而神則為分別執。既以分別而成，則亦可以分別而破。使神之感覺於五官者，果如物質；其證知於意根者，果如自我，則不能遽撥為無，亦其勢也。今觀嬰兒墮地，眙視火光，目不少瞬，是無不知有物質者也。少有識知，偶爾蹉跌，頭足發痛，便自捶打。若曰此頭此足，令我感痛，故以此報之耳。是不執色身為我，而亦知有內我也。若神則非兒童所知，其知之者，多由父兄妄教；否則思慮既通，妄生分別耳。然則人之念神，與念木魅山精何異？若謂超越認識範圍之外，則木魅山精亦超越認識範圍之外，寧不可直撥為無耶？凡現量、自證之所無，而比量又不可合於論理者，虛撰其名，是謂無質獨影。今有一人，自謂未生以前，本是山中白石。夫未生以前，非其現量、自證之所知，即他人亦無由為之佐證，此所謂超越認識範圍之外者也。而山中白石之言，若以比量推之，又必不合，則可以直撥為無。惟神亦然，不可執之為有，而不妨撥之為無，非如本體實在等名，雖非感覺所知，而無想滅定之時，可以親證其名，則又非比量所能摧破也。更以認識分位言之，則人之感物者，以為得其相矣。而此相者，非自能安立為相，要待有名，然後安立為相。吾心所想之相，惟是其名，於相猶不相涉。故一切名種分別，悉屬非真，況於神之為言，惟有其名，本無其相，而不可竟撥為無乎？難者曰：「若是，則真如、法性等名，亦皆無相，何以不撥為無？」答曰：「真如、法性，亦是假施設名。」遮非真如、法性，則不得不假立真如、法性之名，令其隨順，亦如算術之有代數，骨牌之列天人，豈如言神者之指為實事耶？且真如可以親證，而神則不能親證，其名之假相同，其事則不相同，故不可引以為例。若夫佛家之說，亦云忉利天宮，上有天帝，名曰釋提桓因。自此而上，復有夜摩、兜率諸天，乃至四禪、四空，有多名號。此則所謂諸天者，特較人類為高，非能生人，亦非能統治人。徵以生物進化之說，或有其徵，要非佛家之所重也。至云劫初生人，由光音天人降世，此則印度舊說，順古為言，與亞當、厄襪等[13]同其悠謬。說一切有部以為世尊亦有不如義言，明不得隨文執著矣。

13 今多譯為夏娃，神話中上帝創造的世界上第一位女人。

五無論

今之人不敢為遁天之民，隨順有邊，則不得不有國家，亦不得不有政府。國家與政府，其界域固狹隘，故推其源以得民族主義，其界域亦狹隘。以民族主義為狹隘而不適於國家者，斯謂有法，自相相違，不成比量。（如三支法，彼先立一量云：民族主義是狹隘見，於無界中強分界故。喻如宗法思想，此亦可立一量云：國家主義是狹隘見，於無界中強分界故。喻如村落思想，兩因兩後陳皆同，則前者所以破敵，亦即所以自破。若作三段法亦得。）夫於恆沙世界之中而有地球，無過太倉之有稊米。今於其間分割疆域，保為己有，而命之曰國家；復於其間建設機關，區分等級，而命之曰政府。則蠻氏、觸氏之爭，不足喻也。其所守本狹隘，惟相應於狹隘之民族主義而為之。誠欲廣大，固不當分種族，亦寧得分國家。民族主義隨感情而有，國家主義寧非隨感情而有。以彼為固保此者欲何為耶？嗟呼！莽瀁平原，入其域而視之，始見土地，次見人民，烏睹所謂國家者？國家者，如機關木人，有作用而無自性。如蛇毛馬角，有名言而非實存。究其成此虛幻妄想者，非民族之為而誰為乎？易族既非所爭，賣國亦應無責，而勞心以控摶此國家何為者？將其藉茲遺日，如毀瓦畫墁者所為耶？

若曰國家者所以利一群，則與利一族也何異？同此芥子牛跡之微，而二者何以相難？是故隨順有邊，既執著國家矣，則亦不得不執著民族主義。然而其中有廣大者。吾曹所執，非封於漢族而已。其他之弱民族，有被征服於他之強民族，而盜竊其政柄，奴擄其人民者，苟有餘力，必當一匡而恢復之。嗚呼！印度、緬甸滅於英，越南滅於法，辯慧慈良之種，掃地盡矣！故吾族也，則當返；非吾族也，孰有聖哲舊邦而忍使其遺民陷為臺隸？欲圓滿民族主義者，則當推我赤心救彼同病，令得處於完全獨立之地。有效巨憝麥堅尼之術，假為援手，藉以開疆者，著之法律，有誅無赦。然則愛無差等，施由親始，墨者之道然也。若夫民族必有國家，國家必有政府，而共和政體於禍害為差輕，固不得已而取之矣。爵位廢而兼併行，其亂政又無以異於美利堅氏。於是當置四法以節制之：一曰均配土田，使耕者不為佃奴；二曰官立工廠，使傭人得分贏利；三曰限制相續，使富厚不傳子孫；四曰公散議員，（凡議員有貪汙事，平民得解散之。議院本由民間選舉，自當還付民間解散。然諸政法得失，問罪於政府可也。至於議員受賄，則罪有專屬矣。）使政黨不敢納賄。斯四者行，則豪民庶幾日微，而編戶齊人得以平等，亦不得已而取之矣。無是四者，勿論君民立憲，皆不如專制之為愈。所以者何？議院者，受賄之奸府；富民者，盜國之渠魁。專制之國無議院，無議院則富人、貧人相等夷。及設議院，而選充議士者，大抵出於豪家。名為代表人民，其實依附政黨，與官吏相朋比，挾持門戶之見，則所計不在民生利病，惟便於私黨之為。故議院者，國家所以誘惑愚民，而鉗制其口者也。且議士既出於豪家，則與捐納得官無異，其志固為利而已。官吏受賄，議院得彈劾而去之；議院受賄，誰彈劾而去之？一議士受賄，他議士得彈劾而去之；盡議院皆受賄，誰彈劾而去之？近觀日本郡制廢止一案，議院得贓，明見蹤跡者七人，而其他三百餘員皆有隱昧受賕之事。（見《黑龍雜誌》。）日本立國，非專以重商拜金為務。且議院之設，才二十年，其腐敗已如是。然則有議院而無平民鞭箠於後，得實行其解散廢黜之權，則設議院者，不過分官吏之贓以與豪民而已。反觀專制之國，猶無斯紊亂也。（案世人常語，謂多一監察者，即多一受賄者。今議院所以監督官吏，乃適便其受賄之私，斯言猶信。）專制之國，商人無明與國家分權之事，及異於專制者則不然。夫錢刀金幣，實使民擾攘之階。然黃金、白金、赤金三品，視之有光，擊之有聲，取之甚艱，藏之不朽，其質性誠有可寶者。因其可寶而以為幣，猶民之公心也。及夫徑寸赫蹄，與故紙初非有異，而足以當百金，則政府所以愚弄其民者至矣。猶不知止，使牙儈設銀行者，得公為之，而常民顧不得造。是則牙儈之權，得與政府相等，其與齊民非有天澤之分乎？反觀專制之國，錢幣一出於國家，然民間猶得以碎銀貿易；至於楮幣，則國家尚鮮為之，況於牙儈？（今上海中國銀行亦許自造楮幣；斯實揣摩歐化，非其本有。）是故有共和政體，而不分散財權，防制議士，則猶不如專制政體之為善也。雖然，是四制者，特初級苟偷之法，足以補苴舋隙而已。欲求盡善，必當高蹈太虛，然非有共和偽政，及其所屬四制以為之基，寧有翔躡虛無之道，隨順有邊，期以百年，然後遞見五無之制。

五無者，超過民族主義者也。云何五無？一曰無政府。凡茲種族相爭，皆以有政府使其隔閡，假令政權墮盡，則犬馬異類，人猶馴狎而優容之，何有於人類？抑非專泯種族之爭而已。有錢幣在，則爭奪生而階級起。於是以共產為生，則貿易可斷，而錢幣必沉諸大壑矣；有軍器在，則人將藉是以為殺掠之資。於是鎔解銃礮，椎毀刀劍，雖未足以絕爭心，而爭具則自此失矣。其他牝牡相交，父子相繫，是雖人道之常，然有所溺愛則妒生，有所攝受則爭起。於是夫婦居室、親族相依之事，必一切廢絕之，使人民交相涉入，則庶或無所間介矣。凡此諸制，皆所以平人民嫉妒之心，而非以為幸福。幸福本無，惟少害故。二曰無聚落。政府之成立，本以爭戰為其始原。爭戰不絕，則政府不可以一日廢。是故政府者，非專為理民而設，實與他國之政府相待而設。他國有政府在，即一國之政府不得獨無。今日無政府，固必與他政府同時俱盡。國界之當先破，語言文字之當先統一者，斯盡人所知也。國界雖破，而聚落猶未破，則慘烈之戰爭未已。何也？人類本平等，而所依之地本不平等；人類之財產可以相共而容，而地方之面積不能相共而容。夫共產者，以為自喻適志矣。然地有溫潤寒苦之不同，處寒苦者盡力經營，以化其地為膏腴，孰與攘奪膏腴之便？況氣候之燥潤慘舒，其難齊有百倍於地質者。自古溫潤之國，率為苦寒人所兼併，顧溫潤國則未有蠶食苦寒國者。無他，苦寒國人視溫潤國為樂土，驅於欲望，則不憚斷脰摩頂以爭之。悅以使民，民忘其死。溫潤國人於苦寒地，素無欣羨之心，則其不能兼併也亦宜。夫兩地皆有政府，而苦寒必勝溫潤者，知其勝非政府所成，乃自然界所役使矣。今觀歐洲諸國，侵略印度以南之地，其始豈假藉帝力、揮其天戈耶？一二農商，規利遠涉，招集亡命，挾捕獸之器以殺人，而其地遂為所據有。斯與政府何與？及其殖民既就，上之政府，以著領土之名，無舊無新，悉為一國矣。而舊土民之厚利，猶為征服者恣意侵漁，討伐生蕃，逞情殘殺，斯於國界何與？是故政府與國界破，而猶有聚落之存，則溫潤地人必為苦寒地人所殺掠。近則如白人之侵略南方，遠則如原人之覆滅他族，可決知也。夫俄人所以敢言無政府者，何也？地素苦寒，有己國人之侵食他方，而不慮他方人之侵食己國。法人所以敢言無政府者，何也？土雖膏腴，面積非甚廣大，有狹鄉人之侵略他溫潤地，而不慮他溫潤地人之侵略狹鄉。故實踐之而無所懼。若泰東諸國則不然，中原、遼瀋、日本、朝鮮，雖與俄國同時無政府，東亞之民猶為俄人所蹂躪也。滇、桂、閩、廣、越南、暹羅，雖與法國同時無政府，南海之民猶為法人所侵掠也。是何也？既依聚落地著而居，則氣候之相較有溫寒，面積之相較有廣狹，非法制契約所能平也。夫無政府者，以為自由平等之至耳。然始創自由平等於己國之人，即實施最不自由平等於他國之人。在有政府界中言之，今法人之於越南，生則有稅，死則有稅，乞食有稅，清廁有稅；毀謗者殺，越境者殺，集會者殺，其酷虐為曠古所未有。是日食人之國，雖蒙古、回部曾未逮其毫毛。此法蘭西，非始創自由平等之法蘭西耶？在有政府界中，法人能行其自由平等者於域內，而反行其最不自由平等者於越南。以此相推，雖至無政府時，猶漁獵他人可知已。或者以為語言文字有殊，迭相視為異種，故無含容包覆之心，既統一則無斯慮。夫以利相爭，雖兄弟至親，猶有操戈之釁，況故為路人耶？今人震矜無政府說，以為典型。然縱令政府盡亡，國界盡破，而因仍固有之聚落以相什伍者，猶未化鎔，合旅相爭，其勢仍不能已。則效其術者，正為創其說者所魚肉耳。是故欲無政府，必無聚落。農為遊農，工為遊工，女為遊女。苦寒地人與溫潤地人，每歲爰土易室而居，迭相遷移，庶不以執著而生陵奪。斯則無政府者，必與無聚落說同時踐行也。三曰無人類。世人以政府為眾惡之源，國家為群汙之府，寧不謂爾？雖然，政府云，國家云，固無自性。此政府與國家者，誰實成之？必曰「人實成之」。夫自人成之，自人廢之，斯固非絕特可驚之事。而成之之根不斷，有其廢之，終必有成之者。不然，則原人本無政府國家之纍，何以漸相垛積以有今日之穰穰者也？且人之相爭，非止飲食牝牡之事；人之爭具，寧獨火器剛鐵之倫。睚眥小忿，則憎怨隨之；白刃未獲，則拳力先之。縱大地悉無政府聚落，銷兵共產之制得以實行，而相殺毀傷，猶不能絕其愈於有政府者。昔鮑生有言曰：「細民之爭，不過小小匹夫校力，亦何所至。勢不能以合徒眾，威不足以驅異人。孰與王赫斯怒，陳師鞠旅？推無仇之民，攻無罪之國，僵屍則動以萬計，流血則漂櫓丹野。」（案鮑生好老、莊之書，治劇辯之言，以為古者無君勝於今世，與抱朴子相難。中國言無政府者，前有莊子，後有鮑生，為其最著。語見《抱朴子・詰鮑篇》。）若是，而已使人類返於犬豕，不使人類進於修羅，其術雖善，而猶非圓滿無缺之方。是故一二大士超人者出，誨之以斷人道而絕其孳乳，教之以證無我而盡其緣生。被化雖少，行術雖迂，輾轉相熏，必有度盡之日，終不少留斯蠹以自禍禍他也。四曰無眾生。自毛奈倫極微之物，更互相生，以至人類，名為進化，其實則一流轉真如。要使一物尚存，則人類必不能斷絕。新生之種，漸為原人，久更浸淫，而今之社會、今之國家又且復見。是故大士不住，涅槃常生，三惡道中，教化諸趣，令證無生，而斷後有，此則與無人類說同時踐行者也。五曰無世界。世界本無，不待消滅而始為無。今之有器世間，為眾生依止之所本，由眾生眼翳見病所成，都非實有。六十四種原質，析至鄰虛，終無不可復析之量。既可復析，即不得強立原子之名。若云原子本無方分，互相牴觸而後見形者。既無方分，便合渾淪為一，何有互相牴觸之事？故知原子云者，徒為妄語。其他或立伊太，或立伊奈盧雞，斯皆超出經驗之外，但有假名。要之，空間尚無，豈彼空間所容受者，而可信其為有？然現見此器世間，宛爾存在，則以眾同分業，錯亂其明故。是則眾生既盡，世界必無毫毛圭撮之存。譬若病眼者死，而眼中所見之空華與之俱死。雖然，此未可為常人道也。常人所信，惟有覆諦而已。世界初成，溟濛一氣，液質固形，皆如煙聚。佛謂之金藏雲，康德謂之星雲，今人謂之瓦斯氣，儒者則以太素目之。爾後漸漸凝成，體若熟乳，久之堅硬，則地球於是定位，次是乃有眾生滋長。而有機物之最始，果自無機物出乎？則生物學家所不能斷定者。若如覆諦世界不亡，仍有產出群生之日。是故眾生悉證法空，而世界為之消弭，斯為最後圓滿之期也。此五無者，非能於一時成就。最先二無，同時成就，為一期；其次二無，漸遞成就，為一期；最後一無，畢竟成就，為一期。前二次二，其時期亦有互相錯雜者，以非普遍，故不得以成就為言。若自明者觀之，序次秩然，推行不亂，孰後孰急，若指果於掌中。然而俗昧遠理，僧滯近教，事之常也。今之在宗教者，以盛衰強弱為素定，徒執因緣，不知以增上緣輔其為治。又乃情存諂曲，以強有力者為護法之宗，抑盛輔微，耳不欲聽。顧沾沾焉以慈善事業資助窮民，適為豪強者保其令聞長世。其有賢者，甘趨寂滅，而萬善方便之法不行，所謂財施無畏，施者竟安在耶？若夫俶儻愍世之材，以無政府為至極矣。堅信性善之說，則謂利用厚生，與夫男女隱曲之事，果無少缺，雖無法律而不為非。不悟人心好事，根於我見，我見不除，雖率爾捔目相視，猶有拚命同盡之心，豈專由利害得喪而已。以無政府主義中道自畫，而不精勤以求其破碎淨盡者，此亦乏於遠見者也。佛說鬱單越洲，人無妻妾、田宅、車馬、財物、資具諸攝受，清寧耆壽，殊勝三洲。而佛亦不於是洲出世，此其事豈非明驗於今耶？

何以云性善之說，不可堅信，人心好爭，根於我見耶？答曰：「人之本性，所謂藏識無善無惡者，勿論也。」而末那意根，雖無記而有覆，常執藏識以為自我，以執我之見見於意識，而善惡之念生。人心固非無善，亦非不好善。如孟子、路索[1]、索賓霍爾[2]，皆以惻隱之心立極，誠非誇誕。然如希臘學者，括人心之所好，而立真、善、美三，斯實至陋之論！人皆著我，則皆以為我勝於他。而好勝之念見之為爭，非獨人爾，一切動物皆然。若雞者，若鵪鶉者，若蛙與蛤蟆者，若蟋蟀者，多以無事相爭，而不必盡為利害得喪之事。索賓霍爾立意志世界之說，謂意志常自相競。證以蟻子下指甲而斷之，蟻子既死，其身與首猶相鬥，此豈為利害得喪而然乎？嬰兒始能言時，兩不遜則舉手相撲，及至壯夫，亦有以嘲罵瞬視之微，而懷怨以終其世者。杯酒失意，白刃相仇，蓋前世所常

---

1 音譯自 Jean-Jacques Rousseau，即盧梭。一七一二—一七七八，法國哲學家，提出知識的根源為惡，理性會使人變得冷漠。

2 音譯自 Schopenhauer，即叔本華。一七八八—一八六〇，德國哲學家，提出「唯意志論」，認為意志為一切活動的根本。

睹。此又豈為利害得喪之事也？然世多以利害得喪而生競者，以好勝是其天性。涉於利害得喪之事，則發之愈烈耳。寧得謂人之相殺者，止於生存競爭、牝牡競爭而已乎？今使人無私藏，亦無家室，其為財產妃色而生爭者，固少息矣。然斯之社會，在獸類固有之，獸類無一夫一婦之事，兩性相逐，天下為公，而以字尾之故，相噬齧者猶眾，何獨於人類而能外是？獸類言語既簡少，惟以聲氣呼召排擯，而峭刻之調譏無有焉，其知恥之心亦寡，故無以言語而起競爭之事。人則不然，有喙三尺，其利甚於刀矛，報之者亦率以刀矛從事。亂之生也，則言語以為階。蕭同房中之一笑[3]，嵇康鍛竈之兩言[4]，其禍至於喪師斷首。此猶曰報之者有勢藉也。縱無勢藉，一身之股肱固在，凡彼勇夫，不忍惡聲以至相死者，多矣。然未至於甚潰裂者，何也？有法律以閑之，有利欲以掣之也。人情莫不懷生而惡死，非飢寒交迫，鋌而走險者，嚴刑在側，常有以挫其好勝之心。亦或遁逃法外，而令名既損，民所不與。攻難剽暴之徒，與社會既不相入，則無窮之希望自此而終。此所以憚於猝發也。然以二者相衡，則法律之懲戒，其力微，而利欲之希望，其力厚。今無政府，法律有無且勿論，共產

3 齊頃公之母蕭同叔子，於齊晉會盟時藏於帷幕後，見晉國來使郤克跛腳登階，遂笑之。此事引起郤克不悅，間接引發之後的齊晉鞍之戰。

4 三國時，鍾會拜訪嵇康，但嵇康並未理會而繼續打鐵。在鍾會離開前，嵇康問其：「何所聞而來，何所見而去？」鍾會回應：「聞所聞而來，見所見而去！」嵇康未以禮相待，且表明不與司馬氏合作的立場，導致其後遭處死。

同內，則一身無利之可損，亦無利之可增也。希望既絕，偽道德以此廓清，而好勝之良能，將於是軒豁呈露。蓋處今時之社會者，非無好勝之心也，而常為利欲所制。故近世欲作民氣者，在損其好利之心，使人人自尊，則始可以勇猛無畏。及無政府主義成就以後，其所患又在彼不在此。或者以為今時風氣駤戾，好殺者已居少數。他時政府雖亡，而習慣猶因仍不沒，無患其遽裂者。吾則以為不然。今之習慣，非能使天性遷移，特強制之使不發耳。誰無瞋心，誰不屠殺有情以供餐食。是好殺之習慣由性成，而不殺之習慣為強制也。藩籬既撤，則向之彈力復生。縱有力能強制者，必其嘗處今之社會，而後處無政府之時代者耳。再世以往，其子孫不見今之社會，安有不殺之習慣哉？或者以為惻隱之心，人所素有，雖其好勝，必能強自制裁。吾又以為不然。惻隱之心，孟軻舉孺子入井為例，此最為密切者。人之所憐，在彼弱小於我，而所憎在其敵對於我。即彼惻隱心者，亦與好勝心同一根柢。雖甚凶戾，無不憐弱者；雖甚仁慈，無不憎怨家。觀夫任俠之居心，即可見矣。上世人獸爭戰之時，常殺其長者而豢其稚者；其次部落爭戰之時，常屠其丁壯而遺其婦女弱兒。此寧有政令發徵期會哉！誅其強者，本乎好勝心；全其弱者，本乎惻隱心。人之良能然也。縱令人人不傲無告，不侮鰥寡，而體力智勇與我相若者，一有小忿，常存必殺之心。此必不能去者也。或者以為無政府時，既無爭具，雖欲相殺，而有不可得者。吾又以為不然。人之異於禽獸者，在其體力有差。世固有力能扛鼎，亦有不舉一雛者。此則強弱相形，或足以動其哀憐之念。至乎常人相視，力有餘而形不逮，亦數有之。攘臂相爭，猶足斷命，況於長竿白梃，猶有可藉乎？且夫兵器雖銷，而資生金鐵，猶不可廢。農夫發地，則必有犂鋤矣；庖人割裁，則必有刀匕矣；大匠伐木，則必有斧斤矣；女紅制帛，則必有剪刀矣。舉此數者，無不可資為殺人之具，安在其赤手無藉也？雖然，必謂人將相殺，當以法律治之，而願政府之存者，是則甚謬。原政府之初設也，本非以法律衛民而成，乃以爭地劫人而成。今者法令滋章，其所庇仍在強者。貧民以為盜受誅，寧止億兆？其或邏候森嚴不得恣意，則轉死於煤坑中耳。至於帝國主義，則寢食不忘者，常在劫殺。雖磨牙吮血，赤地千里，而以為義所當然。夫竊鉤者誅，竊國者為諸侯，此莊生所為憤嫉。今無政府，雖不免於自相賊殺，必不能如有政府之多。且平人相殘，視其膂力，非夫以強陵弱、以眾暴寡者之可悲也。昔鮑生有言曰：「使夫桀紂之徒得燔人，辜諫者，脯諸侯，葅方伯，剖人心，破人脛，窮驕淫之惡，用炮烙之虐。若令斯人並為匹夫，性雖凶奢，安得施之？使彼肆酷恣欲，屠割天下，由於為君，故得縱意也。」綜觀今世所謂文明之國，其屠戮異洲異色種人，蓋有甚於桀、紂。桀、紂惟一人，而今則合吏民以為之；桀、紂無美名，而今則借學術以文之。獨一桀、紂，猶不如去之為愈，況合群策群力以為桀、紂矣。夫鬥毆殺人者，其心戇；計謀殺人者，其惡深；獨力殺人者，其害微；聚眾殺人者，其禍劇。今政府固盡知此，法律所治，輕重有殊焉。而政府自體，乃適為計謀、聚眾以殺人者，則烏得不捨此之重而就彼之輕耶？古之言性惡者，莫如荀卿，其見非不卓絕，猶云當以禮法治之。荀卿之時，所見不出禹域，七雄相爭，民如草芥，然尚不如近世帝國主義之甚。隨俗雅化，以建設政府為當然，而自語相違實甚。何者？既知人性之惡，彼政府者亦猶人耳，其性寧獨不惡耶？檢以禮法，而禮法者又惡人所制也。就云禮法非惡，然不可刻木為吏，則把持禮法者，猶是惡人。以惡人治惡人，譬則使虎理熊，令梟將獍。熊與獍之惡未改，而適為虎與梟傅其爪牙。然則正以性惡之故，不得不廢政府。莊生云：「唇竭則齒寒，魯酒薄而邯鄲圍，聖人生而大盜起。」縱令有新政府者出，能盡反近世文明政府所為，而其幅員不能遍於大地。且機關既設，眾慝日滋，終足以為大盜之藉。故余以設新政府者為無政府之階，而永世守之，則不可。無政府者，雖有平人相殺，其酷猶愈於有政府，終當使其趨於寂滅，而以為圓滿，則不可。

所謂無人類、無眾生、無世界者，說雖繁多，而無人類為最要。以觀無我為本因，以斷交接為方便，此消滅人類之方也。然世人多云「天地之大德曰生，陰陽匹偶，根性所同，不應背天德而違人道」。嗟呼！人在天地，若物之寄於康瓠耳。器非同類，則無德之可感；體無知識，則何物之能生？且原始要終，有生者未有不死。既云天地之大德曰生，何獨不云天地之大德曰死乎？天地不仁，以萬物為芻狗，乃老子已知之矣。夫名色五陰，是為苦聚。人生三苦：一依內苦，二依外苦，三依天苦。此則《金七十論》[5]師猶明其義。而近世學者亦云「苦為積極，樂為消極」。其說近《成實論．問受品》[6]云：「又種種樂，少苦能勝，如人具足受五欲時，蚊蚋所侵，則生苦覺。又如存百子樂，

5 自在黑所作，講述薩婆多部的二十五諦。

6 訶梨跋摩作《成實論》，為成實宗之經典。其中論及四諦之一的「苦聚諦」，述色論、識論、想論、受論、行論之事，〈問受品〉即為受論底下之品名。

不如喪一子苦。」夫盡世間之上妙樂具，無益於我秋毫，而只足以填苦壑，則人生之為苦聚可知。故世親《百論釋》云[7]：「福有二相，能與樂，能與苦。如雜毒飯，食時美，欲消時苦，福亦如是。復次，有福報是樂因，多受則苦因。譬如近火，止寒則樂，轉近燒身則苦。是故福二相，二相故無常，是以應捨。」然則若苦若樂，終之為苦一也。本未生時，非有苦樂可受而生者，忽以苦府錮之。使人果天地所生，則對之方為大怨，而何大德之有焉？或竊海格爾說，有無成義，以為宇宙之目的在成，故惟合其目的者為是。夫使宇宙而無所知，則本無目的也；使宇宙而有所知，以是輕利安穩之身，而倐焉生成萬物以自蠹。譬諸甘食不休，終生蟯、蛔之害，其卒必且自悔，或思得芫華巴豆以下之矣。然則宇宙目的，或正在自悔其成，何成之可樂？調御丈夫，當為宇宙之懺悔者，不當為宇宙所漂流者。且人之在斯世也，若局形氣以為言，清淨染汙，從吾志耳。安用效忠孝於宇宙目的為？若外形氣以為言，宇宙尚無，何有目的？世之論者，執著有生，而其終果於行殺，何若生殺兩盡之為愈也？至其所謂人道者，不知以宇宙目的為準耶？抑以人類天性為準耶？若以宇宙目的為準者，已如前駁；若以人類天性為準者，人之天性不能無淫，猶其天性不能無殺。以淫為人道不可斷者，何不以殺為人道而不可斷乎？何以知其然也？人之情性可見者，莫如詩，其次莫如小說、神話。中國之《詩》，風以道淫，雅、頌以道殺。而言淫者，以窈窕好逑文之；言殺者，以神武耆定文之。

7 世親，音譯自 Vasubandhu，又作天親，瑜伽行派創始人之一。《百論釋》乃其為提婆菩薩闡釋大乘佛教之空、無我之義的《百論》所作之注。

屈原、相如之作，哀則言思美人、見佚女；壯則言誅風伯、刑雨師。雖一往寓言，若非淫殺則不足以為美者。乃如常行小說，非以戀愛表淫，即以偵探表殺，此為中外所同。至於神話，希臘、印度皆立男女二神，而急風驟雨，則群指為天神戰鬥之事。以及刑天干位，修羅爭帝，天魔誘人，波旬嬈佛，凡諸殺事，神話中往往有之。而溼婆葦紐之教，則公言淫；天方之教，則公言殺。故知淫云殺云，皆人之根性也。若人性果不好殺者，何以勇果剛毅等名，至今不為惡詞，而以之為美德？觀其所美，則人性大可見矣。善乎！太史公曰：「自含血戴角之獸，見犯則校，而況於人懷好惡喜怒之氣，喜則愛心生，怒則毒螫加，情性之理也。」小亞細亞學者海邏克梨提之言曰：「爭者群生之父，萬物之王，一日息其爭戰，則宇宙將自滅亡。」其言雖悖，而適合於事情。萬物無我見則不生，無我見則不殺。生與我見俱來，而殺亦隨之。非直此也，芸芸萬類，本一心耳。因迷見異，以其我見自封，而無形之外延，因以張其抵力，則始凝成個體以生。是故殺機在前，生理在後。若究竟無殺心者，即無能生之道。此義云何？證以有形之物，皆自衛而禦他，同一方分，不佔兩物，微塵野馬，互不相容。雖以無形之分別心，一剎那間，亦不容俱起兩念。斯皆排擯異類，互相賊殺之徵。一切法我人我法爾，以殺為生，無殺則三界自然絕紐。以是推觀，則人為萬物之元惡，斷可知矣！今據天性以為準，而云淫為人道，則殺亦獨非人道耶？夫婦公有，既縱淫矣；法律廢弛，既聽殺矣。所以為此者，豈以縱淫、聽殺為當然？謂如是而後合群，相殺者可以衰止，較諸有政府時為猶愈爾。夫所惡者殺也，而殺根終不可斷；欲斷殺者，不得不先斷我見；而我見斷則生亦斷，安可以男女匹偶為當行哉？問曰：「若生當斷，何若殺之之為愈？且既以人為元惡，則殺之也何害？」答曰：「斷生者，謂斷後有之生，非斷現有之生。若現有之生可斷，斯即殺矣；而不斷殺者，即亦不能斷生。何以故？能殺所殺，我見皆未盡故。且人為萬物之元惡，是則然矣。子元惡也，我元惡也，均之元惡，而二者何以相治？若欲聽命於摩醯首羅、大梵帝釋、耶和瓦等，彼實虛無，不可信其為有。縱令有之，既有生矣，則是與爾我同為元惡也；同為元惡，即亦弗能相治。言無人類者，不欲以是人殺他人，猶之言無政府者，不欲以是政府滅他政府。非直不欲，且痛惡之。所以者何？為惡殺故，為平等故。是故斷生之道，任人自為，而不得以行殺為斷生矣。」問曰：「人之有淫，有政府時且不能以法律斷之，況無政府而可以是強遮人之情欲耶？」答曰：「斷淫者，固任人為之，非他人所能強制。惟然，故輾轉相熏，其收效至為闊遠。若可以強制者，不過六七十年而大地可無噍類，安得此徑易事也？人之不可強制者，非獨淫爾，雖殺亦不可強遮也。真遮殺者，不僅於動物遮之，雖至草木苔蘚之微，所謂種子邨、有情邨者，猶不得有意毀壞。（邨者，是依止義。種子邨，即果核等為種子所依止；有情邨，即叢草等為蚑蚋所依止。）微菌滋生，則有青衣白醭之屬，欲去之者，惟得起潔淨心，不得起損害心，斯豈盡人能然者？惟以同志自為契約，而輾轉及於他人，斯有度盡之日已。」問曰：「若淫殺皆為天性者，何以人皆惡殺？若淫殺皆可厭惡者，何故於淫則習而忘之，顧反以為人倫之始？」答曰：「人若不惡淫者，納采問名，既公布婚姻之禮，何以夫婦隱曲，當在屏蔽之中，不如犬豕之遵大路？而又先知蔽前，繼知蔽後，露生支而行者，則人人舉以為羞。下至麋鹿貍狌，牝牡相逐，則牝者猶遁逃不暇，豈非交會之情，雖禽豸亦知隱避乎？（近人說尤謬者，以為交會無關廉恥，若生支出於面頰，則與銜吻等耳。不知根器所依，心念即緣之而起，不得假設遷移之想。若如彼說，胡不曰：「使穀道與口同處，則便穢亦不知其臭乎？」或又謂：「衛藏風俗，常使老嫗教男女行淫之法，未嘗屏蔽。故知屏蔽者，乃習慣使然，非本性也。」然斯巴達人之俗，以善竊盜為美談。若如彼說，胡不曰：「自諱言竊盜者，亦習慣使然，非人之本性乎？」）人有偶為誑語，雖於利害無關者，乍被發覺，無不忸然見色，彼淫者亦其比爾。而人之於殺，顧有悍然矜伐其能者。上者銘之鐘石，著之史書，雖窮而在下者，亦因是得稱為好漢。法律只足以制其行事，然人心尊崇之念，雖嚴刑莫能遮。誰謂惡殺不惡淫耶？故就好美好勝之心以言，則淫殺皆人所好矣；格以好善之心，而淫殺又皆為人所惡矣。要之，性中種子，本以真如無明，更互相熏。由無明熏真如，而天性有好淫好殺之心；由真如熏無明，而天性亦有惡淫惡殺之心。兩者俱存，在人所自擇耳。」問曰：「生物進化，未有盡期。今之人雖多賊殺，千百世後，或為道德純備之人，何必以滅絕人類為志也？」答曰：「望進化者，其迷與求神仙無異。今自微生以至人類，進化惟在智識，而道德乃日見其反。張進化愈甚，好勝之心愈甚，而殺亦愈甚。縱令進化至千百世後，知識慧了，或倍蓰於今人，而殺心方日見其熾。所以者何？我見愈盛故。吾友北輝次郎，嘗期化學日精，則人人可以礦物和為飲食，而動植皆可恣其自生。乃至便利道斷，交會路絕，則人與天神無二。夫礦物供餐之說，容有其期，而殺心終不以飲食有餘而止，此前所已言者。若夫斷便利，絕交會，則與辟穀還丹相似。大藥既成，入腹不腐，神仙之說固然。而我見不亡，淫根必無自斷之道。老子云：『吾所以有大患，以有身故。』法與之貌，識與之形，五作根既開洞穴而發枝莖，則非掉動以遂所欲不已。故曰：『有欲以觀其徼。』徼之不亡，而求其自然無欲，烏可得哉？縱令證得四空，形質已銷，我見猶未伏滅，因緣外界，其種得以更生。故余以為我見在者，有潤生則淫必不可除，有好勝則殺必不可滅。夫耽於進化者，猶見沐浴為清涼，而欲沉於溟海。所願與卓犖獨行之士，勤學無生，期於人類眾生，世界一切，消融而止，毋沾沾焉以進化為可欣矣。」嗚呼！人生之智無涯，而事為空間、時間所限。今日欲飛躍以至五無，未可得也。還以隨順有邊為初階，所謂跛驢之行。夫欲不為跛驢而不得者，此人類所以愈可哀也！

復仇是非論

種族革命之志為復仇，然今人多以復仇為上古野蠻之事，故余以義定復仇之是非云。平不平以使平者，斯謂復仇。著者乃有親屬反兵之事，報之得直，固無可非也。然私人之相殺者，或以感憤激昂而過其直，於是有法律以範之。法律者，則以公群代私人復仇爾。既其相代，則私人之復仇者自可禁遮；然至於法律所窮，則復仇即無得而非議。兩國交兵本復仇之事，即有過當而他國莫能問者，以國家之上更無法律以宰制之也。（國際法者，本支離牽補之制，至於兩國交兵，即非法所能禁。）今以一種族代他種族而有國家，兩種族間豈有法律處其際者，既無法律，則非復仇不已。若以種族革命為復仇之非行，國與國之相戰爭者，何以不為復仇之非行？於此則退之，於彼則進之，抑揚之論非有比例可知也。或曰法律者所以懲後，非代為被害者報償。夫使法律只為懲後，民窮為盜，未見行法而能少衰，何故治盜之律不為廢止。且刑之當其罪，猶賞之報其勞。今日刑只以懲後人，則賞亦只以勸後人。為懲制刑，非以償害，則亦可云為勸制賞，非以報勞也。充其類例，則是勞者本無可賞，害者本無可刑，而懲勸亦甚無謂矣。即實言之，用刑之本心趨以償害而懲後者，乃其所滋生之利息，蕩及之餘波耳。猶之求飲食者，本為療飢，乃適足以充肌肉；求匹偶者，本以遂欲，乃適足以長子孫。療飢遂欲為其本心，充肌肉與長子孫為其餘利。若曰求飲食者，本為充肌肉；求匹偶者，本為長子孫，則人情必不爾也。飲食有時不充肌肉，匹偶有時不長子孫，然其事終不因之廢止何者？所急在見在，非預為未來。彼用刑者，亦猶是已。雖然法律本寬平，亦常有濫及不辜之懼，故證據不足，則勿能以論罪。而巧於為害者，常得脫逃，定法者知其然，則不敢以讞法為至周無漏。吾土自周漢以來，常寬復仇之律，惟過當者必誅，雖儒家亦以復仇為是。無他，明知聽訟折獄之制，不能至周，故作法者，亦常歉然自愧，而有所假借寬貸於人。歐美之法則不然，雖復仇者亦與尋常殺傷等罪，審自知其讞法之不周，而悍然以為完具，是則以復仇為野蠻者，乃國家所以自為文過耳。平議是非者，安取是為又塗飾之，則謂復仇雖是，而國家之秩序不可侵，是以有禁若然，則國家之秩序為重，而個人之損害為輕，斯國家者即以眾暴寡之國家矣。論者不悟，囿蔽於長國家者之言，因循成俗，以為義法本然，而以復仇為野蠻之行，此最可嗤鄙者也。且夫衡論私人強以法律之言彈正，已不足以服其心矣。至一種族所建之國家，為他種族攘奪而有之，則本無法律處乎其上，於此而猶以復仇為戾，是明伸能害者以抑受害者也。已則為卑諂黷亂之尤，而方以野蠻議人，苟有人心安必與牛群相辯矣。若果充其類例，以兩種相對之復仇為非，則必不以兩國相對之復仇為是。今於兩國治戎積屍喋血者，顧不敢議其後，雖議之亦只以為一是一非；而於種族革命，乃窮極詬詈之是非。以漢族之事業尚未成，而他國之事業則已成，故議論亦因之去就乎？此適足自白其佞諛強者，亦何足與校焉。嗚呼！萬方同醉不可以是非爭也。今世論者，於同一行事，小且弱者則非之，強且大者則是之，非獨復仇然也。凡以人民為財產而賣鬻之者，法律所誅，雖輿論亦云至野蠻也。然法人以加奈陀[1]鬻於英，西班牙人以美洲屬地鬻於德，以菲律賓鬻於美，盡其域內之田宅人民。一切以市儈之道貿易於人，購取者亦受之無怍，視賣鬻一二人者其野蠻非百倍乎？而舉世漠然，不以為訶，其他亦推是可知已，抑黨附國家者勿論也。今有以恢復人權為主而革命者，亦或謂種族革命為復仇，比於野蠻之習。夫強有力者，嘗蹂躪人權，今欲恢復則必取於強有力者之手而得之。而凡有所加害於我者，則彈丸當射其胸，此獨非復仇乎？為社會復仇與為種族復仇，其巨細雖殊，其為復仇奚以異？必以復仇為非，則凡託於社會主義、無政府主義者，惟當敬聽杜爾斯兌[2]之言，待強者自然消滅，一有暴動即無解於復仇之名，而亦自陷於野蠻之域矣。且種族復仇者，本非外於政權而言，則所對者即異種之強有力矣。何以彼之必是，而此之必非也。夫反對復仇者法律而外莫如宗教。循乎佛說，殺人者得波羅夷罪；為六親復仇而殺人者，得偷蘭遮罪。雖輕重有殊，其以為罪則一。且六度有忍辱之門，而頭目胸髓亦任人取攜矣。循乎老子之說，則言報怨以德矣；循乎宋子之說，則言見侮不辱，使人不鬥矣；循乎耶蘇之說，則言視仇如友矣。是數公者，微特以私人小聚之復仇為非，亦不

1 今多譯為加拿大。

2 Лев Николаевич Толстой，即托爾斯泰。一八二八—一九一〇，俄國文學家。提出「托爾斯泰主義」，影響許多政治運動，主張不以暴抗惡。

以公眾大群之復仇為是。有奴隸我、蹴踐我、殺傷我者，我固不當報之，雖見斯非行之加於他人者，亦不當代為報之。非直不報，乃或捨吾所固有者以增益彼而愧其心，循是則為上德大慈，而強暴者亦非不可感化。昔者張武受賄，漢文不加按治，而賜之金，武卒改行。彼特恭儉小仁之世主耳，猶足以化貪墨，而況命世哲人之所為乎！然今之言恢復人權者，則於此固弗能忍，其遇富強豪暴之徒，猶以相殺毀傷為事。夫相殺毀傷之效，速於口舌相規，躬行相勵，而不得不謂之復仇，則宗教之所言者，亦豈其所能藉口耶？或曰：恢復人權者，本為蒼生謀其利益，而復仇特其方便徑途。至言種族革命者，則純以復仇為志。觀念既殊，是以文野有異。此又顛倒謬戾之論也。人苟純以復仇為心，其潔白終遠勝於謀利。今有負氣忿事願吾黨與彼黨俱仆，此至潔白者也；願吾黨勝而彼黨敗者，此潔與汙參半者也；於一勝一敗之餘，復求吾黨之得而彼黨之喪者，此最為汙垢者也。人之常情，不以決鬥殺人為可惎，至殺人而復劫取其財，則莫不裂眥道之。牛以角觸，馬以足踶，象以鼻捲，有時亦能殺人也，而多由不勝忿戾之心，以至行殺，未嘗因以為利。故人之稱牛馬象者，以為仁厚之蟲，至於虎豹殺人而啖其肉，則謂之殘獸云爾矣。因是以觀昔者蒙古、回部之滅國也，惟懷好殺制勝之心，而謀利非其所急。今者歐洲白種之滅國也，則先之以謀利之心，而後行其殺人之事，是故蒙古、回部猶有高於歐洲者。今之種族革命，若人人期於顛覆清廷而止，其後利害存亡悉所不論，吾則頂禮膜拜於斯人矣。而綴學知書之士，才識一名以上皆汲汲於遠謀，未有不以共和政體國家社會耿介於其心者。余雖踸踔，亦不能不隨俗為言，且以為民族主義非專為漢族而已，越南、印度、緬甸、馬來之屬，亦當推己及之。滅清以往，非有建設之方則此志亦不可達。於是，則屈心以就物，而潔白之心亦已化為汙垢，與言恢復人權者同其淪落而已矣。然而是非高下之心，則固有與常人絕異者。夫一言利益，無論利他自利，而其志必在保惠後生。後生未生也，心知形體，一切冥如。而豪暴富強者，雖吾仇敵，固吾所素識。知於未生無形者，則求福之於見在相識者，則先殺之，此得為利他乎？夫曰「犧牲少數以利多數」，言雖非當，而猶可以自成其義也。今日犧牲有者，以利無者，此其語亦大謬矣。若曰後生必有，則彗星拂地之期，安知不在俄頃，寧能虛計百年，以待裸蟲之滋長者？縱無斯懼，然人類之相愛利，本乎感情。感情所由生，在乎形色天性而已。損見在有相之人，以利未來無相之人，人情果若是乎？故知一言利益，非特染其純白之心，而於義亦不成立矣。抑人類者，其鉅雀無明之遺卵歟！無明故背慧解而生橫計。橫計雖妄，舉世固不以為非。殺人祠天者云，恢復人權者云，建設共和政體主持國家社會者云，若夫文明野蠻之名當何所顧慮耶！今之言文明者，非以道義為準，而以虛榮為準。持斯名以挾制人心，然人亦靡然從之者。蓋文明即時尚之異名，崇拜文明，即趨時之別語。吾土孔子為聖之時，後生染其風烈，雖奮力抵拒者，只排其階級禮教之談，而趨時之疾固已淪於骨髓，非直弗擊，又相率崇效之。然則趨步文明與高髻細腰之見，相去有幾？誠欲辨別是非者，當取文明野蠻之名詞而廢絕之。（按文明本此邦舊語，多以法度文物為言，已虛偽不貞矣。今所謂文明者，較此彌下，至於野蠻二字本出鄙言，尤不足論。）寧沾沾焉隨俗為向背乎？或曰：「如公所言民族者，非封於漢屬而已，雖婆羅門、白衣諸種，今既失職，亦當還其民族之舊，常是則言反對強種可也，何取以排滿為幟耶？」答曰：「人之思想無方，而行事則惟取其切近，如余所念，雖無政府主義猶非最為高尚也。高尚者，在併人類眾生而盡絕之，則思想之輪廓在是矣。然舉其切近可行者，猶不得不退就民族主義。民族主義非遍為人群說法，顧專為漢人說法耳。夫排滿洲即排強種矣，排清主即排王權矣。譬如言捕獅子，則不必別以捕猛獸為名，何以故？聞獅子之名而猛獸在。是故然必舉具體之滿洲清主，而不舉抽象之強種王權者。強種與王權其名無限，滿洲與清主其名有限。今之強種孰如白人？今之王權孰如獨逸帝？（按規定君位當永屬一家，又謂人君無責任者，惟立憲國而已。中國舊云專制，然撫我則后，虐我則仇，萬方有罪，在予一人等語，正與永屬一家全無責任之義相反。如秦始皇之遠推萬世，至今笑其頑愚，是故專制之王權，減於君主立憲遠矣。）苟取無限之名以為旌幟，則中國之事猶在後，而所欲先攻者乃在他矣。今只為一區說法，斯無取籠罩一切之名，惟此見量在前者是。循是以推，強種之白人非不當為黑人、赤人驅之也，王權之獨逸帝非不當為世界生民廢之也。然規定行事者，至急莫如切膚，至審莫如量力，今日漢人其智力豈足方行域外，則斯事固為後圖矣。夫智圓行方之語，為世人所周知，理想雖無涯岸，而人類本為時間、空間所限，勢不得以自在遊行。余向者所稱說，固非以民族主義自畫而已。人我法我，猶謂當一切除之，雖獨唱寡和，然猶不憚煩辭，冀導人心於光大高明之路，乃至切指事情，則仍以排滿為先務，然則理可頓悟，事不頓除，其途徑何能強一耶！」或曰：「中國者漢族所墾闢也，東胡之族自寧古塔來盜漢族所固有，則漢族欲排之，寧思漢族未至以前此中國者，非苗族所墾闢耶？諸夏之族自帕米爾高原來，盜苗族所固有，而苗族何嘗不思排之。漢人排滿為正義，彼苗人之排漢者亦獨非正義歟？」答曰：「滿洲自寧古塔來，歷史之明文然也；漢族自帕米爾高原來，特以塚書神話之微文輾轉考索比度而得之，而歷史未嘗有其明據。苗人之族當時果普遍中國以否，蚩尤之徒當時果即苗人以否，皆無左契證書，獨據上世流傳之書支離牴觸者，摘其類似之點以為言，烏有若滿漢之章章者乎！若苗人自有史書記其成事，確然無疑，因是以興復仇之旅，余豈敢逆其顏行，有伏就斧質而已矣。雖然漢人所仇則滿族爾，縱令苗人排漢，漢人亦不得不先排滿。若苗人之排漢者，證據武力事事與漢之排滿相當，漢人則安得反報也？若其文非左契而惟以比類得之，則有非吾所印忍者。且三苗之國左洞庭而右彭蠡，其族則在荊漢以南，今北方之詞氣大同而南土猶多磔格，則知本與苗民糅雜而生。所謂漢族固非與苗民截然區劃，又誰得割分者？而純粹苗人則自有土司故地，其獨立之性自在改土歸流，實滿洲之創制。漢人固何嘗翦滅苗民而侵其國土哉？若推極以言之，則牛羊雞鶩之被啖於人者眾矣，假令牛羊雞鶩能起而誅吾族，是亦復仇之正義，誰得以為非者。其異於滿漢之爭，則以所復者只為生命，不為政權耳。夫吾言民族主義始自漢種，至於群倫，又遠推之及於禽雀牲畜，無不以自護其族為當然，名則狹隘其心乃廣大矣。而反對民族主義者，則鮮不以人食動物為天職，惟以正義利人群，獨不為動物平其冤，抑又何其狹隘也！」由是以觀，則彼之反對復仇者，非所以自護其隱慝歟！

革命道德説

古之所謂革命者，其義將何所至耶？豈不曰「天命無常，五德代起，質文相變，禮時為大」耶？夫如是，則改正朔、易服色、異官號、變旗幟，足以盡革命之能事矣。名不必期於背古，而實不可不務其愜心。吾所謂革命者，非革命也，曰光復也。光復中國之種族也，光復中國之州郡也，光復中國之政權也。以此光復之實，而被以革命之名。嗚呼！天步艱難，如阪九折，墨翟、禽滑釐之儔，猶不能期其必效，又乃況於柔脆怯弱如吾屬者！世無黃中通理之人，而汲汲焉以唇舌相斫，論議雖篤，徒文具耳。曠觀六合之邦家，雖起廢不常，盛衰相復，若其淪於異族降為臺隸者，則亦鮮有；有之，必素無法律政治與愚昧無知之民也。中國之學術章章如彼，其民不可謂愚。秦漢以降，政雖專制，非無憲章著於官府，良治善法足以佐百姓者，亦往往而有。舉吾炎、項、嬴、劉之苗裔，提封萬里，民籍鉅億，一旦委而棄之於胡羯，其根本竟安在耶？晉之亂於五胡也，桓溫、劉裕起而振之；宋之割於女真也，岳飛、虞允文出而匡之。蒙古不道，宰割諸夏，改玉改步，人無異心，濠州真人奮臂大澤之間，元政瓦解，北方郡縣，傳檄而定。綜觀往古，戎夏交捽之事，侵入者不過半壁，全制者不逾百年，碩果雖食，不遠而復。今者，滿洲之在中國疆域已一統矣，載祀已三百矣，川楚磨頂於前，金田跣足於後，隕身赤族，卒無一成，是孰使之然耶？昔王而農發憤於晚明之喪，推而極之，至於孤秦、陋宋，以為藩鎮削弱，州郡無兵，故夷狄之禍日亟，此可為漢族自治之良箴，非所論於覆亡之後也。近世學者推尋禍始，以為宋世儒者妄論《春秋》，其教嚴於三綱，其防弛於異族，故逆胡得利用其術，以阻遏吾民愛國之心。然自季明以後，三綱之名雖存，其實廢久矣，而里巷鄙人之言韃靼者，猶相率以為鄙夷之名，是其心亦未嘗泯絕也。或者又謂禍本之成，咎在漢學，雖日本人亦頌言之。夫講學者之嫥於武事，非獨漢學為然。今以中國民籍量其多少則識字知文法者，無過百分之二，講漢學者於此二分又千分之一耳，且反古復始，人心所同，裂冠毀冕之既久，而得此數公者，追論姬漢之舊章，尋繹東夏之成事，乃適見犬羊殊族非我親暱。彼意大利之中興，且以文學復古為之前導，漢學亦然，其於種族固有益無損。已於此數者，欲尋其咎，而咎卒不可得，微芒暗昧，使人疑眩，冥心而思之，寤寐而求之，其釁始於忽微，其積堅於磐石。嗚呼！吾於是知道德衰亡誠亡國滅種之根極也。今與邦人諸友同處革命之世，偕為革命之人，而自顧道德猶無以愈於陳勝、吳廣，縱今瘖其口、焦其唇，破碎其齒頰，日以革命號於天下，其卒將何所濟？道德者不必甚深言之，但使確固堅厲、重然諾、輕死生則可矣。雖然，吾聞古之言道德者曰：「大德不踰閑，小德出入可也。」今之言道德者曰：「公德不踰閑，私德出入可也。」道德果有大小公私之異乎？於小且私者，苟有所出入矣；於大且公者，而欲其不踰閑，此乃迫於約束，非自然為之也。政府既立，法律既成，其人知大且公者之踰閑，則必不免於刑戮，其小且私者，雖出入而無所害，是故一舉一廢，應於外界而為之耳。政府未立，法律未成，小且私者之出入，刑戮所不及也；大且公者之踰閑，亦刑戮所不及也。如此則恣其情性，順其意欲，一切破敗而毀棄之，此必然之勢也。吾輩所處革命之世，此政府未立法律未成之世也。方得一芥不與一芥不取者，而後可與任天下之重。若曰有狙詐如陳平、傾險如賈詡者，吾亦可以因而任之，此自政府建立後事，非今日事也。今世之言革命者，則非直以陳平、賈詡為重寶，而方欲自效陳平、賈詡之所為，若以此為倜儻非常者。悲夫！悲夫！方今中國之所短者，不在智謀而在貞信，不在權術而在公廉。其所需求乃與漢時絕異。楚漢之際，風尚淳樸，人無詐虞，革命之雄起於吹簫編曲。漢祖所任用者，上自蕭何、曹參，其下至於王陵、周勃、樊噲、夏侯嬰之徒，大抵木彊少文，不識利害。彼項王以勇悍仁彊之德，與漢氏爭天下，其所用皆廉節士，兩道德相若也。則必求一不道德者，而後可以獲勝。此魏無知所以斥尾生、孝己為無用，而陳平乃見寶於漢庭矣。季漢風節上軼商周，魏武雖任刑法，所用將士愍不畏死，而帷幄之中參與機要者，鍾、陳、二荀皆剛方皎白士也。有道德者既多，亦必求一不道德者而後可以獲勝，故賈詡亦貴於霸朝矣。其所以見貴者，以其時傾險狙詐之才不可多得，而貴之也。莊周云：「藥也其實堇也，桔梗也，雞廱也，豕零也，是時為帝者也。」風教陵夷，機械日構，至於今日求一質直如蕭、曹，清白如鍾、陳、二荀，奮厲如王陵、周勃、樊噲、夏侯嬰者，則不可得，而陳平、賈詡所在有之。盡天下而以詐相傾，甲之詐也，乙能知之，乙之詐也，甲又知之，其詐即亦歸於無用。甲與乙之詐也，丙與丁疑之；丙與丁之詐也，甲與乙又疑之；同在一族而彼此互相猜防，則團體可以立散。是故人人皆不道德，則惟有道德者可以獲勝，此無論政府之已立未立，法律之已成未成，而必以是為臬矣。談者又曰，識世務者存乎俊傑，所謂英雄在指揮而定爾。世有才傑敢死之士，吾能任之，使為己死，則大業可成，逆胡可攘，若必親蒞行陳，以身殉事，此無異於鬥雞狗者，亦天下之大愚也。嗚呼！為是言者，若云天下可以不戰而定，則亦已矣，若猶待戰，寧有不危而獲者！最觀上世之事，漢高與項氏戰，涉險被創，垂死數四，大公、呂后、孝惠、魯元之屬登俎墮車，固不暇顧，廣武之矢，滎陽之圍，皆以身冒白刃，然後士卒用命，樂為盡力；光武昆陽之役，親率將士以與虎豹相搏，幸而獲濟；魏武智計殊絕於人，然猶困於南陽，險於烏巢，危於祁連，逼於黎陽，幾敗伯山，殆死潼關，然後偽定一時，此其成事可見者。夫其政府已立，軍隊已成，驅使將校易如轉軸，猶必躬受矢石而後獲之，又況天造草昧，壯士烏集，紀律未申，符籍未著，不以一身拊循士卒，共同安危，而欲人為盡力，雖乳兒知其不能矣。且漢魏諸君志在為己，與諸將固有臣主之分，主逸臣勞，主生臣死，猶可以名分責之。今之革命非為一己而為中國，中國為人人所共有，則戰死亦為人人所當有，而曰甲者當為其易，乙者當為其難，可乎？若以人才難得，不欲使之創壽於旗幢者，不悟艱難之事，固非一人所任，為權首者常敗，而成者必在繼起之人。且人才非天成也，固以人事感發而興起之。前者以身殉中國矣，後者慕其典型，追其踵武，則人才方益眾多，夫何匱乏之憂乎？昔華盛頓拯一溺兒，躍入湍水，蓋所謂從井救人者。若華盛頓作是念曰：「溺兒生死輕於鴻毛，吾之生死重於泰山，空棄萬姓倚賴之軀，而為溺兒授命，此可謂至無算者。」如是，則必不入湍矣。華盛頓以分外之事而為之死，今人以自分之事而不肯為之死，吾於是知優於私德者亦必優於公德，薄於私德者亦必薄於公德，而無道德者之不能革命，較然明矣。

且道德之為用，非特革命而已。事有易於革命者，而無道德亦不可就。一、於戊戌變法黨人見之；二、於庚子保皇黨人見之。戊戌變法惟譚嗣同、楊深秀為卓厲敢死；林旭素佻達，先逮捕一夕，知有變，哭於教士李佳白之堂。楊銳者，頗圓滑知利害，既入軍機，知其事不可久，時張之洞子為其父祝壽，京師門生故吏皆往拜，銳舉酒不能飲，徐語人曰：「今上與太后不協，變法事大，禍且不測，吾屬處樞要，死無日矣。」吾嘗問其人曰：「銳之任此，固為富貴而已，既睹危機，復不能去，何也？」其人答曰：「康黨任事時，天下望之如登天，仕宦者爭欲饋遺或不可得，銳新與政事，饋獻者踵相接，今日一袍料，明日一馬褂料，今日一狐桶，明日一草上霜桶，是以戀之不能去也。」嗚呼！使林旭、楊銳輩皆赤心變法無他志，頤和之圍或亦有人盡力。徒以縈情利祿，貪著贈饋，使人深知其隱，彼既非為國事，則誰肯為之效死者。戊戌之變，戊戌黨人之不道德致之也。庚子保皇之役，康有為以其事屬唐才常，才常素不習外交，有為之徒龍澤厚為示道地。其後，才常權日盛，凡事不使澤厚知，又日狎妓飲宴不已。澤厚奮發爭之不可得，乃導文廷式至武昌發其事。才常死，其軍需在上海，共事者竊之以走。是故庚子之變，庚子黨人之不道德致之也。彼二事者，比於革命其易數倍，以道德腐敗之故猶不可久，況其難於此者。積蘆灰以塞鴻水，斷鰲足以立四極，非弘毅負重之士，孰能與於此乎！

或曰彼二黨之無道德者，以其沒於利祿，耽於妻子也。今革命者則異是，大抵年少不為祿仕，又流蕩無室家。人亦有言：「人不婚宦，情欲失半，則道德或可以少進乎。」若然，吾將大計國人之職業，而第論之。

孟軻云：「矢人惟恐不傷人，函人惟恐傷人，巫匠亦然，故術不可不慎。」今之道德大率從於職業而變，都計其業則有十六種人：一曰農人，二曰工人，三曰裨販，四曰坐賈，五曰學究，六曰藝士，七曰通人，八曰行伍，九曰胥徒，十曰幕客，十一曰職商，十二曰京朝官，十三曰方面官，十四曰軍官，十五曰差除官，十六曰雇譯人。其職業凡十六等，其道德之第次亦十六等，雖非講如畫一，然可以得其概略矣。農人於道德為最高，其人勞身苦形，終歲勤動，田園場圃之所入，足以自養，故不必為盜賊，亦不知天下有營求詐幻事也。平居之遇官長，雖甚謹畏，適有貪殘之吏，頭會箕斂，誅求無度，則亦起而為變，及其就死，亦甘之如飴矣。工人稍知詐偽，楛窳之器，綿薄之材，有時以欺市人，然其強毅不屈，亦與農人無異。裨販者有二種，其有荷簣戴盆求鬻於市者，則往往與農工相類；若夫千里求珍，牽車載牛，終日輜重不離身，其人涉歷既多，所至悉其民情謠俗，山谷陵阪之間有戒心於暴客，則亦習拳勇知擊刺，其高者乃往往有遊俠之風，恤貧好施，金錢飛灑，然譸張為幻之事亦稍以益多矣。坐賈者倚市廛，居奇貨，其樸質不逮農工，其豁達不逮裨販，以嗇為寶，以得為期，然不敢恣為姦利，懋遷有無，必濟以信，其有作偽罔利者，取濟一時，久亦無以自立，此則賈人自然之法式也。學究者，其文義中律令，其言語成條貫，堅守其所誦習者，而不通於他書，貧無所賴，則陶誕突盜之事亦興，乃有教人作訟，以取溫飽，而亦輒與官吏相抗，其他猥鄙不可歷數，然無過取給事畜；迂疏之士，多能樂天，家無斗筲，鳴琴在室，雖學術疏陋，不周世事，而有沖夷自得之風。二者雖有短長，然未至折要屈膝，為他人做狗馬也。藝士者，醫方、繪畫、書法、雕刻之屬，其事非一，此其以術自贍，固無異於工賈。書畫雕刻之士多為食客，而醫師或較量貧富，阿諛貴人，然高者，往往傲岸自好，雖有藝術，值其情性乖角之際，千金不移，固亦有以自重也。通人者，所通多種，若樸學，若理學，若文學，若外學，亦時有兼二者。樸學之士多貪，理學之士多詐，文學之士多淫，至外學則并包而有之。所恃既堅，足以動人，亦各因其時尚，以取富貴。古之鴻文大儒，邈焉不可得矣。卑諂汙漫之事，躬自履之，然猶飾偽自尊，視學術之不己若者，與資望之在其下者，如遇僕隸，高己者則生忌克，同己者則相標榜，利害之不相容，則雖同己者而亦嫉之。若夫篤信好學，志在生民者，略有三數狂狷之材，天下之至高也。行伍者，多由家人子弟起而從軍，亦多閭里無賴，奸劫剽暴是其素習。近世徵兵，則學究亦稍稍預之，清淳樸質之氣既亡，而驕橫恣妄之風以起。雖然，其取之也，不以詐而以力，其為患也，不以獨而以群。大抵近世軍人與盜賊最相似，而盜賊猶非最無道德者也。胥徒者，其取以詐不以力矣，其患在獨不在群矣。曩者，胥史尚習文法，知吏事，徒役雖橫，猶必假借官符，而後得志；收發委員作，而猾詐甚於門丁，地方警察興，而拘逮由其自便。輿臺草隸，尊為清流，絛狼執鞭，厚自揚詡，言必曰團體，議必曰國家，有靦面目，曾不自怍，此其可憤亦其可笑者也。幕客者，其才望駕胥徒而上之，其持書求薦，援引當道，浮偽諛佞，則胥徒所無也；其受賕骫法，高下在心，雖有法律而不可治，則有甚於胥徒者也。大略亦分三種：其最下者釐局之司事、州縣之徵收，飾小說以干縣令，徒欲得哺餟求飽煖，而無鄉里訟師強毅不屈之風；其稍高者，則嫻習法律，明識款目，或曰刑名，或曰升銓，或曰錢穀，略有執守，而舞弄文法是所擅場，其卑鄙則不如司事徵收之甚；其最高者，所謂傳食幕府治例外之奏議條教者也，世之通人多優為之，以簡傲為諂媚，以跅弛為捭闔，以察言觀色固結主知，其術彌工，其操彌下，郡邑守令仰望風采，陟罰臧否在其一言，商鞅之所必誅，韓非之所必戮，在此曹也。職商者，非謂援例納捐得一虛爵，謂其建設商會自成團體，或有開礦、築路、通航、製器直隸於商部者。自滿洲政府貪求無度，尊獎市儈，得其歡心，而商人亦自以為最貴，所至阻撓吏治，掣曳政權，己有欺罔贓私之事。長吏訶問，則直達商部以解之；里巷細民小與己忤，則嗾使法吏以治之。財力相君，權傾督撫。官吏之貪汙妄殺者不問，而得罪商人者必黜；氓庶之作奸犯科者無罰，而有害路礦者必誅。上無代議監督之益，下奪編戶齊民之利；或名紡紗織布而鑄私錢，或託華族寓居而儲鉛彈，斯乃所謂大盜不操戈矛者。若夫淫佚烝報，所在有之，則不足論也已。京朝官者，或出學究，或出藝士，或出通人，而皆離其素樸，胥徒幕友之所為率盡能之，然其位置最高，得自恣肆列卿以下，或以氣節文章自託，韓愈之博奕飲酒，歐陽脩之帷薄不修，又其素所效法者，以為無傷大節也。閣部長官多自此出，其氣益頹，欲以金錢娛老而已。若夫新增諸部，則其人兼與職商同行，又其下劣者也。方面官者，其行又不逮京朝官，府縣諸吏虐民罔利，其失尚小，督撫監司則無不以苞苴符券得之，或有交通強國以自引重，投命異族，貳心舊君，而督撫則兼有軍官資格。軍官者，其殺人不必如方面官之援律例也，軍法從事而已，其取利不必如方面官之受賄賂也，無事刻餉有事劫掠而已。督撫為壞法亂紀之府，提鎮為逋逃盜賊之魁，自此以下則僕役爾。差除官者，其浮競汙辱又甚於京朝方面，各省之局所皆以候補道員蒞之，其人率督撫之外嬖也，同臥共起，吮癰舐痔者，是其天職然也。俄而主人更易，新外嬖來，而舊外嬖無所容納，則往往有劾罷者。昔者天子弄臣，蓋有所謂茸技狗官，今乃遍於藩鎮，士之無行於斯極矣。然其次猶有雇譯者，則復為白人之外嬖，非獨依倚督撫而已。故以此十六職業者，第次道德，則自藝士以下率在道德之域，而通人以上則多不道德者。九等人表，不足別其名；九品中正，不能盡其實。要之，知識愈進，權位愈申，則離於道德也愈遠。今日與藝士、通人居，必不如與學究居之樂也；與學究居，必不如與農工、裨販、坐賈居之樂也；與丁壯、有職業者居，必不如與兒童、無職業者居之樂也。嗚呼！山林歟？皋壤歟？使我欣欣而樂歟？樂未畢也，哀又繼之。哀樂之來，吾不能禦，其去弗能止。悲夫！

今之革命黨者，於此十六職業將何所隸屬耶？農工、裨販、坐賈、學究、藝士之倫，雖與其列，而提倡者，多在通人。使通人而具道德提倡之責，捨通人則誰與？然以成事驗之，通人率多無行，而彼六者之有道德，又非簡擇而取之也。循化順則不得不爾，浸假農為良農、工為良工、賈為良賈，則道德且不可保；學究、藝士進而為通人，資藉既成，期於致用，其道德又爽然失矣。此猶專就齊民無位者論之也。今之革命，非徒弄兵潢池而已，又將借權以便從事，自雇譯外，行伍而上其職八等，置彼周行，森然布列，湛於利祿，牽於豢養，則遂能不失其故乎？往者，士人多以借權為良策，吾嘗斥之，以為執守未堅而淪沒於富貴之中，則鮮不毀方瓦合矣。湘軍盛時，常有一方仕宦，一方革命者，彼其黨援眾多，雖事發而不為害，革命不成，仕宦如故。其志既攜，則必無專心於大事者。又其軍中統領，率以會黨渠帥起家，既得憑藉取悅上心，則不憚殘賊同類，以求翎頂，鹽梟亦然。故以會黨制會黨，鹽梟制鹽梟者，逆胡之長策也。以革命黨而借權於彼，彼則亦以是法處之。少者必壯，壯者必老，終為室家妻子所牽，即不得不受其羈縶。權不可借，而己反被借於人，後之噬臍雖悔何及？故必以不婚、不宦期革命黨者，必無效之說也。嗚呼！層累益高，阽危愈甚，縱情則為奔駒，執德則如朽索，趨利則如墜石，善道則如懸絲。楊朱之哭歧途，墨子之悲染練，不徒於吾生親見之也。

如上所說，則道德墮廢者，革命不成之原，救之何術，固不可知。雖然，必待由光夷齊而後正之，則如河清之不可俟矣。昔顧寧人以東胡僭亂，神州陸沉，慨然於道德之亡，而著之《日知錄》。曰：「有亡國，有亡天下，亡國與亡天下奚辨？」曰：「易姓改號謂之亡國；仁義充塞，而至於率獸食人，人將相食，謂之亡天下。」昔者，嵇紹之父康被殺於晉文王，至武帝時，山濤薦之入仕，紹時屏居私門欲辭不就，濤謂之曰：「天地四時猶有消息，而況於人乎？」一時傳誦以為名言。不知其敗義傷教至於率天下而無父也。自正始以來，大義不明遍於天下，山濤既為邪說之魁，遂使嵇紹之賢，且犯天下之不韙而不顧。夫邪正之說不容兩立，使謂紹為忠，則必謂王裒為不忠而後可也。

何怪其相率臣於劉聰、石勒，觀其故主青衣行酒而不以動其心乎！是故知保天下，然後知保其國。保國者，其君其臣肉食者謀之；保天下者，匹夫之賤與有責焉耳矣。（案顧所謂保國者，今當言保一姓。其云保天下者，今當言保國。）余深有味其言匹夫有責之說。今人以為常談，不悟其所重者，乃在保持道德而非政治經濟之云云。吾以為天地屯蒙之世，求欲居賢善俗，舍寧人之法無由，吾雖涼德，竊比於我職方員外。錄其三事，以與同志相切厲，則道德其有瘳乎？

一曰知恥。《五代史．馮道傳論》曰：「禮義廉恥，國之四維，四維不張，國乃滅亡。善乎管生之能言也。禮義治人之大法，廉恥立人之大節。不廉不恥，則禍敗亂亡，無所不至。」然而四者之中，恥為尤要，故曰「行己有恥」，曰「人不可以無恥，無恥之恥，無恥矣」，曰「恥之於人大矣。為機變之巧者，無所用恥焉」。所以然者，人之不廉而至於悖禮犯義，其原皆生於無恥，故士大夫之無恥，是謂國恥。吾觀三代以下，世衰道微，棄禮義、捐廉恥，非一朝一夕之故。然而松柏後凋於歲寒，雞鳴不已於風雨，彼昏之日，固未嘗無獨醒之人也。頃讀《顏氏家訓》，有云：「齊朝一士夫嘗謂吾曰：『我有一兒年已十七，頗曉書疏，教其鮮卑語及彈琵琶，稍欲通解，以此伏事公卿，無不寵愛。』吾時俯而不答。異哉！此人之教子也，若由此業自致卿相，亦不願汝曹為之。」嗟呼！之推不得已而仕於亂世，猶為此言，尚有〈小宛〉詩人之意。彼閹然媚於世者，能無愧哉！

二曰重厚。世道下衰，人才不振，王伾之吳語，[1]鄭綮之歇後，[2]薛昭緯之〈浣溪沙〉，[3]李邦彥之

1王伾為唐順宗時領導永貞革新的十位士大夫之一，其說吳語、貪財招賄，與太子狎玩。

俚語舞曲[4]，莫不登諸巖廊，用為輔弼，至使在下之人慕其風流，以為通脫，而棟折榱崩，天下將無所庇矣。及乎板蕩之後，而念老成，播遷之餘，而思耆俊，庸有及乎？侯景數梁武帝十失，謂皇子吐言止於輕薄，賦詠不出桑中；張說論閻朝隱之文[5]，如麗服靚妝，燕歌趙舞，觀者忘疲，若類之風雅，則罪人矣。今之詞人率同此病，淫辭豔曲，傳布國門，誘惑後生，傷敗風化，宜與非聖之書同類而焚，庶可以正人心術。何晏之粉白不去手，行步顧影；鄧颺之行步舒縱，坐立傾倚；謝靈運之每出入，自扶接者常數人，後皆誅死。子曰：「君子不重則不威。」揚子《法言》曰：「言輕則招憂，行輕則招辜，貌輕則招辱，好輕則招淫。」

三曰耿介。讀屈子〈離騷〉之篇，乃知堯舜所以行出乎人者，以其耿介。同乎流俗，合乎汙世，則不可與入堯舜之道矣。非禮勿視，非禮勿聽，非禮勿言，非禮勿動，是之謂耿介，反是謂之昌披。夫道若大路然，堯桀之分，必在乎此。

嗚呼！如吾寧人之說，舉第一事則矜歐語者，可以戒矣；舉第二事則好修飾者，可以戒矣；舉

---

2 鄭綮為唐昭宗時之宰相，擅以歇後語諷刺時政，時稱其詩體為「鄭五歇後體」。

3 薛昭緯為唐代官員，好唱〈浣溪沙〉詞，恃才傲物。

4 李邦彥為北宋末宰相，擅以街市俚語綴成詞曲。其遊縱無度、行為不檢，而遭諫官彈劾。

5 唐開元中，張說與徐堅論當時諸學士學藝之先後。張說認為宋之問等人之文，如良金美玉；富嘉謨之文如孤峰絕岸；閻朝隱之文，則如燕歌趙舞。

第三事則喜標榜者，可以戒矣。必去浮華之習，而後可與偕之大道。敝巾葛拂，緼袍麻鞋，上教修士，下說齊民，值大事之阽危，則能悍然獨往以為生民請命。若於此三者，猶未伏除，則必不能忘情於名利。名利之念不忘，而欲其敵愾致果舍命不渝，又可得乎？抑吾於寧人所舉三事之外，又得一不可缺者，曰「必信」。信者，向之所謂重然諾也。昔人以信為民寶，雖孔氏之權譎，而猶曰「無信不立」，又曰「人而無信不知其可」。余以為知恥、重厚、耿介三者，皆束身自好之謂，而信復周於世用，雖萑苻聚劫之徒，所以得人死力者，亦惟有信而已。今之習俗，以巧詐為賢能，以貞廉為迂拙，雖歃血莅盟，猶無所益。是故每立一會，每建一事，未聞其有始卒。其或稍畏清議而欲食其前言則曰「吾之所為，乃有大於此者」；知禍患之將至，則藉口於遠求學術，容身而去矣；見異己之必勝，則遁辭於大度包容，委事而逸矣。言必信，行必果，久要不忘平生之言，貫四時而不改柯易葉者，蓋有之矣，我未之見也。必欲正之，則當立一條例。今有人踵門而告曰：「爾其為我殺人掘塚。」應曰：「諾。」殺人掘塚，至惡德也，後雖悔之，而無解於前之已諾，則寧犯殺人掘塚之惡德，而必不可失信。以信之為德，足以庚償殺人掘塚之惡而有餘也。夫尾生與女子期於梁下，女子不來，水至不去；商鞅與秦民約，能徙木者與之十金，民果徙木，鞅亦竟以十金與之。昔人以為長德善政，今人為之，則必譏其無謂。然欲建立信德，必自此始。若其較量大小，比絜長短，而曰某事當信，某事不當信，則雖處當信之事，而亦必無踐言之實矣。舉此四者，一曰知恥、二曰重厚、三曰耿介、四曰必信，若能則而行之，率履不越，則所謂確固堅厲、重然諾、輕死生者，於是乎在。

嗚呼！端居讀書之日，未更世事，每觀管子所謂四維，孔氏所謂無信不立者，固以是為席上之腐談爾。經涉人事，憂患漸多，目之所睹，耳之所聞，壞植散群，四海皆是，追懷往誥，愓然在心，為是傾寫肝膈以貽吾黨。若曰是尚可行，則請與二三君子守此迂介，幸而時濟，庶幾比於鉛刀一割；不幸不濟，根本既立，雖死不僵，後人必有能繼吾志者。雪中原之塗炭，光先人之令聞，寄奴元璋之績，知其不遠。若曰迂儒鄙生以此相燿，不足以定勝負之數也，則分崩之禍，不出數歲，將使七十二代之遺民，終於左衽，吾亦惟披羊裘以遊大澤矣。反是不思，亦已焉哉！

平等難

天地之道，無平不陂。故曰：「水平而不流，無原則遫竭；雲平而雨不甚，無委雲，雨則遫已；政平而無威，則不行。」然則平非撥亂之要也。

昔者平等之說，起於浮屠。浮屠之言平等也，蓋虧盈流謙，以救時弊，非從而縱之，若奔馬之委轡矣。何者？身毒之俗，區人類為四等：以婆羅門為貴種，世讀書主祭；其次曰剎利，則為君相將士；其次曰毗舍，則為商賈；其次曰首陀羅，則苦身勞形以事畎畝，監門畜之，而臧獲任之。是四類者，慶弔不通，婚媾不遂，載在冊府，世世無有移易。夫橢顛方趾一也，而高下之殊至是。此釋迦所以不平，而黨言平等以矯正之也。揉曲木者，不得不過其直，恣言至其極，則以為觳卵毛鱗，皆有佛性，其冥極亦與人等。此特其左證之義，覬以齊一四類，而閎侈不經，以至於濫，有牛鼎之意焉。愚者滯其說，因是欲去君臣，絕父子，齊男女。是其於浮屠也，可謂儀豪而失牆矣。

且平等之說，行之南北朝，則足以救弊，行之唐宋以後，則不切事情。是何也？當門第之說盛時，公卿不足貴，纍囚俘虜不足賤，而一於種胄乎辨之。至唐高儉定《氏族志》，猶退新門進舊望，右膏粱左寒畯。蓋其俗尚之弊，與身毒同風。觀夫王源與富陽滿氏為婚，[1]家人細故，無損於禮教毫髮。而沈約彈之，以為六卿之胄，納女於管庫之人；宋子河魴，同穴於輿臺之鬼；點世塵家，於事為甚，若以茲事為甚畔越者。嘻！其攣也。於斯時也，而創平等之說於其間，則米鹽之爭、錐刀之競息矣。其有助於政教，必不訾矣。

今自包衣而外，民無僮僕。昔之男子入於罪隸、女子入於舂、槁者，今亦及身而息。自冕黼旄鉞、以逮襤褸敝衣者，苟同處里閈，一切無所高下。然則以種族言，吾九皇六十四民之裔，其平等也已夙矣。復從而平之，則惟去君臣，絕父子，齊男女耳。

昔者《白虎通德論》之言，以人皆上天所生，故父殺其子當誅。晉獻公罪棄市，以殺其大子申生故。夫忍戾至於戕賊其所愛，則何人而不戕賊？又上絕其考妣之性，使無遺育，其在辟，宜也。今謬推其同出於上天以立義，雖夏楚之教，沒其慈愛，而誣之以酷烈，責之以自擅；若是，雖法吏之囚錮役作其罷民，亦酷烈自擅也。（今歐洲法有囚錮役作，無夏楚。說者必謂夏楚酷於囚錮役作，抑亦思數日之困悴，與一時之呼暴，在受者果孰甚乎？父之於子，必不忍囚錮役作之；施以夏楚，亦與榜掠異狀。汗漫者不察事情，而倒置其重輕，可嗤也。）

乃夫男女之辨，非苟為抑揚而已。古者禽獸多而人民少，猛獸食顓民，鵰鶚攫老弱，則不得不

---

1 東海王氏，為起於東漢末、興於魏晉的世族。至王源，將女兒嫁與富陽滿氏，透過聯姻以求利，但因門第不同，有違當時風俗，王源因此遭致彈劾。

繁人類以遮遏之。夫欲其繁也，與一女伉數男，則不若一男而伉數女。繇是斟元立極以定嫁娶，而妾媵昉焉。觀於職方之書，登中於天府者，女子猶多於男，懼其怨曠，則又不得不制妾媵以通之。（今衛藏多男寡女，則一婦數夫。其事與中夏相反，亦不得不然也。）夫以一人而嬪數女，此猶三十輻共一轂，則其勢固不可以平等，就除妾媵矣。

有生與之技，有形與之才，官其劑量，則焉可平也？第馬而殊駿駑，第人而殊傭下與卓躒，亦劑量殊爾，然猶以其第厚薄之。雖舜與造父者，亦若是厚薄之，況不易之劑量哉？古者謂君曰林烝，其義為群，此以知人君與烝民等，其義誠大彰明較著也。及其悍然獨立於民上，欲引而下之，則不能矣。夫一鬨之市，必立之平；一卷之書，必立之師。雖號以民主，其崇卑之度，無大殊絕，而其實固已長人。故曰：「以不平平，其平也不平。」彼道家之言曰：「雖有忮心者，不怨飄瓦。」然則以投鉤定賞罰，以三載考績易總統，是特當軸處中者之所以避怨讟，顧賢桀安取乎？

夫父子夫婦之間，不可引繩而整齊之，既若是矣，君臣雖可平，抑於事故無取。故曰「平等之說，非撥亂之要也」。

雖然，吾嘗有取矣，取夫君臣之權非平等，而其褒貶則可以平等也。昔者埃及之王稱法老，死，大行至窆所，或頌其德，或指其鄙，以得失相庚償，過多則不得入墓。其王亦深自亟敕，懼罹罪辟，莫敢縱欲。是故中國稱天以誄天王，而《春秋》有罪者不書其葬。

明群

剝橈之既傷，君子險哀，鳥獸蟲蛾無得遂其性，於是有民主焉，以蘇民困，以衛華夏。當是時，其始奠天地，則猶女媧、燧人，殺黑龍而積蘆灰也。民非斯人，固無所戴矣。斯人者，出令而建民主，民固無所競矣，而不可以迮行於今之震旦。

雖然，君者，群也。知其群，則萬物以是資始。華山之岡，大漠之中，吉光、綠耳之孳尾，於是而為樸馬也，得草而齕、趨泉而飲而已矣！於外物則無所仰也。及其取以服乘，鍪勒其口，縶叉其首，衡軛其項，屧屩其足，非是四者固不足以馳驟，故以一馬而燿金斲木鞄瓬之工具，而況於人乎？人之生，始未嘗不以釣魚閒處持其壽，少選而用日匱，有不得已焉，故厚其六府，分其九職，出相人偶，以有無相資。是故荀子曰：「百技所成，所以養一人也。一人不兼官，而離居不相待，則窮。此群義之所以立。」（〈富國篇〉。）

群者，爭道也。古之始群其民者，日中為市，交易而退，其義則取諸〈噬嗑〉，而明罰飭法自此始。吾是以知先有市井，而後有街彈之室；其卒則立之天王、大司馬，以界域相部署。明其分際，使處群者不亂。故曰：「君者，群也。」（希臘初立國雅典時，稱日市府。是其證。）

然則，學者以學為君也。四民莫不有州居，而今之合群明分者，莫亟於學士，是何也？將以變法為辟公，必使天下之聰明耳目，相為視聽，股肱畢彊，相為動宰，則始可以禦內侮，是故合群尚矣。今夫人以中夏為專制，顧其實亦民主矣。憎新而嗜故，棄宗族而即異。一部之所同，非獨大吏。大吏者，直猶其輪楫耳。群則有兩，而善群微矣，是故與之明分。

今之張議院者，其進孰非不美也。有正、乏之義，而後有議官，其職則置於定法之後。初定法也，一致而已矣，非有正乏，則奚噂沓以持其議？昔者歐洲十有八周之世，嚴刑厚斂，民無所聊賴。拏坡侖出而更之，播及鄰國，皆厥角稽首，若弟子之受命於先師，非甚難也。然而英吉利之更制也，米入不征，則老農阻之；寬假傭保，則敞主阻之；禁奴黑人，則豪右阻之；免他國商稅，則大駔阻之。訐訟三十年，然後大定。

中國自互市以來，更歲五十而贏矣。召彼故老而詢之開礦治道，猶愀然以為傷地脈。其他曲制時舉，有造於二十二行省，獨不利於數萬千人者，握觚而不可計也。是其難行也，又非直傷地脈之比也。苟設議官，則不得不雜以守故之士，其勢不搏擊不厭。且夫許慈、胡潛之爭，蜀先主戲之以刀杖相屈；而李因篤乃拔劍以斫奇齡。彼其所議，儀注與音均耳，猶尋其仇忿如是。以是議國政，則戈鋋矢石，不翅發於細旃之上；辯而不已，使聽者眩於名實，憒眊不渫，而發政益濡緩無期會。故議院者，定法之後之所尚，而非所取於法之始變也。

古者議大疑於堂，則有餫禮。希臘之始亦用之，數人密謀，猶殊於議院。（後人有煙草國會之說，亦戲語也。）然已憂其不從本計，是故稱天以臨制之。武王之餫詩曰：「天之所支，不可壞也。其所壞，亦不可支也。」仲尼刪之，以明人定；武王誦之，以息噧言，其時不同矣。其次霍光之罷鹽鐵，身不慮事，而使賢良文學主其議。惟賢良文學者，則素皆敷心懷夾於光，故不謀同辭以摧折桑氏。[1]借有桑氏之徒，光其遣之議乎？

是故古之持大命者，不決於墨食，不諏於外朝，盱衡厲色而定其事。欲事之定，非積眾賢，則無以自倞。故學士之有群者，其儲之宿也。及夫睿哲仁彊者，一昔執政而建大計，則引其所知，所知者又引其所知，既定其分以臨制守故者，然後噂沓不起，而五德不代勝。

今夫不代勝者，欲群之一而已矣。群者，猶首與拇也。首兩謂之枳，拇兩謂之駢。兩首不食，兩拇不握，分際不立，而一國有兩群，則不可以出政令。斯其為君道也，不亦鹽乎？

1 指桑弘羊，約西元前一五二—前八〇。西漢武帝時，主導平準、均輸、鹽鐵官賣等政策。武帝歿後，朝廷即以桑弘羊、霍光為兩大對立勢力。

明獨

遇靈星舞僮而謂之曰：「子才眾庶也。」則按劍而嗯。俄而曰：「子才固卓犖，天下所獨也。」則笑屑然有聲矣。則又曰：「子入世不能與人群，獨行而已。」則又按劍嗯。嗚呼！是何於名譽則欲其獨，而入世則以獨為大郵也？彼痼俗也，僮子且然，而況丈夫哉！

眯夫，其亂於獨之名實！夫大獨必群，不群非獨也。是故卓詭其行，虓然與俗爭，無是非必勝，如有捲勇，如不可敌者，則謂之鷙夫而已矣；厚其泉貝，膏其田園，守之如天府之宲，非己也，莫肯費半菽也，則謂之嗇夫而已矣；深谿博林，幽閒以自樂，菑華矣，不菑人也，觴鳥矣，不觴賓也，過此而靚，和精端容，務以尊其生，則謂之曠夫而已矣。三者皆似獨，惟不能群，故靳與之獨也。

大獨必群，群必以獨成。日紅采而光於鼂，天下震動也；日柳色而光於夕，天下震動也；使日與五緯群，尚不能照寸壤，何暇及六合？海嘗欲與江河群矣，群則成一渠，不群則百谷東流以注壑，其灌及天表。曰：「與群而成獨，不如獨而為群王。」靈鼓之翁博，惟不與吹管群也，故能進眾也。使嘉木與蕕群，則莫蔭其下，且安得遠聲香？鳳之馮風也，尐雛不能群，故卒從以萬數。貞蟲之無耦，便其獨也，以是有君臣，其類泡盛。繇是言之，小群，大群之賊也；大獨，大群之母也。

不睞於獨，古者謂之聖之合莫。抱蜀不言，而四海讙應，人君之獨也；握其節，莫與分其算，士卒無敢不用命，大帥之獨也；用心不枝，子然與精神往來，其立言，誦千人，和萬人，儒、墨之獨也。閉閤而省事，思湊單微，發其政教，百姓悅從如蒲葦，卿大夫之獨也；總是雜術也，以一身教鄉井，有賢不肖，或觵之，或撻之，或具染請之，皆磬折而願為之尸，父師之獨也。吾讀范氏書，至〈獨行傳〉，跡其行事，或出入黨錮。嗟呼！非獨，何以黨哉？

古之人歟，其獨而群者，則衣冠與骨俱朽矣。今之人，則有錢唐汪翁。其性廉制，與流俗不合。自湖北罷知縣歸，人呼曰「獨頭」，（按：獨頭，語甚古。《水經・河水注》「河北雷首山」引闞駰《十三州志》云：「山一名獨頭，山南有古塚，陵柏蔚然，攢茂丘阜，俗謂之夷齊墓。」是則以其狷介赴義，號曰獨頭，因名其山矣。）自命曰「獨翁」，署所居曰「獨居」。章炳麟入其居曰：翁之獨，抑其群也。其為令，斡榷稅，雖一錙不自私，帑藏益充，而同官以課不得比，怨之，其群於國也。罷歸，遇鄉里有不平，必爭之窮其氏；豪右銜忿，而寡弱者得其職姓，其群於無告者也。誖禮必抨彈，繇禮必善，其群於知方之士也。夫至性恫天下，博愛尚同，軥錄以任之，雖賈怨不悔，其群至矣，其可謂獨歟？入瞽師之室，則視者獨矣；入傴巫跛擊之室，則行者獨矣。視與行，至群也，而有時謚之曰獨。故夫獨者群，則群者獨矣。人獨翁，翁亦自獨也，案以知群者之鮮也。

嗚呼！吾求群而不可得也久矣。抑豈無𦔮辭以定民者，吾與之耦？天下多敗群。闚是而入吾鄰，則吾鄰敗矣；闚是而入吾屯，則吾屯敗矣。是故西入周南，而東入郁銕之都，儻得一二。當是時，社廟未遷，官號未革，權概未變，節簜未毀；俎猶若俎，鉦猶若鉦，羽猶若羽，籥猶若籥，戚猶若戚。而文武解弛，舉事喪實，禁掖持柄，無政若雨。是為大群之將渙，雖有合者，財比於蟣蝨。於是惸然而流汗曰：「於斯時也，是天地閉、賢人隱之世也。」雖然，目睹其肢體骨肉之裂而不忍，去之而不可，則惟彊力忍訽以圖之。

余，越之賤氓也，生又羸弱，無驥驁之氣[1]，焦明之志[2]，猶憯悽忉怛，悲世之不淑，恥不逮重華，而哀非吾徒者。竊閔夫志士之合而莫之為綴遊也，其任俠者又籲群而失其人也，知不獨行不足以樹大旅。雖然，吾又求獨而不可得也。於斯時也，是天地閉、賢人隱之世也。吾不能為狂接輿之行唫[3]，吾不能為逢子慶之戴盆[4]，吾流汗於後世，必矣！

1 出自《呂氏春秋・士容》。驥、驁皆為千里馬，指有才氣。
2 焦明，又作鷦鵬，似鳳凰之鳥。指心懷大志。
3 《論語》、《莊子》載孔子適楚時，楚國隱士接輿於孔子門前吟詠「鳳兮鳳兮，何如德之衰也！來世不可待，往世不可追也……吾行郤曲，無傷吾足」。
4 《後漢書》載北海人逢子慶知王莽將敗，禍將及，遂掛官歸隱，攜家浮於海，又將瓦盆戴於頭上，哭於市。

佛學演講

近代許多宗教，各有不同。依常論說來，佛法也是一種宗教。但問怎麼樣喚作宗教，不可不有個界說。假如說有所信仰，就稱宗教，那麼各種學問，除了懷疑論以外，沒有一項不是宗教。就是法理學家信仰國家，也不得不給他一個宗教的名字，何但佛法呢？假如說崇拜鬼神，喚作宗教，像道教、基督教、回回教之類，都是崇拜鬼神，用宗教的名號，恰算正當。佛法中原說「六親不敬，鬼神不禮」，何曾有崇拜鬼神的事實？明明說出「心、佛、眾生，三無差別」，就便禮佛、念佛等事，總是禮自己的心、念自己的心，並不在心外求佛。這一條界說，是不能引用了。惟有六趣昇沉的道理，頗有宗教分子羼入在裡頭。究竟天宮地獄等語，原是《摩拏法典》流傳下來。佛法既然離了常見斷見，說明輪迴的理，借用舊說證明，原是與自己宗旨無礙，所以沒有明白破他。只像古代中國、希臘許多哲學家，孔子也不打破鬼，瑣格拉底[1]、柏拉圖也不打破神。現在歐洲幾個哲學家，如笛佉爾[2]、康德那一班人，口頭還說上帝，不去明破，無非是隨順世俗，不求立異的意思。到底與本宗真

---

1 Socrates，蘇格拉底，西元前四七〇－前三九九，古希臘哲學家，被視為西方哲學的奠定者。

義，沒有甚麼相干，總是哲學中間兼存宗教，並不是宗教中間含有哲學。照這樣看來，佛法只與哲學家為同聚，不與宗教家為同聚。在他印度本土，與勝論[3]、數論[4]為同聚，不與梵教為同類。試看佛陀菩提這種名號，譯來原是「覺」字，般若譯來原是「智」字。一切大乘的目的，無非是「斷而知障」、「成就一切智者」，分明是求智的意思，斷不是要立一個宗教勸人信仰。細想釋迦牟尼的本意，只是求智，所以發明一種最高的哲理出來。發明以後，到底還要親證，方才不是空言。像近人所說的物如、大我、意志，種種高談，並不是比不上佛法，只為沒有實證。所以比較形質上的學問，反有遜色。試想種種物理，無不是從實驗上看出來，不是純靠理論。哲學反純靠理論，沒有實驗，這不是相差很遠嗎？佛法的高處，一方在理論極成，一方在聖智內證。豈但不為宗教起見，也並不為解脫生死起見，不為提倡道德起見，只是發明真如的見解，必要實證真如；發明如來藏的見解，必要實證如來藏。與其稱為宗教，不如稱為「哲學之實證者」。至於布施、持戒、忍辱等法，不過為對治妄心。妄心不起，自然隨順真如。這原是幾種方法，並不是他的旨趣。又像發大悲心、普渡眾生等語，一面看來，原是最高的道德，因為初發大心的時候，自己還是眾生，自然有一種普渡眾生的

2 René Descartes，今多譯為笛卡爾。一五九六－一六五〇，法國哲學家、數學家，提倡理性主義、二元論，為現代哲學奠基者之一。
3 音譯自梵語 Vaiśeṣika，又譯作衛世師，為婆羅門教六派哲學之一。
4 音譯自 Sarvāstivādāḥ，又譯作薩婆多派，屬小乘佛教。

志願；一面看來，凡人自己得著最美的境界，總要與人共樂，譬如遊山聽樂，非眾不歡。釋迦牟尼未成正覺以前，本來也和常人不異，見到這一處，自然要與人共見；證到這一處，自然要與人共證。若不是說法利生，總覺得自己心裡不很暢快。所以據那面看是悲，據這面看是喜。若專用道德的眼光去看，雖是得了一面，卻也失了一面。道德尚且不是佛的本旨，何況宗教呢？從來著了宗教的見解，總不免執守自宗，攻擊異己。像印度的數論、勝論，原有可採；中國的老子、莊子，意趣更高。但把佛法看成宗教的人，不論他人說是說非，總要強下許多辯難。有時見他人立意本高，就去挑撥字句，吹毛求疵。不曉得字句失當的所在，佛法中也是不免。到了這邊，又必要加許多彌縫，施許多辯護，真是目見千里，不見其睫。現在且舉一例：且如老莊多說自然，佛家無不攻駁自然，說道本來沒有自性，何況自然？那麼，我請回敬佛家一句，佛法也有「法爾」兩個字，本來沒有法性，何況法爾？人本無我，沒有自然；法本無我，連法性也不能成立了。這種話，只要以矛刺盾，自己無不陷入絕地。後來佛法分宗，也往往有這種弊病。本來專門講學，原是要彼此辯論，但據著道理的辯，總是愈辯愈精；執著宗教的辯，反是愈辯愈劣。我想陳那菩薩作《理門論》，只用現量比量，不用聖教量，真是辯論的規矩。可惜亞東許多高僧，從沒有在這邊著想。這種病根，都為執著宗教的意見不得脫離，竟把「佛法無諍」四個字忘了。若曉得佛法本來不是宗教，自然放大眼光，自由研究。縱使未能趣入實證一途，在哲學的理論上，必定可以脫除障礙，獲見光明。況且大乘的見解，本來「依義不依文，依法不依人」，可見第一義諦，不必都在悉檀；地上菩薩，不必專生印度。恐怕文殊彌勒，本來是外道宗師，大乘採他的話，就成一種最高的見解。何但文殊彌勒呢？西向希臘，東向支那，也可以尋得幾個出來。雖然不在僧伽，他的話倒不失釋迦牟尼的本意啊！

佛法中原有真諦、俗諦二門。本來不能離開俗諦去講真諦。大乘發揮的道理，不過「萬法唯心」四個字。因為心是人人所能自證，所以說來沒有破綻。若俗諦中不可說法，也就不能成立這個真諦。但在真諦一邊，到如來藏緣起宗、阿賴耶緣起宗，已佔哲學上最高的地位。只在俗諦一邊，卻有許多不滿。那不滿在何處呢？佛法只許動物為有情，不許植物為有情，至於礦物，更不消說了。兄弟平日好讀《瑜伽師地論》，卻也見他許多未滿。《瑜伽》六十五云：「離系外道，作如是說：一切樹等，皆悉有命，見彼與內有命數法，同增長故。應告彼言：樹等增長，為命為因？為更有餘增長因耶？若彼惟用命為因者，彼未捨命，而於一時無有增長，不應道理。若更有餘增長因者。彼雖無命，由自因緣，亦得增長，故不應理。又無命物無有增長，為有說因？為無說因？若有說因，此說因緣不可得故，不應道理；若無說因，無因而說而必爾者，不應道理。又諸樹等物與有命物，為一向相似？為不一向相似？若言一向相似者，諸樹等物根下入地，上分增長，不能自然動搖其身，雖與語言而不報答，曾不見有善惡業轉。斷枝條已，餘處更生，不應道理。若言一向不相似者，是則由相似故可有壽命，不相似故應無壽命，不應道理。」這許多話，不用多辯，只要說「壽、煖、識三，合為命根」。植物也有呼吸，不能說無壽；也有溫度，不能說無煖；也有牝牡交合的情欲，卷蟲食蠅的作用，不能說無識。依這三件，植物決定有命。至於根分入地下能動搖，這與蝸牛、石蛙，有什麼區別？語言不報，也與種種下等動物相似。斷枝更生，也與蜥蜴續尾、青蛙續肢別無兩樣。惟有善恩業果一件，是人所不能證明，都無庸辯。種種不能成立。植物無命，費了許多辯論，到底無益。至於礦物，近人或有說他無知，或有說他有知，依唯心論，到底不能說礦物無知。為什麼緣故呢？唯心論的話，簡說成心有境無。請問觸著牆壁，為什麼不能過去？唯心論家，必定說身識未滅，所以觸覺不滅。觸覺未滅，所以不能透過障礙。究竟不是外界障礙，只是身識上的相分。若身識滅了，觸角就滅。觸角滅了，自然不覺障礙，可以透過。這幾句話，原來不錯，但又請問唯心論家：石塊和石塊相遇，金球和金球相遇，也一樣不能透過。請問石塊和金球，還是有身識呢？還是沒有身識呢？若沒有身識，為什麼不能透過障礙？石塊、金球可說沒有身識，便是動物也可說成沒有身識，這是依著什麼論根？若說石塊、金球也有身識，為什麼佛法總是說四大是「無情數」呢？問到這句，佛法中唯心論師，口就啞了。到底不說礦物有知，不能完成自己的唯心論。現在依《起信論》說，更有證成「礦物有知」的道理。原來阿賴耶識，含有三個：一是業識，二是轉識，三是現識。「業」就是作用的別名，又有動的意思。礦物都有作用，風水等物，更能流動，可見礦物必有業識。「轉識」就是能見的意思，質言就是能感觸的作用，礦物既然能觸，便是能感，可見礦物必有轉識。「現識」就是境界現前的意思，礦物和異性礦物，既能親和，也能抵抗，分明是有境界現前，可見礦物也有現識。若依《成唯識論》分配，業識便是作意，轉識便是觸，現識便是受，並與阿賴耶識相應，但沒有想思二位。所以比較動植物的知識，就退在下劣的地位。況且礦物不但有阿賴耶識，兼有意根。何以見得呢?既有保存自體的作用,一定是有「我執」,若沒有我執,斷無保存自體的理。只是意根中「法執」有無,還沒有明白證據,不容武斷。礦物既有阿賴耶,意根二種,為什麼緣故不見流轉生死啊?因為流轉生死,必要「感」、「業」二種為緣。礦物的感,只有「俱生我執」,沒有分別我執;只有「顯境名言」,沒有「表義名言」。礦物的業,只有「無記性」,沒有「善性」、「惡性」。流轉生死的緣,闕了大半,所以沒有流轉生死的果。這也是容易說明的。但雖說礦物有知,依舊不容說礦物有質。只是礦物和礦物相遇,現起觸覺,畢竟沒有窒礙的本體。動物和礦物相遇,動物現起色覺、聲覺、香覺、味覺、觸覺,畢竟沒有五塵的本質。五塵的幻覺,只為兩種有意根的東西相遇而生,所以心有境無,依然成立。這植物有命,礦物有知俗諦,佛法中不能說得圓滿。我輩雖然淺陋,還可以補正得一點兒。還有一句話,是兄弟平日的意見。現在講唯心論的,必要破唯物論。依兄弟者,唯心論不必破唯物論,反可以包容得唯物論,只要提出「三性」,就可以說明了:第一是據「依他起自性」。唯物論家為什麼信唯物呢?除了感覺,本來無物可得。感覺所得,就是唯心論的「現量」。信唯物的,原是信自己的感覺,即便歸入心上的現量了。第二是據「遍計所執自性」。有一類唯物論師,說感覺所得,不過現象,分析出來,只是色、聲、香、味、觸五種。此外還有物的本質,不是色聲香味,也不是觸,沒有方分,沒有延長,五感所不能到,就是真正的物質了。但五感所不能到,就在「現量」以外,又兼一切物質,界限最廣,更沒有什麼「比量」。離了「現量」、「比量」,突然說有物質,那便非經驗、非推理的說話。這句話由那裡起來,只為我的意根中間,原是有「法執」。依著「法執」做自己思想的靠傍，就說出「物必有質」的話來。那麼，「物質」這一句話，就是唯心論中所說的「非量」，分明是句妄語。然而離了意根，再不能無端想成，這不是以心量為主，物質為從嗎？第三是據「圓成實自性」。動物、植物也有知，礦物也有知，種種不過阿賴耶識所現的波浪。追尋原始，惟一真心。況且分析一物，到分子的境界，輾轉分成小分子、微分子的境界，總有度量可分，不能到最小最微的一點。所以《莊子．河伯篇》說：「物量無窮。」既是無窮，必不能說是實有。也像空間時間，沒有邊際，就不能說是實有。到底是心中幻象，就此可以證成「諸法不生」。礦物、植物、動物，同是不生，那就歸入圓成實性，所以說不必破唯物論。盡容他的唯物論說到窮盡，不能不歸入唯心，兄弟這一篇話，或者不為無見吧！

佛法在印度，小乘分為二十餘部，大乘只分般若、法相二家。般若不立阿賴耶識，又說「心境皆空」，到底無心無境，不能成立一切緣起。但《中論》所說：「因緣所生法，我說即是空，亦名為假名，亦名為中道。」空便是遍計所執自性，假便是依他起自性，中便是圓成實自性，不過名目有點兒不同罷了。照這樣看，般若宗的真義，還是唯心。般若所破的「心境」，即是法相的「見相」，也沒有直破真心。法相宗提出阿賴耶識，本是補般若宗的不備。以前本有《起信論》，提出如來藏來。如來藏與阿賴耶識，《楞伽經》中本來不說分別。《密嚴經》也說：「佛說如來藏，以為阿賴耶。惡魔不能知，藏即賴耶識。」《起信論》裡頭，雖有分別，到底八識、九識，可以隨意開合，並不是根本的差違。法相說三性二無性，《楞伽經》也說三性三無性。大概《楞伽經》、《密嚴經》、《解深密經》，同是法相宗所依據。《起信》、《瑜伽》，也不過是同門異戶。所以印度本土，除了般若、法相，並沒有別的大乘。一到中國，卻分出天台、華嚴二宗。天台所據的是《法華經》，華嚴所據的是《華嚴經》。這兩部經典，意趣本來不甚明白。智者、賢首兩公，只把自己的意見，隨便附會，未必就是兩經的本旨。其間暗取老莊舊說，以明佛法，其實不少，所以稱為支那佛法。現在把兩邊的佛法，比較一回，到底互有長短。大概印度人思想精嚴，通大乘的，沒有不通小乘；解佛法的，沒有不曉因明，所以論證多有根據，也沒有離了俗諦、空說真諦的病。中國卻不然，思想雖然高遠，卻沒有精細的研求；許多不合論理、不通俗諦的話，隨便可以掩飾過去。這就是印度所長，中國所短。且看華嚴宗立「無盡緣起說」，風靡天下，人人以為佛法了義，還在《起信》、《瑜伽》之上。依兄弟想，本來《莊子．寓言篇》曾經說過：「萬物皆種也。以不同形相禪，始卒若環，莫得其倫。」這就是華嚴宗的「相入」說。〈齊物論〉也說：「萬物與我為一。」這就是華嚴宗的「相即」說。賢首暗取莊子意思，來說佛法，原是成得一種理論。但如來藏緣起說、阿賴耶緣起說，都是以心為本因，無盡緣起說到底以什麼為本因？還是無量物質互為緣起呢？還是無量心識互為緣起呢？或者無量物質、無量心識互為緣起呢？到底說來暗昧，沒有根源。所立二喻，一是「十錢喻」，二是「椽舍喻」。十錢喻說，十個錢是一個錢所緣成，一個錢又是十個錢所緣成。究竟不過把算位進退。一的進位便是十，所以說十數是一數所緣成；一的退位，便是小數的一，所以說一數是十個小數的一所緣成。但在算位上可以這樣講去，在有形質的物件上，就不容易這樣講去。為什麼呢？十個錢可說是一個錢所緣成，一個錢更無小錢可分，將一個錢切做十分，早已不能喚他為錢，怎麼可說一個錢是十個小數的一錢所緣成呢？椽舍喻說，椽便是舍，因為舍是椽所緣成，去了一椽，便是破舍，所以說椽即是舍。這一條喻，更加荒謬。舍是椽所緣成，便說椽即是舍。這個比例，與「泥中有瓶」一樣，犯了「因中有果」的過。況且去了一椽，好舍雖變了破舍，不能不說是舍。去了一椽還是舍，怎麼可說椽即是舍呢？照這個比例，也可說眉毛就是人，因為去了眉毛，便是醜怪的人，所以說眉毛就是人。這不是極荒唐的詭辯嗎？《莊子．天下篇》所載名家詭辯，說的是「郢有天下」。賢首這篇詭辯，與那句話正是同例。這般荒謬無根的論法，到底不會出在印度。這分明是支那佛法的短處。但有一端長處，也是印度人所不能想到的，就像《華嚴經》有「性起品」。華嚴宗取到「性起」兩個字，猶有幾分悟到。本來緣起這個名稱，原有幾分不足。緣十二緣生說，《大乘入楞伽經》已曾疑過：「大慧菩薩白佛言，外道說因不從緣生而有所生。世尊所說。果待於因，因復待因。如是輾轉成無窮過。」《莊子．齊物論》也說：「吾有待而然者邪，吾所待又有待而然者邪？」這種駁難，到底不能解答。因為第一因緣不能指定，所以雖說緣生，不過與泛泛無根一樣。又像《楞伽》、《起信》，都把海喻真心，風喻無明，浪喻妄心。但風與海本是二物，照這個比例，無明與真心也是二物；海的外本來有一種風，照這個比例，心的外本來也有一種無明。這就與數論分神我、自性為二的見解，沒有差別。惟有說成「性起」，便把種種疑難可以解決。因為真心絕對，本來不知有我。不知有我這一點，就是無明。因為不知有我，所以看成器界、情界。這個就是緣生的第一個主因，一句話就把許多疑團破了。這也是支那佛法所長，超過印度的一點。若是拘守宗法，必定說那一宗長，那一宗短，強分權教、實教、始教、終教許多名目，那就是拘墟之見，不是通方之論了。只要各取所長，互相補助，自然成一種圓滿無缺的哲理。

佛法本來稱出世法，但到底不能離世間法。試看小乘律中，盜金錢五磨洒，便算重罪，也不過依著印度法律。大乘律脫離法律的見解，還有許多依著尋常道德。這且不論，但說三界以外，本來沒有四界，雖說出世法，終究不離世間。精細論來，世間本來是幻，不過是處識種子所現（處識見《攝大乘論》）。有意要離脫世間，還是為處識幻相所蔽。所以斷了所知障的人「證見世間是幻」就知道世間不待脫離。所以「不住生死，不住涅槃」兩句話，是佛法中究竟的義諦。其中還有一類，《大乘入楞伽經》喚作菩薩一闡提，經中明說：「菩薩一闡提，知一切法本來涅槃，畢竟不入。」像印度的文殊、普賢、維摩詰，中國的老聃、莊周，無不是菩薩一闡提。這個菩薩一闡提發願的總相，大概是同；發願的別相，彼此有異。原來印度社會和平，政治簡淡，所以維摩詰的話，不過是度險、設醫藥、救饑饉幾種慈善事業。到東方就不然，社會相爭，政治壓制，非常的猛烈。所以老莊的話，大端注意在社會政治這邊，不在專施小惠，拯救貧窮，連「兼愛」、「偃兵」幾句大話，無不打破。為什麼緣故呢？兼愛的話，這是強設一種兼愛的條例，像《墨子．天志篇》所說，可以知其大概。若有一人、一國違了天志，這個人就該殺、這個國就該滅，依然不能純用兼愛。又像那基督教也是以博愛為宗，但從前羅馬教皇代天殺人，比政府的法律更要殘酷。所以莊子見得兼愛就是大迂（〈天道篇〉），又說「為義偃兵」，就是「造兵之本」（〈徐無鬼篇〉），這真是看透世情，斷不是煦煦為仁，孑孑為義的見解。大概世間法中，不過平等二字，莊子就喚作「齊物」，並不是說人類平等，眾生平等，要把善惡是非的見解，一切打破，才是平等。原來有了善惡是非的見，斷斷沒有真平等的事實出來。要知發起善惡，不過是思業上的分位。《莊嚴論》說的「許心似二現，如是似貪事，或似於信事，無別善染法」。至於善惡是非的名號，不是隨順感覺所得，不是隨順直覺所得，只是心上先有這種障礙，口裡就隨了障礙分別出來。世間最可畏的，並不在「相」，只是在「名」。《楞伽》、《般若》多說到字平等性、語平等性。老莊第一的高見，開宗明義，先破名言。名言破了，是非善惡就不能成立。〈齊物論〉說的：「未成乎心而有是非，是今日適越而昔至也，是以無有為有。」分明見得是非善惡等想，只是隨順妄心，本來不能說是實有。現在拿著善惡是非的話，去分別人事，真是荒唐謬妄到極處了。老子說的「常善救人，故無棄人。人之不善，何棄之有！」並不是說把不善的人，救成善人，只是本來沒有善惡，所以不棄。但這句話，與近來無政府黨的話，大有分別。老莊也不是純然排斥禮法，打破政府。老子明明說的「輔萬物之自然而不敢為」，又說：「聖人無常心，以百姓心為心。善者吾善之，不善者吾亦善之，德善；信者吾信之，不信者吾亦信之，德信。聖人在天下，歙歙為天下渾其心，聖人，皆孩之。」意中說只要應合人情，自己沒有善惡是非的成見。所以老子的話，一方是治天下，一方是無政府。只看當時人情所好，無論是專制，是立憲，是無政府，無不可為。彷彿佛法中有三乘的話，應機說法。老子在政治上也是三乘的話，並不執著一定的方針，強去配合。一方說：「以道蒞天下，其鬼不神。」是打破宗教；一方又說：「人之所教，我亦教之。強梁者不得其死，吾將以為教父。」又是隨順宗教。所以說「不善者吾亦善之，不信者吾亦信之」，並不是權術話，只是隨順人情，使人人各如所願罷了。再向下一層說，人心雖有是非善惡的妄見，惟有客觀上的學理，可以說他有是有非；主觀上的志願，到底不能說他有是有非。惟有無所為的未長進，可以說是真善真惡；有所為的長進，善只可說為偽善，惡也只可說為偽惡。照這樣分別，就有許多判斷，絕許多爭論，在人事上豈不增許多方便嗎？兄弟看近來世事紛紜，人民塗炭，不造出一種輿論，到底不能拯救世人。上邊說的，已略有幾分了。最得意的，是〈齊物論〉中「堯伐三子」一章：「昔者，堯問於舜曰：『我欲伐宗、膾、胥敖，南面而不釋然。何也？』舜曰：『夫三子者，猶存乎蓬艾之間，若不釋然，何哉？昔者，十日並出，草木皆照，而況德之進乎日者乎！』」據郭象《注》，蓬艾就是至陋的意思。物之所安，沒有陋與不陋的分別。現在想奪蓬艾的願，伐使從己，於道就不弘了。莊子只一篇話，眼光注射，直看見萬世的人情。大抵善惡是非的見，還容易消去；文明野蠻的見，最不容易消去。無論進化論政治家的話，都鑽在這個洞窟子裡，就是現在一派無政府黨，還看得物質文明，是一件重要的事，何況世界許多野心家。所以一般輿論，不論東洋、西洋，沒有一個不把文明野蠻的見橫在心裡。學者著書，還要增長這種意見，以至懷著獸心的強國，有意要併吞弱國，不說貪他的土地、利他的物產，反說那國本來野蠻，我今滅了那國，正是使那國的人民獲享文明幸福。這正是「堯伐三子」的口柄。不曉得文明野蠻的話，本來從心上的幻想現來。只就事實上看，什麼喚作文明，什麼喚作野蠻，也沒有一定的界限。而且彼此所見，還有相反之處。所以莊子又說「沒有正處，沒有正味，沒有正色」。只看人情所安，就是正處、正味、正色。易地而施，卻像使海鳥啖大牢，猿猴著禮服，何曾有什麼幸福？所以第一要造成輿論，打破文明野蠻的見，使那些懷挾獸心的人，不能借口，任便說我愛殺人，我最貪利，所以要滅人的國，說出本心，到也罷了。文明野蠻的見解，既先打破，那邊懷挾獸心的人，到底不得不把本心說出，自然沒有人去從他。這是老莊的第一高見。就使維摩詰生在今日，必定也主張這種議論，發起這種志願，斷不是只說幾句慈善事業的話，就以為夠用了。若專用佛法去應世務，規劃總有不周。若借用無政府黨的話，理論既是偏於唯物，方法實在沒有完成。惟有把佛與老莊和合，這才是「善權大士」，救時應務的第一良法。至於說到根本一邊，總是不住涅槃，不住生死，不著名相，不生分別。像兄弟與諸位，雖然不曾證到那種境界，也不曾趣入「菩薩一闡提」的地位。但是聞思所成，未嘗不可領會；發心立願，未嘗不可宣言。《維摩詰經》所說的「雖觀諸法不生而入正位，雖攝一切眾生而不愛著，雖樂遠離而不依身心盡，雖行三界而不壞法界性」，難道我輩就終身絕望嗎？

（一九一一年十月講於日本）

在重慶羅漢寺演講佛學

佛法廣大，說之百年不盡。今為引起大眾信解，略以三事說明：一者判教，二者略舉教義，三者佛法世法之關係。

判教之術，前有天台，分藏、通、別、圓四教；後有賢首，分小、始、終、頓、圓五教。此皆於佛法中，評其深淺耳。今者，正法衰微，異說蜂起，故判教不偏於內典，並就他種宗教學說，合為品評，庶幾人知趣向。大抵教義長短，一者在有階級、無階級；二者在有臆造、無臆造；三者在有執著、無執著。有階級則非平等，有臆造則非實相，有執著則非離障。故有者為劣，無者為勝。最初基督、天方等教，以人為上帝所生。人雖至善，死後可侍坐上帝之側，不能與上帝同等，此為階級最嚴者。稍勝則為此土中庸之說：以天命為性，與基督、天方無甚差別，惟云天下至誠，可以與天地參，階級稍弛矣。轉勝則為印度吠檀多之說：此教本婆羅門舊義，改良以後，而目不同，以為一切情界、器界，皆梵天王之幻相，迷時神人殊格，悟時本非有二，有此萬物，非梵天王所創造，覺悟以後，亦非轉化成梵天王，乃本來一物耳，此說為最平等矣。諸稱上帝、稱天、稱梵王者，名號不同，其實皆最高之神。神非感覺直覺所得，故三家優劣雖殊，皆不免於臆造。又勝則為印度勝論之說：以地、水、火、風、時、方、空、我、意九件，為九種實質，斯皆常識所有，不涉虛妄；又以為物之原始，名曰極微，稍著則為子微，更著則為孫微。極微如今所謂原子，孫微如今所謂分子，說亦近實。然九事並列，誰為主體？凡不遍者，不能為真有，不常者亦不能為真有。故勝論之義，於俗諦可云無臆造，於真諦不可云非臆造。又勝則為印度數論之說：建立神我以為一元。我本直覺所得，無物不知有我，則為遍矣；無時不知有我，則為常矣。校諸勝論，為完全脫離臆造之域，我之得名，與彼相對，不與彼對，則我無有也。數論立言沾滯，雖離臆造，猶不免於執著。最勝乃為佛家大乘之說。小乘排斥我見，以五蘊分解人生，色屬物質，受、想、行、識屬心，本是權化，故其說反近二元。逮大乘出，始建立一心，三界四生唯心所造，其與數論所謂神我，品類無差，而實相自異。且數論最後終執有我，大乘最後並不許執著有心，故云心不見心，無相可得；又云現前立少物，謂是唯識性。以有所得故，非實住唯識，此乃遠離執著，為百家之冠矣。

大乘教義，除般若三論以外，大體相同，不外唯心二字。今見萬象紛紜，何以知其虛妄？心亦變幻無方，何以知其實有耶？是故最初分析權立八識，以阿賴耶識為本。「阿賴耶」譯即「藏」字，言其含藏萬有也。由此分枝，則有末那識，譯即意根，此識時時不離藏識，執藏識以為我。末那分枝，親者為意識，一切想念情感，無不由意識發舒，疏者為眼、耳、鼻、舌、身五識，則專主感覺作用。今人之信有外界，於何取證？實以感覺為證耳。而感覺初成時，眼中惟起青黃等相，耳中惟起宮商等相，初不覺此相在眼、耳外也。一覺在外，便入想位，非感覺之界矣。是故專信感覺，則知青黃、宮商等相，惟是眼識耳識，現起變化，而非有外界相對也。法相說此，名為現量，是即唯心論義，既云心有境無，何以心中現起妄境耶？則以藏識所包，一切種子無不完備，此識本有見分相分，見分即能知者，相分即所知者，即以己心見分，還見己心相分，是故變相紛紜，現於五感也。藏識所以包藏一切種子者，亦非本然。今且假定一最始時間，此心無外，惟是絕對，以絕對故，不知自相，認自為他，遂現種種殊相，所謂真如起無明者此也。藏識本是真心，而為無明所覆，是以不得自在。欲斷無明，先從斷意根始，以意根執我最深。故我執有二：一曰人我，二曰法我。人我見者，即認生物皆有靈魂是；法我見者，即認萬物皆有實質是。斷人我見，名曰離煩惱障；斷法我見，名曰離所知障。小乘偏斷人我，而於法我不斷，故反認地、水、火、風為實。人我既斷，利濟之心亦薄。大乘兼斷法我、人我，而於人我心不全去，始有普渡眾生之念。逮至八地菩薩，人我始斷，三種我執皆斷，是之為佛。佛即覺義。最初真如心，名曰本覺；中間阿賴耶識，名曰不覺；最後佛心，名曰始覺。始覺即同本覺，非先無而後有也。

佛法之與世法，或曰佛法虛無，於世無用；或云五戒即仁、義、禮、智、信五德，為使人作善之門。其實則虛無非佛家本旨，惟般若一宗，多陳此義，其餘方等諸經不然也。五戒使人作善，事義無違，然凡範世立訓者，總以提奬善行為宗，天人各教，靡不同之，亦非佛所獨有。鄙意平等一義，出世入世，悉當奉為科律，是乃真為佛法勝處耳。如基督教，非不倡言平等，然範圍限於人類，義甚狹小。真平等者，非獨與萬物不生殊念，即是非善惡，亦皆泯然齊同。佛法以外，惟此土《莊子‧齊物論》明之；蓋以事物所起，皆在一心，心著事物，始有是非善惡之辨，要皆迷中幻想，無絲毫實性也。此於世法，雖相去懸遠，然真欲人類平等，非簡單之人類平等說所能招致，其必超絕數層，然後退有後效。如猶不信，試觀莊生著書，本陳內聖外王之道，而「齊物」所說，幾與世法背馳，是豈好為玄遠哉？正以萬喙齊鳴，各謂己是，有不可偏聽者也。今在共和之世，階位已夷，而黨伐彌甚，試以此道濟之，庶乎其可！

（一九一八年三月三日）

第五輯

演講與譯文等

提要

本書最後一輯選錄了章太炎最具煽動性的幾篇文字。其中帶有補遺與獵奇性質的是他所翻譯的拜倫作品。章太炎留下的歷史印象，很難讓人和英國浪漫主義產生聯想，然而在那樣的民國大時代中，即便是國粹立場堅定如章太炎者，都不可能完全無涉無視拜倫的影響，換另一個角度看，其實「章瘋子」之「瘋」，不也多少帶著 Byronic Hero 式的 romantic madness？

另外在東京的演說，表達了章太炎最具群眾性的說服意見，鏗鏘有力地指引了「國粹」與「宗教」兩條道路，「國粹」是為了激發人民對國家的情感，沒有感情就沒有革命的動力；「宗教」，尤其指的是佛教，提供了最激烈的平等依據，並且得以在動盪破壞的時期形成政治法律的保障。

灌注在這番煽動言詞背後的，正是那分 romantic madness，因而「章瘋子」在演說最後以「總之，要把我的神經病質，傳染諸君，更傳染與四萬萬人」作結，也就不令人意外了！

還有〈中華民國解〉既是一分政治宣言，也是一分關於「民國」的重要史料，顯示了那個時代最深刻難解的糾結，一邊是共和「民國」的理想新局面，另一邊卻是「中華」如何作為一個國家得以繼續存在而不被分裂不被滅亡的現實困境，那個時代的思考者無人得以免於陷入這兩端的拉鋸，他們困思勉行，提出了種種主張，從事了種種努力，所有這些主張與努力交織在一起，才是眾聲喧嘩、豐富多音的民國思想實景。

在東京留學生歡迎會上之演講

今日承諸君高誼，開會歡迎，實在愧不克當；況且自顧生平，並沒有一長可恃，愈覺慚愧。只就兄弟平生的歷史，與近日辦事的方法，略講給諸君聽聽。

兄弟少小的時候，因讀蔣氏《東華錄》[1]，其中有戴名世、曾靜、查嗣庭諸人的案件，便就胸中發憤，覺得異種亂華，是我們心裡第一恨事。後來讀鄭所南[2]、王船山兩先生的書，全是那些保衛漢種的話，民族思想漸漸發達。但兩先生的話，卻沒有什麼學理。自從甲午以後，略看東西各國的書籍，才有學理收拾進來。當時對著朋友，說這逐滿獨立的話，總是搖頭，也有說是瘋顛的，也有說是叛逆的，也有說是自取殺身之禍的。但兄弟是憑他說個瘋顛，我還守我瘋顛的念頭。

壬寅春天，來到日本，見著中山。那時留學諸公，在中山那邊往來，可稱志同道合的，不過一二個人。其餘偶然來往的，總覺得中山奇怪，要來看看古董，並沒有熱心救漢的心思。暗想我這瘋

---

1 由清代蔣良騏纂修的一部斷代史，所記上起清太祖，下迄雍正。

2 一二四一—一三一八，鄭思肖，號所南，南宋末畫家，宋亡後隱居。著有文集《鐵函心史》。

顛的希望，畢竟是難遂的了，就想披起袈裟做個和尚，不與那學界政界的人再通問訊。不料監禁三年以後，再到此地，留學生界中助我張目的人，較從前增加百倍，才曉得人心進化，是實有的。以前排滿復漢的心腸，也是人人都有，不過潛在胸中，到今日才得發現。自己以前所說的話，只比得那「鶴知夜半，雞知天明」。夜半天明，本不是那隻鶴、那隻雞所能辦得到的，但是得氣之先，一聲膠膠喔喔的高啼，叫人起來做事，也不是可有可無。到了今日，諸君所說的民族主義的學理，圓滿精緻，真是後來居上，兄弟豈敢自居先輩嗎？只是兄弟今日還有一件要說的事，大概為人在世，被他人說個瘋顛，斷然不肯承認，除那笑傲山水詩豪畫伯的一流人，又作別論，其餘總是一樣。獨有兄弟卻承認我是瘋顛，我是有神經病，而且聽見說我瘋顛，說我有神經病的話，倒反格外高興。為什麼緣故呢？大凡非常可怪的議論，不是神經病人，斷不能想，就能想也不敢說；說了以後，遇著艱難困苦的時候，不是神經病人，斷不能百折不回，孤行己意。所以古來有大學問、成大事業的，必得有神經病才能做到。諸君且看那希臘哲學家瑣格拉底，可不是有神經病的嗎？那提出民權自由的路索，為追一狗，跳過河去，這也實在是神經病。即回教初祖摩罕默德，據今日宗教家論定，是有臟燥病的。像我漢人，明朝熊廷弼的兵略，古來無二，然而看他〈氣性傳〉說，熊廷弼剪截是個瘋子。近代左宗棠的為人，保護滿奴，殘殺同類，原是不足道的。但他那出奇制勝的方略，畢竟令人佩服。這左宗棠少年在嶽麓書院的事，種種奇怪，想是人人共知。更有德畢士馬克，曾經在旅館裡頭，叫喚堂官，沒有答應，便就開起槍來，這是何等性情呢？仔細看來，那六人才典功業，都是由神經病裡流出來的。為這緣故，兄弟承認自己有神經病，也願諸位同志，人人個個都有一兩分的神經病。近來有人傳說，某某是有神經病，某某也是有神經病，兄弟看來，不怕有神經病，只怕富貴利祿當面現前的時候，那神經病立刻好了，這才是要不得呢！略高一點的人，富貴利祿的補劑雖不能治他的神經病，那艱難困苦的毒劑，還是可以治得的，這總是腳跟不穩，不能成就什麼氣候。兄弟嚐這毒劑，是最多的。算來自戊戌年以後，已有七次查拿，六次都拿不到，到第七次方才拿到。以前三次，或因別事株連，或是普拿新黨，不專為我一人；後來四次，卻都為逐滿獨立的事。但兄弟在這艱難困苦的盤渦裡頭，並沒有一絲一毫的懊悔。憑你什麼毒劑，這神經病總治不好。或者諸君推重，也未必不由於此。若有人說，假如人人有神經病，辦事必定瞀亂，怎得有個條理？但兄弟所說的神經病，並不是粗豪魯莽，亂打亂跳，要把那細針密縷的思想，裝載在神經病裡。譬如思想是個貨物，神經病是個汽船，沒有思想，空空洞洞的神經病，必無實濟；沒有神經病，這思想可能自動的嗎？以上所說，是略講兄弟平生的歷史。

至於近日辦事的方法，一切政治、法律、戰術等項，這都是諸君已經研究的，不必提起。依兄弟看，第一要在感情，沒有感情，憑你有百千萬億的拿破侖、華盛頓，總是人各一心，不能團結。當初柏拉圖說「人的感情，原是一種醉病」，這仍是歸於神經是了。要成就這感情，有兩件事是最要的：第一，是用宗教發起信心，增進國民的道德；第二，是用國粹激動種性，增進愛國的熱腸。

先說宗教。近來像賓丹、斯賓塞那一流人崇拜功利，看得宗教都是漠然。但若沒有宗教，這道德必不得增進。生存競爭，專為一己，就要團結起來。譬如一碗的乾麨子，怎能團成麵？歐美各國的宗教，只奉耶蘇基督，雖是極其下劣，若沒有這基督教，也斷不能到今日的地位。那伽得[3]《社會學》中，已把斯賓塞的話駁辯一過。只是我們中國的宗教，應該用那一件？若說孔教，原有好到極處的。就是各種宗教，都有神秘難知的話雜在裡頭，惟有孔教還算乾淨。但他也有極壞的，因為孔子當時，原是貴族用事的時代，一班平民是沒有官做的，孔子心裡，要與貴族競爭，就教化起三千弟子，使他成就做官的材料，從此以後，果然平民有官做了。但孔子最是膽小，雖要與貴族競爭，卻不敢去聯合平民，推翻貴族政體。他《春秋》上雖有「非世卿」的話，只是口誅筆伐，並不敢實行的。所以他教弟子，總是依人作嫁，最上是帝師王佐的資格，總不敢覬覦帝位；及到最下一級，便是委吏乘田，也將就去做了。諸君看孔子生平，當時攝行相事的時候，只是依傍魯君，到得七十二國周遊數次，日暮途窮，回家養老，那時並且依傍季氏，他的志氣，豈不一日短一日嗎？所以孔教最大的汙點，是使人不脫富貴利祿的思想。自漢武帝專尊孔教以後，這熱中於富貴利祿的人，總是日多一日。我們今日想要實行革命，提倡民權，若夾雜一點富貴利祿的心，就像微蟲黴菌，可以殘害全身，所以孔教是斷不可用的。若說那基督教，西人用了，原是有益；中國用了，卻是無益。因中國人的信仰基督，並不是崇拜上帝，實是崇拜西帝。最上一流，是借此學些英文、法文，可以

---

3 Auguste Comte，今多譯為孔德。一七九八－一八五七，法國哲學家，首先提出「社會學（sociology）」一詞。

自命不凡；其次就是飢寒無告，要借此混日子的；最下是憑仗教會的勢力，去魚肉鄉愚，陵轢同類。所以中國的基督教，總是偽基督教，並沒有真基督教。但就是真基督教，今日還不可用：因為真基督教，若野蠻人用了，可以日進文明；若文明人用了，也就退入野蠻。試看羅馬當年，政治學術，何等燦爛，及用基督教後，一切哲學都不許講，使人人自由思想一概堵塞不行，以致學問日衰，政治日敝，羅馬也就亡了。那繼起的日耳曼種，本是野蠻賤族，得些基督教的道德，把那強暴好殺的心，逐漸化去，就能日進文明，這不是明白的證據嗎？今日的中國雖不能與羅馬並稱，卻還可稱伯仲，斷不是初起的日耳曼種可相比例。所以真正的基督教，於中國也是有損無益。再就理論上說，他那謬妄可笑、不合哲學之處，略有學問思想的人，決定不肯信仰，所以也無庸議。孔教、基督教，既然必不可用，究竟用何教呢？我們中國，本稱為佛教國。佛教的理論，使上智人不能不信；佛教的戒律，使下愚人不能不信。通徹上下，這是最可用的。但今日通行的佛教，也有許多的雜質，與他本教不同，必須設法改良，才可用得。因為淨土一宗，最是愚夫愚婦所尊信的。他所求的，只是現在的康樂，子孫的福澤。以前崇拜科名的人，又將那最混賬的《太上感應篇》、〈文昌帝君陰隲文〉等，與淨土合為一氣，燒紙、拜懺、化筆、扶乩，種種可笑可醜的事，內典所沒有說的，都一概附會進去。所以信佛教的，只有那卑鄙惡劣的神情，並沒有勇猛無畏的氣概。我們今日要用華嚴、法相二宗改良舊法。這華嚴宗所說，要在普渡眾生，頭目腦髓，都可施捨與人，在道德上最為有益；這法相宗所說，就是萬法惟心，一切有形的色相，無形的法塵，總是幻見幻想，並非實在真有。近來康德、索賓霍爾諸公，在世界上稱為哲學之聖。康德所說「十二範疇」，純是「相分」的道理。索賓霍爾所說「世界成立全由意思盲動」，也就是「十二緣生」的道理，卻還有許多哲理，是諸公見不到的。所以今日德人，崇拜佛教，就是為此，在哲學上今日也最相宜。要有這種信仰，才得勇猛無畏，眾志成城，方可幹得事來。佛教裡面，雖有許多他力攝護的話，但就華嚴、法相講來，心佛眾生，三無差別。我所靠的佛祖仍是靠的自心，比那基督教人依傍上帝，扶牆摸壁，靠山、靠水的氣象，豈不強得多嗎？

有的說中國佛教，已經行了二千年，為什沒有效果？這是有一要點。大概各教可以分為三項：一是多神教，二是一神教，三是無神教。也如政體分為三項：一是貴族政體，二是君主政體，三是共和政體。必要經過君主政體的階級，方得漸入共和政體；若從這貴族政體，一時變成共和政體，那共和政體必帶種種貴族的雜質。必要經過一神教的階級，方得漸入無神教，若從這多神教一時變成無神教，那無神教必帶種種多神教的雜質。中國古代的道教，這就是多神教；後來佛教進來，這就是無神教。中間未經一神教的階級，以致世人看佛，也是一種鬼神，與那道教的種種鬼神，融化為一。就是剛才所說的燒紙、拜懺、化筆、扶乩等類，是袁了凡、彭尺木、羅臺山諸人所主張的。一般社會，沒有一人不墮這坑中，所以佛教並無效果。如今基督教來，崇拜一神，借摧陷廓清的力，把多神教已經打破，所以再行佛教，必有效果可見的了。

有的說印度人最信佛教，為什亡國？這又有一要點，因為印度所有，只是宗教，更沒什麼政治法律。這部《摩拏法典》，就是婆羅門所撰定。從來沒有政治法律的國，任用何教，總是亡國。這咎不在佛教，在無政治法律。我中國已有政治法律，再不會像印度一樣。若不肯信，請看日本可不是崇信佛教的國嗎？可像那印度一樣亡國嗎？

有的說佛教看一切眾生，皆是平等，就不應生民族思想，也不應說逐滿復漢。殊不曉得佛教最重平等，所以妨礙平等的東西，必要除去。滿洲政府待我漢人種種不平，豈不應該攘逐？且如婆羅門教分出四姓階級，在佛教中最所痛恨。如今清人待我漢人，比那刹帝利種虐待首陀羅更要厲害十倍。照佛教說，逐滿復漢，正是分內的事。又且佛教最恨君權，大乘戒律，都說「國王暴虐，菩薩有權，應當廢黜」，又說「殺了一人，能救眾人，這就是菩薩行」。其餘經論，王賊兩項，都是並舉。所以佛是王子，出家為僧，他看做王就與做賊一樣，這更與恢復民權的話相合。所以提倡佛教，為社會道德上起見，固是最要；為我們革命軍的道德上起見，亦是最要。總望諸君同發大願，勇猛無畏，我們所最熱心的事，就可以幹得起來了。

次說國粹。為什提倡國粹？不是要人尊信孔教，只是要人愛惜我們漢種的歷史。這個歷史，是就廣義說的，其中可以分為三項：一是語言文字，二是典章制度，三是人物事蹟。近來有一種歐化主義的人，總說中國人比西洋人所差甚遠，所以自甘暴棄，說中國必定滅亡，黃種必定勦絕。因為他不曉得中國的長處，見得別無可愛，就把愛國、愛種的心，一日衰薄一日。若他曉得，我想就是全無心肝的人，那愛國、愛種的心，必定風發泉湧，不可遏抑的。兄弟這話，並不像作《格致古微》的[4]人，將中國同歐洲的事，牽強附會起來；又不像公羊學派的人，說什麼「三世」就是進化，「九旨」就是進夷狄為中國，去仰攀歐洲最淺、最陋的學說，只是就我中國特別的長處，略提一二：

先說語言文字。因為中國文字，與地球各國絕異，每一個字，有他的本義，又有引申之義。若在他國，引申之義，必有語尾變化，不得同是一字含有數義。中國文字卻是不然。且如一個天字，本是蒼蒼的天，引申為最尊的稱呼，再引申為自然的稱呼。三義不同，總只一個天字。所以有《說文》、《爾雅》、《釋名》等書，說那轉注、假借的道理。又因中國的話，處處不同，也有同是一字，彼此聲音不同的；也有同是一物，彼此名號不同的。所以《爾雅》以外，更有《方言》，說那同義異文的道理。這一種學問，中國稱為「小學」，與那歐洲比較語言的學，範圍不同，性質也有數分相近。但是更有一事，是從來小學家所未說的，因為造字時代先後不同，有古文大篆沒有的字，獨是小篆有的；有小篆沒有的字，獨是隸書有的；有漢時隸書沒有的字，獨是《玉篇》、《廣韻》有的；有《玉篇》、《廣韻》沒有的字，獨是《集韻》、《類篇》有的。因造字的先後，就可以推見建置事物的先後。且如《說文》兄、弟兩字，都是轉注，並非本義，就可見古人造字的時代，還沒有兄弟的名稱。又如君字，古人只作尹字，與那父字，都是從手執杖，就可見古人造字的時代，專是家族政體，父權、君權，並無差別。其餘此類，一時不能盡說。發明這種學問，也是社會學的一部。若不是略知小學，史書所記，斷斷不能盡的。近來學者，常說新事、新物，逐漸增多，必須增造新字，

4 晚清王仁俊所作，內容講述西學中源。

才得應用。這自然是最要，但非略通小學，造出字來，必定不合六書規則。至於和合兩字，造成一個名詞，若非深通小學的人，總是不能妥當。又且文辭的本根，全在文字，唐代以前，文人都通小學，所以文章優美，能動感情；兩宋以後，小學漸衰，一切名詞術語，都是亂攪亂用，也沒有絲毫可以動人之處。究竟什麼國土的人，必看什麼國土的文，方覺有趣。像他們希臘、梨俱[5]的詩，不知較我家的屈原、杜工部優劣如何？但由我們看去，自然本種的文辭，方為優美。可惜小學日衰，文辭也不成個樣子。若是提倡小學，能夠達到文學復古的時候，這愛國保種的力量，不由你不偉大的。

第二要說典章制度。我們中國政治，總是君權專制，本沒有什麼可貴，但是官制為什麼要這樣建置？州郡為什麼要這樣分劃？軍隊為什麼要這樣編制？賦稅為什麼要這樣徵調？都有一定的理由，不好將專制政府所行的事，一概抹殺。就是將來建設政府，那項須要改良，那項須要復古，必得胸有成竹，才可以見諸施行。至於中國特別優長的事，歐、美各國所萬不能及的，就是「均田」一事，合於社會主義。不說三代井田，便從魏、晉至唐，都是行這均田制度。所以貧富不甚懸絕，地方政治容易施行。請看唐代以前的政治，兩宋至今，那能彷彿萬一？這還是最大、最繁的事，其餘中國一切典章制度，總是近於社會主義，就是極不好的事，也還近於社會主義。兄弟今天，略舉兩項：一項是刑名法律。中國法律，雖然近於酷烈，但自東漢定律，直到如今，沒有罰錢贖罪的事，惟有職官婦女，偶犯笞杖等刑，可以收贖。除那樣人之外，憑你有陶朱、猗頓的家財，都得受刑，

5 梵語音譯，此指《梨俱吠陀》(Rg-veda)，為印度外道十八種經書之一。梨俱，即經書中詩節之名稱。

總與貧人一樣。一項是科場選舉。這科舉原是最惡劣的，不消說了，但為什隋、唐以後，只用科舉，不用學校？因為隋唐以後，書籍漸多，必不能像兩漢的簡單。若要入學購置書籍，必得要無數金錢。又且功課繁多，那做工營農的事，只好擱起一邊，不能像兩漢的人，可以帶經而鋤的。惟有律賦詩文，只要花費一二兩的紋銀，就把程墨可以統統買到，隨口咿唔，就像唱曲一般，這做工營農的事，也還可以並行不悖，必得如此，貧人才有做官的希望。若不如此，求學入官，不能不專讓富人，貧民是沉淪海底，永無參與政權的日了。這兩件事，本是極不好的，尚且帶幾分社會主義的性質，況且那好的嗎？我們今日崇拜中國的典章制度，只是崇拜我的社會主義。那不好的，雖要改良；那好的，必定應該頂禮膜拜，這又是感情上所必要的。

第三要說人物事蹟。中國人物，那建功立業的，各有功罪，自不必說。但那俊偉剛嚴的氣魄，我們不可不追步後塵。與其學步歐、美，總是不能像的；何如學步中國舊人，還是本來面目。其中最可崇拜的，有兩個人：一是晉末受禪的劉裕，一是南宋伐金的岳飛，都是用南方兵士打勝胡人，可使我們壯氣。至於學問上的人物，這就多了。中國科學不興，惟有哲學，就不能甘居人下。但是，程、朱、陸、王的哲學，卻也無甚關係。最有學問的人，就是周秦諸子，比那歐洲、印度，或者難有定論；比那日本的物茂卿、太宰純輩，就相去不可以道里計了。日本今日維新，那物茂卿、太宰純輩，還是稱頌弗衰，何況我們莊周、荀卿的思想，豈可置之腦後？近代還有一人，這便是徽州休寧縣人，姓戴名震，稱為東原先生，他雖專講儒教，卻是不服宋儒，常說法律殺人，還是可救；理學殺人，便無可救。因這位東原先生，生在滿洲雍正之末，那滿洲雍正所作硃批上諭，責備臣下，並不用法律上的說話，總說：「你的天良何在？你自己問心可以無愧的嗎？」只這幾句宋儒理學的話，就可以任意殺人。世人總說雍正待人最為酷虐，卻不曉是理學助成的。因此那個東原先生，痛哭流涕，做了一本小小冊子。他的書上，並沒有明罵滿洲；但看見他這本書，沒有不深恨滿洲。這一件事，恐怕諸君不甚明了，特為提出。照前所說，若要增進愛國的熱腸，一切功業學問上的人物，須選擇幾個出來，時常放在心裡，這是最緊要的。就是沒有相干的人，古事、古蹟，都可以動人愛國的心思。當初顧亭林要想排斥滿洲，卻無兵力，就到各處去訪那古碑、古碣傳示後人，也是此意。

以上所說，是近日辦事的方法，全在宗教、國粹兩項。兄弟今天，不過與諸君略談。自己可以盡力的，總不出此兩事；所望於諸君的，也便在此兩事。總之，要把我的神經病質，傳染諸君，更傳染與四萬萬人。至於民族主義的學理，諸君今日，已有餘裕；發行論說、刊刻報章的事，兄弟是要諸君代勞的了。

（一九〇六年七月十五日）

在四川學界之演説

鄙人於蜀，素忝師友之誼。今日承學界歡迎，敢不竭其愚戇，以備芻蕘之獻。

蜀中地大物博，號稱天府。自古建國於蜀者，蓋已六度。初則公孫述；次則劉備；又次李特；[1]又次王建、[2]孟知祥；[3]又次明玉珍；又次張獻忠。正偽仁暴雖殊，要皆據蜀自主。然而此皆外來之人，未有蜀人據蜀者，此鄙人所不解一也。

蜀中文化，自西漢已稱冠冕，相如、子雲，當時無與抗衡者；唐則陳伯玉、[4]李太白，為詩人宗；宋時三蘇文章，亦足千古。文化之高遠如此，而政治人才，不能與之相應。北宋范鎮，[5]人雖正而幹

---

1 約三世紀—三〇三，五胡十六國人，奠定成漢政權。

2 八四七—九一八，五代十國人，為前蜀開國君主。

3 八七四—九三四，五代十國人，為後蜀開國君主。

4 六六一—七〇二，陳子昂，字伯玉，宋代文人方萬里謂其為「唐之詩祖」。

5 一〇〇七—一〇八八，北宋史學家，直言正諫，彈劾王安石之青苗法等。

濟殊少；南宋張浚，[6]志雖忠而戰輒敗。惟虞允文一戰破敵，有謝安淝水之功；次則明時楊廷和[7]坐鎮中樞，使暴君、佞人不能紊亂朝政。此二人為政界偉大人物耳。若清之岳鍾琪、[8]楊遇春，[9]則戰將之才，非經國之器矣。然則屈指而數，大器不過虞、楊二人，較之他省獨為少數，此鄙人所不解二也。

推其因果，得無有近華遠實之病耶！前世相如、子雲，亦有實學，而世所崇尚者，在其華辭；伯玉、太白，則純為詩家。蘇氏雖推論政治，仍多策士縱橫之見，語可動聽而難見施行，猶不免為浮華也。蜀中文化來歷，既如此矣。近則王壬秋教於成都，風流遠被。王本辭章之士，以說經為表面，語無實證，惟模毛《傳》、仿鄭《箋》，以為研雅，始終不離文人說經之習。其他樸實可據者，未嘗言焉，是又近世尚華之病也。夫專務華辭則於持身經國之道相遠；最下，或墮入斗方名士一流，能依人而不能獨立，胸襟何以能闊，大事業何以能遠至耶！

鄙人前在東京，夙知此弊，故與學子相對，皆崇實黜華之言。是時，清室未亡，深恐中國不能自保，以為欲保國性，惟語言、文字不變，歷史不二，為可以持久耳。語言、文字之學，本有條理，

---

6 一〇九七—一一六四，南宋將領，曾領兵抗金有功，後遭彈劾用人不當等而遭罷免，生平最後一役隆興北伐以失敗告終。

7 一四五九—一五二九，明臣，與當時朝廷宦官相抗，並改革武宗時的弊政。

8 一六八六—一七五四，清代康雍乾時將領。乾隆謂其為「有清棟樑之臣」、「三朝武臣巨擘」。

9 一七六〇—一八三七，清代名將，曾平苗亂、白蓮教亂等。

故多與學子言之；歷史繁博，故未嘗詳悉誦數。今至蜀中，當為諸君更進一步，可乎？

大抵人之志量，不皆天成，率由見聞戟刺，情不自已，然後發為志願，見諸施行。凡諸偉大事業，惟於歷史見之，而舉事之成敗得失，亦於歷史徵之。人人皆習歷史，則豪傑之士，自挺出於其間。六七年來所見國中人物，皆暴起一時，小成即墮，此由不習歷史，胸襟淺陋之故。至有歷史知識者，舉國似無其人。袁世凱雖有野心，本無帝王南面之術，雖欲稱尊，而行事拂戾，卒不能達其欲望。操、莽之事，果如是乎！

乃民黨之有政治思想者，亦皆不察習慣，只欲以己意施行。譬之推舟於陸，動而窒礙，斯皆不具歷史知識，故自致敗亡也。蓋歷史之任事，如棋譜之於行棋，不習譜而妄行者，甲乙相對，今日甲或勝乙數十子，明日乙又勝甲數十子。近世所謂偉人亦然，成敗利鈍，絕無把握，時或投機制勝，則徼幸而成偉人之名，逮其敗挫，名又去之。故一國人物，未有可保五年之人，而中堅主幹之位遂虛矣。

回思曩日，曾國藩、胡林翼、左宗棠輩，惟曾氏稍具他種學問，胡、左則未有異人者，然此三人皆成偉大人物，無他，歷史知識，素所儲備故也。乃如晚世張之洞輩，尚於溫公《通鑑》，口能諳誦，其用不恃他種學術，惟此為得力耳。今世果有如曾、胡、左者，則人自依倚以為主幹，就不能然，但得張之洞輩，亦可保任數歲，賴以支持。而遍觀近世人物中，如此數君者無有也。豈三四十年之間，人才相去懸絕如此耶？察其病因，皆由近人不習歷史，小智自私，小器自滿，背逆形便，而不知違反人情而不顧，故一國無長可倚賴之人也。鄙人於全國所見既然，今為蜀中諸友計，則尤在激發遠志，以成大業，無負地靈人傑之名。故所望於學界諸君者，在普修歷史之學而已。

蓋學有求是、致用二途。求是之學，但期精詣確當，不論適用與否。此在承平之世，所當竭力，亂世雖當有其人，而不必望其多也。致用之學，為亂世所當預儲。歷史知識，譬如稻米麪麰，其味不如珍饈，時當荒歉，則亟宜貯蓄矣。

鄙人之於文學，所好多途。華者如文辭，高遠者如佛學，精至者如小學，平正通達者如歷史，亦自謂各有所長，而涉世應變，則專恃歷史之力。往日主張排滿，實由歷史得之。光復以來，料量成敗，幸無差誤。亦嘗苦口直言，而聽者多不見信，逮其事敗，始覺吾言不謬。

今以平生所得，貢獻於素所親愛之蜀人。歷史篇籍雖多，而觀覽實易。至如《通鑑》、《通考》，不過數百卷書。觀之稍悉，處事何患於窮！但願蜀人以歷史為普通知識，則遠志自生，而計畫自審。今之人才，何必無虞允文、楊廷和？不幸而成割據之局，亦蜀人自主矣，豈憂劉備、李特之復出哉！

（一九一八年春講於重慶）

中華民國解

中國之名，別於四裔而為言。印度亦稱摩伽陀為中國，日本亦稱山陽為中國，此本非漢土所獨有者。就漢土言漢土，則中國之名以先漢郡縣為界。然印度、日本之言中國者，舉土中以對邊郡；漢土之言中國者，舉領域以對異邦，此其名實相殊之處。諸華之名，因其民族初至之地而為言。世言崑崙為華國者，特以他事比擬得之。中國前皇曾都崑崙以否，史無明徵，不足引以為質。然神靈之胄自西方來，以雝、梁二州為根本。伏羲生成紀，神農產姜水，黃帝宅橋山，是皆雝州之地；高陽起於若水，高辛起於江水，舜居西城，（據《世本》，西城為漢漢中郡屬縣，故公孫尼子言舜牧羊於漢陽。據〈地理志〉，漢中郡褒中縣有漢陽鄉。）禹生石紐，是皆梁州之地。觀其帝王所產，而知民族奧區，斯為根極。雝州之地東南至於華陰而止；梁州之地東北至於華陽而止。就華山以定限，名其國土曰華，則緣起如是也。其後人跡所至，遍及九州。至於秦漢，則朝鮮、越南皆為華民耕稼之鄉，華之名於是始廣。華本國名，非種族之號，然今世已為通語。世稱山東人為侉子者，侉即華之遺言矣。正言種族，宜就夏稱。《說文》云：「夏，中國人也。」「蠻夷猾夏」，《帝典》已有其文，知不起於夏后之世。或言遠因大夏，此亦與崑崙華國同類。質以史書，夏之為名，實因夏水而得，是水或謂之夏，或謂之漢，或謂之漾，或謂之沔，凡皆小別互名，本出武都，至漢中而始盛，地在雒、梁之際。因水以為族名，猶生姬水者之氏姬，生姜水者之氏姜也。夏本族名，非邦國之號，是故得言諸夏。其後因族命地而關東亦以東夏著。下逮劉季，撫有九共，與匈奴、西域相郤倚，聲教遠暨，復受漢族之稱。此雖近起一王，不為典要。然漢家建國，自受封漢中始，於夏水則為同地，於華陽則為同州，用為通稱，適與本名符會。是故華云、夏云、漢云，隨舉一名，互攝三義。建漢名以為族，而邦國之義斯在；建華名以為國，而種族之義亦在，此中華民國之所以謚。今有為金鐵主義說者曰：「中國云者，以中外別地域之遠近也；中華云者，以華夷別文化之高下也。」即此以言，則中華之名詞，不僅非一地域之國名，亦且非一血統之種名，乃為一文化之族名。故《春秋》之義，無論同姓之魯、衛，異姓之齊、宋，非種之楚、越，中國可以退為夷狄，夷狄可以進為中國，專以禮教為標準，而無有親疏之別。其後經數千年，混雜數千百人種，而其稱中華如故。以此推之，華之所以為華，以文化言，可決知也。故欲知中華民族為何等民族，則於其民族命名之頃而已含定義於其中。以西人學說擬之，實採合於文化說，而背於血統說。華為花之原字，以花為名，其以之形容文化之美，而非以之狀態血統之奇，此可於假借、會意而得之者也。為是說者蓋有三惑：一曰未明於託名標識之事，而強以字義皮附為言。夫華本華山，居近華山而因有華之稱。後代華稱既廣，忘其語源，望文生訓，以為華美，以為文明，雖無不可，然非其第一義，亦猶夏之訓大，皆後起之說耳。且如印度人種，舊稱為阿黎耶，今人推究其始，則為農夫，而其後或言貴人，或言聖者，此實晚出之義，乃種人所以自矜尚也。就以有義言之，中國向日稱民為黎民，至秦則曰黔首。黎云、黔云，皆謂其黑髮也。然不得以一切黑髮者盡指為同族。縱令華有文化之義，豈得曰凡有文化者盡為中國人乎？必如所說，則凡有農夫，皆得為印度人；凡有貴人、聖者，亦皆得為印度人，安得此瀆亂汗漫之言也？今夫蠻夷戎狄，固中國所以表別殊方者。其始劃種為言，語不相濫。久之而旃裘引弓之國，皆得被以斯名。胡本東胡，久之而稱匈奴者亦謂之胡，久之而稱西域者亦謂之胡。蕃本吐蕃，久之而稱回部者亦曰西蕃，久之而稱臺灣之野人者亦曰生蕃。名既濫矣，而不得謂同稱者即為同國、同族，況華之名猶未同也。特以同有文化，遂可混成為一，何其奢闊而遠於事情耶？二曰援引《春秋》以誣史義，是說所因，起於劉逢祿輩，世仕滿洲，有擁戴虜酋之志，而張大《公羊》以陳符命，尚非《公羊》之舊說也。案中國自漢以上，視蠻閩貉狄諸族不比於人，故夷狄無稱人之例。《春秋》嘗書邢人、狄人伐衛，齊人、狄人盟於邢，《公羊》不言其義。夫引異類以剪同族，蓋《春秋》所深誅。狄不可人而邢人、齊人人之，則是邢人、齊人自儕於狄也。非進狄人，實以黜邢人、齊人。老子有言，正言若反。觀於《春秋》書狄為人，其言有隱，其聲有哀，所謂志而晦哉！若夫潞子嬰兒，赤狄犬種，晉與為婚，既非匹偶，及遭虐殺，興師復仇，書潞子者非謂夷狄有君，亦正所以賤晉，與書狄人者同科。而《公羊》謂潞子為善，斯言之不從矣。其有貶黜諸華同於夷狄者，則《春秋》書晉伐鮮虞是。何氏《解詁》曰：謂之晉者，中國以無義故為夷狄所強。今楚行詐滅陳、蔡，諸夏懼，然去而與晉會於屈銀，不因以大綏諸侯，先之以博愛，而先伐同姓，從親親起，欲以立威行霸，故狄之。是所以狄晉者，正以其自戕同氣，委陳、蔡於夷而不顧耳。夫棄親暱而媚諸夷，又從而則效之，則宜為人心所深嫉。今人惡范文程、洪承疇、李光地、曾國藩輩，或更甚於滿洲，雖《春秋》亦豈有異是。若專以禮教為標準者，人之無道至乎弒父、烝母而極矣，何《春秋》之書此者亦未嘗賤之如狄也？至於吳楚封域不出荊揚，固〈禹貢〉九州之地。熊繹、周章，受封命族，豈與赤狄山戎同例？特其地雜有諸蠻，而吳楚漸其汙俗，又以不修職貢，自外宗周，故為《春秋》所貶。召陵征而苞茅入，黃池盟而命圭從，則進之同於齊、晉，以其本非夷狄，故向日自外則退之，今日自內則進之，是猶越巂益州，漢世久設郡縣，及唐末南詔畔援，聲教壅隔，宋世王靈不遠，不得已而棄雲南，至明復隸版籍，豈得曰雲南本夷狄，至明始進於中國耶？夫子本楚之良家，而云楚為非種，以憂勞主父，效忠穹廬，故遂不憚汙辱其鄉人，慮大義滅親之太過也。蓋《春秋》有貶諸夏以同夷狄者，未有進夷狄以同諸夏者。杞用夷禮，則示貶爵之文。若如斯義，滿洲豈有可進之律。正使首冠翎頂、爵號巴圖魯者，當退黜與夷狄等耳。三曰棄表譜實錄之書，而以意為衡量。如彼謂混淆殊族至千百種，歷久而稱中華如故是也。夫言一種族者，雖非銖兩衡較於血統之間，而必以多數之同一血統者為主體。何者文化相同自同一血統而起，於此復有殊族之民受我撫治，乃得轉移而翕受之；若兩血統立於對峙之地者，雖欲同化莫由。中國魏晉以來異族和會者數矣。稽之譜諜，則代北金元之姓，視漢姓不及百一。今試於通都廣市之間，四方所走集者一一詢其氏族，舊姓多耶，抑弔詭殊恆之姓多耶？其間固有私自改變與朝廷賜姓者。徵之唐宋人姓氏書中，其數猶最微末。夫豈徒保中華民族之空模，而以他人子弟充其闕者。或曰：「若如是，則滿洲人亦居少數而已，稍稍同化於我矣，奚不可與同中國？」為答曰：「所以容異族之同化者，以其主權在我，而足以翕受彼也。」滿洲之同化，非以受我撫治而得之，乃以陵轢顛覆我而得之。二者之不可相比，猶婚媾與寇之例。以婚媾之道而歸女於吾族，彼女則固與吾族同化矣；以寇之道而據我寢宮，入我牀笫，亦未嘗不可與我同化，然其為怨為親，斷可識也。吾向者固云所為排滿洲者，亦曰覆我國家，攘我主權之故。若其克敵致果，而滿洲之汗大去宛平以適黃龍之府，則固當與日本、暹羅同，視種人順化歸，斯受之而已矣。然主權未復，即不得舉是為例。人有病而啜粥者，於吐下之後可也；未吐下時而先啜粥，非直滋病，亦歐惡不能下噲咽。先後之序，其術其心皆如是矣。說者茫昧，私臆吾輩非以民族主義為主義，乃以民族主義為手段，是猶見未吐下而屏粥者曰：「是徒懼其滋病耳，不知本自歐惡，未嘗欲一箸一匕之入咽也。」夫不知中華之名義，斯所以有三惑也。

中國以先漢郡縣為界，而其民謂之華民。若專以先漢郡縣為界者，則蒙古、回部、西藏之域不隸職方，其經營誠宜稍後。若夫樂浪、玄菟，即朝鮮之地。交趾、日南、九真，奄越南而有之。至於林邑，則柬埔寨是也。以民族言，二國起居衣食多與禹甸同風。言語雖殊，而文字誦讀能中其音，異於日本之隔閡者。血統則朝鮮稍雜，而越南皆吾冠帶之民，間有蠻人時相錯雜，則與瓊雷一例。是二國者，非獨力征經營，光復舊土為吾儕當盡之職，觀其受制異國，舉止掣曳，扶衰禁暴，非人道所宜然乎。朝鮮設郡，止於漢魏。越南則上起秦皇，下逮五季，皆隸地官之版，中間闊絕，明時又嘗置行省矣。今二國之陵籍於異域則同，而政術仁暴稍異，故經營當有後先。其次則有緬甸，緬甸非先漢舊疆，特明代眾建土司隸於雲南承宣之部。土民習俗雖異諸華，而漢人徙居者眾，與干厓盞達為鄰類。然既未設流官，宜居朝鮮之次，外人之遇緬甸猶視越南為寬，則振救無嫌於緩。西藏回部，明時徒有冊封，其在先漢，三十六國雖隸都護，比於附庸，而非屬土。今之回部又與三十六國有殊。蒙古則自古未嘗賓服。量三荒服之後先，則西藏以宗教相同猶為密邇，回部、蒙古直無一與漢族相通。故以中華民國之經界言之，越南、朝鮮二郡必當恢復者也；緬甸一司則稍次也；西藏、回部、蒙古三荒服則任其去來也。然而事有難易，得以曲成，不得以徑行，舉措之宜，或與誓願相左。今者，中華民國慮未能復先漢之舊疆，要以明時直省為根本。(除緬甸。)越南、朝鮮其恢復則不易。惟緬甸亦非可以旦夕致者。三荒服雖非故土，既不他屬，循勢導之，猶易於二郡一司。其同化則互有難易。若計言語文字者，則新疆既多漢族，而回民聰穎勝於蒙古，其教易入。蒙古雖顓愚，以漢人數往貿易，亦漸能效其音聲。獨西藏為僻左，又向習波黎文字，既有文明之學，不受他熏，則漢語或相扞格。故語言文字之化當盡力者莫西藏若也。若計居食職業者，回部耕稼與漢俗不甚差違，宮室而居，外有城郭。西藏山谷阻深，雖欲遊牧，其勢不能廣衍，故任地力者亦多，特其土地磽确，栽種獨宜青稞，上者止於牟麥，而秔稻不適於土宜，木城雖陋，猶愈於支幕者。至於蒙古，戈壁曼延，雖平地亦多沙漠，天若縱之使事遊牧，即不得不張幕而處。其王與台吉輩雖有寢室，而不可遍及烝民。故居食職業之化當盡力者莫蒙古若也。若計法律符令者，西藏雖聽於神權，清政府亦多遣滿員輔其吏治，今仍可以漢官治之。蒙古自有酋長，其律亦與中土大殊，然如塞外歸化諸城，凡諸獄訟以同知司裁判，諸台吉環坐其旁，應對唯謹，稍不稱意，以手抵案而叱之，然則漢官任治，非不可行於內外諸盟。獨回部以無罪而亡，滿洲遇之酷虐，非若蒙古之為肺腑，藏教之被尊崇，今雖暫置行省，猶歲勒回民以供諸王之役使，滿洲視回部若草芥，而回部亦深甚滿人，遷怒貤憎及於漢族吏治，稍有不適則譟變隨之。故法律符令之化，當盡力者，莫回部若也。今欲使之同化，惟設官興學，專意農工，而法律暫因其故，必期以二十年然後可與內地等視。吾向者有言曰，浸假言語風俗漸能通變，而以其族醇化於我，吾之視之必非美國之視黑民。若今有人就吾之說而詰之曰，使其不然，則見今之未醇化於我者，吾視之將不得不如黑民，以待黑民者待蒙、回、藏人，即為民族主義而不得已之政策也。夫曰醇化以後則不與美國之視黑民等者，謂其得與選舉見之行事，不以空言相欺耳；非曰其未醇化以前，則特定區劃踰之者，斬殺惟命也。未醇化以前，固無得與選舉之事。彼為金鐵主義說者曰，蒙、回、藏人有選舉權與被選舉權者，必以通中國語為惟一條件。夫能通中國語者，則已稍稍醇化矣，然於中國社會之形態能知其一二耶？情偽不知，利病不審，坐而論道則勿能，縱令隨眾予奪，亦與投鉤何異。且所為建設代議士者，非獨為人民平等計。詢於芻蕘，固欲其言之有益於治耳，若言之而不能中要領，與不言同，則選舉固可廢矣。故專以言語同化者，必不足以參通國之政也。必不得已，惟令三荒服各置議士，其與選者惟涉於彼部之事則言之，而通國大政所不與聞，則差無弊害耳。非獨此也。滿人於中國語言文字既同化矣，而職業猶不。三荒服若回部、西藏猶有耕稼，蒙古猶有遊牧，滿人則於此亦未服習，斯所謂惰民者。貴人惟逐倡優、歌二簧、彈琵琶以終日月。駐防之軍日提雀籠嬉遊街市，寒則擁裘而出，兩臂結胸腹間持熏爐以取煖；行過餅家見有美食則張口而啖食之，不以指取。此人人所共睹者。彼其呰窳偷生，不知民業，又三荒服之不若。世人或以滿人文化視三荒服為最高，徒就此方見有法政、陸軍之學生而言之耳。此雖成就亦只入官從軍之技，其不知民事自若也。且人非生居閭里，日睹米鹽瑣屑之情，則雖專精法政而入官猶無所效。近世為長吏者，都邑之士必不如村落之儒，經世之通才必不如田家之訟棍，豈非講習虛言不如親睹實事之為愈歟？昔滿洲偽高宗欲盡去天下州縣，悉補以筆帖式。劉統勳[1]曰：「州縣治百姓者也，當以曾為百姓者為之。」然則代議士者為百姓代表者也，可弗以曾為百姓者充之乎？議士之用，本在負擔賦稅，不知稼穡之艱難，閭閻之貧富，商賈之贏絀，貨居之滯流，而貿焉以議稅率，未知其可。今彼滿人，於百姓當家之業所謂農工商賈者，豈嘗知其豪氂，而云可為議士，何其騖虛言而忘實事也。且近世為僧侶者，即不得充代議士，彼僧侶者豈絕無學術耶？正以寺產所資，足以飽食，與農工商賈之事相隔故也。然以歐美之僧侶，比滿洲之法政、陸軍學生，則明習民情與否，又相縣矣。滿洲者，勿論學生、馬甲，其為惰民一也。己不事生產而評佗人之生產，己不納租稅而議佗人之租稅，於權利則不當有，於事實則無所知，彼滿人而欲有代議士之資格邪，宜俟革命

1 一六九八—一七七三，雍正、乾隆時著名的清官。

以後，盡裁甲米，退就農耕，乃始為與漢人同化，然後得與中國之政治耳。金鐵主義論者一與僅知語言之滿洲人，再與僅知語言之三荒服人，誇言平等而忘利害中失之端，其癥結非難破也。在昔漢唐宋明之世，初任文吏，後進儒生，人才迂通，雖非同揆，要其講求吏治，哀念民生，先後一也。是故當其末造，朝政不綱，而吏治猶清於下，未有若滿洲之汗漫者。滿洲初載任用族姓，柄政者皆介胄武夫，非獨刀筆文法有所不曉，民生百事尚未能舉其名號也。（世傳偽高宗南巡時，見田間有稻秧，問言何草。然此非獨一人而已。民間事業，隔閡可知。）又其素性貪饕，以苞苴為應有，慚德在躬，即無以廉問群吏，是故吏治得失本非其所措心，而漢官亦承其風旨，曹司則不知法律，府縣則不接吏民，循吏之傳半錄虛文，于成龍、余甸之徒前世所恆有者，於斯乃為麟角。其誇言經世者，則曰瞻言百里方略何如而已，蓋所舉不出攻略、聚斂二端，而遊說橫議之風以起。遠猷辰告，而不能治一水門；長駕遠馭，而不能捕一劫盜；經畫國常，而不能理一凶政；高張籌策，而不能平一租庸。率天下而為魏了翁、馬廷鸞、真德秀、丘濬之徒，手把「三通」，躬述「衍義」，猶不如田千秋之不學無術足以富民。何者，退野人而進華士也。至於近世，則墨吏盈朝，貪汙載路，繩以法律，比屋可誅。一介清廉之長官且不可得，況復為民興利哉！夫講求吏治，至纖至悉，又必履行經驗而後得之，非搖唇鼓舌大言自肆者所能為。至言立憲則不然，勦襲講義，粗涉政書，言之至易，而比於講求吏治者為名高。金鐵主義論者蓋聞其風而興起矣。彼見滿洲政府近時所注意者，無過聚財、講武二端，而於吏治得失，民生隱曲，曾不一語及之，以為由今之道，無變今之俗，但使國會成立，籠罩群生，則中國已足以治。誠如是，則彼所謂憲政者，金云鐵云而已。其去漢唐盛時專制之政，何其遠耶！蓋曩者包世臣、汪輝祖輩所見雖近，而吏治民生言之至悉。金鐵主義論者則並此亦不知也。近者，梁啟超輩日掮虛言，猶知吏治點汙不可姑息，欲求立憲，必先之以開明專制。金鐵主義論者則並此亦不知也。不言吏治得失，則行媚可及於臧吏；不計民生隱曲，故選舉可及於惰民。彼且謂今之滿人可充議士，何論三荒服人猶有職業者邪！吾所見者，則與此異。方其未醇化時，宜分部為三，各設一總督府。（中華民國建後，各省督撫當廢，惟存布政使為長官，總督即專為荒服設也。）而其下編置政官，其民亦各舉其賢良長者以待於總督府，而議其部之法律財用徵令，以授庶官而施行之。興其農業，勸其藝事，教其語言，諭其書名，期二十年而其民可舉於中央議院。若是則不失平等，亦無不知國事而妄廁議政之位者。廟謀人道，兩無所虧，則亦可以已矣。若謂漢土面積小於三荒，興亡絕續之交，必將奮而自主，非用兵力則不足以致之者。不悟三荒相合誠較漢土為寬，分部計方，則回部、西藏二者各當漢土三分之一，惟蒙古乃略相等。雖然，蒙古之眾，建諸侯久矣。非內部有梟雄，先以武力蠶食諸鄰如噶爾丹所為者，則必不足以自恣。西藏自元滅吐蕃以後建立法王。明之代元，清之代明，西藏皆率土來賓，不煩一旅。彼滿洲者或以崇信黃教，得其歡心，如明太祖何嘗以此為市耶？必以宗教為歡，則中國亦有文成公主，西藏尊之以為神母，號曰多邏伊伽，此亦可援以為質者。蒙古自萬曆以後，漸胡土克圖之化，則殺掠之心已衰。西藏不絕，蒙古亦易馴耳。若謂英、俄二憨，狼子野心，乘隙窺邊，誘以他屬，此雖滿洲政府不亡，其勢猶不可禁，何獨革命之世然也。且方今社會革命之聲遍布歐土，而印度亦有謀光復者，人亦有言虎嘯而谷風應，一朝雲合，勢如燎原，彼何暇肆侮於二方哉！獨回部民氣剽悍，易於集合。滿洲遇回人既慘酷無人理，其再征者為左宗棠之湘軍，彼則亦以虺蛇視漢族。三荒之中，獨此觖望，念烝民之同柢，豈彼回部當為戮民？幸而解怨則可以寧輯矣。不然，彼實有國，吾豈可以劫奪得之？向者有云，回部諸酋以其恨於滿洲者刺骨而修怨及於漢人，奮欲自離以復突厥花門之跡，猶當降心以聽，以為視我之於滿洲，而回部之於我可知也。金鐵主義論者有憂之，則曰此內部瓜分之計也。內部既瓜分，使中國以外若無各列強之環伺，則漢人以一民族組織一國家，平等自由，相與為樂，雖曰主義狹隘，然以自私為樂，亦未嘗非一義也。無如保全領土之說，方為各強國中一派之所主張，而一派反對之。反對之者，俄為其首。俄固日日欲攫蒙回之地以入其囊中也。今見中國各族分離，而蒙回之程度又不足以自立一國，豈有不入蒙回之地以佔領之乎？俄既入蒙回，英必入藏，法必入滇粵，而漢人之土地亦將不保，直以內部瓜分之原因，而得外部瓜分之結果矣。夫保全領土於歐人則何利？必其可取直取而代之耳。安用是煦煦孑孑者為耶？誠知地大物博，非須臾所能摭拾，四分五裂之餘，兵連不解，則軍實匱而內亂生，其言保全，非為人道亦所以自完耳。不然庚子聯軍之役，四方和會，師出有名，而虜酋亦已播遷關右，不以此時瓜分中國，乃待日本勝俄之後乎？且使革命不成，則滿洲政府固在，而回部無以自離，固無瓜分之道；革命果成，取此深根寧極之政府而覆滅之，其兵力必非猶人而已，縱不足以抵抗歐人，然其朝氣方新，威聲遠播。彼歐人之覘國也，常先名而後實，自非吹而可僵者。

亦未至輕召寇仇，為勞師費財之舉。而回部之脫離也，吾豈與之砉然分訣耶？彼其人才稀疏，政治未備，事事將求助於漢人，視為同盟，互相犄角，則足以斷俄人之右臂明矣。雖然此直為回人自立計也。若其深明禍福，辨別薰蕕，知往日之興兵構怨出於滿人，而漢族非為權首，又以地處偏隅，雖苟足設險自完，無由進於開明之域。如是，則求與漢人同化之不暇而何自離之云。要之，事有奇恆，塗有險易，則不得不慮及於是耳。若三荒服而去其一，餘二者固未必自離；若三荒服而一切同化於吾，則民族主義所行益廣。自茲以後，二郡一司反乎可覆，則先漢之疆域始完，而中華民國於是真為成立。吾觀滇中人士，多發憤於越南、緬甸之亡，曾欷累息恆思收復以為愉快，自餘則未有繫念者。中華民國之義孰深知之，其惟金馬之神、碧雞之靈哉！

與梁啟超

一

卓如國士：

歲聿云莫，淪茖酤酪，手書兩緘，一夕沓至，使陽氣發乎眉宇。今日又聞呂氏、少帝設計踐祚，[1]意謂姚崇祕計，[2]當發此日。東人杖義，多在社會，積精自剛，要不能速。然遲之又久，則支那士民銳氣頓挫，並為臣僕，共此闍胥，斯亦可長慮者。開濬民智，以為招攜懷遠之具，猶奔者之布遠勢，終當收效，然吾身能見與否，則不敢知。君子立言，固不為一瞚計。來教謂譯述政書為第一義，如

1 劉邦死後，呂后大封外戚，欲立呂氏，陳平、周勃等人遂發動政變剷除呂氏勢力，並廢少帝劉弘。

2 太平公主仗恃助唐睿宗復位有功，干預朝政，中書令姚崇、侍中宋璟遂密奏睿宗，令公主遷移至東都洛陽，以安定民心，實則為削弱其在朝廷的勢力。

青田退著《郁離》[3]，他日因自試，惠我禹域，幸甚幸甚。鄙意哲學家言，高語進步、退化之義者，雖清眇闊疏，如談堅白，然能使圓顱方趾，知吾身之所以貴，蓋亦未始不急也。老聃曰：「草食之獸，不疾易藪；水生之蟲，不疾易水。」此言生此地，食此餌，故能成此形，具此性也。然則獸若易藪，蟲若易水，則鮫之化鹿，雉之為蜃，有明徵矣。自脊骨之類，始有鱗族，屢易其壤，屢更其食，而後得為生蕃。今乃幸為文明之族，故孟、荀言性，一舉其始而一道其終，舉鴻荒之民以比後世，其智愚馴野之相去，何翅倍蓰？譬諸草木，焉可憮也？使支那之民，一旦替為臺隸，浸尋被逼，遁逃入山，食異而血氣改，衣異而形儀殊，文字不行，聞見無徵，未有不化為生蕃者。船山《思問錄》之所為懼也。嗟嗟，兗州桑土，今為野藺，西人謂放家豚於草澤，則化為豪豬，竄豕盡然，人獨何能自保？耕稷之氓，占畢之士，方以為幸避兵燹，則子孫胤冑，其形性可以長存，是以晏安鴆毒，而無所懼，必以種類蕃變之旨覺之，或冀其慘懔悼慄，發憤為天下雄爾。靜言思之，《鞞婆沙論》[4]謂或金翅鳥或龍或人，皆具卵胎濕化四生，而江總〈白猿傳〉[5]謂歐陽紇妻為猿所竊，因生率更，（見《文獻通考・經籍》門。）皆不盡誣妄。然則異物化人，未有底止；人之轉化，亦無既極。孟、荀之說，亦迭為終始，如三統之互建矣。諉予手足，嘆茲形之將然，滋足慼也。

---

3 明臣劉基歸隱青田山，著寓言書《郁離子》，針砭世風時弊，闡發政治主張。

4 佛教薩婆多部論書《大毘婆沙論》的注釋之作。

5 〈補江總白猿傳〉，又名〈白猿傳〉，撰者不詳。是以唐代歐陽詢為主角的傳奇作品。

抑儒者之說，多言無鬼神，（見《太史公書》，是秦漢古義固然，非自無鬼論始也。）異於釋迦、基督之言靈魂者。夫肢體一蹶，亙萬世而不昭，則孰肯致死？民氣之懦，誠無足怪。然惟無鬼神，而胤嗣之念乃獨切於佗國。形家之說，至欲以枯骨所藏，福利後裔。今知不致死以禦侮，則後世將返為蠻獠猩狒，其足以倡勇敢也明矣。然則儒者之說，固不必道及無色界天，無間地獄，而後可作民氣也。

南海在東，想尚須羈留數月，〈泰風〉一章，重為呈覽。〈祭六賢文〉，即八月聞耗時作，當時欲與□□□設奠黃浦，因作是篇，以待復笙柩至上海，遍訪船，步及湖南會館，皆莫知所在，自餘諸君，並未知其何時歸葬。逾月遂至臺灣，斯舉不果。蓋既其文，未既其實也，亦重錄附上，即希警覽。近有新作，幸許惠示。復笙遺著，弟惟《寥天一閣文》一冊，其餘多未及見。友人中亦有篋藏者乎？羅網滿天，珍重是幸。

炳麟頓首

十二月二十二日（一八九九年二月二日）

二

（前略）酷暑無事，日讀各種社會學書，平日有修《中國通史》之志，至此新舊材料，融合無間，興會勃發。教育會令作《教育雜志》，作新譯書局令潤色譯稿，一切謝絕，惟欲成就此志。竊以今日作史，若專為一代，非獨難發新理，而事實亦無由詳細調查。惟通史上下千古，不必以褒貶人物、臚敘事狀為貴，所重專在典志，則心理、社會、宗教諸學，一切可以熔鑄入之。典志有新理、新說，自與《通考》、《會要》等書徒為八面鋒策論者異趣，亦不至如漁仲《通志》蹈專己武斷之弊。然所貴乎通史者，固有二方面：一方以發明社會政治進化衰微之原理為主，則於典志見之；一方以鼓舞民氣、啟導方來為主，則亦必於紀傳見之。四千年中，帝王數百，師相數千，即取其彰彰在人耳目者，已不可更僕數。通史自有體裁，豈容為人人開明履歷？故於君相文儒之屬，悉為作表，其紀傳則但取利害關係有影響於今日社會者為撰數篇。猶有歷代社會各項要件，苦難貫串，則取機仲《紀事本末》例為之作記。全書擬為百卷，志居其半，表、記、紀傳亦居其半。蓋欲分析事類，各詳原理，則不能僅分時代，含糊綜敘，而志為必要矣；欲開濬民智，激揚士氣，則亦不能如漁仲之略於事狀，而紀傳亦為必要矣。頃者，東人為支那作史，簡略無義，惟文明史尚有種界異聞，其餘悉無關閎旨。要之彼國為此，略備教科，固不容以著述言也。其餘史學原論，及亞細亞、印度等史，或反於修史有益，已屬蔡君鶴廎購求數種。百卷之書，字數不過六七十萬，或尚不及，盡力為之，一年必可告竣。頃閱《新民叢報》，多論史學得失，十一期報中又詳舉東人所修中史，定其優劣，知公於歷史一科，固振振欲發抒者。鄙人雖駑下，取舉世不為之事，而以一身任之，或亦大雅所不棄乎？

史目如左：

五表：帝王表（以朴略時代、人文時代、發達時代、衰微時代概括之。）、方輿表、職官表、師相表、文儒表

十二志：（志名或病其舊，擬取《逸周書》篇題名號，改命曰解，俟商。）種族志、民宅志（此與方輿表不同者，彼略記沿革，此因山川防塞，以明社會風俗之殊異，故不得不分為二。）、食貨志、工藝志、文言志、宗教志、學術志、禮俗志（除祭禮入宗教。）、章服志、法令志、溝洫志、兵志

此十二志，每志約須分四、五卷。

十記：革命記、周服記、秦帝記、南胄記、唐藩記、黨錮記、陸交記、海交記、胡寇記、光復記

八考紀：秦始皇考紀、漢武帝考紀、王莽考紀、宋武帝考紀、唐太宗考紀、元太祖考紀、明太祖考紀、清三帝考紀

二十七別錄：管商蕭諸葛別錄、李斯別錄、董（仲舒）公孫（弘）張（湯）別錄、劉歆別錄、崔（浩）蘇（綽）王（安石）別錄、孔老墨韓別錄、朱（熹）王（守仁）別錄（其餘學者，皆詳學術志，

此數人事蹟較多，故列此兩傳。）、許（衡）魏（象樞）湯（斌）李（光地）別錄、顧黃王顏別錄、蓋（寬饒）傅（餘）曾（靜）別錄、辛（棄疾）張（世傑）金（聲桓）別錄、鄭（成功）張（煌言）別錄、多爾袞別錄、張（廷玉）鄂（爾泰）別錄、曾李別錄、楊（雄）庾（信）錢（謙益）別錄、孔（融）李（紱）別錄、洪秀全別錄（此或入紀，俟商。）、康有為別錄、游俠別錄、貨殖別錄、刺客別錄、會黨別錄、逸民別錄、方技別錄、疇人別錄、序錄

一九〇二年七月

三

任父吾友左右：

離別以來，無一日忘前好，徒以取捨乖方，時有異論，蓋公私之務殊也。自頃輈張，大局爛壞，政府既失其資，光復亦墮其緒。時事一去，灰土同盡。言念舊遊，惄如飢渴，豈特騫期子河卿梁之愛而已！走既倦於人事，聞君屏處，須執雌守默，蓋以綱紀日壞，政令滋婾，外崇飾偽，內趣殬敗，凡在明哲，業知事無可為。然則尺蠖之詘，豈以求伸；懷寶自珍，亦云適志者乎？下情所急，獨以國故陵夷，益滋他族。故時與學子抽繹舊文，以持瞽史書名之守，考文之業與先正同，適用之情與

常儒異。蓋所務不在政教興廢之間，徒欲使繁者就理，得以明民正辭，亦令後生無忘本根，庶免彈琵琶學鮮卑之誚。昔之達者，獨有崑山顧君，自餘耆碩，蓋日用不知者也。若夫員輿之上，列國數十，為政未有不先正名，為學未有不先解字，豈我漢民，獨能自外？然此蓋餘事耳。走昔持論，謂亞洲四文明國語悉當學習。（一漢語，二梵語，三波斯語，四亞剌伯語。此皆文化舊邦，其言足以明道藝，極文采。自餘諸國，皆就此四種文字剪截挫碎而已。梵語、波斯語，今尚存。亞剌伯語，可蘭外已鮮存者。）年踰四十，精力早衰，勉學梵文，亦未卒業，獨此頡、籀、斯、邈之遺，頗有一得，上擬前修，條理稍縝密，規摹益閎遠矣。是知遍稽殊語，未若綜域內之方言；環遊地球，不如省九州之風土。此非專為學術，蓋於政事亦然。世變愈亟，文罔日繁，又異寧人之世。欲以瘏瘖車棧馬循行南北，其道無由，側身環堵之中，與一二學子持此殘缺，其效至微。然不自病其迂者，以中國種種學術，操之官府則益衰，傳自草野則益盛。自漢以來，其徵驗至明也。君於宗國，非無意者。夫才懷伊、管，用侔蕭、葛，施於有政，其藉在人，發憤抗兵，時或未至。若乃和齊四民，賢德善俗，此則為仁由己，蓋所望於君子。東京近頗恬靜，欲與君握手道故，追懷昔遊，未審暇時可東下否？書此導意，並問起居。黨有德音，無吝金玉。

章炳麟頓首

一九〇九年

四

任父左右：

得覆書，並手著一冊，又知近學遠西文字，視乞命東夷者，必當超絕，將素比縑，知新人之不如故也。求國語起源者，當以他國文言互校。然其弊亦多矣。方音不能合於唐韻，唐韻又或爽於古音，一失其聲，則所求皆妄，此韻學之不可不理也。古語所合，亦他國之古語。歐洲古語可見者，希臘、羅馬而已，而漢土立國，遠在其先，彼語或輸於我，我語亦輸於彼，孰為先進，疑事難明，一涉傅會，則支離自陷，此因果之不可倒置也。下走近習梵文，謂其語最近古，宜與此土淵源相接。然如呼牛為喬，音實密近，（群疑二紐相迤宵二韻相轉。）果中國先有牛名，而印度效之為喬耶？抑印度先有喬名，而中國效之言牛耶？是未可知也。至彼國劍名揭据伽，印度本無兵器，鑄劍實仿支那，則知我先名劍，而彼引長其音為揭伽也。推此以觀歐土，何獨不然？凡事固有轉相則效者，亦有造車合轍者。夷貉之子生而同聲，故言父母者，諸國皆輾轉相似，此所謂造車合轍者也。《素問》[6]著霍亂之名，而希臘亦言庫列刺，於時則接乎周秦，於義則非無訓解，如此之類，亦不得以轉相仿效為言。獨有數字成名，其詞譎怪，不可分析為訓者，乃斷自異域來耳。（近有美人著書，謂中國西瓜之名亦得自希臘。

6 與《靈樞》合為《黃帝內經》，為黃帝與岐伯等人關於醫學理論的問答之書。

此雖音聲相近，然瓜自有義，比以南其為中國本語可見，斷非傳自他方也。）至於呼君為鏗之屬，此又彼土後起之言，尤不可持證舊語也。嚴、馬諸家，疏於歷史，又未嘗傳修韻學，言多輾戾，宜乎絕智者之聽矣。足下欲修國史，斯實經世大業，非野老所敢知。然以愚情隱度，敘次事蹟，固非難事。若夫社會變遷，人事殊化，理而董之，蓋亦難矣。（近人於此，憙取他國旁觀之論，以為珍寶，寧無一得，謬者實多。西人於中國故事，固非所審。日本人雖略見端倪，隋唐以前如隔雲霧，近千年中粗得情勢，然膚詞浮議，但可為文集中之史說耳。）書志為人事因革之林，非精研則無由略論，此必非尋檢《通考》所能之也。粗則為對策八面鋒，悉數則或多謬誤，雖不誤，亦未易窮其始末，察其蛻化排比之愚，考索之智，並未易到也。往見穗卿為《歷史教科書》[7]，穗卿深於宗教，其議有倫，然鬼事明矣，人事顧多缺略，（教科書本無容插入己見，然宗教既多論斷，人事寧可闕如？）上比魏收得一篇〈釋老志〉耳。況復拘牽圖讖，成見自封，乍聽其言，寧不洋洋滿耳，加以考覈，五角六張，自相攻伐，而又持文人之見，推求史筆，不露批尾，家當亦顯斗方長技矣。若能去諸短，集彼眾長，編蕝之功，庶非虛棄。講習會近有二十許人，其眇合玄契者，慮得數人。自餘敏鈍不齊，接之以拙云爾。

一九〇九年

7 一八六三—一九二四，夏曾佑，字穗卿，清末明初人，長於佛學、歷史。著有《中國歷史教科書》（後改名《中國古代史》），內容止於隋代，是晚清流通最廣的歷史教科書之一。

五

清帝猶在，而蒙古已宣告獨立，是雖存清帝之號，未足羈制蒙古也。況清帝若無實權，則非蒙古所憚；若有實權，則是一國二君，其禍甚於蒙古背叛。若祇戴清帝為元首，而欲漢人柄政，此非袁世凱輩不作此妄言。蒙古果叛，中國本部遂不足自立耶？此亦不然。本部之地大於日本七倍有餘，日本猶足以自強，況中國本部乎？要之，兵強財盛，本部足以雄視世界；兵孱財盡，雖有無數外藩，亦何所益耶！徒以地之廣狹論國之強弱，謂外藩一失，中國遂不能自持，此亦愚者之見。

共和政體既就，蒙古必無惡感。僕所見蒙古人，其恨滿人至於銜骨，其對漢人猶有同舟共濟之意，所患者俄人誘之耳。然即清帝不退，能使俄人無蠶食之心耶？俄人能運動蒙古人，漢人亦能運動蒙古，豈在持清帝之虛名以招致之乎？

一九一一年十二月一日

六

任父兄鑒：

去歲盛夢琴帶致手書，識君雅意。邇者，民國成立，寰宇鏡清，而君濡滯海隅，明夷用晦，微窺時勢，猶非故人飛躍之時。蓋黨見紛爭，混淆黑白，雖稍與立異者，猶不可保，況素非其類耶？自金陵光復以來，弟與雪樓、季直、秉三、竹君諸公，即嘗隱憂及此，與諸君子相合為中華民國聯合會，近改署統一黨，無故無新，惟善是與，聲氣相連，遂多應和。而同盟氣焰猶盛，暴行孔多；旁有民社，則黎宋卿部下舊勳不平於南京政府者，雖與弟輩意見稍殊，大致亦無差異。以言政黨猶非其時，若云輔車相依，以排一黨專制之勢，則薄有消長耳。當今南北相持，猶未和洽，南京政府取消以後，悍兵暴客，復當撓亂，東南不逞之徒，彌滿朝市，欲令此曹滅跡，非厚集智勇，無以為功。前佛蘇來滬，云項城有招君歸國之意。鄙意以為聯絡則是，歸國則宜少待歲時也。雖弟輩所望於故人者，意亦猶此。幸藉門下之英才，以作黨中之唇齒，遭時不靖，相見衍期，匝歲以還，當可揭建鼓而行衢路也。黨員蔡君子平，素慕高風，時欲親聆言論，今因東遊之便，藉作行郵，本黨政綱及章程、歷史等，皆詳問蔡君可也。書此，敬問起居，不具。

章炳麟頓首

一九一二年四至五月間

臺灣人與《新世紀》記者

臺灣人賴雨若，遊學東京，丁戌之間，走訪余於《民報》社。余問賴氏：「公等來此，覽皇都之鉅麗，以為宗族交遊光寵耶？抑求學也？」答曰：「在中央大學學法政耳。」余曰：「學術多門，切於民用者，莫農工醫方，若公捨此不學而學法政，所希望者云何？」答曰：「吾向在臺灣為裁判所作翻譯，冗員薄宦，吾不足也。故自奮學法政，冀得大官。」余曰：「公良苦遠涉波濤，期他日富貴。雖然，大官不可得也，亦自下等翻譯遷高等翻譯耳。公良苦，希望終不得遂。」答曰：「我日本帝國人，賢愚有分，非若爾清國人，以吾所學，得此報酬，亦足矣。安敢有餘望？」蓋清國者，外人以滿洲賤族盜據此土而為之名。然彼云清國人者，即中國人之異名，非指滿洲為言。以「爾清國人」對於「我日本帝國人」，其安於歸化明矣。余因問曰：「日本政府在臺灣，立學幾何？行政足以佐百姓否？」答曰：「學校數十百區，皆一意習東語；行政最整飭，盜賊屏跡，終歲無雞鳴狗吠之警，非若曩日清國人之治臺灣也。」余曰：「公欺我哉？今在東京，白晝盜人之革屨者，遍於市閭。臺灣僻左，其治乃勝東京耶？」雖然，以臺灣人盜臺灣人，囊漏褚中又何怨？自茲以後，臺灣人不復盜臺灣人矣；即有盜臺灣人者，慮非臺灣人矣。

吾復問公：「臺灣租稅，視日本本部輕重云何？臺灣人亦得舉議員否？」答曰：「出租稅以佐國家者，民之分也。議員之不得選，非有偏頗，顧聽度不相逮耳。」臺灣人呼程為聽，故曰聽度。余曰：「聽度不相逮云何？今茲選舉議員者，非以學術智能，乃視貲財為準。臺灣人厚藏百萬貫者多矣，聽度不相逮云何？」答曰：「他且勿論，說日本語聽度，已不逮日本本部人，演說之才既短，何因得選議員？」余曰：「公言學校十百區，皆教授日本語者，日本得臺灣十三年矣，視美人得菲律賓猶早，菲律賓人多能作美語，而臺灣人不能作日本語乎？美人於菲律賓刻限選舉，而臺灣獨不可得此刻限乎？吾見留學於日本者，四五年，文學語言皆就，今割讓已十三年，此才不可得，吾不信。」賴雨若者，充翻譯於裁判所，自謂日本語第一者也，因答曰：「公弗謂學日本語易，必無四五年成就者。公言有此人，願公亟以此人示我。」時，社員張繼適至，因與作日本語，賴氏慴服。社員有少年者，亦從旁儳一二語。賴氏驚曰：「子亦能作日本語耶？」答曰：「略解耳。」賴氏則曰：「子真慧了絕人，吾見童子多矣，未有慧了如子者。」既退，社員少年者怒作色曰：「叱嗟，天下乃有此厚顏者，不曰爾清國人，則曰我日本帝國人。天下乃有此厚顏者。」余念臺灣，固東南海中絕島，冠帶之民，未蹈斯土。巢居窟處者，獨有生蕃耳。明之末葉，閩廣人多耕作其間，日本人亦稍稍奔赴，最後乃為荷蘭所得，置副王焉。鄭成功驅荷蘭人，存明祚於斯島，二十除歲，叛將倒戈，效忠異族，臺灣乃復為滿洲政府所領。而朱一貴、林爽文之徒，蹶起島中，以彈丸黑子之地，與胡人抗，其風烈至今未艾。乙未割讓以還，簡大獅輩復起與日本抵拒。夫其地既為生蕃所夙有，漢人得之，滿人得之，日本人得之，非有曲直於其間也。然本為漢人者，縱視此地為何國地，不應自視為何國人。曩令生蕃有政府在，漢人往者必不自視為蕃人，明矣。如向之言此者，肺腸獨異，豈文化未加，民忘種性故耶？轉而問諸韓人，則其語與臺灣人絕異。蓋韓人者，學術未衰，歷史猶在，斯所以沒齒不忘也。

臺灣人無足道，今見《新世紀》報亦有自嘲邦族，而呼之為「貴國」者，此曹學述，非臺灣人之儕，何識見乃適與臺灣人等？抑此曹所主持者，無政府主義也。既持無政府主義，則己亦不仞為何國人。而對於他國，亦不得仞為有國。若夫「貴國」之名，則國與國相對待之名也。自呼其國曰「貴國」，則必有所謂「敝國」者。若是則非無政府主義，乃歸化於法蘭西國之主義矣。

臺灣人者，素不嫺歷史，問學復淺，無以振其知恥之心。況現所宅處者，在日本政府轄下，智識未伸，形勢又屈，倨促而為此語，將可宥也；《新世紀》記者，非盲聾傖陋之人，其處境又不與臺灣人等，作此鄙言，抑何心乎？復觀其所持論，以漢人在故土者，比之伏蟄之洞蠻，而自謂己等方行洲海，乃為都會巨人。吾固未知在海在山者，盈絀何似。海有鯢鰌，山有狐兔，蓋惷愚亦相等。若以曠觀之士與窶處之人相校，因以自矜，則猶歌妓與田舍婦人之比也。田舍婦人雖窶處，貞固樸堅，足以自方；坤媼歌妓雖曠觀，有狐媚貴遊宕而失性焉爾。《新世紀》記者陽託名於無政府而陰羨西方琛麗，一睹其士女、車馬、宮室、衣裳之好，魂精泄橫，懼不得當，欲為順民，復懼人之我誚，乃時吐譎觚之語，以震盪人。猶女子之無行者，陽言不嫁，乃無往不遂其私。老聃云：「三十輻共一轂，當其無，有車之用；挺埴以為器，當其無，有器之用；鑿戶牖以為室，當其無，有室之用。故有之以為利，無之以為用。」彼陽言無政府者，其深契此耶？吾向以為頑鈍無恥者，獨立憲黨人耳。由今觀之，此曹無恥，復倍蓰於立憲黨人。立憲黨人，猶息媯之事楚王，雖委身於掠我者，而不願楚王以外更有他人繼而掠我。陽言無政府者，猶檳榔嶼之少女，聚歌沙丘，以求新牡。昨日方為甲者所掠，而有今日復願為乙者、丙者所掠，而有每下愈況，其是之謂哉？

抑人有恆言曰：「十室之邑，必有忠信。」賴雨若者，蓋不足以概臺灣人。今歲四月，雲南人開獨立會於錦輝館，將以內拒胡清，外抗晳種。一弱女方十歲，抵余前，致楮幣十圓，以助獨立者，主幹問其姓氏，曰臺灣人也。此非弱女所能為，蓋其父兄屬以授受者，即明臺灣雖裂，猶有不忘故國之心。於是知種性之不可芟夷也。其在巴黎，亦有著急救中國策者，則以維持祖國獨立共和為歸趣。嗚呼！臺灣之士著，巴黎之旅人，紫色哇聲，日不絕於耳目，遺此一介，亦碩果之未剝者，願臺灣、巴黎諸漢種，以是二人為法矣。

（一九〇八年七月十日）

醫術平議

《說文》：「醫，治病工也。」《周官・醫師》，歲終稽醫事以制其食，十全為上，失四為下。失者，非獨以生為死，病可瘳而不能瘳，則謂之失已。晚世醫術，不能如漢晉修明，然粗工起疾，十尚三四。至於形證錯雜，交相舛馳，則狐疑而不敢下，故十全之工蓋少。余宿尚方技，頗窺眾家，聞有疑病，醫師所不能療，輒結轖無與語。亦會道術衰微，西來奇法，投間而作。觀其審辨臟腑，形法較然，謂必有以愈於舊術。涉歷少久，知其鮮效。若夫患痎瘧者，以幾那致脹；若傷寒者，以卻熱結胸。微者為劇，劇者致死，既數數見之矣。（以幾那致脹者，腹脹則用理中及大小柴胡輩，膚脹則用越婢、防己、黃耆輩，可救者多。以卻熱結胸者，其勢非用白散不已。而此土醫工，選耎者眾，遂終於束手待斃。）五八之際，嬰戚於天，負羈東竄，延命海隅。東方醫事，多本日耳曼法。自謂圓輿之上，位在第二。然有天行發班，而醫云豌豆創，（舊稱豌豆創，世俗稱痘。）偶觸風寒而以為發班者。夏人遊學，先後一二萬人，時有小疴，委身醫院，瘳者絕少，而多不治自愈。去歲遼東有鼠疫，鼠疫者，此土所謂鼠瘻。淮南有貍頭愈鼠之文，自范汪、劉涓子多以貍骨為治。《千金》有槲白皮湯，云飲之吐鼠，蓋皆膚末之言。《靈樞．經脈篇》曰：[1]「瞻足少陽之脈，所生病者，腋下腫，馬刀俠癭。」然則治此當責少陽，不專求鼠毒可知也。遼東疫作，中國、日本各遣醫師治，遠西術者設院療治，終以無救，捐瘠四萬，醫師二十餘人死之。躬為病工，不能使劇者愈，死者生，而顧咄嗟自斃，將所謂以身殉道者？非邪！死有餘責，乃歸咎於防衛不周。醫師之能，本在療治，非專在防衛也。防衛或疏，亦竟不能起廢，其所謂技能者云何。（凡諸時疾，緣於六氣者多。而遠西多說為毒蟲致疫，豈與昔人言蠱毒者同邪？崔文行曰：凡蠱有數種，人養作者最多。復有自然飛蠱，狀如鬼氣者。巢元方亦曰：蠱是變惑之氣，人養作者，即律所謂造蠱。自然飛蠱，則今所謂疫蠱也。秋官庶氏，掌除毒蠱，以攻說禬之，以嘉草攻之，凡驅蠱則令之比之。注曰：攻之，謂熏之，此正與遠西防衛之術相似。然後世未有行者，以蠱病固少也。）世人或言遠西之術，言病因與課治療為反比例。由今觀之，病因固不能明，非獨疏於治療云爾。病有傳變，不審經隧，其過一也；眾證雜糅，不知一本，其過二也；苟止病能，不恤後變，其過三也；診脈依於左乳大氣，不知寸口趺陽，遲速之度，時有不齊，不得專求任脈，（心下大動脈，此云任脈。）其過四也；處斷生死，依於熱度，不知傷寒發熱，熱雖甚不死，其過五也；（傷寒發熱，由營衛與外寒相搏而然。汗吐下法，皆是助其營衛，使熱自解，安有冰囊卻熱之理。若傷寒無表裡證，而睛不和，無大熱而但欲眠者，乃真難治耳。）處方依於單味藥性，不知複合而

1 《黃帝內經》由《靈樞》與《素問》二部分構成。〈經脈篇〉講述人體五臟六腑、骨肉等的形成經過，與經脈之於人體的重要性。

用有殊，其過六也；（此土植物藥如人參，動物藥如牡蠣，礦物藥如石膏，彼皆以為無用，由知藥不知方故。）誤治壞病，不知循本救治，其過七也。而反笑《素問》、《靈樞》為迂謬，《傷寒論》[2]為專治熱病之書，及考其治療得失之數，與此土市醫不相遠；按功狀以評技術，則爽然自失矣。余以淺昧丁茲末流，精神遐漂，聊以醫術亂思。傷外術之少效，念舊法之沉淪。以為黃帝、雷公之言，多有精義，猶時有傅會災祥者，精而不迂，其惟長沙太守。自爾至於孫思邈輩，或有得失，金元以降無譏焉。明之季世，明哲間生，其術既稍稍復古。逮於近世，浸盛浸衰，而學者多不理此。故略論其事狀，上無柱國之明，下慚林億之博，存之篋衍，以詒後代，若好古博雅君子與我同志，亦所不隱也。

醫之始，出於巫。古者，巫彭初作醫。〈移精變氣論〉[3]曰：「古之治病，可祝由而已。」《周禮》馬醫之官，以「巫馬」名。其後智慧萌動，知巫事不足任，術始分離。其近於巫者，流而為神仙家；遠於巫者，流而為醫經、經方兩家。〈七略序〉，方技為四種，三者同錄，亦因於古之事守也。自扁鵲、秦和，醫術已不附鬼神事。仲景、叔和張之，益以清理。獨晉世葛洪、唐世孫思邈，兼務神仙禁祝而傳祝由者，至今不絕，然士大夫無信任者。巫與醫皆出上古神聖，而今或信或不信，非今人

---

2 原為《傷寒雜病論》，又名《傷寒卒病論》，東漢張仲景著。後世分為《傷寒論》與《金匱要略》二書流通。說明傷寒病的辯證與治療。

3 作於戰國的一篇治疾散文。提出診脈的重要性，以「失神、得神」為病癒或不治之關鍵。

好自用也。古之神聖，其性偏智偏愚，以其偏智之性作醫，以其偏愚之性作巫。審所取捨，固在後人而已。近世醫術雖敝，假有扁鵲、倉公，固當跪拜求之。至於巫，雖巫咸、箕子復生，則與張角、寇謙之等夷耳。其外復有房中一家，初亦與醫事近。而漢世有婦人媚道，術復近巫。及魏伯陽作《參同契》[4]，傳及唐宋，房中與神仙相廁，深諱其術，文之曰性命雙修。斯皆巫蠱之倫，王政所絕。《素問・五臟別論》[5]曰「拘於鬼神者，不可與言至德。然則方技可用，獨醫經、經方兩家。生生之具王官之守，無時焉可棄者也。前世大儒，自向、歆父子始錄方技，而桓譚獨與異旨」《新論》曰「劉子駿信方士虛言，謂神仙可學。余見其庭下大榆樹，久而剝折，指謂曰：『彼樹無情，然猶枯蠹；人雖欲愛養，何能使之不衰？』」（《御覽》九百五十六引。）又云「余與劉子駿言養性無益。其兄子伯玉曰：『天生殺人藥，必有生人藥也。』余曰：『鉤吻不與人相宜，故食則死，非為殺人生也。譬若巴豆毒魚，礜石賊鼠，桂害獺，杏核殺狗，天非故為作也。』」（《御覽》九百九十引。）譚辨神仙天作之說皆善，獨以養性無益則非。鉤吻足以殺人，則亦自有生人者矣。百年以來，文學之士，惟孫星衍、張琦好言醫，星衍輯錄《神農本草》，最為近真。然其持論，頗欲執守古方，無敢增損，知經方不知醫經，則以熱益熱、以寒益寒者多矣。張琦無所論纂，獨信北平黃氏所述傷寒，以為千載

4 又名《周易參同契》，東漢魏伯陽作。書中融會《易經》、黃老思想、煉丹之術，內容廣涉養生、天文等。

5 該篇定義何為五臟六腑，五臟主「藏精氣」，指胃、大腸、小腸、三焦、膀胱；六腑為「傳化物」，指腦、髓、骨、脈、膽、子宮。

未有。觀黃氏自造黃芽、天魂、地魄諸湯，其命名多出神仙、房中。處方一於用熱，頗失調度，是亦不可訓也。先師俞君僑處蘇州，蘇州醫好以瓜果入藥，未有能起病者。累遭母、妻、長子之喪，發憤作《廢醫論》。不怪吳醫之失，而遷怒於扁鵲、子儀，亦已過矣。後有鄭文焯者，作《醫詁·上》、〈下〉篇，無所發明，獨尊奉《千金方》，以實校之。先師雖言廢醫，其譏近世醫師，專持寸口以求病因，不知三部九候，足以救時俗之違經，復岐雷之舊慣，斯起醫，非廢醫也。鄭文焯雖素治醫，乃云「古言視病不言診脈，惟欲按病檢方，而不察起病之本」，是亦徒知經方不知醫經者。誠用其術，懼不可以應變，故特取俞、鄭兩家之說，匡其違誤，舉其正則，為書四篇，文如左方。

（節錄）

拜倫詩選

譯拜倫〈贊大海〉[1]

皇濤瀾汗，靈海黝冥；
萬艘鼓楫，泛若輕萍。
芒芒九圍，每有遺虛；
曠哉天沼，匪人攸居。
大器自運，振盪粵夆；
豈伊人力，赫彼神工。

---

1 原詩出自拜倫所作古體詩《恰爾德・哈洛爾德遊記》(Childe Harold's Pilgrimage) 第四章 178–183 節〈Apostrophe to the Ocean〉。

罔象乍見，泱舟沒人；
狂瞀未幾，遂為波臣。
掩體無棺，歸骨無墳；
喪鐘聲嘶，逖矣誰聞？

誰能乘蹻，履涉狂波？
藐諸蒼生，其奈公何！
泱泱大風，立懦起罷；
茲維公功，人力何衰？
亦有雄豪，中原陵厲；
自公匈中，擿彼空際。
驚浪霆奔，懾魂慞神；
轉側張皇，冀為公憐。
騰瀾赴厓，載彼微體；
抍溺含弘，公何豈弟？

搖山撼城，聲若雷霆；
王公黔首，莫不震驚。
赫赫軍艘，亦有浮名；
雄視海上，大莫與京。
自公視之，藐矣其形；
紛紛溶溶，旋入滄溟。
彼阿摩陀，失其威靈；
多羅縛迦，壯氣亦傾。

傍公而居，雄國幾許？
西利佉維，希臘羅馬。
偉哉自繇，公所錫予；
君德既衰，耗哉斯土。
遂成遺虛，公目所睹；
以敖以娭，潘回濤舞。
蒼顏不鞁，長壽自古；

渺瀰澶湧，滔滔不舍。

赫如陽燧，神靈是鑑；
別風淮雨，上臨下監。
扶搖羊角，溶溶澹澹；
北極凝冰，赤道淫灩；
浩此地鏡，無裔無襜。
圓形在前，神光奪閃；
精彪變怪，出爾泥淰。
回流云轉，氣易舒慘；
公之淫威，忽不可驗。

蒼海蒼海，余念舊恩；
兒時水嬉，在公膺前。
沸波激岸，隨公轉旋；
淋淋翔潮，媵余往還。

滌我匈臆，慴我精魂；
惟余與女，父子之親。
或近或遠，託我元身；
今我來斯，握公之鬐。

譯拜倫〈去國行〉[1]

行行去故國，瀨遠蒼波來。
嗚湍激夕風，沙鷗聲凄其。
落日照遠海，遊子行隨之。
須臾與爾別，故國從此辭。

日出幾剎那，明日晌息間。
海天一清嘯，舊鄉長棄捐。
吾家已荒涼，爐竈無餘煙。

1 拜倫所作現代詩〈To the country〉，描寫對祖國之情，與離開故國以追求自由理想。

牆壁生蒿藜，犬吠空門邊。

「童僕爾善來，恫哭亦胡為？
豈懼怒濤怒？抑畏狂風危？
涕泗勿滂沱，堅船行若飛；
秋鷹寧為疾，此去樂無涯！」

童僕前致辭，斂衽白丈人：
「風波寧足憚？我心諒苦辛。
阿翁長別離，慈母平生親。
煢煢誰復顧？蒼天與丈人。」

「阿翁祝我健，殷勤尚少怨。
阿母沉哀恫，嗟猶來無遠。」
「童子勿復道，淚注盈千萬。
我若效童愚，流涕當無算。」

「火伴爾善來，爾顏胡慘白？
或懼法國仇，抑被勁風赫？」
火伴前致辭：「吾生豈驚迫？
獨念閨中婦，顫容定枯瘠。」

「賤子有妻孥，隨公居澤邊。
兒啼索阿爹，阿母心熬煎。」
「火伴勿復道，悲苦定何言？
而我薄行人，狂笑去悠然。」

「誰復信同心？對人陽太息。
得新已棄舊，媚目生顏色。
歡樂去莫哀，危難寧吾逼？
我心絕悽愴，求淚反不得！」

「悠悠倉浪天，舉世無與忻。

世既莫吾知，吾豈嘆離群！
路人飼吾犬，哀聲或狺狺。
久別如歸來，齧我腰間襌。」

帆檣女努力，橫�幻泡槃。
此行任所適，故鄉不可期。
欣欣波濤起，波濤行盡時。
欣欣荒野窟，故國從此辭。

譯拜倫〈哀希臘〉[1]

巍巍希臘都，生長奢浮好。
情文何斐亹，荼輻思靈保。
征伐和親策，陵夷不自葆。

1 原詩出自拜倫所作史詩《唐璜》(Don Juan) 中的〈The Isles of Greece〉，講述唐璜所愛的希臘蒙受來自土耳其的外侮。

長夏尚滔滔，積陽照空島。

窣訶與諦訶，詞人之所生。
壯士彈坎侯，靜女揄鳴箏。
榮華不自惜，委棄如浮萍。
宗國寂無聲，乃向西方鳴。

山對摩羅東，海水在其下。
希臘如可興？我從夢中睹。
波斯京觀上，獨立向誰語？
吾生豈為奴？與此長終古！

名王踞巖石，雄視沙邏濱。
船師列千艘，率土皆其民。
晨朝大點兵，至暮無復存。
一為亡國哀，淚下何紛紛？

故國不可求，荒涼問水濱。
不聞烈士歌，勇氣散如雲。
琴兮國所寶，仍世以為珍。
今我胡疲熱？拱手與他人！

威名盡墜地，舉族供奴畜。
知爾憂國士，中心亦以恧。
而我獨行謠，我猶無面目。
我為希人羞，我為希臘哭！

往者不可追，何事徒頻蹙？
尚念我先人，因茲糜血肉。
冥冥蒿里間，三百斯巴族。
但令百餘一，堪造披麗谷。

萬籟一以寂，仿佛聞鬼喧。

鬼聲紛飄飄，幽響如流泉：
「生者一人起，導我赴行間！」
槁骨徒為爾，生者墨無言。

徒勞復徒勞，我且調別曲。
注滿杯中酒，我血勝酃淥？
不與突厥爭，此胡本遊牧。
嗟爾俘虜餘，酹酒顏何忸？

王跡已陵夷，尚存羽衣舞。
鞞盧方陣法，知今在何許？
此迺爾國故，散糜隨塵土。
偉哉佉摩書，寧當詒牧圉？
注滿杯中酒，勝事日以墮。
阿那有神歌，神歌今始知。

曾事波利葛，力能絕天維。
雄君雖云虐，與女同本支。

羯島有暴君，其名彌爾底。
闊達有大度，勇敢為世師。

今茲丁未造，安得君如斯？
束民如連鎖，豈患民崩離？

注滿杯中酒，倏然懷故山。
峨峨修里巖，湯湯波家灣。

緊彼陀離種，族姓何斑斑？
儻念希羅嘎，龍胤未凋殘。

莫信法郎克，人實誑爾者。
鋒刃藏禍心，其王如商賈。

驕似突厥軍，黠如羅甸虜。

爾盾雖彭亨，擊碎如破瓦。
注滿杯中酒，樾下舞媻娑。
國恥棄如遺，靚妝猶娥娥。
明眸復善睞，一顧光婁離。
好乳乳奴子，使我涕滂沱！

我立須寧峽，旁皇雲石梯。
獨有海中潮，伴我聲悲嘶。
願為摩天鵠，至死鳴且飛。
碎彼娑明杯，俘邑安足懷！

譯拜倫〈答美人贈束髮𣯽帶詩〉[1]

何以結綢繆？文紕持作緄。

---

1 原詩名為〈To A Lady, Who Presented To The Author A Lock Of Hair Braided With His Own, And Appointed

曾用繫卷髮，貴與仙蛻倫。

繫著纚衣裡，魂魄還相牽。
共命到百歲，殉我歸重泉。

朱唇一相就，汋液皆芬香。
相就不幾時，何如此意長？

以此俟偕老，見當念舊時。
藝情如根荄，句萌無絕期。

A Night In〉。

中國古代思想史論

李澤厚／著

本書從剖析孔子仁學開始，論說了自先秦至明清的各種主要思潮、派別和人物。其中著重論證了中國的辨證法是「行動的」，而非「思辨的」。
秦漢時期的「天人感應」宇宙觀；莊子、禪宗對人生作形上追求的美學；宋明理學則作為道德形而上學而具有重要價值，以及在明清時期思想中「治人」與「治法」已出現分離，象徵著傳統中國的政教合一制度動搖，思潮逐漸向近代靠近。

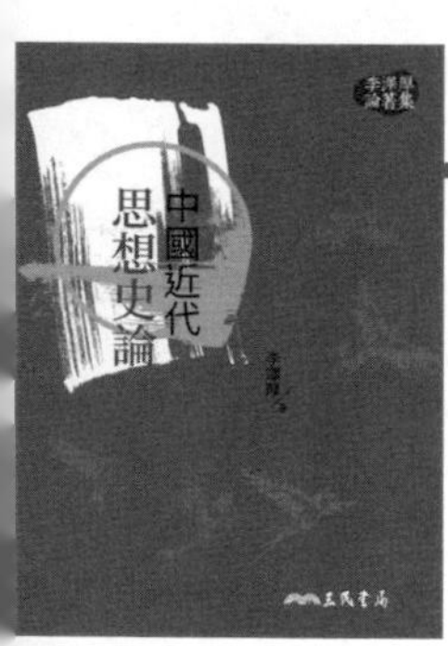

中國近代思想史論

李澤厚／著

本書收錄作者對近代中國自太平天國至辛亥革命時期各主要思潮和重要思想人物，如康有為、譚嗣同、嚴復、孫中山、章太炎、魯迅等的系統論述和細緻分析。首篇即從思想角度剖析，太平天國為何「其興也勃，其亡也忽」，指出農民革命戰爭諸多規律性的現象，慨乎言之，深意存焉。其後數篇乃對戊戌變法維新思想和人物的詳盡分疏，於康有為大同思想和托古改制策略，評價甚高。此外，對嚴復在中國近代思想史的特殊地位，章太炎的民粹主義的突出思想特徵，本世紀初知識者由愛國而革命的心路歷程，以及梁啟超、王國維等人的獨特意義，都或詳或略地點明和論述。

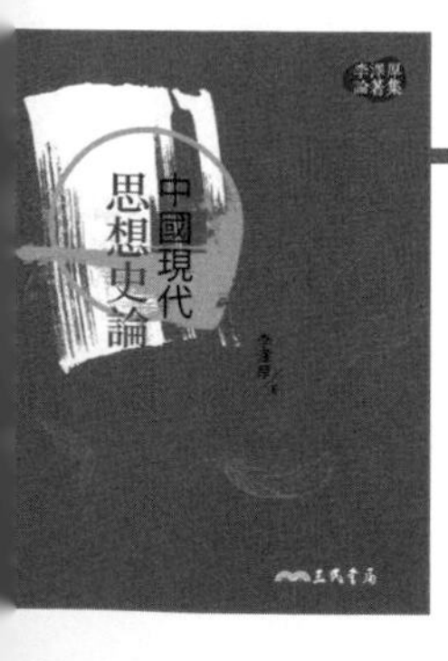

中國現代思想史論

李澤厚／著

本書以「啟蒙」與「救亡」的雙重變奏，作為解釋中國近現代思想史上許多錯綜複雜現象的基本線索，在學術界引起了巨大討論。
此外，本書以數十年的新文學歷程，以及「現代新儒家」等哲學論題，深入淺出地探討現代中國思想的爭議與價值，並或明或暗地顯現了本世紀中國六代知識分子的身影與坎坷的命運。

走我自己的路

李澤厚／著

本書收錄作者各種序跋、雜感、散文、發言提綱、講演記錄、訪談記錄等等，內容包括生平自述、治學經歷或經驗、對當時和時下各種見解、問題或傾向的評論和意見。長短不齊，問題不一，均或信手拈來，或脫口而出，但據讀者反應，因之似更感直率、親切與真實。作者在書中強調微觀課題、實證研究，提出「學點形式邏輯、平面幾何」，反對艱澀不通、玄秘難懂的文風和大而無當、泛說中西的學風等等。其中有關朦朧詩、主體性、「破天下達尊」、主方法多元、「西體中用」以及對馬克思主義的議論等等，反映記錄了二十年來中國大陸的某些歷史印痕和艱難步伐，可供反思和慨嘆。

我的哲學提綱

李澤厚／著

本書作者曾認為，「哲學只能是提綱，不必是巨著」，「我不喜歡德國那種沉重作法，寫了三大卷，還只是導論。我更欣賞《老子》不過五千言。《論語》篇幅也遠小於《聖經》，但它們的意味、價值、作用並不低，……也很欣賞禪宗那些公案，你能說它們沒有『體系』，沒有巨著，就不是哲學嗎？」看來，作者似乎有意從內容到形式都步踵中國先賢後塵，以簡潔形式提出自己的哲學體系，即「天大，人也不小」，以一個世界為根本特徵的人類歷史本體論，創造以使用物質工具為基礎的工藝社會本體和以心理情感為人性指歸的文化心理本體。在全書結尾的〈哲學探尋錄〉中，作者概括地提出「人活著」、「人如何活」、「為什麼活」和「活得怎樣」，深刻點出了生活價值、人生意義諸基本問題。

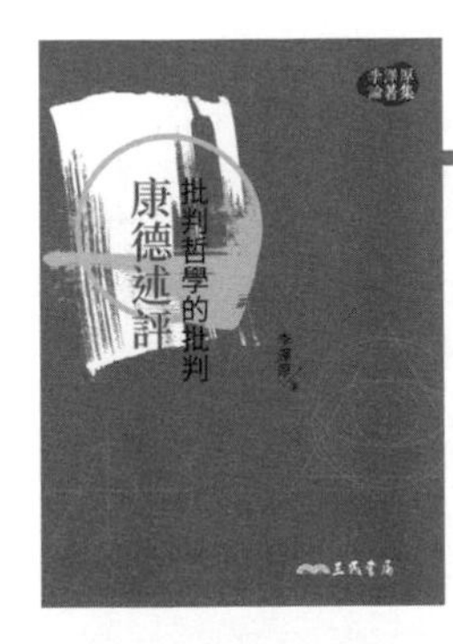

批判哲學的批判——康德述評

李澤厚／著

本書以謹嚴清晰之筆墨，全面深入地論述了康德的認識論、倫理學和美學。其中對「第一批判」（認識論）的分疏佔全書過半，倫理學則一併論及康德之政治、歷史諸觀點，美學又特別關注對康德的目的論的闡述，均層次井然，條理清楚。作者在分析康德之餘，各章節均附有基於作者個人哲學立場的「批判」，如作者認為應以「人類如何可能」來回答康德的「認識如何可能」之著名課題；以「客觀社會性」來理解康德提出的所謂「普遍必然」的「先驗」問題；以體用一源，一個世界的人類學本體論來對照以兩個世界的傳統為背景的康德本體現象斷然區分之二元論等等。

中國文化與現代變遷

余英時／著

自十九世紀以來，中國遭受了「千古未有之變局」，在西潮的衝擊下，中國傳統文化有了那些變化？知識分子又如何肆應此一變局？作為一個思想史學者，作者對這些問題展現了深刻的觀察和思索，彙集成為本書。書中文字和觀念均力求雅俗共解，輔以作者清通之文筆，讀者當更能深入了解這段變遷的過程，及面對未來的因應之道。

猶記風吹水上鱗——錢穆與現代中國學術

余英時／著

本書為紀念錢賓四先生逝世周年而作，但其意義並不僅在於感舊傷逝。作者企圖通過對錢先生的學術和思想的研究，勾劃出二十世紀中國學術思想史的一個重要側影。錢先生論學具有極其鮮明的觀點，與中國現代學術界的一切流派都有顯著的異同，因此一方面和各流派都有所不合，另一面又和各流派都有很深的交涉。本書特別著重地分析了錢先生和「五四」主流派（以胡適為代表）、馬克思主義派（以郭沫若為代表）、以及新儒家（以熊十力為代表）之間的錯綜複雜的關係。

陳寅恪晚年詩文釋證

余英時／著

本書是作者四十年來研究陳寅恪史學觀念和文化精神的總集結。一九四九年以後，陳寅恪已成為中國大陸上唯一未滅的文化燈塔，繼續闡發「獨立之精神」和「自由之思想」。但在文字獄空前猖獗的時代，他的史著不得不儘量曲折幽深，詩文也不得不用重重「古典」包裹「今情」，因此形成了一環套一環的暗碼系統。

本書作者在八十年代破解了他的暗碼系統，使他晚年生活與思想的真相重顯於世。本書所激發的爭議不斷擴大，最後演成所謂的「陳寅恪熱」，引出了大批有關他晚年的檔案史料。作者充分利用新史料增寫了〈陳寅恪與儒學實踐〉和〈試述陳寅恪的史學三變〉兩篇長文，更全面地闡明他的價值系統和史學思想。

現代中國學術論衡

錢穆／著

中國重和合會通，西方重分別獨立，一切人生及學術，無不皆然。遠自《漢書．藝文志》，下及清代《四庫全書》，讀其目錄，中國學術舊傳統大體可知。近代國人一慕西化，大學分院分系，乃及社會學人論學，門類風格，煥然一新。即如宗教、科學、哲學諸名稱，皆譯自西方，為中國所本無。既無此名詞，亦無此觀念，又何能成此學術？今國人乃以新觀念評舊學術，遂見其無一而當。

本書即就近代國人所承認之學術新門類及其新觀念，還就舊傳統，指出其本屬相通及互有得失處。使讀此書者，一則可以明瞭中西雙方學術思想史之本有相異處，再則可以由學術舊傳統，迎合時代新潮流，而創開一新學術之門戶，以待後人之繼續邁進。

中國文化叢談

錢穆／著

本書為錢穆先生有關中國文化問題之講演，經其整理而成。內容分為上下二編，上編就中國歷史，指出中國文化之演進與文化復興運動之主要途徑所在；下編則分述中國文化之各個層面，如宗教信仰、道德修養，並兼及海外移民等等。凡錢穆先生對中國文化之看法，大體完備於此，其精闢之見解，值得反覆細品。

民族與文化

錢穆／著

「民族」與「文化」兩名詞，乃近代國人所傳譯之西方語，但在中國上古實早已有之，民族乃中國所謂之「血統」，文化乃中國所謂之「道統」。由此民族創造此文化，但非此文化，亦無由完成民族。中國人主張文化之意義與價值實更高於民族。本書內分講義與講演詞之兩部分，書中涵義宏深，仍有值今我國人重讀研討之價值。

先秦諸子繫年

錢穆／著

「孟子見梁惠王，究竟是在梁惠王幾年？」這個自古以來中國史家從未解決的問題，啟發了賓四先生撰寫本書的動機。先秦諸子年世問題實多，前人多據《史記．六國年表》加以考訂。然〈六國年表〉僅據秦史，本身即多闕漏。先生乃透過考證汲冢《竹書紀年》，改正《史記》之牴牾；兼之遍考諸子著述，博採秦漢古籍，對先秦諸子之生平思想，各家學派之傳承流變，一一論證。其廣度與深度，為當時的學術圈開創了一番新境界。

本書取材之廣博，考證之綿密，俱值得當代治中國學術思想者，反覆細品。而作為賓四先生早期最重要的著作，本書體現了先生對史料爬梳抉剔、條分縷析之治學精神，亦為研究其思想者所必讀。

兩漢經學今古文平議

錢穆／著

清代乾嘉學者，窮研古籍經書稱治漢學，以與宋明理學家之宋學有別。到了道光、咸豐、同治、光緒時期，乃至於民初，兩漢的今古文之爭又再次引發學者討論，康有為主張今文，認定劉歆是偽造古文經的罪魁禍首；章炳麟主張古文，認為劉歆對經學的貢獻足以媲美孔子。

本書首章收錄〈劉向歆父子年譜〉，一一指出上述兩派學者的錯誤，第二章為〈兩漢博士家法考〉，說明兩漢博士治經之所以有今古文之別的真相；第三章〈孔子與春秋〉闡明公羊家的理論，符合孔子春秋的精神；最末章〈周官著作時代考〉則在於證明《周官》乃是後人偽作。錢穆先生此書替晚清以來的經學今古文爭論，畫下一個句點，實為研究中國經學史首要研讀的一部經典之作。

文化與教育

錢穆／著

本書彙集了錢穆先生在抗戰時期於昆明、成都兩地所寫，分別刊載在報紙及期刊上之專論、講演詞，計二十篇，民國三十二年曾於重慶出版。後經先生親自校閱，乃以全新版本面世。

全書分成上下兩卷，上卷探討文化與學術趨向；下卷則談論教育、政治等。各篇所討論之議題，儘管歷經數十載，今日讀來，不僅一無過時之感，反有歷久彌新之致，先生思想之洞見，由此可見。

國家圖書館出版品預行編目資料

解讀章太炎／楊照策劃、主編.－－初版一刷.－－臺北市：三民，2023
　面；　公分.－－（展讀民國人文）

ISBN 978-957-14-7627-8（精裝）
1. 章炳麟 2. 學術思想

128.3　　112003218

展讀民國人文

解讀章太炎

策劃、主編	楊　照
責任編輯	林宜穎
發行人	劉振強
出版者	三民書局股份有限公司
地址	臺北市復興北路 386 號 (復北門市) 臺北市重慶南路一段 61 號 (重南門市)
電話	(02)25006600
網址	三民網路書店 https://www.sanmin.com.tw
出版日期	初版一刷 2023 年 5 月
書籍編號	S782611
ISBN	978-957-14-7627-8

三民書局